OEUVRES COMPLÈTES

DE

LORD BYRON

Imprimerie de Gustave GRATIOT, 11, rue de la Monnaie.

ŒUVRES COMPLÈTES

DE

LORD BYRON

TRADUITES

PAR BENJAMIN LAROCHE

SIXIÈME ÉDITION
REVUE ET CORRIGÉE AVEC SOIN PAR LE TRADUCTEUR

PREMIÈRE SÉRIE

POÉSIES DIVERSES — CHILDE-HAROLD

PARIS
VICTOR LECOU, LIBRAIRE-ÉDITEUR
10, RUE DU BOULOI
—
1847

NOTICE SUR LORD BYRON.

Georges Gordon Noël Byron naquit à Londres, le 22 janvier 1788, de John Byron, capitaine aux gardes, et de Catherine Gordon de Gight, riche et noble héritière de l'Ecosse. Il avait pour aïeul le commodore Byron, célèbre par ses voyages, et qui figure avec éclat dans l'histoire des découvertes de la marine anglaise. Son père, le capitaine Gordon, se rendit fameux par ses désordres; la mère de notre poëte, ruinée par ses dissipations, se vit réduite à un état voisin de la pauvreté. Elle se consacra avec ardeur à l'éducation de ce fils qui, dans sa pensée, devait la dédommager de tous ses malheurs, et que sa naissance appelait à prendre place dans l'aristocratie britannique. Son grand oncle, lord William Byron, étant mort en 1798, Byron fut salué à dix ans du titre de *lord*, et devint l'héritier du domaine et de la pairie du défunt. C'était le domaine de Newstead, dans le comté de Nottingham, que les chants du poëte ont à jamais illustré.

La mère de Byron le plaça pendant quelque temps à Dulwich, près de Londres, dans une pension dirigée par un docteur, qui avait entrepris dans son élève le redressement d'un de ces accidents de la nature qui défient tous les efforts de l'art. Byron, en effet, avait été blessé en naissant, et son pied tordu était resté légèrement boiteux. Au lieu de prendre son parti de cette difformité peu apparente, le jeune Byron était inconsolable, et ce sentiment, inexplicable dans un homme supérieur, ne le quitta jamais totalement.

Appelé par sa naissance à figurer sur un plus grand théâtre, Byron entra dans la célèbre école d'Harrow, pépinière privilégiée de l'aristocratie anglaise. Puis, après y avoir fait ses études classiques sans succès éclatants, il alla en compléter le cours à l'université de Cambridge. Après quelques années d'une existence dissipée et orageuse, Byron fit à 20 ans son début poétique, par la publication des *Heures de paresse* qui parurent en 1808. Vivement blessé par une critique amère et injuste dirigée par la *Revue d'Edimbourg* contre l'ouvrage et l'auteur, il s'éleva sur-le-champ à la hauteur des maîtres, et dans sa satire sur les *Bardes de l'Angleterre et les Critiques de l'Ecosse*, apprit à son pays qu'il avait un poëte véritable de plus.

Pendant le tumulte que souleva sur le Parnasse britannique cette brillante et vigoureuse production, Byron commença cette vie de pèlerinages qui nous a valu tous ses chefs-d'œuvre. Il allait chercher dans le midi de l'Europe et en Asie des émotions nouvelles. Il rapporta de ce voyage les deux premiers chants de *Childe-Harold*, ce poëme admirable qui fit sur-le-champ de son auteur le plus grand, le plus éclatant poëte de son siècle.

Au moment où parut *Childe-Harold*, nulle main ne tenait le sceptre de la poésie anglaise. Les deux derniers génies originaux qu'elle avait produits, *Cowper* et *Burns*, étaient depuis plus de dix ans descendus dans la tombe : *Cowper*, poëte mélancolique et sombre, âme tendre et sympathique à toutes les souffrances, à qui les terreurs du mysticisme et d'une religion mal comprise, réservaient la destinée de Pascal ; *Burns*, le Tyrtée de l'Écosse, le chantre des champêtres plaisirs et de la liberté des montagnes, tour à tour modulant une chanson naïve, ou entonnant l'hymne guerrier de Wallace.

Les *Lakistes*, ainsi nommés des lacs du Cumberland, théâtre de leurs sentimentales excursions, les Lakistes, pléiade de poëtes rêveurs, étaient impuissants à saisir fortement l'attention publique fixée sur les gigantesques événements dont l'Europe était alors le théâtre.

Walter Scott, qui devait plus tard, s'ouvrir, dans le riche domaine des fictions, une si longue et si glorieuse carrière, consacrait son génie à poétiser une science d'antiquaire, dans *Marmion*, la *Dame du lac* et le *Chant du dernier Barde*.

Devant *Childe-Harold* pâlirent toutes ces œuvres indécises, comme devant le roi du jour s'éclipsent les étoiles, cortége de la Nuit.

Deux événements graves pour Byron avaient précédé cette publication ; la mort de sa mère, qui eut lieu au moment où il remettait le pied sur le rivage natal, et son début à la Chambre des lords où il prononça un discours remarquable sur une question politique d'un haut intérêt. On trouvera, dans les notes de cet ouvrage, des détails relatifs à la composition et à la publication des œuvres qui le composent ; nous croyons devoir y renvoyer le lecteur, nous bornant à raconter la suite des événements qui signalèrent la vie de Byron. De ces événements le plus grave par ses conséquences fut sans contredit son mariage avec miss Milbanke, riche héritière que se disputaient de nombreux rivaux, et dont la main fut le prix de la gloire poétique et du prestige romanesque qui déjà environnaient la personne de l'auteur de *Childe-Harold*, du *Giaour*, de la *Fiancée d'Abydos*. Ce mariage fut malheureux ; il devait l'être ; ces deux natures étaient trop incompatibles pour rester longtemps unies. Aussi lady Byron ne tarda pas à quitter le domicile conjugal, et à se retirer chez son père. Une fille, que Byron voulut nommer *Adda*, était née de cette union mal assortie.

Grand fut le bruit, immense le scandale que souleva dans la société britannique cette séparation, événement fort ordinaire pourtant, et dont l'aristocratie anglaise donne fréquemment l'exemple.

Irrité contre cette société hypocrite qui prenait occasion d'un démêlé de famille pour punir de sa supériorité un beau et noble génie, Byron résolut de quitter pour toujours son pays et de demander à d'autres climats les sympathies et la justice que lui refusaient ses ingrats compatriotes.

Ce fut en 1816 qu'il quitta l'Angleterre, qu'il ne devait plus revoir, et qu'il s'exila sur le continent.

Depuis cette époque jusqu'en 1823, époque où commença la dernière scène du drame de sa vie, Byron se fixa tour à tour en Suisse et en Italie; et chaque année fut marquée par l'apparition de nouveaux chefs-d'œuvre. Pendant ce temps, son existence ne fut signalée par aucun événement remarquable. Dégoûté de la vie et du commerce des hommes, se réfugiant dans la poésie comme dans un asile où l'injustice et la calomnie ne pourraient pas le poursuivre, il manquait un but à son activité dévorante, à sa soif d'impressions fortes et de grandes choses; il crut, en 1823, l'avoir trouvé dans le spectacle que donnait alors au monde la patrie de Thémistocle et de Léonidas. Ici nous laisserons parler M. Villemain. Pour peindre ce dernier acte de la vie de Byron, les paroles de l'auteur de *Lascaris*, de l'écrivain qui comprend si bien, et sait si bien faire comprendre aux autres, la grandeur et le génie, ont un poids que n'auraient pas les nôtres.

« Son esprit se tourna vers une entreprise nouvelle. La lutte prolongée de la Grèce excitait l'admiration du continent. Une sympathie publique s'était formée en dehors des gouvernements : l'Angleterre était, peut-être, de tous les pays d'Europe le moins favorable à la cause grecque. Londres avait cependant un comité *philhellène* qui, comme le comité de Paris, faisait passer aux Grecs des secours et des armes.

« Byron n'hésita pas à jeter dans cette guerre sa fortune et sa vie. Il ne se fit point d'illusions : il avait accueilli et secouru quelques-uns des *Philhellènes* revenus de la première expédition; il savait à quelles souffrances, à quelles difficultés insurmontables il devait s'attendre. Il jugeait avec sévérité le caractère des Grecs, et avait peu d'espérance de succès. Sa santé déjà détruite ajoutait au découragement de son esprit et à ses tristes pressentiments; mais il voulut se dévouer pour une cause juste et pour la gloire. Prodiguant alors des sommes considérables que, depuis quelques années, il avait amassées par une sévère épargne, il mit à la voile de Gênes, le 14 juillet 1823, emmenant avec lui le frère de la comtesse Guiccioli, et un Anglais intrépide, le corsaire Trelawney.

« Repoussé dans le port par la tempête, il ne quitta les côtes d'Italie que quelques jours plus tard, après avoir reçu des vers de Goëthe sur sa noble entreprise. Il toucha Céphalonie, où il trouva une lettre de Botzaris, qui pressait son arrivée et lui rendait grâce. Mais le lendemain, Botzaris, ce Léonidas de Souli, pénétrant avec une poignée d'hommes au milieu du camp des Turcs, y périssait, après y avoir fait un grand carnage. Byron, voulant attendre et juger par ses yeux, demeura trois mois dans la colonie anglaise de Céphalonie. Il songeait à revenir en Italie. Cependant, pressé de toutes parts, il donna généreusement quatre mille livres sterling pour la flotte grecque; et, lorsque Mavrocordato eut pris le commandement de la Grèce occidentale, il consentit à aller le joindre à Missolonghi. Il s'y rendit à grand'peine à travers mille périls gaiement supportés, et fut reçu comme un sauveur par la population confuse, pressée dans Missolonghi entre la guerre civile, la famine et les Turcs.

« Byron jouit un moment de cet accueil, et se livra sur-le-champ à tout et à tout le monde, avec un mélange singulier de prudence et d'irritation maladive. Le gouvernement grec lui conféra le titre de général en chef, et il devait commander une expédition pour s'emparer de *Lépante*. Mais toute la force qu'il pouvait espérer consistait dans une bande de *Souliotes*, soldés à grands frais, et dont la ville et lui subissaient la tyrannique insolence. Tout était, autour de lui, discorde, misère, anarchie.

« Animé par sa présence, un ingénieur anglais, Parry, avait organisé l'artillerie nécessaire pour l'expédition de *Lépante*. Mais les *Souliotes*, vrais *condottieri* de la Grèce, redoublaient leurs avares exigences. La moitié des soldats réclamaient de hautes paies d'officiers. C'étaient des scènes violentes d'altercation et de rupture entre le chef anglais et sa bande barbare. Les forces de Byron ne pouvaient suffire à cette vie d'irritation et d'inquiétude. Un jour qu'après une crise nerveuse et un évanouissement il était sur son lit, malade, et épuisé par des sangsues aux tempes, les *Souliotes*, qui, la veille, avaient menacé l'arsenal et tué un officier *suédois*, se précipitent à grands cris dans sa chambre en brandissant leurs armes. Le visage pâle et sanglant de Byron, à demi soulevé, imprima pourtant le respect à ces hommes farouches, et quelques mots de sa bouche les firent sortir émus, et un moment dociles.

« Trompé ainsi dans ses projets d'attaque contre la garnison turque de *Lépante*, il s'efforçait du moins d'humaniser la guerre au profit de tous. S'étant fait remettre un assez grand nombre de femmes et d'enfants musulmans, reste d'une ville saccagée par les Grecs, il les renvoya sans rançon à *Prévésa*.

Dans quelques engagements autour de Missolonghi, il offrit une prime pour chaque prisonnier turc qui lui serait amené vivant. Ses dons en argent étaient continus, ses conseils utiles, son zèle infatigable.

« Malgré son peu d'illusion et le jugement sévère qu'il portait sur les Grecs, il eut alors un moment d'espérance. Se disposant à passer dans la Morée, il hâta de ses derniers conseils la défense de Missolonghi, contre laquelle il prévoyait avec raison que se porterait tout l'effort de la prochaine campagne. Il excita l'ingénieur Parry à relever, sur le sol marécageux et coupé de la ville, ces remparts de terre et ces fortifications informes qui arrêtèrent tant de mois l'armée turque, et donnèrent à l'Europe attentive le temps de la réflexion et de la pitié. Il retint d'autorité, pour munir ce poste avancé de la Grèce, l'artillerie que voulaient se faire donner Odyssée et les autres chefs *moraïtes*, et il affermit les habitants dans la résolution désespérée de s'ensevelir sous Missolonghi.

« Quant à lui, l'assemblée de Salone étant retardée par les divisions politiques et les difficultés des chemins, son parti fut pris de ne pas quitter le coin de terre que les Turcs allaient assaillir au printemps. Depuis plusieurs mois, malgré son courage et sa continuelle activité, il se sentait défaillir. Il était troublé par de tristes pressentiments, et par ces frissons involontaires qui sont moins des symptômes de faiblesse que des avant-coureurs de mort. Il vit avec tristesse, dans les murs de Missolonghi, l'anniversaire de sa trente-sixième année. Il le pleura dans des vers admirables, ses derniers vers, où, disant adieu à la jeunesse et à la vie, il ne souhaitait plus que la *mort du soldat*. Cette pensée lui revenait souvent. Il disait à un fidèle serviteur italien : *Je ne sortirai pas d'ici ; les Grecs, les Turcs ou le climat y mettront bon ordre.* Dans ses lettres, il plaisantait encore sur les scènes de désordre et de misère dont il était témoin ; mais sa mobile et nerveuse nature en souffrait profondément, et il y avait du désespoir dans son rire sardonique. Deux nobles sentiments soutenaient son âme, la gloire et l'amour de l'humanité ; mais son corps, vieilli de bonne heure, succombait. On lui écrivait des îles Ioniennes pour l'engager à quitter Missolonghi. Ses compatriotes, ses amis, le colonel Stanhope, le corsaire Trelawney, partirent. Il resta dans ce *tombereau de boue*, comme il disait énergiquement, au milieu des marais et des pluies insalubres de Missolonghi. Il en ressentit bientôt la mortelle influence. Surpris par l'orage dans une promenade à cheval, et revenant trempé d'eau et de sueur, il monta dans une barque pour gagner sa demeure, et fut saisi d'une fièvre violente. Le lendemain, cependant, il parcourut encore à cheval un bois d'oliviers voisin de la ville, avec son fastueux cortége de

Souliotes. Il rentra plus malade, se débattit deux jours contre les médecins qui voulaient le saigner, et leur céda enfin, par crainte pour sa raison plutôt que pour sa vie.

« Cette saignée n'arrêta point la fièvre, et ne prévint point le délire. On voulait faire venir de l'île de Zante un médecin plus renommé; mais le gros temps y mit obstacle. Byron, consolé seulement par un ou deux amis fidèles, et par les pleurs de son vieux domestique, était là gisant, presque sans secours, dans une pauvre et tumultueuse demeure dont sa garde de Souliotes occupait le rez-de-chaussée. C'était le jour de Pâques, si joyeusement fêté par les Grecs qui se répandent alors dans les rues, dans les places, en criant : *Le Christ est ressuscité! le Christ est ressuscité!* Ce jour, la ville fut moins bruyante. On alla décharger l'artillerie loin des murs, et les habitants s'invitaient l'un l'autre au silence et au recueillement. Le soir, la tête de Byron s'embarrassa, sa langue ne put prononcer que des mots entrecoupés; et, après de vains efforts pour faire entendre ses dernières volontés à son domestique anglais Fletcher, il fut saisi de délire. Ayant pris une potion calmante, il eut encore un retour de raison, exprima des regrets en termes obscurs, prononça quelques touchantes paroles sur la Grèce, et puis, en disant : *Je vais dormir,* tomba dans une léthargie qui se termina le lendemain par la mort, au moment où un orage éclatait sur la ville, et faisait dire aux Grecs : *Le grand homme se meurt.* Le grand homme! il l'était en effet pour ceux qu'il était venu défendre, et auxquels il avait si noblement sacrifié sa vie.

« Le lendemain, le mardi de Pâques, on rendit à Byron les derniers honneurs, selon le rite grec. L'archevêque d'Anatolikon et l'évêque de Missolonghi étaient présents, avec tout leur clergé et tous les chefs militaires et civils. Un jeune Grec, Tricoupis, prononça l'éloge funèbre. Le cœur de Byron, renfermé dans une urne, fut seul porté jusqu'à l'église, et déposé dans le sanctuaire, au milieu des bénédictions. Le corps devait être ramené en Angleterre; et on fit, à Missolonghi, des prières pour souhaiter à ces restes glorieux un passage favorable, et le repos de la tombe dans la terre natale. Le navire chargé de ce dépôt toucha bientôt l'Angleterre. M. Hobhouse et un autre ami de Byron vinrent recevoir son corps pour le conduire à la sépulture de sa famille, près du domaine de Newstead, dans le caveau où reposait sa mère. »

Tel est l'ensemble de cette vie que les puritains britanniques, que les pharisiens de tous les pays ont tant calomniée, de cette vie agitée, orageuse, mais sublime, qui commence dans le malheur et se termine dans l'héroïsme. Dans leur admiration comme dans leur haine, les contemporains de Byron semblent ne l'avoir pas compris; on dirait qu'ils ont pris à tâche de défigurer les traits de cette fière et grande physionomie. On se rappelle le portrait fantastique que faisait de lui, de son vivant, il y a un quart de siècle, l'auteur du *dernier chant de Childe-Harold*, M. de Lamartine, si digne cependant de l'apprécier par la confraternité du génie.

Aujourd'hui encore les préjugés qui le poursuivaient vivant, continuent à planer sur sa tombe; on persiste à vouloir retrouver dans l'auteur du *Corsaire*, de *Lara*, du *Giaour*, la personnification de ses héros misanthropes. C'est lui, dit-on, qu'il a voulu peindre; et on a été jusqu'à supposer que quelque grand crime avait déposé dans son âme un immortel remords. Mais c'est à propos de *Don Juan* surtout, de ce poëme inimitable dont rien jusqu'alors n'avait offert le modèle, et où le génie de Byron sème à pleine main tous ses poétiques trésors, c'est à propos de cette composition sans égale dans les littératures anciennes et modernes, que l'acharnement des ennemis de ce grand homme a redoublé. Nous étions en Angleterre quand les premiers chants de *Don Juan* parurent dans le *Libéral*, nous nous rappelons encore les exclamations hypocrites de la pruderie anglaise à son apparition. Les femmes surtout se signalèrent dans cette croisade de la médiocrité jalouse contre une œuvre de génie; toutes le lisaient avidement; aucune n'eût osé avouer cette lecture. La *Société pour la suppression du vice* fulminait ses réquisitoires et menaçait de poursuivre les publicateurs.

Un quart de siècle a passé sur ces hostilités ridicules, et aujourd'hui l'Angleterre est fière de compter Byron au nombre de ses écrivains illustres, et le jour n'est pas loin où les voûtes de Westminster abriteront un monument élevé à sa gloire. Il y a deux caractères qu'il ne faut pas confondre dans Byron; il y a l'homme et l'écrivain. Juger de l'un par l'autre, c'est s'exposer à d'insignes méprises. Dans ses actes, dans sa vie tumultueuse et fébrile, dans sa mort héroïque surtout, il est lui tout entier; dans ses ouvrages, du moins dans un certain nombre, il n'y a qu'une portion de lui, son imagination. Une œuvre littéraire n'est pas toujours et nécessairement un acte de la personnalité; c'est le plus souvent un écho de l'organisme, le rêve pittoresque d'une imagination prodigue et splendide. Les personnages que Byron a peints dans ses poëmes ne sont pas plus lui que les personnages de Molière ne sont Molière lui-même; sans quoi il faudrait admettre que le peintre inimitable des ridicules et des travers de son temps, s'est reproduit tour à tour dans *l'Avare*, *Tartuffe*, *le Misanthrope*, *le Malade imaginaire* et *Scapin*, ce qui nécessairement implique contradiction.

L'exemple de Molière est d'autant moins hors de propos dans cette matière, que, par un singulier hasard, Byron et

Molière ont tous deux exercé leur génie sur le même sujet. Le *Don Juan* de Molière et le *Don Juan* de Byron sont assurément des œuvres très dissemblables. Quoi qu'on en ait dit, les deux caractères ne paraissent pas avoir été pris sur un type commun. Mais enfin, puisqu'on a mis sur le compte de Byron les actes de son héros, pourquoi n'en ferait-on pas autant pour Molière? pourquoi ne pas mettre sur son compte les blasphèmes, les impiétés du héros de son drame? Il y aurait autant de justice dans un cas que dans l'autre. *Don Juan*, de l'aveu de Byron lui-même, n'est autre chose qu'une satire de l'hypocrisie sociale et des travers du siècle. *Don Juan* n'est pas une œuvre morale, en ce sens qu'un poëme n'est pas un sermon; chaque œuvre du génie humain est belle de sa propre beauté. Le tableau des erreurs et des faiblesses de l'humanité a son utilité, à la condition qu'elles ne seront pas préconisées et maximées dans l'ouvrage qui les raconte, comme l'a fait Rousseau, par exemple, à la condition encore qu'aucune image licencieuse ne viendra souiller l'imagination du lecteur, comme dans maint ouvrage célèbre qu'il est inutile ici de nommer.

Ainsi tombe devant le plus simple bon sens les accusations passionnées dont Byron a été l'objet dans ses œuvres et sa personne. *Don Juan*, *Beppo*, la *Vision du Jugement*, et quelques autres compositions de Byron, ne sont pas des œuvres immorales; ce sont des comédies sous forme de poëmes. Ses personnages ne sont pas lui; ils sont la création spontanée d'une imagination merveilleuse et puissante. La génération présente peut sans scrupule faire justice des préjugés contemporains, et admirer dans Byron le plus grand poëte des temps modernes, qui dédaigna toujours de flatter la puissance, prit en main la cause des peuples et des opprimés, et mit son génie au service de l'humanité et de la liberté.

Quant aux excentricités de cette énergique individualité, aux bizarreries de ce caractère mobile et passionné, aux incompatibilités qui brisèrent les anneaux de cette orageuse destinée, qui contristèrent ce beau génie, et firent pour lui de la paternité une douleur, de l'hymen une torture, bien hardi serait le regard qui oserait sonder ces mystérieux abîmes! celui qui créa ces âmes exceptionnelles les connaît seul, et seul il pourra les juger.

BENJAMIN LAROCHE.

HEURES DE PARESSE,

PUBLIÉES POUR LA PREMIÈRE FOIS EN 1807.

Virginibus puerisque canto.
HORACE, liv. III, ode 1.

Μὴτ ἄρ μάλ' αἴνεε μήτε τι νείκει.
HOMÈRE, *Iliade*, X, 249.

He whistled as he went for want of thought.
A défaut de pensée, il sifflait en marchant.
DRYDEN.

AU TRÈS HONORABLE FRÉDÉRIC, COMTE DE CARLISLE,
CHEVALIER DE LA JARRETIÈRE, ETC., ETC.,

LA SECONDE ÉDITION DE CES POÈMES EST DÉDIÉE
Par son obligé pupille et affectionné parent
L'AUTEUR.

PRÉFACE DE LA PREMIÈRE ÉDITION [1].

En soumettant ce recueil au public, je n'ai pas seulement à combattre les difficultés que rencontrent en général ceux qui écrivent en vers ; j'ai encore à craindre qu'on ne m'accuse de présomption pour me poser ainsi devant le public, lorsque je pourrais sans aucun doute, à mon âge, employer plus utilement mon temps.

Ces productions sont le fruit des heures perdues d'un jeune homme qui a depuis peu complété sa dix-neuvième année. Le cachet d'adolescence qu'il est facile d'y reconnaître rendait peut-être inutile cet avis préalable. Quelques-uns de ces petits poëmes ont été écrits sous l'influence défavorable de la maladie et de l'abattement. C'est dans la première catégorie qu'il faut ranger en particulier *Les Souvenirs d'Enfance*. Cette considération ne suffit pas pour justifier l'éloge ; mais elle peut du moins désarmer la censure. La plus grande partie de ce recueil a été livrée à l'impression à la demande de mes amis, et pour leur usage exclusif. Je sais que l'admiration partiale et souvent peu judicieuse d'un cercle d'amis n'est point un bon critérium pour le génie poétique : néanmoins celui qui veut

[1] *Voyez*, à la fin des *Heures de Paresse*, les Notes qui se rapportent à ce numéro de renvoi et aux suivants. Cette observation s'applique également aux autres ouvrages de cette édition.

« beaucoup faire » doit « beaucoup oser. » J'ai donc vaincu mes répugnances personnelles et publié ce volume aux risques et périls de ma réputation. C'en est fait, « j'ai passé le Rubicon ; » et, favorable ou non, j'attends mon arrêt. Dans la dernière de ces deux alternatives, je me soumettrai sans murmure ; car, bien que je ne sois pas sans quelque sollicitude pour le sort de ces productions, je n'y attache pas de grandes espérances. Il est probable que j'aurai beaucoup tenté et peu fait : car, selon l'expression de Cowper, « c'est une chose bien différente d'écrire pour plaire à nos amis, qui par cela même qu'ils sont nos amis, sont prévenus en notre faveur, ou d'écrire pour plaire à tout le monde ; car ceux qui ne connaissent pas l'auteur ne se feront pas faute de le critiquer. » Néanmoins je n'admets pas cette assertion dans toute son étendue : au contraire, j'ai la conviction que ces bagatelles ne seront pas traitées avec injustice. Leur mérite, si toutefois elles en ont, sera libéralement reconnu ; d'autre part, leurs nombreux défauts ne peuvent attendre une faveur qui a été déniée à des écrivains d'un âge plus mûr, d'une réputation mieux établie et d'une habileté beaucoup plus grande.

Je n'ai pas visé à une originalité exclusive, et encore moins me suis-je proposé un modèle spécial. On trouvera ici plusieurs traductions qui pour la plupart ne sont que des paraphrases. Dans les pièces originales il pourra de temps à autre se rencontrer des points de coïncidence avec des auteurs dont la lecture m'est familière ; mais je n'ai point commis de plagiat volontaire. Ne rien produire que d'entièrement neuf est une tâche qui, dans une époque si fertile en poëtes, exigerait des forces vraiment herculéennes ; car il n'est point de sujet qui n'ait été traité et épuisé. Toutefois la poésie n'est pas ma vocation spéciale : « c'est un péché » que je me suis permis pour apporter quelque distraction aux heures pesantes de mes journées maladives, et pour rompre la monotonie du désœuvrement. C'est là, il faut l'avouer, une source d'inspiration qui ne promet pas grand'chose. D'ailleurs, un vain laurier, quelque futile qu'il puisse être, sera toute la récompense que ces poëmes me vaudront ; et quand ses feuilles seront fanées, je ne chercherai pas à les remplacer, ni à cueillir une seule branche nouvelle dans ces bosquets poétiques où je ne suis réellement qu'un intrus. Bien que dans mon enfance j'aie plus d'une fois foulé d'un pied insouciant les Higlands de l'Écosse, il y a longtemps que je n'ai respiré cet air pur, que je n'ai habité ce sol élevé : je ne puis donc entrer dans la lice avec des bardes qui ont sur moi cet avantage. Mais leurs productions, à eux, leur valent beaucoup de gloire, et souvent beaucoup d'argent tandis que moi j'expierai mon audace sans avoir pour consolation le dernier de ces avantages, et probablement avec une part fort modique du premier. Je laisse à d'autres *virûm volitare per ora*. Je m'adresse à ceux pour qui *dulce est desipere in loco*. Aux premiers j'abandonne de bon cœur l'espoir de l'immortalité, et me contente de l'humble perspective de prendre place « dans la populace des écrivains gentlemen ; » avec le dédommagement peut-être de figurer après ma mort dans le « catalogue des auteurs de sang royal ou nobiliaire, » ouvrage auquel la pairie a plus d'une obligation, en ce sens que beaucoup de noms fort longs, très sonores et passablement antiques échappent par ce moyen à l'obscurité qui couvre malheureusement les productions volumineuses de ceux qui les portent.

C'est donc avec quelque crainte et bien peu d'espoir que je publie ce livre, le premier sorti de ma plume et qui sera le dernier. Une ambition de jeune homme a fait commettre bien des actes plus criminels et aussi absurdes. Ce recueil pourra amuser quelques lecteurs de mon âge ; j'ai du moins la confiance qu'il ne saurait produire du mal. D'après ma position et mes occupations ultérieures, il n'est pas probable que je fasse un nouvel appel au jugement du public ; et lors même que son premier arrêt me serait favorable, je n'aurais nulle envie de me rendre coupable d'une seconde contravention du même genre. Le docteur Johnson a dit quelque part, à propos des poëmes de l'un de mes nobles parents[2], que « lorsqu'un homme de qualité se fait auteur, il a droit d'attendre que ce qu'il peut y avoir de mérite dans ses œuvres ne soit pas contesté. » Cette opinion ne saurait être d'un grand poids auprès de la critique verbale, et moins encore auprès de la censure périodique ; mais, dans tous les cas, c'est là un privilége dont je ne me prévaudrai jamais, et je préfère les attaques les plus acharnées des critiques anonymes à des éloges qui ne s'adresseraient qu'à mon titre.

HEURES DE PARESSE.

SUR LA MORT D'UNE JEUNE DEMOISELLE, COUSINE DE L'AUTEUR, ET QUI LUI FUT BIEN CHÈRE[3].

Les vents retiennent leur haleine; le soir est calme et sombre; aucun zéphyr n'erre dans le bocage; et moi, je vais revoir la tombe de ma Marguerite, et répandre des fleurs sur la cendre que j'aime.

Dans cette étroite cellule repose sa poussière, cette poussière que tant de vie animait naguère; le Roi des Épouvantements en a fait sa proie; ni le mérite, ni la beauté, n'ont pu racheter sa vie.

Oh! si ce Roi des Épouvantements avait pu se laisser attendrir! si le Ciel avait réformé son rigoureux décret, celui qui la pleure n'aurait pas de regrets à faire parler ici; ce n'est pas ici que la Muse raconterait ses vertus.

Mais pourquoi pleurer? Son âme incomparable a pris son vol par delà les régions où brille l'astre du jour; et des anges en pleurs la conduisent vers ces bosquets sacrés où la Vertu est récompensée par des plaisirs sans fin.

Et nous, mortels présomptueux, irons-nous accuser le Ciel et nous élever follement contre la divine Providence? Ah! loin de moi des pensées aussi vaines! — Je ne refuserai point à mon Dieu l'hommage de ma résignation.

Et pourtant il est doux le souvenir de ses vertus; elle est fraîche et vivante la mémoire de sa beauté. Mes pleurs n'ont point cessé de couler pour elle; et son image a gardé dans mon cœur sa place accoutumée.

1802.

A E........

Que des insensés rient de voir l'amitié entrelacer nos deux noms; la Vertu a de plus justes droits à l'affection que le Vice opulent et titré.

Bien que ta destinée soit inférieure, puisqu'un titre a

décoré ma naissance, ne m'envie pas ce brillant avantage; à toi l'orgueil d'un mérite modeste.

Nos âmes du moins sont de niveau; ton sort n'a rien dont le mien ait à rougir : le sentiment qui nous lie n'en sera pas moins doux, car le mérite doit tenir lieu de naissance.

Novembre 1802.

A D..........

En toi j'espérais presser sur mon cœur une amie dont la mort seule pourrait me séparer ; pourquoi faut-il que les efforts malveillants de l'envie t'aient détachée de moi pour toujours ?

Mais, bien qu'elle t'ait arrachée de mon cœur, tu y conserves toujours ta place. Là vivra ton image jusqu'à ce que ce cœur ait cessé de battre.

Et quand les morts briseront leurs tombeaux, quand la poussière mortelle reprendra une nouvelle vie, c'est sur ton sein que s'appuiera ma tête. Il n'y aurait pas pour moi de ciel où tu ne serais pas.

Février 1805.

ÉPITAPHE D'UN AMI.

Ἀστὴρ πρὶν μὲν ἔλαμπες ἐνὶ ζωοῖσιν ἑῷος.
LAERTE.

O toi que j'ai tant aimé, toi qui me seras éternellement cher, de combien d'inutiles pleurs j'ai arrosé ta tombe révérée ? Que de gémissements j'ai poussés à ton lit de mort, pendant que tu te débattais dans ta dernière agonie ! Si des larmes avaient pu retarder le tyran dans sa marche, si des gémissements avaient pu détourner sa faux impitoyable, si la jeunesse et la vertu avaient pu obtenir de lui un court délai, et la beauté lui faire oublier sa proie, à ce spectre, tu vivrais encore, charme de mes yeux, aujourd'hui gonflés de pleurs; tu ferais encore la gloire de ton camarade, les délices de ton ami. Si ton âme plane encore quelquefois sur le lieu où repose ta cendre, tu peux voir gravée dans mon cœur une douleur trop intense pour être exprimée par le ciseau du sculpteur : le marbre ne marque point la place où tu dors de ton dernier sommeil, mais on y voit pleurer des statues vivantes. L'image de la Douleur ne s'incline pas sur ta tombe, mais la Douleur elle-même déplore ta perte prématurée. Ton père pleure en toi le premier né de sa race; mais l'affliction d'un père ne saurait égaler la mienne. Nul sans doute n'adoucira ses derniers moments comme l'eût fait ta présence; pourtant d'autres enfants lui restent pour charmer ici-bas ses ennuis. Mais qui te remplacera auprès de moi? quelle amitié nouvelle effacera ton image? Aucune! — Les pleurs d'un père cesseront de couler; le temps apaisera la douleur d'un frère jeune encore. Tous, hormis un seul, seront consolés; mais l'amitié gémira solitaire.

1803.

FRAGMENT.

Le jour où la voix d'un père me rappellera au céleste séjour, et où mon âme partira joyeuse; quand mon ombre voyagera sur l'aile des vents, ou, couverte d'un nuage sombre, descendra sur le flanc de la montagne, oh! qu'une urne magnifique n'enferme point ma cendre et ne marque point le lieu où la terre retourne à la terre! Point de longue inscription, point de marbre chargé de mon éloge: que, pour toute épitaphe, on écrive mon nom. S'il faut autre chose pour honorer ma cendre, eh bien! je ne veux pas d'autre gloire! Que ce soit là le seul indice du lieu de ma sépulture! Si cela ne suffit pas pour me rappeler au souvenir des hommes, je consens qu'on m'oublie.

1803.

VERS COMPOSÉS EN QUITTANT L'ABBAYE DE NEWSTEAD.

> Pourquoi construis-tu ce manoir, fils des jours à l'aile rapide? Aujourd'hui tu regardes du faîte de la tour : encore quelques années, et le souffle du désert viendra mugir dans la tour solitaire.
> OSSIAN.

Newstead, à travers tes créneaux, les vents mugissent sourdement. Manoir de mes pères, te voilà qui dépéris; dans tes jardins, que la joie animait naguère, la ciguë et le chardon croissent où fleurissait la rose.

De ces barons couverts de cottes de mailles, qui, fiers de

leur vaillance, conduisaient leurs vassaux d'Europe aux plaines de Palestine, il ne reste d'autres vestiges que les écussons et les boucliers que fait résonner le souffle des vents.

La harpe du vieux Robert n'excite plus les cœurs généreux à cueillir la palme des batailles. Jean d'Horistan repose près des tours d'Ascalon ; la mort a fait taire la voix de son ménestrel.

Paul et Hubert dorment aussi dans la vallée de Crécy. Ils tombèrent victimes de leur dévouement à Édouard et à l'Angleterre. O mes pères! vous revivez dans les pleurs de votre patrie! Ses annales racontent vos combats et votre mort.

A Marston, luttant avec Rupert contre les rebelles, quatre frères arrosèrent de leur sang le champ de bataille. Défenseurs des droits du monarque, ils scellèrent de leur vie leur dévouement à ta royauté.

Adieu, ombres héroïques! En s'éloignant de la demeure de ses ancêtres, votre descendant vous salue. Sur la rive étrangère ou sur la terre natale, il pensera à votre gloire, et ce souvenir ranimera son courage.

Bien qu'il verse des larmes à cette séparation douloureuse, c'est la nature, et non la crainte, qui les lui fait répandre. Une noble émulation l'accompagnera aux terres lointaines : il ne saurait oublier la gloire de ses pères.

Il chérira le souvenir de cette gloire; il jure de ne jamais ternir votre renom : comme vous il vivra, ou mourra comme vous. Quand il ne sera plus, puisse-t-il mêler sa cendre à la vôtre!

1803.

VERS ÉCRITS SUR UN VOLUME DES LETTRES D'UNE RELIGIEUSE ITALIENNE A UN ANGLAIS.

« Loin de moi vos artifices séducteurs! Qu'ils s'adressent à des cœurs simples et les égarent! Vous sourirez de leur crédulité; ils pleureront de votre perfidie. »

RÉPONSE AUX VERS PRÉCÉDENTS, ADRESSÉS A MISS ***.

Aimable et simple fille, ces artifices séducteurs dont tu voudrais garantir ton sexe fragile, n'existent que dans ton imagination : ce sont des fantômes que tu te crées. Va, crois-moi, il n'a nul dessein de te tromper, celui qui ne peut voir sans admiration ta grâce enchanteresse, tes belles formes, tes traits charmants. Jette les yeux sur ton miroir : tu y verras cette élégance que notre sexe loue avec transport, et qui excite l'envie du tien. Celui qui te parle de ta beauté, celui-là ne fait que ce qu'il doit. Ne fuis pas la jeunesse au langage sincère : ce n'est pas de la flatterie, — c'est de la vérité.

Juillet 1804.

ADRIEN MOURANT A SON AME.

> Animula vagula, blandula,
> Hospes comesque corporis,
> Quæ nunc abibis in loca,
> Pallidula, rigida, nudula,
> Nec, ut soles, dabis jocos!

Ah! gentle, fleeting, waw'ring sprite
Friend and associate of this clay!
   To what unknown region borne
Wilt thou now wing thy distant flight?
No more with wonted humour gay,
   But pallid, cheerless and forlorn.

> Petite âme douce et légère,
> Du corps hôtesse passagère,
> Eh! que vas-tu faire là-bas?
> Pâle, tremblotante, chétive,
> Crois-moi, sur cette froide rive,
> Ta gaîté ne te suivra pas.

A EMMA.

Puisque l'heure est à la fin venue où tu dois te séparer de ton amant désolé, puisque notre rêve de félicité a pris fin, encore une douleur, ô mon amie! et tout sera terminé.

Ah! moment plein d'amertume que celui où nous nous

quittons pour ne plus nous revoir, où celle qui me fut si chère s'arrache à moi, et part pour de lointains rivages !

N'importe ! nous avons passé quelques moments heureux, et il y aura de la joie mêlée à nos larmes quand notre pensée se reportera vers ces tours antiques qui abritèrent notre enfance.

Montés sur leur gothique sommet, nous contemplions le lac, le parc, la vallée ; et maintenant encore, à travers le voile de nos pleurs, nos regards leur adressent un dernier adieu,

A ces campagnes que nous avons tant de fois parcourues, théâtre de nos jeux enfantins ; à ces ombrages où, fatigués de nos excursions, nous nous reposions, ta tête appuyée sur mon sein ;

Pendant que moi je te contemplais d'un œil d'admiration, et j'oubliais d'écarter de ton beau visage l'insecte ailé à qui j'enviais le baiser qu'il posait sur tes yeux endormis.

Vois la petite nacelle peinte dans laquelle, la rame en main, je te promenais sur le lac ; vois aussi l'ormeau qui balance sur le parc son vaste ombrage, et que j'escaladais à ta voix.

Ces temps sont passés. — Plus de joie : tu me quittes, tu quittes cette vallée heureuse ! Ces beaux lieux, je vais désormais être seul à les parcourir. Sans toi, quel charme auront-ils pour moi ?

Ah ! nul, sans l'avoir éprouvé, ne pourra concevoir tout ce qu'il y a d'amertume dans un dernier embrassement, alors que, séparé de tout ce qu'on aimait, on dit au bonheur un long adieu.

Oh ! c'est là le plus douloureux des maux ; c'est là ce qui maintenant humecte nos joues de larmes brûlantes ; c'est le terme final de l'amour, c'est le dernier, le plus tendre adieu.

―――

A M. S. G.

Chaque fois que je vois tes lèvres charmantes, je suis tenté d'y déposer un baiser de flamme ; mais ce bonheur céleste, je me l'interdis : ce serait une félicité coupable.

Quand je pense à ce sein éclatant de blancheur, je brûle d'en toucher la neige; mais ce désir audacieux, je le réprime, de peur de troubler ton repos.

Un regard de ton œil pénétrant me fait palpiter ou d'espoir ou de crainte; pourtant je cache mon amour, et pourquoi? — C'est que je veux t'épargner des larmes de douleur.

Jamais je ne t'ai dit mon amour, mais tu n'as que trop vu ma flamme ardente! Est-ce maintenant que je dois t'entretenir de ma passion, afin de changer en enfer le ciel de ton âme?

Non, car tu ne peux jamais être à moi! Jamais l'église ne pourrait sanctionner notre union. O mon amie! tu ne m'appartiendras jamais que par des liens purs et célestes!

Que mon feu se consume donc en secret! Qu'il se consume! je te le laisserai ignorer. J'aime mieux mourir que de laisser briller sa lueur criminelle.

Je ne veux point soulager mon cœur torturé en détruisant la paix du tien. Plutôt que de t'infliger un coup aussi cruel, je préfère étouffer en moi toute pensée présomptueuse.

Oui, tes lèvres adorées, pour lesquelles je braverais plus que je n'ose dire, j'en fais le sacrifice. Pour sauver ton honneur et le mien, je te dis maintenant un dernier adieu.

Je renonce à presser sur mon cœur ton sein charmant; je resterai seul avec mon désespoir : je renonce à tes doux embrassements. Ah! pour les conquérir, je puis m'exposer à tout, hormis à ton déshonneur.

Du moins, tu resteras pure : nulle matrone n'aura le droit de parler de ta honte. Je serai en proie à d'incurables douleurs, mais je ne t'aurai point immolée à l'amour.

A CAROLINE.

Crois-tu donc que j'aie vu sans m'émouvoir tes beaux yeux baignés de larmes me supplier de rester; que j'aie été sourd à tes soupirs qui en disaient plus que des paroles n'auraient pu en dire?

Quelque vive que fût l'affliction qui faisait couler tes

larmes, en voyant ainsi se briser nos espérances et notre amour, crois-moi, fille adorée, ce cœur saignait d'une blessure non moins profonde que la tienne.

Mais quand la douleur enflammait nos joues, quand tes lèvres charmantes pressaient les miennes, les pleurs qui coulaient de mes yeux étaient absorbés dans ceux que répandaient les tiens.

Tu ne pouvais sentir ma joue brûlante. Le torrent de tes larmes en avait éteint la flamme; et lorsque ta langue essayait de parler, ce n'était que par des soupirs qu'elle articulait mon nom.

Et cependant, jeune fille, c'est en vain que nous pleurons, en vain que nous exhalons nos plaintes par des soupirs; les souvenirs seuls doivent nous rester, et ils ne feront que redoubler nos pleurs.

Adieu encore, ô ma plus aimée! Ah! si tu le peux, étouffe tes regrets; que ta pensée ne s'arrête pas sur nos joies passées. Tout notre espoir est dans l'oubli.

A CAROLINE.

Quand je t'entends exprimer une affection si vive, ne pense pas, ma bien-aimée, que je n'ajoute pas foi à tes paroles : tes lèvres désarmeraient le plus soupçonneux des mortels, et dans tes yeux brille un rayon qui ne saurait tromper.

Et pourtant mon cœur épris, tout en t'adorant, songe avec douleur que l'amour, comme la feuille, doit se faner un jour; que la vieillesse viendra, et qu'alors, les larmes aux yeux, nous contemplerons à travers le voile des souvenirs les scènes de notre jeunesse;

Qu'un temps viendra où les boucles de ta chevelure perdront leur couleur éclatante et flotteront plus rares au souffle de la brise, alors qu'il ne restera de ces tresses que quelques cheveux blancs, signe douloureux des infirmités de l'âge et du déclin de la nature.

C'est là, ma bien-aimée, ce qui rembrunit mes traits. Loin de moi cependant d'accuser d'injustice cette loi suprême qui soumet à la mort tout ce qui respire, et qui un jour doit me priver de toi !

Sceptique aimable, ne te méprends pas sur la cause de mon émotion : le doute ne peut arriver jusqu'au cœur de ton amant; chacun de tes regards devient l'objet de son culte; il suffit d'un sourire pour le charmer, d'une larme pour changer ses convictions.

Mais, ô ma douce amie ! puisque la mort doit tôt ou tard nous atteindre; puisque nos cœurs, brûlant aujourd'hui d'une sympathie si vive, dormiront dans le sein de la terre pour ne s'éveiller qu'au jour où la trompette redoutable sonnera le réveil des morts ;

Eh bien ! savourons à longs flots le plaisir dont une passion telle que la nôtre est une source intarissable ; remplissons jusqu'aux bords la coupe de l'amour, et enivrons-nous de ce terrestre nectar.

1805.

A CAROLINE.

Oh ! quand viendra la tombe ensevelir à jamais ma douleur ? Quand mon âme, quittant cette argile, prendra-t-elle son vol ? Le présent est l'enfer, et le lendemain ajoute de nouvelles tortures aux souffrances de la veille.

Mes yeux n'ont point de larmes, mes lèvres point de malédictions ; je n'exterminerai point les ennemis qui m'ont précipité du faîte du bonheur ; elle serait vile l'âme qui, en proie à de tels tourments, exhalerait en paroles ses plaintes bruyantes.

Si mes yeux, au lieu de pleurs, dardaient des traits de feu, si mes lèvres vomissaient des flammes que rien ne pourrait éteindre, mes yeux lanceraient sur nos ennemis les foudres de la vengeance, ma langue avec transport donnerait l'essor à sa rage.

Mais maintenant à quoi nous serviraient les malédictions et les larmes ? Elles ne feraient qu'ajouter à la joie de nos tyrans ; s'ils nous voyaient gémir de notre funeste séparation, cette vue réjouirait leurs cœurs impitoyables.

Pourtant, nous avons beau ployer avec une résignation feinte, la vie ne fait plus luire sur nous un seul rayon de bonheur; l'amour et l'espérance n'ont plus de consolations pour nous sur la terre; dans le tombeau est notre espoir, car dans la vie est notre crainte.

O mon adorée! quand me déposera-t-on dans ma tombe, puisque ici-bas l'Amour et l'Amitié m'ont quitté pour jamais! Si au séjour de la mort je puis de nouveau te presser sur mon cœur, peut-être laisseront-ils les morts en paix.

1805.

STANCES A UNE DAME, EN LUI ENVOYANT LES POÈMES DU CAMOENS.

Beauté chérie, peut-être en ma faveur tu priseras ce gage d'une tendre estime; ce livre parle de l'amour et de ses rêves enchanteurs : c'est un sujet que nous ne pouvons jamais traiter avec dédain.

Qui le blâme, en effet, sinon le sot envieux, la vieille fille désappointée, ou la femme qui, élevée à l'école de la pruderie, est condamnée à languir dans son ennui solitaire?

Mais toi, femme charmante, toi qui n'appartiens à aucune de ces catégories, lis ces vers, lis-les avec émotion; je n'aurai pas en vain appelé ta pitié sur les infortunes du poëte.

Car c'était là un vrai poëte; sa flamme n'était point une flamme factice. Puisse comme lui l'amour te récompenser; mais que sa destinée ne soit pas la tienne!

LE PREMIER BAISER DE L'AMOUR.

> Α' Βαρβιτος δε χορδαις
> Ερωτα μουνον ηχει.
> ANACRÉON.

Arrière les fictions de vos romans imbéciles, ces trames de mensonges tissues par la Folie! Donnez-moi le doux rayon d'un regard qui vient du cœur, ou le transport que l'on éprouve au premier baiser de l'amour.

Rimeurs, qui ne brûlez que du feu de l'imagination, dont les passions pastorales sont faites pour le bocage, de quelle heureuse source d'inspiration couleraient vos sonnets, si vous aviez savouré le premier baiser de l'amour!

Si Apollon vous refuse son aide, si les neuf sœurs paraissent vouloir s'éloigner de vous, ne les invoquez plus, dites adieu à la muse, et essayez de l'effet que produira le premier baiser de l'amour.

Je vous hais, froides compositions de l'art. Dussent les prudes me condamner et les bigots me désapprouver, je recherche les inspirations d'un cœur qui bat de volupté au premier baiser de l'amour.

Vos bergers, vos moutons, tous ces sujets fantastiques peuvent amuser parfois, mais ne pourront jamais émouvoir. L'Arcadie n'est, après tout, qu'un pays de fictions; que sont ces visions-là, comparées au premier baiser de l'amour?

Oh! ne dites pas que l'homme, depuis sa naissance, depuis Adam jusqu'à nos jours, a été soumis à la loi du malheur; il y a encore sur la terre quelque chose du paradis, et l'Eden revit dans le premier baiser de l'amour.

Quand l'âge aura glacé notre sang, quand nos plaisirs auront disparu, — car les années pour s'enfuir ont les ailes de la colombe, — le souvenir le plus cher et qui survivra à tous les autres, celui que notre mémoire aimera le plus à se rappeler, c'est le premier baiser de l'amour.

SUR UN CHANGEMENT DE DIRECTEUR, DANS UNE DE NOS ÉCOLES PUBLIQUES.

Qu'est devenue, Ida [4], l'honorable renommée dont tu jouissais quand Probus [5] occupait ton trône magistral? De même que Rome dégénérée vit un Barbare s'asseoir au trône de ses césars, c'est ainsi, ô Ida! que, subissant un destin aussi déshonorant, tu vois Pomposus [6] occuper le siége de Probus. Pomposus t'asservit à sa dure loi, Pomposus au cerveau étroit, à l'âme plus étroite encore, Pomposus étranger à toute sociabilité, dont tout le mérite consiste en jargon pompeux, en vaine parade, en sonores absurdités, et imposant sans cesse des règles nouvelles telles que jamais

collége n'en connut avant lui. Prenant le pédantisme pour la science, il gouverne sans autre approbation que la sienne. Avec lui, attends-toi, Ida, à subir la fatale destinée de Rome : comme elle, tu tomberas, tu perdras ton antique gloire, et il ne te restera plus de la science que le nom.
Juillet 1805.

AU DUC DE DORSET.

Dorset ! compagnon de mes jeunes excursions, alors que nous parcourions ensemble tous les sentiers des ombrages d'Ida; toi que l'affection m'apprit à protéger, et pour qui je fus moins un tyran qu'un ami, en dépit de la loi inflexible de notre jeune société, qui nous donnait, à *toi* l'obéissance, à *moi* le commandement ; toi qui, dans quelques années, verras pleuvoir sur ta tête tous les dons de l'opulence et tous les honneurs du pouvoir, dès à présent tu es possesseur d'un nom illustre, et tu jouis d'un haut rang, à peu de distance du trône. Cependant, Dorset, ne te laisse pas persuader de fuir la science et de repousser tout contrôle, malgré l'inaction de ces maîtres qui, craignant de censurer l'enfant titré dont le souffle peut un jour dispenser l'avancement et les faveurs, voient d'un œil indulgent des peccadilles ducales, et ferment les yeux sur des fautes qu'ils tremblent de punir.

Quand de jeunes parasites ploient le genou non devant toi, mais devant l'opulence, leur idole d'or; — car, jusque dans l'enfance simple et naïve il se trouve des esclaves flatteurs et rampants; — lorsqu'ils te disent que « la pompe doit entourer celui que sa naissance appelle aux grandeurs, que les livres ne sont faits que pour de laborieux imbéciles, que les esprits élevés dédaignent les règles ordinaires, » garde-toi de les croire; ils te montrent le chemin de l'ignominie, et cherchent à flétrir la gloire de ton nom. Dans la foule de tes jeunes condisciples, fais choix de ceux dont l'âme n'hésite pas à condamner le mal; ou si parmi les compagnons de ton adolescence il ne s'en trouve aucun assez hardi pour te faire entendre la voix sévère de la vérité, interroge ton propre cœur; il ne te trompera pas, car *je sais* que la vertu y habite.

Oui, il y a longtemps que je t'ai distingué; mais maintenant de nouveaux objets m'appellent loin de toi; oui, j'ai remarqué en toi une âme généreuse qui, bien cultivée, fera les délices des hommes. Ah! moi-même, quoique la nature m'ait créé fier et impétueux, et que je sois l'enfant gâté de l'Imprudence, marchant de faute en faute, et prédestiné à une chute certaine, cependant je veux tomber seul; bien qu'aucun précepte ne puisse maintenant apprivoiser mon cœur hautain, j'aime les vertus auxquelles je ne peux prétendre.

Ce n'est pas assez pour toi de jeter au milieu des autres enfants du pouvoir l'éclat passager d'un météore. Tu ne peux te contenter du misérable honneur d'enfler les annales de la pairie d'une longue suite de noms qui ne figurent que là, pour partager ensuite la destinée de la foule des gens titrés, regardés à peine de leur vivant, oubliés après leur mort, sans que rien te distingue des morts vulgaires, si ce n'est la froide pierre qui couvrira ta dépouille, l'écusson délabré et le parchemin héraldique soigneusement encadré, mais que personne ne regarde, seul monument qui retrace les noms sans valeur de nobles inconnus. Tu ne voudras pas, à leur exemple, dormir oublié comme les sombres caveaux qui recouvrent leurs cendres, leurs folies et leurs fautes, et ne léguer pour tout souvenir que des armoiries insignifiantes qui ne seront jamais interrogées. Combien mon regard prophétique préfère te voir, exalté entre tous les hommes bons et sages, poursuivre une glorieuse et longue carrière, au premier rang par le talent comme par la naissance, foulant aux pieds le vice, écartant loin de toi toute indigne bassesse, non le mignon de la Fortune, mais son fils le plus noble!

Reporte tes regards sur les annales du passé, où brillent les actions de tes pères. L'un, bien que courtisan, fut homme de mérite, et eut la gloire de créer le drame anglais [8]. Un autre, non moins renommé pour son esprit, occupa une place distinguée dans les camps, à la cour et au sénat; guerrier courageux et favori des muses, il était fait pour honorer les rôles les plus éminents. Bien supérieur à la foule des courtisans, il fut l'orgueil des princes et l'ornement du Parnasse [9]. Tels furent les aïeux; soutiens donc la gloire de leur nom. Succède non seulement à leurs titres, mais à leur renommée. Pour moi l'heure s'approche; encore quelques jours, et je ne verrai plus ce théâtre des joies et des chagrins de mon adolescence. Bientôt il me faudra quitter ces beaux ombrages, où je vivais d'espérance, de paix et d'amitié : l'espérance, qui se colorait pour moi de toutes les nuances de l'arc-en-ciel et dorait les ailes du Temps au vol rapide; la paix, que nulle réflexion ne venait troubler, que n'altérait aucun pressentiment funeste; l'amitié, qui n'est pure et vraie que dans l'enfance. Ah! ils ne peuvent aimer longtemps, ceux qui aiment si bien. Adieu à tout cela! Je ne puis qu'avec peine détacher mes regards de ces objets si chers. Ainsi l'exilé, quittant son pays natal, tourne vers le rivage, qui s'éloigne lentement à travers la plaine azurée, des yeux chargés de douleurs, mais qui ne peuvent pleurer.

Adieu, Dorset! je ne réclame aucun souvenir dans un cœur si jeune. Le jour de demain en effacera mon nom, et n'y laissera pas de trace. Mais dans un âge plus mûr nous nous retrouverons peut-être; car le hasard nous a jetés dans la même sphère; et au sein du même sénat, peut-être dans le même débat, l'État peut réclamer notre vote. Qui sait si alors nous ne passerons pas l'un près de l'autre avec indifférence, ou même avec une froide réserve? Désormais pour moi tu ne seras ami ni ennemi; je resterai étranger à ta bonne ou mauvaise fortune, et c'est la dernière fois que je te rappelle les souvenirs de notre enfance. Nous ne goûterons plus ensemble les joies de l'intimité, et ce ne sera plus que dans la foule que j'entendrai ta voix connue. Mais si les vœux d'un cœur inhabile à déguiser des sentiments qu'il devrait cacher peut-être, si ces vœux, — mais hâtons-nous de clore ce sujet déjà trop prolongé, — si ces vœux n'ont point été formés en vain, l'Ange Gardien qui préside à ta destinée, comme il l'a trouvé grand, te laissera glorieux.

1803.

FRAGMENT ÉCRIT PEU DE TEMPS APRÈS LE MARIAGE DE MISS CHAWORT.

Collines d'Annesley, retraite froide et sombre, où erra tant de fois mon insouciante enfance, comme les tempêtes du nord combattent et mugissent au-dessus de vos touffus ombrages !

Maintenant je ne vais plus, trompant le cours des heures, visiter mes sites favoris ; le sourire de Marie ne fait plus pour moi un paradis de ces lieux[10].

1805.

GRANTA[11].

SALMIGONDI.

Αργυρέαις λόγχαισι μάχου καὶ πάντα Κρατήσαις.

Oh ! que n'ai-je le talisman du démon de Le Sage ! Cette nuit même mon corps tremblant serait transporté sur le clocher de Sainte-Marie.

Là, découvrant les toits des édifices de la vieille Granta, ses pédantesques habitants m'apparaîtraient sans voile ; ces hommes qui rêvent de prébendes et de bénéfices, salaire de leur vote vénal.

Là je verrais les deux candidats rivaux, Petty et Palmerston, qui vont à la récolte des voix pour le jour des élections prochaines.

Mais, candidats et électeurs, la sainte phalange dort d'un profond somme : gens célèbres pour leur piété, et dont la conscience ne trouble pas le sommeil.

Lord Hawke peut être tranquille sur le résultat ; les membres de l'université sont gens sages et qui réfléchissent : ils savent que les promotions sont choses rares, qui n'arrivent qu'à de longs intervalles.

Ils savent que le chancelier a de bons bénéfices à donner : chacun espère en obtenir un, et, en conséquence, accueille d'un sourire le candidat qu'il propose.

Maintenant, comme la nuit s'avance, quittons ce tableau soporifique, et examinons, invisibles, les fils studieux de l'université.

Là, dans des chambres étroites et humides, l'aspirant aux prix universitaires travaille à la lueur de la lampe nocturne, se couche tard et se lève matin.

Certes, il a bien mérité ces prix, ainsi que tous les honneurs de son collége, celui qui pour les obtenir se condamne à amasser des connaissances improfitables ;

Qui sacrifie les heures destinées au repos pour scander des mètres attiques, ou se tourmente à résoudre des problèmes mathématiques ;

Qui cherche dans Scale [12] de fausses quantités, ou se morfond sur un triangle, et se prive de plus d'un repas salutaire pour ergoter en latin barbare ;

Renonçant au charme des lectures historiques, et préférant aux chefs-d'œuvre littéraires le carré de l'hypothénuse.

Toutefois, ce sont là des occupations innocentes qui ne font de mal qu'à l'infortuné étudiant, comparées aux récréations qui rassemblent ces jeunes imprudents,

Dont les audacieuses orgies blessent la vue, alors que le vice s'unit à l'infamie, que l'intempérance et le jeu sollicitent, et que tous les sens sont plongés dans l'ivresse du vin.

Telle n'est pas la coterie des méthodistes, qui rêvent des plans de réforme : ceux-là prennent une attitude d'humilité et prient pour les péchés des autres ;

Oubliant que leur esprit d'orgueil, l'étalage qu'ils font de leurs épreuves, diminuent beaucoup le mérite de leur désintéressement si vanté.

Voici venir le jour : — portons ailleurs notre vue. Quelle scène devant moi se présente ? Quelle est cette foule, vêtue de blanc [13], qui fuit à travers les campagnes verdoyantes ?

La cloche de la chapelle résonne dans les airs ; elle se tait : — quels accords maintenant lui succèdent ? L'orgue fait entendre à l'oreille attentive et charmée sa douce et céleste harmonie.

A ces sons se joint le chant sacré, l'hymne du Roi-Prophète ; mais celui qui aura pendant quelque temps entendu cette musique ne sera pas tenté de l'entendre de nouveau.

Nos chantres sont plus que médiocres, même pour des novices. Point de grâce à ce ramas de pécheurs à la voix croassante.

Si David, quand il eut fini son œuvre, avait entendu chanter devant lui ces lourdauds, ses psaumes ne seraient point arrivés jusqu'à nous ; — dans son dépit, il les eût mis en pièces.

Les infortunés Israélites, captifs d'un tyran inhumain, reçurent l'ordre de chanter, dans leur tristesse, sur les rives du fleuve de Babylone.

Oh ! si le stratagème ou la crainte leur eût inspiré d'aussi effroyables accords, ils n'eussent pas eu besoin de se gêner ; personne ne fût resté là pour les entendre.

Mais, pour peu que je continue encore à écrire, je crains bien de mettre les lecteurs en fuite : ma plume est émoussée ; mon encre est presque épuisée ; je pense qu'il est grandement temps de finir.

Vieille Granta, je te dis adieu ainsi qu'à tes clochers. Je ne veux plus voyager en l'air comme Cléophas ; tu n'inspires plus rien à ma muse ; le lecteur est las et moi aussi.

1806.

SUR UNE VUE LOINTAINE DU VILLAGE ET DU COLLÉGE D'HARROW SUR LA COLLINE.

> O mihi præteritos referat si Jupiter annos !
> VIRGILE.

Scènes de mon enfance, dont le souvenir aimé rend le présent amer par le contraste du passé, de cette époque où la science éveilla pour la première fois en moi la puissance de la réflexion, où je formai des amitiés trop romanesques pour être durables [14] ;

Où l'imagination me retrace encore les traits de camarades unis à moi par l'amitié et l'espièglerie ; combien m'est cher votre souvenir toujours vivant, qui repose là dans ce cœur d'où l'espérance est bannie !

Je revois par la pensée les collines témoins de nos jeux, les ondes dans lesquelles nous nagions, les champs qui ont vu nos combats [15], la classe où nous rappelait la cloche bruyante, et où nous méditions avec ennui les préceptes des pédagogues.

Je revois la tombe où j'avais coutume de m'asseoir et de passer des heures entières à rêver le soir [16], et le cimetière où je me rendais pour jouir des derniers rayons du soleil couchant.

Je revois encore la salle où, entouré de spectateurs, je servais d'interprète aux fureurs de Zanga [17], et foulais à mes pieds Alonzo, pendant que mon jeune orgueil, enivré du doux bruit des applaudissements, s'imaginait surpasser Mossop [18] lui-même;

Où, dans le rôle de Léar, dépouillé par mes filles de mon royaume et de ma raison, j'exhalais mes imprécations douloureuses; à tel point qu'exalté par l'approbation bruyante de l'auditoire et ma propre vanité, je me regardais comme un nouveau Garrick.

O rêves de mon enfance! combien je vous regrette! Votre souvenir conserve dans ma mémoire toute sa fraîcheur; dans ma tristesse et mon isolement, je ne puis vous oublier : je jouis encore de vos plaisirs par la pensée.

Ida, puisse le souvenir me reporter souvent vers toi, pendant que le destin déroulera mon sombre avenir! Puisque devant moi je n'ai que des ténèbres, le rayon du passé n'en est que plus cher à mon cœur.

Mais si, dans le cours des années qui m'attendent, une nouvelle perspective de plaisirs vient à m'apparaître, alors, dans mon enthousiasme, je m'écrierai : « Oh! tels étaient ces jours qu'a connus mon enfance. »

1806.

A M........

Oh! si tes yeux avaient, au lieu de flamme, l'expression d'une tendresse vive mais douce, peut-être allumeraient-ils moins de désirs, mais un amour plus que mortel serait ton partage;

Car le ciel te créa si divinement belle, qu'en dépit de ton regard indomptable nous t'admirons sans espoir; mais ce fatal regard nous interdit l'estime.

Quand la nature te fit naître, tant de perfection brillait en toi, qu'elle craignit que, trop divine pour la terre, le ciel ne réclamât ta possession.

Pour protéger son plus bel ouvrage, et de peur que les anges ne te disputassent à son empire, elle plaça un éclair secret dans ces yeux naguère célestes.

Dès lors ils brillèrent de tous les feux du midi, et tinrent en respect le sylphe le plus audacieux. Il n'est personne que ta beauté ne charme. Mais qui oserait affronter ton ardent regard?

On dit que la chevelure de Bérénice, changée en constellation, orne la voûte céleste; mais on ne t'admettrait pas dans ce séjour: tu éclipserais les sept planètes.

Car si tes yeux brillaient là-haut comme des astres, on distinguerait à peine la clarté des étoiles, les compagnes; et les soleils eux-mêmes, dont chacun préside à un système planétaire, ne jetteraient plus dans leurs sphères qu'une clarté douteuse.

1806.

A LA FEMME.

Femme, l'expérience aurait dû me dire qu'il est impossible de te voir sans t'aimer; certes, elle aurait dû m'apprendre que tes promesses les plus sacrées ne sont rien; mais dès que tu m'apparais avec tous tes charmes, j'oublie tout et ne sais plus que t'adorer. O mémoire! bienfait si doux quand on espère ou qu'on possède encore, combien tous les amants te maudissent quand l'amour a fui et que la passion est éteinte! Femme, objet cher et décevant, combien la Jeunesse est prompte à te croire! Comme le cœur bat quand nous voyons pour la première fois ces yeux qui nagent dans l'azur, ou ces éclairs que lance une noire prunelle, ou cet

éclat plus doux qui brille à travers des cils d'un brun clair!
Comme nous ajoutons foi à tous les serments de la Beauté!
Avec quelle confiance nous accueillons ses promesses! Insensés! nous croyons que cela durera toujours; mais, hélas!
un jour s'écoule, et voilà qu'elle a changé. Il sera éternellement vrai cet adage : « Femme, tes serments sont écrits dans
le sable [19]. »

A M. S. G.

Quand je rêve que vous m'aimez, vous me pardonnerez
sans doute. Que votre courroux ne s'étende pas jusque sur
le sommeil, car votre amour ne peut exister qu'en rêve. —
Je m'éveille, il ne me reste plus qu'à pleurer.

Eh bien donc, ô Morphée! hâte-toi d'assoupir mes sens,
épands sur moi ta douce langueur; si le rêve de cette nuit
ressemble au songe de la nuit dernière, quel céleste ravissement sera mon partage!

On dit que le Sommeil, ce frère de la Mort, en est aussi
l'emblème; qu'il me tarde de rendre le dernier soupir, si ce
que j'éprouve est un avant-goût du ciel!

Ah! ne froncez point le sourcil, beauté charmante! éclair-
cissez ce beau front, et ne m'enviez pas ma félicité. Si je suis
coupable en rêve, maintenant j'expie mon crime, condamné
que je suis à me contenter de la vue du bonheur.

Bien que je vous voie peut-être me sourire dans mes rêves,
femme adorable, n'allez pas croire ma punition légère!
Quand votre douce présence a charmé mon sommeil, le réveil est à lui seul un châtiment suffisant.

A MARIE, EN RECEVANT SON PORTRAIT.

Cette faible image de tes charmes (l'artiste le plus habile
n'a pu aller au-delà) apaise les craintes de mon cœur fidèle,
ravive mes espérances, et me permet de vivre.

J'y retrouve ces boucles dorées qui flottent autour de ton
front de neige, ces joues sorties du moule de la beauté, ces
lèvres qui ont fait de moi ton esclave.

J'y retrouve... Oh! non! ces yeux, dont l'azur flotte dans un feu liquide, défient tout l'art des peintres, et c'est en vain qu'ils essaieraient de les imiter.

Je vois bien ici leur teinte céleste; mais où est le charmant rayon qui s'en échappait et relevait l'éclat de leur azur, comme la lune dont la lumière se joue sur les flots de l'Océan?

Douce copie, bien que privée de vie, bien qu'insensible, tu m'es plus chère que toutes les beautés vivantes, à l'exception de celle qui t'a placée près de mon cœur!

Elle l'y a placée avec tristesse, et avec la crainte, assurément bien vaine, que le temps ne fît changer mon âme vacillante, ignorant que son image est un talisman qui enchaîne toutes les facultés de mon être.

Elle charmera mes heures, mes années, ma vie entière; dans mes moments de tristesse, elle relèvera mon espoir; elle m'apparaîtra à ma dernière heure, et mes regards expirants la contempleront encore.

A LESBIE.

Lesbie, depuis que j'ai porté mes pas loin de vous, la même affection ne brûle plus nos âmes; vous dites que c'est moi qui ai changé et non vous; je voudrais vous en dire la raison, — mais je l'ignore.

Aucun souci n'a traversé votre front poli; et nous n'avons pas beaucoup vieilli, ma Lesbie, depuis qu'en tremblant je vous donnai mon cœur, et, enhardi par l'espoir, vous déclarai mon amour.

Seize ans formaient alors notre âge. Depuis, il s'est écoulé deux ans, mon amour! et maintenant voilà que de nouvelles pensées nous occupent. Du moins, pour ma part, je l'avoue, je me sens disposé au changement.

C'est moi seul qu'il faut blâmer, moi qui me suis rendu coupable de trahison envers l'Amour; puisque votre cœur fidèle est encore le même, il faut que le caprice seul m'ait porté à changer.

Je ne doute point, mon amie, de votre sincérité; des doutes jaloux n'agitent pas mon sein; la passion de ma jeunesse fut naïve et chaleureuse; elle ne laisse après elle aucune trace d'imposture.

Non, non, ce n'était point une flamme factice que la mienne; c'était dans toute la sincérité de mon âme que je vous aimais; et, — bien que notre rêve soit fini, — mon cœur vous conserve une affectueuse estime.

Nous ne nous verrons plus sous ces ombrages; l'absence m'a rendu volage; mais des cœurs plus âgés et plus fermes que les nôtres ont trouvé la monotonie dans l'amour.

Votre joue a conservé son doux incarnat; chaque jour révèle en vous de nouveaux charmes; vos yeux, qui préludent à leurs conquêtes, lancent déjà les éclairs irrésistibles qui doivent allumer la forge de l'Amour.

Ainsi armée, femme charmante, vous allez faire saigner bien des cœurs; et plus d'un amant vous offrira comme moi l'hommage de ses soupirs; ils pourront témoigner plus de constance que moi, ils ne montreront jamais plus d'amour.

VERS ADRESSÉS A UNE JEUNE DEMOISELLE [20].

(Un jour l'auteur déchargeait ses pistolets dans un jardin; deux dames qui passaient près de là, entendirent avec effroi une balle siffler à deux pas d'elles. Le lendemain matin, l'auteur adressa à l'une d'elles les stances qui suivent.)

Sans doute, aimable fille, le plomb sifflant qui a balancé la mort sur tes charmes et résonné au-dessus de ta tête charmante, a dû remplir ton cœur d'alarme.

Il faut qu'un démon jaloux, irrité de la présence de tant de beauté, ait imprimé à la balle un mouvement invisible, et changé sa première direction.

Oui, dans cet instant qui a failli être funeste, la balle a obéi à l'impulsion de quelque agent infernal. Mais le Ciel, interposant sa puissance, a dans sa miséricorde détourné le coup mortel.

Mais, comme il est possible qu'une larme tremblante soit tombée sur ce sein ému; comme je suis la cause innocente de cet effroi, et que c'est moi qui ai fait couler cette larme de sa source brillante;

Parle, prescris toi-même le sévère châtiment qui doit expier un tel outrage! Me voilà, humble accusé, devant le trône de la beauté; quelle est la peine que tu veux m'infliger?

Que ne puis-je remplir le rôle de juge! la sentence n'aurait rien de bien effrayant; elle consisterait à te donner un cœur qui t'appartient déjà.

Le moins que je puisse faire en expiation de mon crime, c'est de perdre ma liberté. Désormais donc, je ne respire plus que pour toi, et tu seras en toutes choses tout pour moi.

Mais peut-être rejetteras-tu une semblable expiation : eh bien! fais choix d'une autre peine; que ce soit la mort, enfin tout ce que tu voudras.

Choisis donc sans pitié! Et je jure que ce que tu auras ordonné sera exécuté. Cependant, arrête! — Permets-moi d'ajouter un seul mot : Inflige-moi toutes les punitions, hormis le bannissement.

LE DERNIER ADIEU DE L'AMOUR.

Ἆει, δ'ἄει με φευγει.
ANACRÉON.

Les roses d'amour embellissent le jardin de la vie, bien qu'elles croissent au milieu d'herbes pestilentielles, jusqu'au jour où le Temps, de sa faux impitoyable, en moissonne les feuilles, ou les arrache pour toujours dans le dernier adieu de l'Amour.

En vain nous demandons aux affections de soulager la tristesse du cœur; en vain nous nous promettons un long avenir de tendresse : le hasard d'un moment peut nous séparer, ou la mort nous désunir dans le dernier adieu de l'Amour.

Toutefois, l'Espérance nous console, et au milieu de la douleur qui gonfle notre sein, elle nous dit tout bas : « Peut-être nous reverrons-nous encore! » Ce chimérique espoir apaise notre affliction, et nous ne sentons pas tout ce qu'a d'amertume le dernier adieu de l'Amour.

Voyez ces deux amants, au midi de leur jeunesse. L'amour jeta autour de leur enfance ses guirlandes de fleurs; ils se sont aimés en grandissant. Les voilà qui fleurissent dans la saison de la vérité ; mais ils seront glacés quand viendra l'hiver du dernier adieu de l'Amour.

O douce beauté ! pourquoi cette larme qui sillonne une joue dont la couleur rivalise avec celle de ton sein ? Mais pourquoi cette demande ? En proie au désespoir, ta raison a péri dans le dernier adieu de l'Amour.

Oh ! quel est ce misanthrope qui fuit le genre humain ? Il abandonne les cités pour les cavernes des forêts. Là, dans sa fureur, il hurle ses plaintes aux vents ; l'écho des montagnes répète le dernier adieu de l'Amour.

Aujourd'hui la haine gouverne le cœur qui, jadis enlacé dans les douces chaînes de l'amour, goûta les caresses tumultueuses qui apaisent la passion ; aujourd'hui le désespoir allume son sang dans ses veines, il songe avec rage au dernier adieu de l'Amour.

Comme il porte envie au misérable dont l'âme est cuirassée d'acier ! Il a peu de plaisirs et peu de douleurs aussi, celui qui se rit de tourments qu'il n'éprouvera jamais, et ne redoute pas le supplice du dernier adieu de l'Amour.

La Jeunesse s'enfuit, la vie s'use, l'Espérance elle-même se voile le visage ; l'amour perd sa première ardeur ; il déploie ses jeunes ailes ; le vent l'emporte : le linceul de l'affection, c'est le dernier adieu de l'Amour.

Astrée veut que dans cette vie d'épreuves nous achetions le bonheur au prix de quelques peines ; celui qui a porté ses adorations aux pieds de la beauté, celui-là trouve une pénitence assez ample dans le dernier adieu de l'Amour !

Quiconque adore ce dieu, doit sur son autel de lumière semer tour à tour le myrte et le cyprès : le myrte, emblème de la volupté la plus pure ; le cyprès, image funèbre du dernier adieu de l'Amour.

DAMŒTAS.

Enfant d'après la loi [21], adolescent par son âge, esclave par son âme de tous les plaisirs vicieux ; ayant dépouillé tout sentiment de pudeur et de vertu ; habile dans l'art de mentir, vrai démon d'imposture ; adonné à l'hypocrisie dès son enfance ; capricieux comme le vent, extravagant dans ses goûts, faisant de la femme une dupe, et de son trop confiant ami un instrument ; déjà vieux dans le monde, quoique à peine sorti des bancs de l'école : tel est Damœtas. Il a parcouru tout le labyrinthe du vice, et atteint le but à un âge où les autres ne font encore que commencer. Des passions contradictoires se disputent son âme et lui font vider jusqu'à la lie la coupe du plaisir. Mais blasé par le vice, il ne tarde pas à briser sa chaîne, et ce qui, naguère, était pour lui le bonheur, ne lui offre plus qu'amertume [22].

A MARION.

Marion ! pourquoi ce front pensif ? Quel dégoût de la vie s'est emparé de toi ? Bannis cet air mécontent : l'humeur ne sied pas à la beauté. Ce n'est pas l'amour qui trouble ton repos : l'amour est inconnu à ton cœur. Il se montre dans les fossettes d'un sourire, ou verse de timides larmes, ou baisse des yeux languissants ; mais il évite la froideur repoussante. Reprends donc ta première vivacité ; quelques-uns t'aimeront et tous vont t'admirer. Tant que nous verrons cet aspect glacial, nous n'éprouverons pour toi qu'une froide indifférence. Si tu veux fixer les cœurs errants, souris du moins, ou feins de sourire. Des yeux comme les tiens n'ont pas été faits pour cacher leurs prunelles sous le voile de la contrainte. Quoi que tu puisses dire, ils n'en lancent pas moins d'éclatants rayons. Tes lèvres, — mais ici ma Muse modeste doit chastement me refuser son aide : elle rougit, fait la révérence, fronce le sourcil ; — en un mot, elle paraît craindre que le sujet ne m'enflamme ; et la voilà qui, courant après la Raison, ramène fort à propos la Prudence ; je me bornerai donc à dire (quant à ce que je pense, c'est une autre question) que ces lèvres charmantes ont été formées pour tout autre emploi que l'ironie. Si mon conseil est dénué de compliments; du moins il est désintéressé. Je te donne des avis sincères et où la flatterie n'entre pour rien. Tu peux y ajouter foi comme à ceux d'un frère. Mon cœur s'est donné à d'autres, ou, pour mieux dire, inhabile à tromper, il se partage entre une douzaine de beautés. Adieu, Marion ! je t'en conjure, ne dédaigne pas cet avertissement, quelque déplaisant qu'il te paraisse ; et, de peur que mes avis ne te blessent, que mes remontrances ne t'importunent, je vais te dire quelle est notre opinion, à nous autres hommes, sur le doux empire de la femme. De quelque admiration que nous saisisse la vue de beaux yeux bleus, de lèvres vermeilles, quelque séduisantes que soient pour nous les boucles d'une ondoyante chevelure, quelque attrait que nous trouvions à toutes ces beautés, eh bien ! capricieux et inconstants que nous sommes ! tout cela ne suffit pas pour nous fixer. Je ne crois pas être trop sévère en disant que tout cela ne forme qu'une jolie peinture. Mais veux-tu savoir quelle est la chaîne secrète qui nous attache humblement à votre char, et ce qui, à nos yeux, vous confère l'empire de toute la création ? je te le dirai en un seul mot, c'est L'ANIMATION.

A UNE DAME QUI AVAIT REMIS A L'AUTEUR UNE BOUCLE DE SES CHEVEUX TRESSÉS AVEC LES SIENS, ET LUI AVAIT DONNÉ RENDEZ-VOUS DANS UN JARDIN AU MOIS DE DÉCEMBRE [23].

Ces cheveux, amoureusement entrelacés, lient nos cœurs d'une chaîne plus forte que toutes les protestations frivoles qui enflent de leur absurdité les discours des amants. Notre amour est fixé ; j'estime que nous l'avons prouvé suffisamment ; il s'est montré à l'épreuve du temps, des lieux et de la ruse. Pourquoi donc soupirer et gémir, nous tourmenter d'une jalousie sans motif et nous remplir l'imagination d'idées extravagantes, uniquement pour rendre notre amour romanesque ? Pourquoi pleurer, comme Lydia, Langueur, et nous créer à nous-mêmes d'inutiles tourments ? Pourquoi condamner votre amant à grelotter par une nuit d'hiver, à faire parler son amour dans des bosquets dépouillés de leurs feuilles, et cela pour avoir le plaisir de mettre la scène dans un jardin ? Car, depuis le précédent établi par Shakspeare, depuis la déclaration de Juliette, les jardins semblent être devenus le théâtre inévitable de tous les rendez-vous. Je regrette pour ma part que le poëte, mieux inspiré, n'ait pas choisi de préférence le coin d'un bon feu. S'il avait composé son drame à l'époque de Noël, et qu'il eût mis la scène en Angleterre, je ne doute pas que, par un sentiment de commisération, il n'eût changé le lieu de la déclaration. En Italie, à la bonne heure! les nuits chaudes sont favorables aux longs entretiens; mais nous avons un climat si rigoureux, qu'il communique à l'amour une partie de sa froidure. Songez au désagrément de geler ainsi en plein air, et mettez un frein à cette fureur d'imitation. Donnons-nous rendez-vous, comme nous avons fait souvent, à la clarté vivifiante du soleil; ou, lorsque je devrai vous voir à minuit, que ce soit dans votre demeure. Là, pendant la saison des neiges, nous pourrons nous aimer des heures entières, et beaucoup plus à l'aise que si nous étions placés dans les bosquets les plus beaux qui, en Arcadie, aient prêté leurs ombres aux champêtres amours. Alors, si je ne parviens à plaire, je consens à geler la nuit suivante, je veux ne plus rire de ma vie, et passer le reste de mon existence à maudire ma mauvaise étoile.

OSCAR D'ALVA. LÉGENDE [24].

Comme l'astre des nuits, brillant dans l'azur des cieux, éclaire doucement les rivages de Lora, où s'élèvent les tours antiques d'Alva et où ne retentit plus le bruit des armes!

Mais les rayons de cet astre sont plus d'une fois tombés sur les casques d'argent des guerriers d'Alva, alors que, dans le silence de la nuit, ils apparaissaient couverts de leurs armures étincelantes.

Et souvent sur ces rocs ensanglantés qui se projettent sur les flots irrités de l'Océan, pâle, il a vu la mort précipiter ses coups, et ces braves mordre la poussière;

Alors que plus d'un guerrier, dont les yeux ne devaient plus revoir l'astre du jour, détournait tristement ses regards de la plaine sanglante, pour les reporter en mourant sur les pâles rayons de la lune.

Hélas! leurs yeux naguère voyaient en lui l'astre de l'amour, ils bénissaient sa lumière propice; mais en ce moment il ne brillait du haut des cieux que comme une torche funéraire.

Elle est éteinte, la noble race d'Alva; et ses tours, qu'on aperçoit de loin, sont couvertes d'un vernis gris et sombre; ses guerriers ne se livrent plus au noble amusement de la chasse et ne soulèvent plus la sanglante tempête de la guerre.

Mais qui fut le dernier maître d'Alva? Pourquoi la mousse couvre-t-elle ses remparts? Ses tours ne résonnent plus des pas des guerriers, et ne répètent que le gémissement des vents.

Et quand la bise souffle avec violence, un bruit s'entend dans le manoir; ce bruit rauque monte vers les cieux, et vibre sur les murs en ruine.

Oui, quand mugit le tourbillon de la tempête, il agite le bouclier du brave Oscar; mais la bannière du héros ne se déroule plus dans ces lieux; on n'y voit plus flotter son noir panache.

Il était beau le jour qui vit naître Oscar; ce jour-là Angus salua son premier-né. Les vassaux accoururent au foyer de leur seigneur, et leur joie célébra cette aurore fortunée.

On mangea le daim des montagnes; la cornemuse fit entendre sa perçante harmonie, et une musique guerrière réjouit le cœur des montagnards.

Et ceux qui entendirent cette musique belliqueuse espérèrent qu'un jour le fils du héros, précédé de semblables accords, conduirait au combat ses guerriers vêtus du tartan.

Bientôt une autre année s'écoule, et Angus salue la naissance d'un second fils. Ce jour fut célébré comme le premier, et les réjouissances se prolongèrent longtemps.

Sur les poudreuses collines d'Alva, Angus apprit à ses fils à tendre l'arc; dès leur enfance ils poursuivirent le daim et laissèrent bien loin derrière eux leurs lévriers agiles.

Mais, avant d'être sortis de l'adolescence, on les vit prendre place dans les rangs des guerriers; ils savaient manier légèrement la brillante claymore et lancer au loin la flèche sifflante.

Le noire chevelure d'Oscar flottait au gré des vents; celle d'Allan était brillante et claire, son front était pensif et pâle.

Oscar avait l'âme d'un héros; la franchise brillait dans ses yeux noirs. Allan avait de bonne heure appris à dissimuler, et dès son enfance il n'avait eu à la bouche que des paroles de miel.

Néanmoins tous deux étaient braves; leur glaive avait plus d'une fois brisé la lame des Saxons. Le cœur d'Oscar dédaignait la crainte, mais il était accessible à la pitié.

Pour Allan, son âme démentait son extérieur, elle était indigne d'un si beau corps : rapide comme l'éclair pendant l'orage, sa vengeance s'appesantissait sur les vaincus.

De la tour lointaine de Southannon arriva une jeune et noble dame; c'était la fille de Glenalvon, la vierge aux yeux bleus; les terres de Kenneth devaient former sa dot.

Oscar réclama la main de la belle fiancée, et Angus sourit à la demande d'Oscar : l'orgueil féodal d'Angus s'applaudissait de l'alliance de la fille de Glenalvon.

Entendez-vous les doux accords du pibroch ? Entendez-vous le chant nuptial ? Les voix retentissent en sons joyeux et se prolongent en chœur.

Voyez flotter au manoir d'Alva les rouges panaches des héros! tous les jeunes guerriers ont revêtu le manteau bigarré et ont répondu à l'appel de leur seigneur.

Ce n'est pas la guerre qui les appelle; la cornemuse ne fait entendre que des chants de paix : c'est pour assister aux noces d'Oscar que toute cette foule s'assemble, et partout retentit l'accent du plaisir.

Mais où est Oscar? il se fait tard. Est-ce là l'empressement d'un nouvel époux? Tous les convives, toutes les dames sont arrivés; on n'attend plus que lui. Mais on ne voit paraître ni Oscar, ni son frère.

Enfin le jeune Allan arrive et s'approche de la fiancée. « Qui peut retenir Oscar? » dit Angus. « N'est-il pas ici? » réplique le jeune homme. « Il ne m'a point accompagné dans la forêt.

« Peut-être s'est-il oublié dans son ardeur à chasser le

daim, ou ce sont les vagues de l'Océan qui le retiennent. Pourtant il est rare que la barque d'Oscar soit retardée. »

— « Oh! non! » dit le père alarmé; « ce n'est ni la chasse, ni la mer qui retient mon fils; voudrait-il faire à Mora un tel affront? Quel obstacle pourrait l'empêcher de se rendre auprès d'elle?

« Guerriers, allez à la recherche de mon fils. Allan, accompagnez-les, parcourez avec eux les domaines d'Alva. Ne revenez qu'après qu'Oscar, mon fils, sera retrouvé. Hâtez-vous, et point de réponse! »

Tout est en confusion. — Le nom d'Oscar retentit au loin dans la vallée; il est emporté par la brise murmurante, jusqu'à ce que la nuit ait étendu ses ailes sombres.

A travers l'ombre et le silence, les échos le répètent vainement; en vain il se fait entendre au milieu des clartés nébuleuses du matin. Oscar n'a pas reparu dans la plaine.

Pendant trois jours et trois nuits sans sommeil, le chef redemanda Oscar à toutes les cavernes de la montagne; puis il perdit tout espoir, et s'écria en arrachant ses cheveux blancs :

« Oscar! mon fils! — O Dieu du ciel, rends-moi l'appui de ma vieillesse! ou si je dois renoncer à cet espoir, livre son assassin à ma fureur.

« Oui, j'en ai la certitude, les ossements de mon Oscar blanchissent sur quelque roc désert. O mon Dieu! je te demande pour unique grâce d'aller rejoindre mon Oscar!

« Et pourtant, qui sait? Peut-être vit-il encore! Chassons de mon cœur le désespoir! Calme-toi, mon âme. Il est vivant peut-être! N'accusons point la destinée. O Dieu! pardonne-moi ma prière impie!

« Mais s'il ne vit plus pour moi, je descends oublié dans la tombe! Angus a perdu l'espoir de ses vieux jours : ai-je donc mérité de pareilles tortures? »

C'est ainsi que le malheureux père se livra à sa douleur. A la fin, le temps, qui adoucit les maux les plus cruels, ramena la sérénité sur son front et sécha les larmes dans ses yeux.

Car il conservait encore au fond du cœur le secret espoir qu'Oscar lui serait rendu. Cette lueur d'espérance naissait et mourait tour à tour ; et c'est ainsi que s'écoula une année longue et douloureuse.

Le temps marcha, l'astre de la lumière parcourut de nouveau son cercle accoutumé ; Oscar ne vint pas consoler les yeux paternels, et la douleur d'Angus laissa une trace de plus en plus faible.

Car il lui restait Allan, et c'est lui qui faisait maintenant la joie de son père. Le cœur de Mora ne tarda pas à se rendre, car la beauté couronnait le front du jeune homme aux blonds cheveux.

Elle se dit qu'Oscar était dans la tombe, et qu'Allan avait un bien beau visage ; puis, si Oscar vivait encore, une autre femme avait sans doute obtenu son cœur inconstant.

Et Angus déclara que si une année encore s'écoulait dans un inutile espoir, tous ses scrupules cesseraient, et il fixerait le jour de la cérémonie nuptiale.

Les mois se succédèrent lentement, et enfin on vit luire l'aurore désirée. Maintenant que l'année d'anxiété est écoulée, le sourire se joue sur les lèvres des amants.

Entendez-vous les accords de la cornemuse? Entendez-vous le chant nuptial? Les voix retentissent en sons joyeux et se prolongent en chœur.

Les vassaux, en habits de fête, accourent en foule au manoir d'Alva ; leur joie bruyante se déploie, et ils ont retrouvé leur gaieté.

Mais quel est cet homme dont le front triste et sombre contraste avec l'allégresse générale? Devant son regard, le feu de l'âtre jette des flammes bleues et semble brûler plus vite.

Un noir manteau l'entoure de ses plis ; sa tête est surmontée d'un panache couleur de sang ; sa voix ressemble aux bruits sourds, précurseurs de l'orage ; mais son pas est léger, et on ne peut l'entendre.

Il est minuit. La coupe circule à table ; on boit avec transport à la santé de l'époux ; les acclamations résonnent sous les voûtes, et chacun s'empresse de répondre à cet appel.

Tout à coup l'étranger se lève, la foule fait silence, l'étonnement se peint dans les traits d'Angus, et le sein charmant de Mora est agité d'un subit effroi.

« Vieillard ! » s'écria-t-il, « on vient de porter une santé, et tu as pu voir que moi aussi je m'y suis réuni; et que j'ai salué l'hymen de ton fils. Maintenant, j'ai à mon tour une santé à te proposer.

« Pendant qu'ici tout est dans la joie, pendant que chacun bénit le destin de ton Allan, dis-moi, n'avais-tu pas un autre fils ? Pourquoi Oscar serait-il oublié ? »

— « Hélas ! » répondit, les larmes aux yeux, le père infortuné, « ou Oscar s'est éloigné de nous, ou il est mort; quand il disparut, mon cœur fut presque brisé de douleur.

« Trois fois la terre a accompli son cours annuel depuis que la présence d'Oscar n'a réjoui mes yeux ; et depuis la mort ou la fuite du belliqueux Oscar, c'est Allan qui fait toute ma consolation. »

— « C'est bien, » répondit le sombre étranger. Et en même temps son œil farouche lançait des éclairs. « Je serais curieux de connaître le destin de ton fils Oscar ; peut-être ce héros n'est-il point mort.

« Si la voix de ceux qu'il chérissait le plus venait à l'appeler, qui sait ? peut-être que ton Oscar reviendrait ! Peut-être que ce guerrier ne s'est absenté que pour quelque temps. Les feux de mai [25] peuvent encore s'allumer pour lui.

« Remplissez votre coupe d'un vin généreux, que chacun imite votre exemple ; je le déclare sans arrière-pensée, c'est la santé d'Oscar absent que je vous propose. »

— « De tout mon cœur, » dit le vieil Angus en remplissant sa coupe jusqu'aux bords. « A la santé de mon fils ! Mort ou vivant, je ne retrouverai jamais son pareil. »

— « Bravo ! vieillard. Voilà une santé bue selon les règles ; mais pourquoi Allan reste-t-il là, tremblant et immobile ? Allons, jeune homme, bois à la mémoire des morts, et lève ta coupe d'une main plus ferme. »

La rougeur qui couvrait le visage d'Allan fit place tout à coup à la pâleur d'un spectre, et la sueur du trépas découla de son corps en gouttes glacées.

Trois fois il leva en l'air sa coupe, trois fois ses lèvres refusèrent d'en toucher les bords; car trois fois il rencontra le regard de l'étranger qui fixait le sien avec une fureur mortelle.

« Est-ce donc ainsi qu'un frère accueille le souvenir chéri d'un frère? Si c'est par de tels signes que l'affection se fait connaître, comment donc se manifestera la crainte? »

Excité par l'ironie de ces paroles, Allan leva sa coupe, et s'écria : « Que mon frère n'est-il ici pour partager notre allégresse! » Mais soudain une secrète terreur se saisit de lui, et il laisse tomber la coupe à terre.

« Il est ici! — J'entends la voix de mon assassin! » s'écrie la voix terrible d'un spectre qui apparaît tout à coup. « Assassin! » a répété l'écho des voûtes, et ce cri se mêle au mugissement de la tempête.

Les flambeaux s'éteignent, les guerriers reculent d'horreur, l'étranger a disparu. Au sein de la foule on remarque un fantôme vêtu d'un tartan vert, et dont la taille semble grandir.

Il portait à la ceinture un large baudrier, un noir panache ondoyait sur sa tête; mais sa poitrine était nue et laissait voir de sanglantes blessures, et son œil vitreux avait la fixité de la mort.

Trois fois il sourit d'un air sinistre et fléchit le genou devant Angus; trois fois il fronça le sourcil en regardant un guerrier étendu à terre et que la foule contemplait avec horreur.

Les roulements du tonnerre se prolongent d'un pôle à l'autre, la foudre éclate dans les cieux; et le fantôme, au milieu de la nuit orageuse, disparaît emporté sur les ailes de l'ouragan.

L'allégresse s'est enfuie, le banquet a cessé. Qui est là étendu à terre? Angus a perdu l'usage de ses sens; on réussit enfin à le rappeler à la vie.

« Vite ! vite ! que le médecin essaie d'ouvrir les yeux d'Allan à la lumière ! » Mais son heure est venue. — Sa course est terminée ! Allan ne se relèvera plus !

La poitrine d'Oscar gisait découverte et sans sépulture. Sa chevelure était le jouet des vents, et la flèche d'Allan était avec lui dans la vallée sombre de Glentanar.

D'où venait le redoutable étranger, qui il était, c'est ce que personne ne peut dire; mais tous avaient reconnu le fantôme, car les traits d'Oscar étaient familiers à tous les guerriers d'Alva.

L'Ambition arma le bras d'Allan, les démons donnèrent des ailes à sa flèche, l'Envie secoua sur lui sa torche brûlante et versa ses poisons dans son cœur.

Elle est rapide la flèche lancée par l'arc d'Allan. Ce sang qui coule, à qui appartient-il ? Le noir panache d'Oscar est étendu à terre; la flèche a bu et son sang et sa vie.

La beauté de Mora avait conquis le cœur d'Allan; son orgueil blessé s'était révolté. Oh ! comment des yeux où brillent l'amour peuvent-ils inspirer des forfaits dignes de l'enfer ?

Voyez-vous cette humble tombe qui recouvre la dépouille d'un guerrier ? On l'aperçoit à travers l'ombre du crépuscule. C'est là le lit nuptial d'Allan.

Loin, bien loin de ce lieu, s'élève le noble monument qui recouvre les cendres glorieuses de sa race; sur la tombe d'Allan ne flottent pas ses bannières : le sang d'un frère les avait rougies.

Quel vieux ménestrel, quel barde en cheveux blancs osera chanter sur la harpe les exploits d'Allan ? Les chants sont la récompense de la gloire; mais qui peut célébrer un meurtrier ?

Que la harpe reste immobile et détendue; qu'aucun ménestrel ne la fasse résonner ! le remords glacerait sa main; sa harpe ne ferait entendre que des sons discordants et lugubres.

Aucune lyre fameuse, aucun poëte saint, ne célèbreront sa gloire. Sa tombe n'entendra que la malédiction d'un père expirant, que le râle de mort d'un frère.

RÉFLEXIONS A L'OCCASION D'UN EXAMEN DE COLLÉGE.

Exhaussé au-dessus de tous, entouré de ses pairs, Magnus [26] lève son front vaste et sublime; assis dans son fauteuil de cérémonie, on dirait un dieu, pendant qu'anciens et nouveaux, tous tremblent au moindre signe de sa volonté. Dans le silence universel et sombre qui l'entoure, sa voix tonnante ébranle le dôme sonore, et dispense le blâme aux pauvres diables qui ont pâli sans succès sur les problèmes mathématiques.

Heureux le jeune homme habile aux axiomes d'Euclide, ignorât-il toute autre chose! heureux qui sait scander des vers grecs avec tout l'aplomb d'un érudit, dût-il ne pas savoir écrire un vers anglais! Qu'importe qu'il ignore comment ses pères ont versé leur sang dans ces discordes civiles qui couvrirent nos champs de morts, ou dans ces jours glorieux où Édouard guidait aux combats ses bataillons intrépides, où Henri foula à ses pieds l'orgueil de la France! Il est vrai qu'il ne sait ce que c'est que la Grande-Charte; mais il connaît pertinemment la législation de Sparte; et bien qu'il n'ait jamais ouvert son Blakstone, il vous dira quels édits promulgua Lycurgue; il ignore jusqu'au nom de l'immortel barde de l'Avon [27], mais vante l'impérissable gloire du théâtre des Grecs.

Tel est le jeune homme dont le savant mérite recueillera pour récompense les classiques honneurs, les médailles, les bourses gratuites; peut-être même le prix de déclamation, s'il lui convient de prétendre à une gloire aussi élevée. Mais, hélas! nul orateur ordinaire ne peut espérer d'obtenir la coupe d'argent si ardemment enviée. Ce n'est pas que nos professeurs soient bien exigeants en fait d'éloquence; il n'est pas nécessaire d'avoir le style brillant de l'orateur d'Athènes ou le feu de Cicéron. La clarté, la chaleur, sont des qualités inutiles céans, car notre éloquence, à nous, n'a pas pour but de convaincre. Que d'autres cherchent à plaire à leur auditoire; nous parlons pour notre amusement, et non pour émouvoir la foule; notre gravité préfère une psalmodie murmurante qui tient le milieu entre le ton criard et le ton dolent. Surtout qu'on n'ajoute point à la parole l'éloquence du geste : le plus léger mouvement déplairait au doyen ; et puis tous les gradués ne manqueraient pas de ridiculiser ce qu'il leur serait impossible d'imiter.

Celui qui veut obtenir la coupe promise doit rester dans la même posture, ne point lever les yeux, ne pas s'arrêter, et dire toujours, n'importe quoi, pourvu qu'on ne l'entende pas. Qu'il continue donc son débit sans reprendre haleine. Celui qui parle le plus vite est sûr de parler le mieux ; celui qui en débite davantage dans le plus court espace de temps, est assuré de remporter le prix de la course oratoire.

Ces fils de la science, qui, ainsi récompensés, goûtent un doux repos sous les ombrages de Granta, mollement étendus le long des rives du Cam [28] couronné de roseaux, ceux-là meurent inconnus, sans laisser après eux ni souvenirs ni larmes ; tristes comme les tableaux qui ornent leurs salles, ils pensent que toute science est renfermée dans l'enceinte de leurs murs ; grossiers dans leurs manières, attachés aux lois d'une sotte étiquette, ils affectent de mépriser tous les arts modernes ; et, grands admirateurs de Bentley, de Brunck et de Porson, font plus de cas du commentaire que des vers commentés ; vains de leurs honneurs, lourds comme leur bière, insipides comme leur esprit, ennuyeux comme tout ce qu'ils disent, morts à l'amitié, ils ne s'émeuvent que lorsque leurs intérêts et ceux de l'Église réclament le déploiement d'un zèle bigot. Courtisans empressés du pouvoir, que ce soit Pitt ou Petty qui commande, ils s'inclinent devant lui avec un sourire suppliant, tant qu'il fait luire à leurs regards les mitres que leur ambition convoite ; mais qu'un orage survienne, que l'homme en pouvoir soit renversé, ils porteront leur encens à son successeur. Tels sont les hommes commis à la garde des trésors de la science ! telle est leur manière d'agir, telle leur récompense ! A tout événement, il est une chose qu'on peut affirmer : c'est que le prix qu'ils obtiennent ne vaut pas toujours ce qu'il a coûté.

1806.

A UNE JOLIE QUAKERESSE.

Fille charmante ! quoique nous ne nous soyons vus qu'une fois, je n'oublierai jamais ce moment ; et dussions-nous ne jamais nous revoir, je n'en garderai pas moins ton image. Je n'ose dire : « Je t'aime ; » mais malgré moi mes sens luttent contre ma volonté. En vain, pour te chasser de mon cœur, j'impose de plus en plus silence à mes pensées ; en vain je réprime un soupir, un autre bientôt lui succède ; peut-être n'est-ce pas de l'amour, et pourtant ce moment où je t'ai vue, je ne puis l'oublier.

Nous n'avons pas dit un mot ; mais nos yeux ont parlé un langage plus doux. La parole débite des mensonges flatteurs ; elle dit ce que le cœur ne sent pas. Les lèvres coupables trompent et font taire les sentiments du cœur ; mais les yeux, interprètes de l'âme, s'affranchissent de cette importune contrainte, et dédaignent l'imposture. C'est ainsi que souvent nos regards ont causé, et ont servi de truchements à nos cœurs. Alors, bien loin que le sentiment intérieur nous reprochât quelque chose, je crois, moi, que c'était « l'Esprit saint qui parlait en nous[29]. » Je ne répéterai pas ce que nos yeux se sont dit ; car tu dois m'avoir suffisamment compris ; et pendant que ton souvenir domine ma pensée, peut-être aussi que la tienne se reporte sur moi. Je l'avoue, ton image m'apparaît et la nuit et le jour ; éveillé, elle féconde mon imagination ; pendant mon sommeil, elle me sourit en des rêves fugitifs, douces visions qui charment le cours des heures, et me font maudire les rayons de l'aurore qui viennent interrompre un sommeil de délices, et désirer que la nuit règne toujours. Oui, quelle que soit ma destinée, que la joie ou la douleur m'attende, tenté par l'amour, ou ballotté par l'orage, ton image chérie, non, jamais, je ne puis l'oublier.

Hélas ! nous ne devons plus nous revoir ; notre muet entretien ne se renouvellera plus ; laisse-moi soupirer une dernière prière que me dicte mon cœur : « Que le ciel veille sur ma charmante quakeresse ! Puisse-t-elle toujours ignorer la douleur! Que la paix et la vertu ne la quittent jamais! Que le bonheur soit à jamais son partage! Oh! puisse le fortuné mortel que les plus doux liens uniront à son sort découvrir à chaque instant pour elle de nouvelles joies, et puisse l'amant faire disparaître l'époux! Puisse-t-elle ignorer toujours et les vains regrets et les poignantes douleurs de celui qui ne peut oublier! »

LA CORNALINE [30].

Ce n'est pas la splendeur apparente de cette pierre qui la rend chère à mon souvenir; son lustre n'a brillé qu'une seule fois à mes yeux, son éclat est modeste comme celui dont je la tiens.

Ceux qui tournent en ridicule les liens de l'amitié m'ont souvent reproché ma faiblesse; je n'en prise pas moins ce simple don, car je suis sûr que celui qui me l'a fait m'aimait.

Il me l'offrit en baissant les yeux, comme s'il eût craint un refus; en l'acceptant, je lui dis que ma seule crainte était de la perdre.

J'examinai attentivement ce don, et, en le regardant de près, il me sembla qu'une goutte en avait arrosé la pierre; et depuis ce temps une larme m'a toujours paru précieuse.

Et pourtant pour orner son humble adolescence, la richesse ni la naissance n'ont prodigué leurs trésors; mais celui qui cherche les fleurs de la vérité doit quitter les jardins pour les champs.

Ce n'est pas la plante élevée dans l'indolence qui étale les plus riches couleurs et exhale les plus doux parfums; les mieux pourvues de ce double charme sont celles qui fleurissent dans la sauvage abondance de la nature.

Si la fortune, cessant d'être aveugle, avait secondé la nature, et proportionné ses dons à son mérite, il eût été beau son partage.

Mais d'autre part, si la déesse eût vu clair, sa beauté eût fixé son cœur capricieux; elle lui eût donné tous ses trésors, et il ne fût rien resté pour les autres.

3.

PROLOGUE DE CIRCONSTANCE, AVANT LA REPRÉSENTATION DE « LA ROUE DE LA FORTUNE, » SUR UN THÉATRE D'AMATEURS [31].

Puisque les raffinements de ce siècle poli ont chassé du théâtre la raillerie immorale; puisque le goût a maintenant banni l'esprit licencieux qui déshonorait tout ce qu'écrivait un auteur; puisque aujourd'hui nous cherchons à plaire par des scènes plus décentes, évitant avec soin tout ce qui pourrait faire monter la rougeur au front de la beauté, oh! prenez quelque pitié de la muse modeste, et à défaut de gloire, qu'elle obtienne du moins de l'indulgence. Cependant, ce n'est point pour elle seule que nous demandons des égards : les acteurs ont la conscience de leur faiblesse : vous ne verrez pas ce soir des Roscius expérimentés, vieillis dans tous les secrets du jeu théâtral. Ni Cooke ni Kemble ne vont vous saluer; nulle Siddons ne tirera de vos yeux des larmes sympathiques; vous venez ce soir assister au *début* [32] d'acteurs en herbe, entièrement neufs sur la scène. Nous essayons des ailes à peine garnies de plumes; ne les coupez pas avant que les oiseaux puissent voler : si nous échouons dans cette première tentative pour prendre notre essor, nous tomberons, hélas! pour ne plus nous relever. Il ne s'agit pas ici seulement d'un pauvre débutant qui tremble de peur, qui espère et redoute presque d'obtenir votre approbation. Ce sont tous nos comédiens qui attendent, dans une anxiété douloureuse, que leur sort se décide. Nulle pensée vénale ne peut nous arrêter. Vos applaudissements généreux sont notre seule récompense : c'est pour l'obtenir que chacun de nos héros va déployer devant vous tout ce qu'il a de talents, et que nos héroïnes vont baisser des yeux timides sous le regard de leurs juges. Sans doute ces dernières trouveront en vous des protecteurs; nul de vous ne voudra manquer d'égards au beau sexe. Quand la femme entre dans la lice, ayant pour bouclier la jeunesse et la beauté, il n'est pas de farouche censeur qui ne lui rende les armes. Mais si nos faibles efforts étaient inutiles; si après tout nous devions échouer, montrez-nous au moins quelque compassion, et si vous ne pouvez applaudir, veuillez du moins pardonner.

SUR LA MORT DE FOX.

LE QUATRAIN SUIVANT AVAIT PARU DANS LE MORNING-POST.

La mort de Fox a mis nos ennemis en deuil ;
Ils ont ri lorsque Pitt descendit au cercueil ;
Leur exemple nous montre à qui des deux, en somme,
Nous devons décerner la palme du grand homme.

LE LENDEMAIN, LORD BYRON ENVOYA AU MORNING-CHRONICLE LA RÉPONSE SUIVANTE.

O vipère factieuse ! dont la dent envenimée s'acharne jusque sur les morts et dénature la vérité ; parce que « nos ennemis, » animés d'un sentiment généreux, pleurent la mort de ceux qui furent bons et grands, faut-il que la langue d'un lâche essaie de flétrir le nom d'un homme dont la gloire est impérissable ? Quand Pitt expira dans la plénitude de sa puissance, quoique des revers eussent obscurci sa dernière heure, la Pitié étendit devant lui ses ailes humides de pleurs, car les esprits généreux « ne font pas la guerre aux morts. » Ses amis en larmes firent entendre l'hymne de deuil, et toutes ses erreurs dormirent dans sa tombe. Robuste Atlas, il succomba sous le poids des soucis et des périls de l'État ; Fox alors se présenta, et, nouvel Hercule, soutint pendant quelque temps le croulant édifice. Après avoir réparé la perte de l'Angleterre, lui aussi, il est tombé, et avec lui s'est éteinte notre dernière espérance ; ce n'est pas un grand peuple seulement qui le pleure, c'est l'Europe tout entière qui prend le deuil. Oui, « cet exemple nous apprend à qui est vraiment due la palme des grands hommes ; » mais que la dévorante Calomnie ne s'attache pas à notre homme d'État ; qu'elle ne prétende pas voiler sa gloire d'une ombre injurieuse. Fox, à qui le monde entier donne des larmes, dont les restes honorés reposent noblement sous le marbre, dont même les nations hostiles déplorent la perte, et dont amis et ennemis s'accordent à proclamer les talents, Fox brillera dans les annales de la Grande-Bretagne, et ne cédera pas à Pitt lui-même la palme du patriotisme, cette palme que l'Envie, sous le masque sacré de la candeur, ose revendiquer pour Pitt, et pour Pitt seul.

LA LARME.

> O lacrymarum fons, tenero sacros
> Ducentium ortus ex animo, quater
> Felix in imo qui scatentem
> Pectore te, pia Nympha, sensit!
> GRAY.

Quand l'amitié ou l'amour éveille nos sympathies, quand la vérité devrait apparaître dans le regard, les lèvres peuvent tromper avec une grimace et un sourire; mais le signe d'affection le plus infaillible, c'est une larme.

Le sourire n'est souvent qu'une ruse de l'hypocrisie pour masquer la haine ou la crainte; moi, j'aime le doux soupir, alors que les yeux, ces voix de l'âme, sont un moment obscurcis par une larme.

C'est à une ardente charité qu'on reconnaît une âme compatissante; alors que la pitié se manifeste, elle répand sa douce rosée dans une larme.

L'homme qui s'abandonne au souffle des vents et traverse les flots orageux de l'Atlantique, se penche sur la vague qui bientôt peut-être sera son tombeau; et sur la verte surface brille une larme.

Le soldat affronte la mort pour un laurier imaginaire, dans la carrière chevaleresque de la gloire; mais il tend la main à son ennemi vaincu et arrose sa blessure d'une larme.

Si, heureux et fier, il revient auprès de sa fiancée et dépose sa lance sanglante, tous ses exploits sont payés alors que, pressant sa belle sur son cœur, le baiser qu'il imprime sur sa paupière a rencontré une larme.

Lieu cher à mon adolescence[33], séjour d'amitié et de franchise, où l'année fuyait si vite devant l'amour, en te quittant j'avais la tristesse au cœur; je me retournai pour te voir encore une dernière fois, mais je n'aperçus ton clocher qu'à travers le voile d'une larme.

Je ne puis plus faire entendre à Marie mes doux serments,

Marie, autrefois si chère à mon amour; mais je me rappelle l'heure où, à l'ombre d'un bosquet, ces serments, elle les paya d'une larme.

Un autre la possède! Puisse-t-elle être heureuse! Mon cœur continuera à révérer son nom. Je renonce en soupirant à ce cœur que je croyais à moi, et lui pardonne son parjure, mais non sans verser une larme.

O vous! amis de mon cœur, avant que nous nous séparions, laissez-moi exprimer un espoir qui m'est bien cher : Si jamais nous nous retrouvons ensemble dans cette retraite champêtre, puissions-nous nous revoir comme nous nous sommes quittés, avec une larme!

Quand mon âme prendra son vol vers les régions de la nuit, quand mon corps sera couché dans son cercueil, s'il vous arrive de passer devant la tombe qui recouvrira mes cendres, ô mes amis! mouillez-les d'une larme!

Point de marbre, point de ces monuments d'une fastueuse douleur qu'élèvent les enfants de la vanité. Qu'aucun honneur mensonger n'accompagne mon nom. Tout ce que je demande, tout ce que je désire, c'est une larme.

26 octobre 1806.

LA COQUETTE.
EN RÉPONSE A UNE PIÈCE DE VERS DE J. M. B. PIGOT, SUR LA CRUAUTÉ DE SA MAITRESSE.

Ami, pourquoi te plaindre des dédains de cette demoiselle? Pourquoi te désespérer? Essaie des mois entiers, si tu veux, la puissance des soupirs; mais, crois-moi, jamais les soupirs ne triomphent d'une coquette.

Veux-tu lui apprendre à aimer? Feins quelque temps d'être volage. D'abord, il est possible qu'elle te témoigne de l'humeur; mais laisse-la faire, bientôt tu la verras te sourire, et tu obtiendras tout de ta coquette.

Car ce sont là les airs de ces belles capricieuses. Elles regardent notre hommage comme une dette; mais en les délaissant un peu on les ramène, et on fait baisser pavillon à la plus orgueilleuse coquette.

Dissimule ton chagrin, relâche ta chaîne, parais mécontent de sa hauteur; quand tu lui rapporteras tes soupirs, tu n'auras plus à craindre ses refus : elle sera à toi, ton aimable coquette.

Si pourtant un faux orgueil lui faisait dédaigner tes tourments, oublie, crois-moi, cette capricieuse; adresse tes hommages à d'autres, qui partageront ta flamme et riront de la petite coquette.

Pour moi, j'en adore une vingtaine et plus, et je les aime tendrement; mais bien qu'elles règnent sur mon cœur, je les abandonnerais toutes si elles agissaient comme ta jeune coquette.

Ne t'afflige donc plus; adopte mon plan; brise le filet fragile qu'elle a jeté sur toi. Chasse le désespoir, et n'hésite plus à fuir cette adroite coquette.

Quitte-la, mon ami! Défends ton cœur avant que tu sois tout à fait dans ses rets : n'attends pas qu'en ton âme profondément blessée l'indignation te fasse maudire la coquette.

27 octobre 1806.

AU MÊME.

Pardon, mon ami, si mes vers vous ont offensé, pardon, mille fois pardon. Je tâchais, par amitié, de guérir vos tourments; mais je ne le ferai plus, je vous jure.

Depuis que votre belle maîtresse a payé de retour votre flamme, je ne déplore plus votre folie; elle est maintenant ce qu'il y a de plus divin, et je fléchis le genou devant cette coquette si promptement réformée.

Néanmoins, je l'avoue, en lisant vos vers je n'aurais jamais pu connaître tout ce qu'elle valait. Vous paraissiez tant souffrir, votre belle montrait une si cruelle froideur, que vraiment je plaignais votre sort.

Mais puisque le baiser embaumé de cette enchanteresse produit de si étonnants transports, puisque vous oubliez le monde entier dès que vos lèvres se sont jointes, mes conseils ne peuvent être que fort mal reçus.

Vous dites que je suis « un volage qui n'entend rien à

l'amour. » Il est vrai que je suis assez porté à l'inconstance. Autant qu'il m'en souvient, j'en ai aimé un assez grand nombre ; mais quoi ! le changement a bien aussi son charme.

Je ne veux point, pour complaire au caprice d'une belle, suivre en amour les règles du roman. Un sourire peut me charmer ; mais un regard sévère ne saurait m'effrayer et me réduire à un horrible désespoir.

Tant que mon sang sera chaud je ne me corrigerai pas, et je n'irai pas à l'école du platonisme ; et j'ai la certitude que si ma passion avait ce degré de pureté, je passerais pour un sot aux yeux de votre maîtresse.

Si je dédaignais toutes les femmes pour une seule, dont l'image remplirait mon cœur tout entier ; si je devais la préférer à toutes, ne soupirer que pour elle seule, quelle insulte ce serait pour les autres !

Adieu donc, mon ami. Votre passion, je ne vous le cache pas, me paraît des plus absurdes ; votre amour est incontestablement l'amour pur et abstrait, car c'est dans le mot seul qu'il consiste.

A ÉLIZA [34].

Éliza, quels imbéciles que ces musulmans, qui nient l'existence future de l'âme de la femme ! S'ils te voyaient, Éliza, ils reconnaîtraient leur erreur, et cette doctrine trouverait parmi eux une résistance universelle.

Si leur prophète avait eu l'ombre du sens commun, jamais il n'aurait exclu les femmes du paradis ; au lieu de ses houris qui ne sont bonnes à rien, c'est de femmes qu'il aurait peuplé son ciel.

Cependant pour ajouter encore à vos calamités, non content de refuser une âme à vos corps, il veut qu'un pauvre mari se partage entre quatre épouses. A la rigueur, vous vous passeriez d'âme ; mais ce dernier outrage est par trop fort.

Sa religion ne peut plaire à aucun des deux sexes ; elle est rigoureuse pour les maris, et très incivile pour les épouses,

Néanmoins, je ne puis contester cet adage si connu : « Les femmes sont des anges, sans doute, mais c'est le diable que l'hymen. »

LACHIN Y GAIR [35].

Loin de moi, riants paysages, jardins semés de roses; que les fils de l'Opulence errent dans vos bosquets! Rendez-moi les rochers où repose la neige : leur solitude est chère à la Liberté et à l'Amour. Calédonie! je chéris tes montagnes, quoique leurs blancs sommets soient témoins du choc des éléments. Bien que la cataracte écumante y remplace le ruisseau paisible, moi je soupire pour la vallée du sombre Loch na Garr.

Ah! c'est là que mes jeunes pas ont erré dans mon enfance. La toque couvrait ma tête, le plaid était mon manteau, et dans mes courses journalières à travers les sombres forêts de pins, j'évoquais la mémoire des guerriers morts depuis longtemps; je ne revenais à mon foyer que lorsque l'éclat mourant du jour avait fait place à la lueur brillante de l'étoile polaire, et pendant tout ce temps mon imagination s'enivrait des récits que me faisaient les habitants du sombre Loch na Garr.

« Ombres des morts! n'entends-je pas votre voix que m'apporte le souffle de la brise orageuse du soir? » C'est sans doute l'ombre du héros qui se réjouit et plane sur l'aile du vent, au-dessus de sa vallée natale. Les vapeurs de l'orage s'amassent autour du Loch na Garr, et l'hiver y règne, assis sur son char de glace. Là, les nuages enveloppent les ombres de mes pères; elles habitent au milieu des tempêtes du sombre Loch na Garr.

« Guerriers malheureux, mais braves [36], nul pressentiment ne vint-il vous apprendre que votre cause était abandonnée par le destin? » Ah! votre sort était de périr à Culloden [37], et la victoire ne devait point couronner votre trépas. Mais vous fûtes heureux de mourir; vous reposez avec votre race dans les cavernes de Braemar [38]; le pibroch en votre honneur retentit sur la cornemuse, et redit vos exploits aux échos du sombre Loch na Garr.

Des années se sont succédé, Loch na Garr, depuis que je t'ai quitté ; des années se succéderont avant que je te revoie. La nature t'a refusé la verdure et les fleurs, et pourtant je t'aime mieux que les plaines d'Albion. Angleterre ! tes beautés sont fades et communes pour quiconque a erré au loin dans la montagne ; oh ! combien je leur préfère les rocs sauvages et majestueux, les sites escarpés et menaçants du sombre Loch na Garr.

A LA FICTION.

Muse de la fiction, mère des rêves dorés, reine fortunée des joies enfantines, qui conduis la danse aérienne de ton cortége de jeunes garçons et de jeunes filles, je me soustrais à ta magie, je brise enfin les liens de mon adolescence ; je ne me joins plus à ta ronde mystique ; je quitte tes domaines pour ceux de la vérité.

Et néanmoins, il est dur de renoncer à ces rêves d'une âme ingénue, dans lesquels chaque nymphe semble une déesse dont les yeux lancent des rayons immortels, alors que l'imagination règne sur un empire sans limites, que toute chose se teint de couleurs mobiles et variées, que les jeunes vierges ne sont plus vaines, que les sourires des femmes sont sincères.

Faut-il donc avouer que tu n'es qu'un nom, et devons-nous descendre de ton palais de nuages ? ne plus trouver dans chaque dame une sylphide, dans chaque ami un Pylade ? abandonner ton royaume aérien aux lutins, enfants de la féerie ? confesser que la femme est aussi fausse que belle, et que les amis ont beaucoup d'affection — pour eux-mêmes ?

Je l'avoue à ma honte, je me suis soumis à ta puissance : aujourd'hui, repentant, je m'affranchis de ta domination, je ne veux plus obéir à tes lois ; je ne veux plus prendre mon vol sur des ailes imaginaires. Insensé que j'étais d'aimer des yeux brillants et d'ajouter foi à leur langage ; de croire aux soupirs d'une volage, et de m'attendrir à la vue de ses larmes!

Fiction! dégoûté de mensonges, je fuis loin de ta cour changeante, où l'Affectation tient ses assises, auprès de la Sensibilité fastidieuse qui ne s'apitoie que sur ses propres maux, et qui, réservant ses larmes pour tes douleurs d'apparat, n'en a pas une à donner à des douleurs véritables.

Appelle à toi la sombre Sympathie, couronnée de cyprès, vêtue de deuil, qui mêle à tes soupirs ses soupirs imbéciles, et dont le cœur saigne pour tout le monde; ordonne au chœur de tes nymphes bocagères de pleurer un berger à jamais perdu, qui naguère brûlait de ton feu banal, mais qui aujourd'hui ne s'incline plus devant ton trône.

O vous! nymphes sensibles, qui avez des larmes pour toutes les occasions, dont les cœurs palpitent de craintes idéales, nourrissent des flammes factices et un délire imaginaire! dites, pleurerez-vous l'absence de l'apostat qui a déserté votre aimable cortége? refuserez-vous un regret de sympathie à un barde adolescent?

Adieu, êtres si chers, adieu pour longtemps! L'heure fatale approche. J'aperçois déjà le gouffre où vous disparaîtrez sans me laisser de regrets. Voilà, voilà le lac sombre de l'Oubli, agité de tempêtes que vous ne pouvez maîtriser, et où vous et votre aimable reine vous allez, hélas! périr tous ensemble.

RÉPONSE A QUELQUES VERS ÉLÉGANTS QU'UN AMI AVAIT ENVOYÉS A L'AUTEUR, ET DANS LESQUELS IL LUI REPROCHAIT LA CHALEUR DE SES DESCRIPTIONS.

> Si l'on me réimprime, et qu'aussitôt docteur,
> Prêtre, dame, chacun s'attaque au pauvre auteur;
> Si mon livre est sifflé par quelque vieille buse,
> Ne puis-je riposter d'un soufflet de ma muse?
> *Nouveau Guide de Bath.*

Becher [39], la bonne foi m'oblige à louer vos vers qui sont tout à la fois d'un censeur et d'un ami. J'applaudis à vos reproches énergiques, mais mérités, moi qui en suis la cause irréfléchie et imprudente. Pardonnez-moi les défauts qui règnent dans mes vers; ce pardon, l'implorerai-je en vain?

Le sage s'écarte parfois des voies de la sagesse : dès lors comment la jeunesse pourrait-elle réprimer les inspirations du cœur? Les préceptes de la prudence courbent, sans pouvoir les maîtriser, les ardentes émotions d'une âme qui déborde. Quand le délire de l'amour s'empare de l'esprit enthousiaste, le Décorum suit de loin en boitant. Le radoteur en vain active sa marche décente et prude, il est dépassé et vaincu dans la chasse de la pensée. Jeunes et vieux, tous ont porté les chaînes de l'amour : que ceux qui en ont été exempts désapprouvent mes chants ; victime sans défense, qu'ils fassent pleuvoir sur moi leur censure, ceux dont l'âme dédaigna de fléchir sous ce pouvoir enchanteur !

Oh! combien je hais la poésie énervée et glaciale, éternel écho de la foule des rimailleurs, et dont les vers laborieux coulent avec une froide monotonie, pour peindre des souffrances que l'auteur n'éprouva de sa vie! Moi, mon Hélicon sans art, c'est la jeunesse ; ma lyre, c'est mon cœur : ma muse, la simple vérité. Loin de moi de corrompre le cœur de la jeune fille ; aucune séduction dans mes vers n'est à craindre. La jeune fille dont le cœur virginal est sans fard, dont les désirs se montrent dans la fossette d'un modeste sourire, dont l'œil baissé dédaigne une œillade lascive, forte de sa vertu sans être sévère, celle enfin qu'embellit une grâce naturelle, celle-là, mes vers ne sauraient la corrompre. Mais quant à la nymphe dont le cœur, tourmenté de précoces désirs et de coupables flammes, s'offre de lui-même à la séduction sans qu'on lui tende des piéges, elle aurait succombé lors même qu'elle n'aurait pas lu. Pour moi, mon ambition serait de plaire à ces âmes d'élite qui, fidèles au sentiment et à la nature, seront indulgentes pour ma muse adolescente, et ne condamneront pas impitoyablement les légères effusions d'un enfant inexpérimenté. Ce n'est pas à la foule insensée que je demanderai la gloire ; jamais je ne serai fier des lauriers imaginaires qu'elle dispense. Je dédaigne ses applaudissements les plus chaleureux ; je méprise également ses sarcasmes et ses censures.

26 novembre 1806.

ÉLÉGIE SUR L'ABBAYE DE NEWSTEAD.

> C'est la voix des années qui ne sont plus ; elles se déroulent devant moi avec tous leurs événements.
> OSSIAN.

Newstead ! dôme naguère resplendissant, aujourd'hui tout en ruine; temple de la religion, orgueil de Henri repentant [40], tombeau cloîtré de guerriers, de moines et de châtelaines, dont les ombres pensives glissent autour de tes ruines;

Salut, monument plus respectable dans ton déclin que les modernes manoirs dans leur magnificence architecturale ! Les voûtes de tes salles s'élèvent menaçantes dans un majestueux orgueil, et semblent défier les outrages du temps.

Tu ne vis point les serfs revêtus de cottes de mailles, obéissant à la voix de leur seigneur, venir, phalange formidable, demander la croix rouge [41], ou gaiement s'asseoir, bande immortelle, au banquet de leur chef;

Car l'imagination inspiratrice, avec son magique regard, me retracerait leurs exploits dans la suite des âges, et évoquerait devant moi le souvenir de ces jeunes hommes qui, pèlerins pieux, allaient mourir sous le soleil de la Judée.

Ce n'est pas de ton enceinte, vénérable édifice, que partait le chef belliqueux; sa gloire féodale brillait ailleurs : mais la Conscience souffrante, fuyant l'éclat importun du jour, venait y chercher un soulagement à ses blessures.

Oui, dans tes sombres cellules et tes épaisses ombres, le moine abjurait un monde qu'il ne pouvait plus revoir. C'est là que le Crime taché de sang trouvait un allégement dans le repentir; c'est là que l'Innocence fuyait l'oppression cruelle.

Un monarque te fit naître du sein de ces déserts où erraient autrefois les proscrits de Sherwood, et les divers crimes de la superstition y cherchèrent un asile sous le capuchon protecteur du prêtre.

Là où le gazon exhale une rosée de vapeurs, humide poêle jeté sur l'argile des morts, les moines vénérés croissaient en sainteté, et leurs pieuses voix ne s'élevaient que pour prier.

Là où maintenant le triste oiseau des nuits déploie ses

ailes vacillantes aussitôt que le crépuscule étend son ombre douteuse, le chœur retentissait du chant des vêpres ou des prières matinales adressées à Marie [42].

Les années font place aux années, les siècles suivent les siècles, les abbés succèdent aux abbés ; la charte de la religion est leur bouclier protecteur jusqu'au jour où un roi sacrilége prononce leur arrêt.

Ce fut un pieux Henri qui éleva cet édifice gothique, et en fit pour ses religieux habitants un asile de paix ; un autre Henri [43] reprend ce don bienfaisant, et impose silence aux saints échos de la dévotion.

Menaces, supplications, tout est inutile : il les chasse de leur retraite fortunée ; il les condamne à errer dans un monde hostile, sans espoir, sans amis, sans foyer, n'ayant que Dieu seul pour refuge.

Écoutez! les voûtes sonores de la salle retentissent des étranges accords d'une musique belliqueuse! Emblèmes du règne impérieux d'un guerrier, les hautes bannières armoriées flottent dans ton enceinte.

Aux cris d'alarme se mêlent la voix lointaine des sentinelles qu'on relève, la joie brillante des festins, le cliquetis des armes polies, les sons de la trompette, les roulements du tambour.

Jadis abbaye, aujourd'hui forteresse royale [44], entourée d'insolents rebelles, les redoutables machines de la guerre hérissent tes remparts menaçants, et vomissent le trépas au milieu d'une pluie sulfureuse.

Inutile défense! le perfide assiégeant, souvent repoussé, triomphe du brave par la ruse. D'innombrables ennemis accablent le sujet fidèle, et sur sa tête flotte le sombre étendard de la rébellion.

Le baron irrité ne tombe pas sans vengeance : le sang des traîtres rougit la plaine. Invaincu, sa main brandit encore le glaive, et des jours de gloire lui sont réservés dans l'avenir.

Le guerrier eût désiré alors mourir sur les lauriers qu'avait cueillis sa main ; mais le génie protecteur de Charles accourut sauver l'ami et l'espoir du monarque.

Tremblant, il l'arracha d'un combat inégal [45] pour aller sur d'autres champs de bataille repousser le torrent. Sa vie était réservée pour de plus nobles combats, et il devait guider les rangs au milieu desquels tomba le divin Falkland [46].

Malheureux édifice, maintenant abandonné à un infâme pillage! un encens bien différent de celui auquel tu étais accoutumé s'élève de ton enceinte et monte vers les cieux, au milieu des gémissements des mourants et du sang des victimes égorgées.

Le cadavre de plus d'un brigand hideux et pâle souille ton sol sacré. Sur les coursiers et les hommes pêle-mêle entassés, monceau de pourriture, les farouches spoliateurs se fraient un passage.

Les tombeaux, que recouvrait une herbe humide et pieuse, sont forcés de rendre les dépouilles mortelles qu'ils renferment; et, pour chercher l'or enseveli dans la terre, des mains avides ne craignent pas de troubler le repos des morts!

La harpe se tait, la lyre belliqueuse a cessé de résonner; la mort a glacé la main du ménestrel; elle ne fait plus frémir la corde tremblante pour chanter la gloire des guerriers.

Enfin, les meurtriers, gorgés de butin, rassasiés de sang, se retirent. Le bruit des combats cesse de se faire entendre; le Silence vient s'asseoir de nouveau au sein de son domaine, et l'Horreur, au visage sombre, veille au seuil de la porte massive.

C'est là que la Désolation tient sa redoutable cour : quels satellites proclament son règne fatal! Des oiseaux de mauvais augure, à l'heure sombre du soir, élèvent leur cri lugubre et agitent leurs ailes poudreuses dans l'édifice désolé.

Bientôt les rayons vivifiants d'une nouvelle aurore chassent les nuages de l'anarchie du ciel de l'Angleterre. Le farouche usurpateur rentre dans son enfer natal, et la Nature applaudit à la mort du tyran.

Elle salue son agonie par la voix des orages; l'ouragan

répond à son dernier soupir ; la terre tremble au moment où elle reçoit ses ossements, répugnant à accepter l'offrande d'une mort aussi hideuse [47].

Le souverain légitime [48] reprend le gouvernail, et guide le vaisseau de l'État sur une mer calmée. L'Espérance sourit au règne pacifique, et cicatrise les blessures saignantes de la Haine épuisée.

Newstead, les sombres habitants de tes arceaux, poussant des cris discordants, abandonnent leurs nids profanés. Le maître revient habiter ses domaines, et l'absence relève le charme de leur possession.

Les vassaux que réunit ton enceinte hospitalière, bénissent, dans un banquet joyeux, le retour de leur seigneur ; la culture revient embellir la riante vallée, et les mères, naguère désolées, ont quitté le deuil.

Des milliers de chants sont répétés par l'écho harmonieux ; les arbres se revêtent d'un feuillage inaccoutumé. Écoutez ! c'est le cor qui fait entendre sa voix sonore ! c'est le cri du chasseur que prolonge la brise !

Sous les pieds des coursiers la vallée tremble au loin. Que de craintes, que d'espérances inquiètes accompagnent la chasse ! Le cerf mourant cherche un refuge dans le lac : des cris triomphants proclament sa défaite.

Ah ! heureux jours ! trop heureux pour durer ! C'étaient là les plaisirs innocents de nos simples aïeux ! Point de ces vices brillants qui séduisent par leur éclat ! Leurs joies étaient nombreuses, et rares leurs soucis.

Issus de tels hommes, les fils succèdent aux pères. Le temps fuit, et la Mort brandit sa faux. Un autre chef presse les flancs du coursier blanchissant d'écume ; une autre foule poursuit le cerf haletant.

Newstead ! comme ton aspect est douloureusement changé ! Tes arceaux entr'ouverts annoncent les progrès lents de la destruction. Le jeune et dernier rejeton d'une noble race est aujourd'hui le maître de tes tourelles, prêtes à s'écrouler.

Il contemple tes vieilles tours, maintenant solitaires ; tes caveaux, où dorment les morts des âges féodaux; les cloîtres, que traversent les pluies de l'hiver. Il les contemple, et à cette vue il se prend à pleurer.

Toutefois, ce ne sont pas des pleurs de regret qu'il répand : c'est une pieuse affection qui les fait couler. L'orgueil, l'espérance et l'amour lui défendent d'oublier, et échauffent son cœur d'une vive flamme.

Et néanmoins il te préfère aux dômes dorés, aux grottes brillantes de la grandeur vaniteuse; il se plaît à errer parmi tes tombes humides et moussues, et il ne murmure point contre les arrêts du destin [49].

Ton soleil, sortant de son nuage, peut briller encore; il peut encore t'éclairer de l'éclat de son midi. Ton splendide passé peut revivre, et l'avenir te rendre tes premiers beaux jours.

SOUVENIRS D'ENFANCE.

Ces beaux jours sont encor chers à mon souvenir :
De ma mémoire, hélas . je ne puis les bannir.

Quand la maladie lente, avec sa longue suite de souffrances, glace le sang chaud dans les veines; que la Santé, effrayée, étend ses ailes roses, et s'enfuit au moindre souffle de la brise printanière, ce n'est pas le corps seul qui souffre : d'opiniâtres tourments viennent assaillir l'âme découragée; de hideux fantômes, cortége de la Douleur, assiégeant la Nature, qui courbe sous le coup une tête tremblante, livrent à la Résignation une incessante guerre, pendant que l'Espérance se retire épouvantée, et se détache à regret de la vie. Mais nous souffrons moins quand, pour tromper l'ennui des heures, la Mémoire déploie autour de nous sa salutaire puissance, soit qu'elle nous rappelle ces jours d'ivresse déjà bien loin, alors que nous étions heureux par l'amour, que la beauté était pour nous le ciel; soit que, chère à la jeunesse, elle nous rende les souvenirs de notre adolescence et ces beaux ombrages sous lesquels tous ont passé à leur tour. Ainsi que l'astre du jour, qui, perçant les nuages qui vomissent la tempête, dévoile peu à peu son disque lointain, dore de ses rayons affaiblis les perles cristallines qu'a déposées la pluie, et verse sa clarté douteuse sur la plaine inondée ; de même, pendant que pour moi l'avenir est sombre et sans joie, le soleil de la Mémoire, bien qu'il ait perdu de son premier éclat, brille à travers mes rêves, éclaire de ses pâles rayons des tableaux déjà loin de moi, et, soumettant mes sens à son irrésistible influence, confond à mes regards le présent avec le passé.

Souvent j'aime à me livrer au cours des pensées qui m'apparaissent tout à coup et sans que je les aie appelées; mon âme s'abandonne aux douces promesses de l'imagination; son vol enthousiaste parcourt ses champs aériens, et c'est alors que je vois se dérouler à mes regards ces jours de mon adolescence auxquels j'avais dit un long adieu. Ces sites délicieux qui ont éveillé mes jeunes inspirations, ces amis qui pour moi ne vivent plus qu'en rêve, les uns qui dorment sous le marbre, moissonnés par un trépas prématuré ; d'autres qui poursuivent la carrière scientifique où entra leur jeune âge, et qui doit faire leur gloire; qui, disputant les palmes de l'étude, occupent, dans une rapide succession, les postes auxquels l'ancienneté les appelle : ce sont là les images qui viennent en foule se presser devant moi et éblouir, tout en la charmant, ma vue fatiguée. Ida, lieu béni où règne la science, avec quelle joie je me joignais naguère à ton jeune cortége! Il me semble encore voir briller ton haut clocher et mêler ma voix aux chants du chœur! Je me rappelle nos espiégleries, nos jeux enfantins. Malgré le temps et la distance, tout cela m'est encore présent. Il n'est pas un sentier sous tes ombrages que je ne revoie, et où je ne reconnaisse des figures souriantes et des traits chéris, mes promenades favorites, les moments de joie ou de douleur, mes amitiés d'enfance, mes jeunes inimitiés, nos réconciliations, j'allais dire mes affections brisées ; mais non, mes premières, je les bénis; les autres, je les pardonne. Heures de ma jeunesse, où, nourrie au fond de mon âme, l'amitié d'un étranger me rendait heureux; l'amitié, ce doux lien, apanage spécial de la jeunesse, alors qu'un cœur sincère bat dans la poitrine, que la mondaine sagesse ne nous a point encore appris à dissimuler et à donner à nos impressions le frein de la prudence ; alors que nos âmes naïves laissent voir ce que nous pensons, affection à nos amis, guerre ouverte à nos ennemis : car les lèvres de la jeunesse ne répètent pas des mensonges dorés, et elle n'a point encore acheté aux dépens de la vérité cette science trop chèrement payée. L'hypocrisie, fruit d'un long âge, mûrie par les années, marche vêtue du manteau de la prudence. Quand l'adolescent passe à l'état d'homme, la prévoyance paternelle ne manque pas de lui tracer un plan de conduite prudente ; elle lui enseigne à éviter le sentier de la franchise, à parler d'un ton mielleux, à penser avec circonspection, à approuver toujours, à ne jamais contredire. — L'approbation de son patron le payera de son mensonge ; et qui voudrait, sourd à la voix de la Fortune, perdre son avenir faute d'un mot, dût son cœur se révolter contre ce mot, et sa franchise s'en indigner ?

Mais loin de moi un tel sujet ! Je laisse à d'autres le soin d'arracher à l'infâme Flatterie son masque abominable ; que des bardes plus mordants que moi se délectent à décocher les traits de la satire. Les ailes d'un génie détracteur ne sauraient convenir au vol de ma Muse. Une seule fois seulement il lui arriva de jeter le gant à un ennemi secret, et déjà elle méditait contre lui une attaque mortelle ; mais lorsque cet ennemi, soit remords, soit honte, soit qu'il cédât à un conseil amical, eut abandonné la lice, la soumission désarma sa colère : pour épargner à ce faible adversaire de cruels tourments, elle oublia son jeune ressentiment et pardonna ; ou si ma Muse a tracé le portrait d'un pédant, c'est qu'en effet les vertus de Pomposus [50] sont connues de bien peu de gens. Le coup d'œil de ce jeune usurpateur ne m'a jamais fait trembler, et celui qui porte la férule doit parfois en ressentir les coups. Si depuis il lui est encore arrivé de s'égayer aux dépens des ridicules de Granta, connus de quiconque a pris part à une conversation de collége, cela est passé, et maintenant elle ne péchera plus. Les accords de sa jeune lyre devront bientôt cesser, et on pourra me railler sans péril quand je dormirai de mon dernier sommeil.

Rappelons d'abord ici la bande joyeuse qui me salua chef et se rangea sous mon commandement [51]; ces joyeux compagnons des jeux de mon enfance, dont j'étais le conseil et le dernier recours, dont jamais le regard ne se baisse devant le coup d'œil hautain ou l'orgueilleuse robe noire de ce pédant parvenu qui, transplanté de l'école paternelle, incapable de commander, ignorant les règles qui nous gouvernent, a succédé à celui que tous s'accordent à louer, au précepteur chéri de mon premier âge, PROBUS [52], l'orgueil de la science, maintenant à jamais perdu pour Ida. Longtemps sous lui nous avons parcouru les pages classiques, et nous craignions le maître tout en aimant le sage. Il est maintenant dans la paisible retraite, douce récompense de ses scientifiques travaux. POMPOSUS occupe le fauteuil magistral, POMPOSUS gouverne. — Mais arrête-toi, ma Muse; n'accorde au pédant que ton mépris; que son nom et ses préceptes soient pareillement oubliés; que son souvenir ne vienne plus souiller mes vers! Je lui ai déjà payé mon tribut.

A travers ces ormeaux couronnés de leurs branches antiques, Ida s'élève, ornement du paysage qui l'entoure; c'est de là, comme de son séjour de prédilection, que la Science contemple la vallée où l'agreste nature réclame ses hommages; elle lui confie un moment son jeune cortège, qui se meut plein de joie et bondit dans la plaine, puis se divise en groupes épars où chacun se livre à ses jeux favoris, en renouvelle d'anciens, en invente de nouveaux. Ceux-ci, échauffés par les rayons du soleil du midi, partagés en bataillons rivaux, parcourent le champ des barres, chassent la balle d'un bras vigoureux, ou d'un pied agile accélèrent sa vitesse; ceux-là plus lentement dirigent leurs pas tranquilles aux lieux où les froides eaux de la Brent promènent leur cours limpide, tandis que d'autres vont à la recherche de quelque verte retraite dont l'ombre les abrite contre la chaleur du jour; et cependant plus loin, une bande d'espiègles, apercevant un étranger à l'air simple et campagnard, le prennent pour but de leurs tours d'écoliers et saluent son passage de leurs taquineries. Ils n'en restent pas toujours là; la tradition raconte plus d'une échauffourée : « Ici la vengeance arma les paysans irrités, et nous achetâmes chèrement la victoire; voici où nous fûmes obligés de fuir devant des forces supérieures; voilà où nous avons recommencé la lutte acharnée et tumultueuse. » Mais pendant que des passions précoces agitent ainsi nos âmes, la cloche fait entendre de loin ses sons prolongés; l'heure de la récréation est passée, et la Science, debout sur le seuil de son temple, nous fait signe d'entrer. Nulle inscription fastueuse ne décore sa simple salle; mais les murs poudreux sont couverts de grossières empreintes. Là chaque écolier, gravant profondément son nom, lui assure l'immortalité classique; là le fils unit son nom à celui de son père; ce dernier depuis longtemps tracé, l'autre qui vient de l'être. Tous deux survivront lorsque le père et le fils auront succombé sous la loi commune du destin [53]. Ce sera peut-être tout ce qui restera d'eux alors que la pierre d'un tombeau leur sera refusée, et que se balancera au souffle lugubre de la brise l'herbe qui couvrira leur sépulture ignorée. C'est là que sont gravés en gros caractères et mon nom et celui de plus d'un ami de mon premier âge. Nos hauts faits amusent encore la jeune génération qui marche sur nos pas et a pris notre place. Naguère elle nous obéissait en silence; un signe de nous était pour elle un ordre, un mot était une loi; aujourd'hui elle règne à son tour, et sa tyrannie passagère tient les rênes du pouvoir. Parfois l'histoire des anciens jours vient charmer pour elle les longues veilles de l'hiver : « C'est ainsi, disent-ils, que nos anciens chefs firent tête à l'orage; c'est ainsi qu'ils disputèrent le terrain pied à pied; c'est ici qu'ils escaladèrent la vieille muraille; les verroux ni les barreaux ne leur purent résister [54]. Ici Probus arriva pour calmer la tempête près d'éclater; là il fit d'une voix émue ses derniers adieux. Voici l'endroit où ils s'évadèrent pendant que le hardi Pomposus les laissait bravement partir sans lui. » Ils disent; et cependant le temps n'est pas loin où leurs noms remplaceront les nôtres et seront seuls rappelés dans ces récits. Encore quelques années, et disparaîtra dans un naufrage général le faible souvenir de notre magique empire.

Race honnête et candide! quoique maintenant nous ne nous voyions plus, je ne puis jeter un dernier et long regard sur ce que nous étions naguère, sur notre première entrevue, sur notre dernier adieu, sans que des pleurs ne viennent mouiller ces yeux qui, auprès de vous, étaient étrangers aux larmes. Dans ces cercles splendides, brillant empire de la Mode, où la Folie déroule son éblouissant drapeau, je me suis plongé, pour noyer dans le bruit mes regrets et des souvenirs si chers. Tout ce que je demandais, tout ce que j'espérais, c'était d'oublier! Inutile désir! Dès qu'un visage connu, un compagnon de mon adolescence, venait plein d'une joie sincère revendiquer auprès de moi les droits de sa vieille amitié, soudain mes yeux, mon cœur, tout en moi redevenait enfant; cet éclat scintillant, ces groupes mobiles, je ne voyais plus rien du moment que j'avais retrouvé mon ami; le sourire de la beauté (car, hélas! j'ai connu ce que c'était que de courber la tête devant le trône puissant de l'amour), le sourire de la beauté, si cher qu'il me fût, auprès de mon ami ne pouvait plus rien sur moi. Une douce surprise remuait toutes mes pensées : les bois d'Ida se déroulaient à mes regards ; il me semblait voir encore se précipiter la bande agile; je me joignais par la pensée à la foule joyeuse ; je me rappelais avec émotion les allées majestueuses témoins de nos ébats, et dans moi l'amitié triomphait de l'amour [55].

Mais suis-je donc le seul qui se retrace avec ravissement ses premiers jours? N'y a-t-il pas dans ce mot même d'enfance je ne sais quoi qui parle à tous les cœurs, qui sourit à toutes les mémoires? Ah! il y a là quelque chose qui me dit que l'amitié est doublement chère à celui qui est obligé d'aller ainsi chercher des cœurs amis, et demander au loin une affection qu'il ne trouve pas autour de lui. Ces cœurs, Ida, je les ai rencontrés dans ton enceinte qui fut pour moi une patrie, un monde, un paradis. La mort cruelle n'a pas voulu que ma jeunesse orpheline eût pour guide l'affection d'un père. Est-ce que le rang ou un tuteur peuvent remplacer l'amour qui brille dans le regard paternel? Peuvent-ils compenser une telle perte, la fortune et le titre que me légua la mort prématurée d'un père? Quel frère a recherché l'attachement de mon cœur fraternel? Quelle sœur a déposé sur ma joue un baiser affectueux? Ah! pour moi rien ne vient charmer l'ennui des heures! nul cœur aimant ne m'est uni par de doux liens! Souvent, dans l'illusion d'un songe, je crois voir le sourire d'un frère; cette douce vision assiége mon cœur, et une voix d'amour murmure à mon oreille. J'entends. — Je m'éveille, — ces sons chéris réjouissent mon âme. — J'écoute de nouveau; — mais, hélas! je n'entends plus cette voix fraternelle. Au milieu de la foule, je marche seul à travers les milliers de pèlerins qui remplissent la route. Pendant que ceux-ci sont enchaînés par d'innombrables guirlandes, moi, je n'ai pas un seul rameau que je puisse appeler mien. Que dois-je donc faire? Gémir dans la solitude, vivre dans l'amitié, ou soupirer tout seul. Ma main cherche donc à presser la main d'un ami; et où en trouver de plus chers que parmi mes condisciples d'Ida?

Alonzo [56], le meilleur et le plus aimé de tous mes amis, ton nom fait l'éloge de celui qui parle ainsi de toi. Ce tribut ne peut te conférer aucune gloire; la gloire est pour celui qui t'offre aujourd'hui cet hommage. Oh! si les espérances que donne ta jeunesse doivent se réaliser, une lyre plus éclatante chantera ton nom glorieux, et sur ta renommée impérissable élèvera un jour la sienne. Ami de mon cœur, le premier entre ceux dont la société faisait mes délices, que de fois nous avons ensemble bu à la source de la sagesse antique sans pouvoir étancher notre soif! Quand l'heure du travail était écoulée, nous nous retrouvions encore; nous mettions en commun nos jeux, nos études et nos âmes; ensemble nous chassions la balle bondissante; ensemble nous retournions auprès du professeur. Nous nous livrions de concert, soit à la mâle diversion de la crosse, soit au plaisir de la pêche, dont nous partagions le produit ; ou, plongeant du sommet de la rive verdoyante, nos membres agiles fendaient les flots écumeux. Tout les éléments nous revoyaient les mêmes, véritables frères sans en porter le nom.

Je ne t'ai point non plus oublié, mon joyeux camarade Davus[57], dont l'aspect parmi nous apportait l'allégresse, toi qui brillais le premier dans les rangs de la gaieté, toi le riant messager du bon mot inoffensif ; et, malgré cette organisation, désireux de plaire avec une modeste timidité, candide, libéral, opposant au péril un cœur d'acier, qui n'en était pas moins sensible. Je me rappelle encore le jour où, dans la mêlée d'un combat acharné, le mousquet d'un paysan menaça ma vie[58] ; déjà l'arme pesante était levée en l'air ; un cri d'horreur s'échappa de toutes les bouches. Pendant qu'occupé à combattre un autre adversaire, j'ignorais le coup qui allait me frapper, ton bras, intrépide jeune homme, arrêta l'instrument homicide : oubliant toute crainte, tu t'élanças ; désarmé et abattu par ta main victorieuse, le misérable roula sur la poussière. Que peuvent, en retour d'un tel acte, de simples remerciements, ou le tribut d'une muse reconnaissante ? Non, non, Davus, le jour où j'oublierai ton action, ce jour-là mon cœur aura mérité d'être broyé par la douleur.

Lycus ![59] tu as à mes souvenirs des droits mérités. Oh ! si ma muse pouvait redire toutes tes vertus aimables, c'est à toi, à toi seul que seraient consacrés les faibles chants de ce poëme déjà trop prolongé. On te verra un jour unir dans le sénat la fermeté spartiate à l'esprit athénien : bien que ces talents ne soient encore qu'en germe, Lycus, tu ne tarderas pas à égaler la gloire de ton père. Quand l'instruction vient nourrir un esprit supérieur, que ne devons-nous pas attendre du génie ainsi perfectionné ? Lorsque le temps aura mûri ton âge, tu planeras de toute ta hauteur au-dessus des pairs tes collègues. En toi brillent réunis la prudence, un sens droit, un esprit fier et libre, une âme asile de l'honneur.

Oublierais-je dans mes chants le bel Euryale[60], digne rejeton d'un antique lignage ? Quoiqu'un douloureux désaccord nous ait séparés, ce nom est religieusement embaumé dans mon cœur; quand je l'entends prononcer, ce cœur bondit et palpite, et toutes ses fibres y répondent. Ce fut l'Envie, non votre volonté, qui brisa nos liens : autrefois amis, il me semble que nous le sommes encore [61]. En toi nous aimions à voir une âme pure unie à un beau corps que la nature s'était plu à former. Toutefois tu ne feras pas retentir au sénat les foudres de ton éloquence ; tu ne chercheras pas la gloire sur les champs de bataille ; tu laisseras ces occupations à des âmes d'une enveloppe plus rude : la tienne planera plus près du ciel, sa patrie. Peut-être pourrais-tu te plaire au sein de la politesse des cours; mais ta langue ne sait point tromper; les souples salutations du courtisan, son ironique sourire, ses compliments intarissables, son astuce perfide, allumeraient ton indignation, et tous ces piéges brillants tendus autour de toi n'exciteraient que ton dédain. Le bonheur domestique, voilà ta destinée : ta vie sera une vie d'amour, et aucun nuage de haine n'en ternira la sérénité. Le monde t'admire, tes amis te chérissent; un esclave de l'Ambition pourrait seul en désirer davantage.

Enfin le dernier, mais non le moins cher de ce cortége d'amis, voici venir CLÉON [62] au cœur probe, ouvert et généreux ; comme un délicieux paysage dont nulle tache ne diminue le charme, aucun vice ne dégrade l'inaltérable pureté de son âme. Le même jour commença notre carrière studieuse, le même jour elle se termina. Ainsi, plusieurs années nous virent travailler ensemble et courir dans la lice côte à côte. Lorsqu'enfin arriva le terme de notre vie studieuse, nul de nous ne sortit vainqueur de la lutte classique. Comme orateurs, nous nous valions l'un l'autre, et la voix publique nous décernait à tous deux une part de gloire à peu près égale [63]. Pour consoler l'orgueil de son jeune rival, la candeur de Cléon le portait à partager entre nous la palme; mais la justice m'oblige aujourd'hui d'avouer qu'elle appartient tout entière à mon ami.

O amis tant regrettés, objets doux et chers, votre souvenir encore fait couler mes larmes ! Triste et pensif, j'évoque dans ma mémoire des temps qui ne reviendront plus Pourtant ces souvenirs me sont doux, ils calment l'amertume du dernier adieu. J'aime à me reporter à ces jours de triomphe de mon adolescence, alors qu'un jeune laurier venait ceindre ma tête, qu'un éloge de Probus récompensait mon lyrique essor [64], ou m'assignait un rang plus élevé dans la foule studieuse. Le jour où ma première harangue reçut des applaudissements, dont ses sages instructions étaient la cause première, combien mon cœur lui voua de reconnaissance! car le peu que je vaux, c'est à lui que je le dois; à lui seul en revient la gloire! Oh! que ne peut ma muse prendre un vol plus hardi, bien au-dessus de ces faibles chants, de ces jeunes effusions de mon premier âge! C'est à lui qu'elle consacrerait ses plus nobles accords : les chants périraient peut-être, mais le sujet vivrait. Mais pourquoi tenter pour lui un inutile essor? Son nom honoré n'a pas besoin de ce vain étalage de louanges; cher à tous les enfants d'Ida reconnaissants, il trouve un écho dans leurs jeunes cœurs. C'est là une gloire bien supérieure aux gloires de l'orgueil ou à tous les applaudissements d'une foule vénale.

Ida! je n'ai point épuisé ce sujet; je n'ai point déroulé tout entier le rêve de mon adolescence. Combien d'amis mériteraient d'être rappelés dans mes chants! Que d'objets chers à mon enfance ont été oubliés dans ces vers! Toutefois, imposons silence à cet écho du passé, à ce chant d'adieu, le plus doux et le dernier, et savourons en secret le souvenir de ces jours de joie. Occupation silencieuse et chère! J'envisage l'avenir sans espérance ni crainte; je ne pense avec plaisir qu'au passé. Oui, c'est au passé seulement que s'attache mon cœur; c'est dans le passé que je poursuis le fantôme de ce qui naguère était à moi.

Ida! continue à dominer avec joie sur tes collines, à voguer majestueusement à travers ce fleuve du Temps qui entraîne tant d'événements dans son cours; puissent tes fils, florissante jeunesse, révérer ton nom, sourire sous tes ombrages, mais te quitter avec des larmes, larmes d'adieu aux derniers jours de bonheur, les plus douces peut-être qu'ils verseront jamais ! Parlez, vieillards à cheveux blancs, qui vous glissez comme des ombres sur ce nouveau théâtre du monde, d'où vos amis ont disparu, comme ces feuilles d'automne que disperse le souffle de l'ouragan ; rappelez à votre mémoire les fugitifs moments de votre jeunesse, alors que les soucis éloignaient encore de vous leur dent envenimée ; dites, si toutefois le souvenir de tels jours peut survivre à l'enivrement des années qui les suivent, dites si le rêve fiévreux de l'ambition vous offre un baume aussi doux pour soulager vos heures d'amertume ! dites si les trésors amassés pour un fils ingrat, si le sourire des rois, si les lauriers cueillis dans le sang, si les croix ou l'hermine, ces joujoux de l'âge mûr (car les brillants hochets ne sont pas l'exclusif apanage de l'enfance), dites si tout cela vous rappelle des souvenirs aussi suaves que ces jours où la Jeunesse tressait pour vous sa guirlande ? Non, sans doute : dans le calme sombre de la vieillesse, s'il vous arrive de tourner d'une main tremblante les feuillets du livre de la vie, et de repasser les annales de vos jours mortels, pures seulement à l'époque qu'a marquée votre naissance, on vous voit arrêter tristement vos regards sur chaque feuillet funeste, et mouiller de vos larmes les sombres lignes qui retracent ces jours d'amertume que les Passions ont couverts de leur manteau, où la Vertu dit en pleurant un douloureux adieu ; mais vous bénissez les pages où les doigts de roses du Matin de la vie ont tracé de plus doux caractères, alors que l'Amitié s'inclinait devant l'autel de la Vérité, et que l'Amour sans ailes souriait à la belle Jeunesse.

RÉPONSE A UN POÈME INTITULÉ « LA DESTINÉE COMMUNE. »

Montgomery ! tu dis vrai, c'est dans les vagues du Léthé qu'est la destinée commune des mortels. Toutefois il en est qui ne seront point oubliés, il en est qui vivront par delà le tombeau.

Le héros qui fait rouler les vagues du fleuve des batailles, on ignore peut-être le nom du lieu de sa naissance ; mais on n'ignore pas sa gloire guerrière, qui brille de loin comme un météore.

Sa joie ou sa douleur, ses plaisirs ou ses peines échapperont peut-être aux pages de l'histoire ; et, néanmoins, des nations qui n'ont point encore vu le jour répéteront son nom immortel.

Le corps périssable du patriote et du poëte partagera la tombe commune ; il n'en sera pas de même de leur gloire : celle-là ne dormira pas ; elle planera sur les empires écroulés.

L'éclat des yeux de la beauté prendra l'effrayante fixité de la mort ; le beau, le brave, le bon, doivent mourir et descendre dans la tombe béante.

Mais des yeux éloquents revivent et brillent de nouveau dans les vers d'un amant : la Laure de Pétrarque est vivante encore. Elle est morte une fois, mais elle ne mourra plus.

Les saisons dans leur cours passent et disparaissent ; et le Temps agite son aile infatigable ; tandis que les palmes de la Gloire ne se flétrissent jamais, mais fleurissent d'un printemps éternel.

Tous, tous dormiront d'un hideux sommeil, immobiles dans la tombe silencieuse ; jeunes et vieux, amis et ennemis, tous pourriront de même dans le linceul.

Le marbre vieillissant dure son temps, puis il tombe à la fin, inutile débris ; il cède aux coups impitoyables de la Destruction ; et de l'édifice orgueilleux il ne reste plus qu'une ruine.

Et pendant que le temps détruit ce chef-d'œuvre de sculpture qui devait sauver des ténèbres de l'oubli, un renom éclatant sera le partage de ceux dont les vertus auront mérité cette récompense.

Ne dis donc pas que c'est dans les vagues du Léthé qu'est la destinée commune des mortels : il en est qui ne seront point oubliés et qui briseront les chaînes de la tombe.

1806.

A UNE FEMME QUI AVAIT PRÉSENTÉ A L'AUTEUR LE BANDEAU DE VELOURS QUI RETENAIT SA CHEVELURE.

Ce bandeau qui enchaînait ta chevelure d'or, il est à moi, jeune fille! C'est un gage de ton amour; je veux le garder avec un soin jaloux, comme on conserve les reliques d'un saint.

Oh! je veux le porter tout près de mon cœur; il servira de lien pour enchaîner mon âme à toi : désormais il ne me quittera plus, il m'accompagnera dans la tombe.

La rosée que je cueille sur tes lèvres m'est moins chère encore que ce don; elle, je ne l'aspire qu'un moment, ce n'est qu'une félicité passagère;

Lui, il me rappellera les jours de mon jeune âge, lors même que notre vie sera sur son déclin. Le feuillage de l'Amour sera vert encore, et la Mémoire le fera refleurir.

O petite boucle de cheveux d'or, qui flottais si gracieusement sur la tête chérie où tu croissais, je ne voudrais pas te perdre pour tout au monde,

Dussent des milliers d'autres boucles semblables à toi, orner le front poli où naguère tu brillais, comme le rayon qui dore un matin sans nuages, sous le ciel brûlant de Colombie!

1806.

SOUVENIR.

C'en est fait! — je l'ai vu dans mes rêves. L'espérance n'embellit plus mon avenir; ils ont été courts mes jours de félicité! Glacé par le froid aquilon du malheur, le matin de ma vie est voilé d'un nuage. Amour, espoir, bonheur, adieu! Que ne puis-je ajouter : Souvenir, adieu!

1806.

AU RÉVÉREND J.-E. BECHER, QUI AVAIT CONSEILLÉ A L'AUTEUR DE FRÉQUENTER DAVANTAGE LE MONDE.

Cher Becher, vous me dites d'aller dans le monde. Ce conseil est sage, je ne puis le nier; mais la retraite convient au ton de mon esprit. Je ne veux point descendre à un monde que je méprise,

Si le sénat ou les camps réclamaient mes efforts, l'ambition me pousserait peut-être à me produire. Quand l'enfance et ses années d'épreuve seront terminées, peut-être essaierai-je de me rendre digne de ma naissance.

Le feu qui brûle aux cavernes de l'Etna bouillonne invisible dans ses mystérieuses retraites ; enfin il se révèle, terrible, immense ; nul torrent ne peut l'éteindre, nulle limite le contenir.

Oh! c'est ainsi que j'ai au cœur un désir de gloire. Je ne vis que pour obtenir les applaudissements de la postérité. Que ne puis-je, comme le phénix, m'élever sur des ailes de flammes, dussé-je être consumé sur le même bûcher !

Oh! pour la vie d'un Fox ou la mort d'un Chatam, que de censures, que de périls ne braverais-je pas ! Leur vie n'a pas pris fin lorsqu'ils ont rendu le souffle ; la gloire illumine les ténèbres de leur tombe.

Et pourquoi me mêlerais-je au troupeau de la Mode ? Pourquoi irais-je flatter ses arbitres et ramper sous ses lois ? Pourquoi m'abaisser devant l'orgueilleux, ou applaudir l'absurde ? Pourquoi chercher le bonheur dans l'amitié des sots ?

J'ai goûté les joies et les amertumes de l'amour ; j'appris de bonne heure à croire à l'amitié. Les prudentes matrones ont désapprouvé ma flamme. J'ai trouvé qu'un ami peut promettre et cependant tromper.

Qu'est pour moi l'opulence ? un moment peut vous l'enlever ; il suffit du succès des tyrans, d'un froncement de sourcil de la Fortune. Qu'est-ce qu'un titre pour moi ? le fantôme de la puissance. Que m'importe la mode ? Je ne cherche que la gloire !

L'imposture est encore étrangère à mon âme ; je ne sais point vernir la vérité. Pourquoi donc vivrais-je sous un odieux contrôle ? Pourquoi sacrifier follement les jours de ma jeunesse ?

1806.

LA MORT DE CALMAR ET D'ORLA,
IMITATION DE L'OSSIAN DE MACPHERSON [65].

Chers sont les jours du jeune âge ! Le vieillard y arrête ses souvenirs à travers le brouillard des temps. Au milieu de son crépuscule, il rappelle à sa mémoire les heures brillantes de son aurore. Il soulève sa lance d'une main tremblante, et dit : « Ce n'est point ainsi que je levais l'acier en présence de mes pères ! » Elle est passée la race des héros ! mais la harpe fait revivre leur gloire ; leurs âmes, portées sur l'aile des vents, entendent ses accords à travers les soupirs de l'orage, et se réjouissent dans leur palais de nuages ! Tel est Calmar. Une pierre grise indique son étroite et dernière demeure. Du milieu des tempêtes il contemple la terre ; il roule dans le tourbillon et vole sur l'aquilon des montagnes.

Le chef vivait dans Morven ; il était le glaive de bataille de Fingal. Au milieu des combats ses pas étaient marqués par des traces de sang. Les fils de Lochlin avaient fui devant sa lance irritée ; mais doux était l'œil de Calmar, douces étaient les boucles de sa blonde chevelure : il brillait comme le météore de la nuit. A nulle vierge ne s'adressaient les soupirs de son âme ; ses pensées étaient données à l'amitié, à Orla aux cheveux noirs, destructeur des héros ! Égaux étaient leurs glaives dans la bataille ; mais farouche était l'orgueil d'Orla, — doux seulement pour Calmar. Ils habitaient ensemble dans la caverne d'Oïthona.

Swaron partit de Lochlin en bondissant sur les flots bleus ; les fils d'Érin tombèrent sous les coups de sa puissance. Fingal appelle ses guerriers aux combats. Leurs vaisseaux couvrent l'Océan, leurs bataillons sont amoncelés sur les vertes collines. Ils viennent au secours d'Érin.

La nuit se lève au milieu des nuages. Un voile de ténèbres s'étend sur les deux armées ; mais les chênes enflammés brillent à travers la vallée. Les fils de Lochlin dormaient ; ils rêvaient de sang. Dans leur pensée, ils soulevaient la lance et voyaient fuir Fingal. Il n'en était point de même de l'armée de Morven. C'était Orla qui veillait. Calmar était debout à ses côtés ; ils avaient leur lance à la main. Fingal réunit ses chefs : ils se rangèrent autour de lui. Le roi était au milieu ; blanche était sa chevelure, mais robuste était le bras du roi ; l'âge n'avait point affaibli sa force. « Fils de Morven, » dit le héros, « demain nous nous mesurerons contre l'ennemi. Mais où est Cuthullin, le bouclier d'Érin? il se repose dans le palais de Tura; il n'est pas instruit de notre arrivée. Qui veut se rendre auprès de ce héros, en traversant l'armée de Lochlin, et l'appeler aux armes? il faut se frayer un passage à travers les glaives des ennemis; mais nombreux sont mes héros : ils sont des foudres de guerre. Parlez, vous, chefs! qui se présentera? »

— « Fils de Trenmor! je réclame ce péril, » dit Orla aux cheveux noirs; « je le veux pour moi seul. Que m'importe la mort? J'aime le sommeil des braves; d'ailleurs il y a peu de danger. Les fils de Lochlin dorment. J'irai chercher Cuthullin, celui qui est né sur un char de bataille. Si je succombe, que le chant des bardes s'élève en mon honneur, et qu'on me dépose au bord des eaux du Lubar. » — « Veux-tu donc tomber seul? » dit Calmar aux blonds cheveux; « veux-tu laisser ton ami loin de toi? Chef d'Oïthona! mon bras ne faiblit point dans la bataille; pourrais-je te voir mourir et ne point lever ma lance? Non, Orla! nous avons été ensemble à la chasse aux élans, ensemble aux festins, parcourons ensemble le sentier du péril; la caverne d'Oïthona nous a vus réunis; laisse-moi partager ta tombe sur les rives du Lubar. »

— « Calmar, » dit le chef d'Oïthona, « pourquoi ta chevelure dorée serait-elle noircie dans la poussière d'Érin? Laisse-moi mourir seul. Mon père habite son palais aérien : il se réjouira de revoir son enfant; mais Mora, aux yeux bleus, prépare le banquet pour son fils dans Morven. Elle écoute les pas du chasseur sur la bruyère; et croit entendre les pas de Calmar. Qu'il ne vienne pas lui dire : « Calmar est tombé sous l'acier de Lochlin; il est mort avec le sombre Orla, le chef au front sévère. » Pourquoi les pleurs mouilleraient-ils les yeux d'azur de Mora? pourquoi sa voix maudirait-elle Orla, le destructeur de Calmar? Vis, Calmar! vis pour m'élever la pierre couverte de mousse; vis pour me venger dans le sang de Lochlin; joins sur ma tombe ta voix au chant des bardes; le chant de mort parti de la voix de Calmar sera doux à Orla. Mon ombre sourira aux accents de la louange. » — « Orla, » dit le fils de Mora, « pourrais-je faire entendre le chant de mort sur la tombe de mon ami? pourrais-je redire sa gloire aux vents? Non, mon cœur ne trouverait que des soupirs : faibles et entrecoupés sont les accents de la douleur. Orla! nos âmes entendront ensemble le chant de mort. Nous habiterons là-haut dans le même nuage. Les bardes ne sépareront pas les noms d'Orla et de Calmar. »

Ils s'éloignent du conseil des chefs. Ils s'avancent vers le clan de Lochlin; les mourantes lueurs du chêne brillent obscurément à travers la nuit; l'étoile du nord indique le chemin de Tura. Swaran, le roi, repose sur la colline; les guerriers dorment pêle-mêle, la tête appuyée sur leurs boucliers, farouches jusque dans leur sommeil. Plus loin on voit briller leurs glaives en faisceaux; les feux sont presque éteints; une faible fumée s'exhale du milieu des cendres. Tout est calme; on n'entend que la brise qui soupire là-haut sur les rochers. Les héros s'avancent d'un pied léger à travers les troupes endormies. La moitié de la distance est déjà franchie, quand tout à coup Orla aperçoit Mathon, qui repose sur son bouclier; les yeux d'Orla lancent des flammes et brillent à travers les ténèbres; il lève sa lance : « Pourquoi fronces-tu le sourcil, chef d'Oïthona? » dit Calmar aux blonds cheveux : « nous sommes au milieu des ennemis; est-ce le moment d'inutiles délais? » — « C'est le moment de la vengeance, » dit Orla au front farouche; « Mathon de Lochlin est là qui dort : vois-tu sa lance? sa pointe est humide du sang de mon père; la mienne se teindra du sang de Mathon. Mais, fils de Mora, le tuerai-je endormi? Non, il sentira sa blessure; je ne fonderai pas ma gloire sur le sang d'un guerrier plongé dans le sommeil. Lève-toi, Mathon, lève-toi! le fils de Conna t'appelle; ta vie est à lui, lève-toi pour combattre. Mathon se réveille en sursaut; mais se lève-t-il seul? Non; les guerriers rassemblés bondissent dans la plaine. « Fuis, Calmar, fuis! » dit Orla aux cheveux noirs. — « Mathon est à moi, je mourrai avec joie. Mais les guerriers de Lochlin accourent en foule : fuis à la faveur de la nuit. » Orla se retourne, le casque de Mathon est fendu; son bras laisse échapper son bouclier; il chancelle dans son sang. Il tombe à côté du chêne enflammé. Strumon est témoin de sa chute; son courroux s'allume, son glaive brille sur la tête d'Orla. Mais le fer d'une lance pénètre dans son œil; sa cervelle sort à travers la blessure et couvre de son écume la lance de Calmar. Comme on voit les vagues de l'Océan s'élancer sur deux puissantes barques du nord, ainsi se précipitent sur les deux chefs les guerriers de Lochlin; mais, de même que les barques du nord, brisant le flot écumeux, poursuivent fièrement leur route, ainsi s'élèvent les chefs de Morven sur les cimiers épars de Lochlin. Le bruit des armes arrive aux oreilles de Fingal; il frappe son bouclier; ses fils accourent en foule; les guerriers inondent la bruyère. Rino bondit de joie, Ossian s'avance couvert de ses armes, Oscar agite sa lance, les plumes d'aigle de Fillan flottent au souffle des vents. Terrible est le bruit de la mort, nombreuses sont les veuves de Lochlin! Morven est vainqueur.

Le matin brille sur les collines; nul ennemi vivant n'apparaît, mais ils sont nombreux ceux qui dorment! Farouches, ils reposent sur la terre d'Érin. La brise de l'Océan soulève leur chevelure; cependant ils ne s'éveillent pas. Les vautours planent en criant au-dessus de leur proie.

Quelle est cette chevelure blonde qui se balance sur la poitrine d'un guerrier? Son or brillant comme celui de l'étranger se mêle à la chevelure noire de son ami. C'est Calmar; il repose sur le sein d'Orla; les flots de leur sang se confondent. Farouche est le regard du sombre Orla: il ne respire plus, mais son œil est encore enflammé. Ouvert, il étincelle dans la mort. Sa main serre la main de Calmar; mais Calmar vit! il vit, bien qu'aux portes de la mort. « Lève-toi », dit le roi; « lève-toi, fils de Mora; c'est à moi de guérir les blessures des héros. »

— « Calmar ne chassera plus le daim de Morven avec Orla », dit le héros. « Seul, que m'importerait la chasse? qui partagerait avec Calmar le butin de la bataille? Orla est en repos! Rude était ton âme, Orla! mais pour moi elle était douce comme la rosée du matin. Pour les autres, elle brillait comme un éclair ; pour moi, comme un rayon argenté de la nuit. Portez mon glaive à Mora aux yeux bleus ; qu'on le suspende à mon foyer désert. Il n'est pas pur de sang ; mais il n'a pu sauver Orla. Déposez-moi auprès de mon ami. Quand je ne serai plus, faites entendre le chant de mort ! »

Ils reposent au bord du torrent de Lubar. Quatre pierres grises marquent la tombe d'Orla et de Calmar. Quand Swaran fut enchaîné, nos voiles se déployèrent sur les flots bleus ; les vents poussaient nos barques vers Morven ; le barde fit entendre son chant :

« Quelle est cette apparition qui plane sur le mugissement des vagues ? quelle est cette ombre farouche qui brille à travers les rouges clartés de la tempête ? sa voix domine celle du tonnerre. C'est Orla, le chef d'Oïthona. Il n'avait point d'égal à la guerre. Paix à ton âme, Orla ! ta gloire ne périra pas, ni la tienne, Calmar. Tu étais beau, fils de Mora aux yeux bleus ; mais ton glaive n'était pas inoffensif. Il est suspendu dans ta caverne ; les ombres de Lochlin jettent des cris d'effroi autour de son acier. Entends le chant de ta gloire, Calmar ! il est dans la bouche des braves. Ton nom est répété par les échos de Morven. Relève donc ta blonde chevelure, fils de Mora ; déploie-la sur l'arc-en-ciel, et souris à travers les larmes de l'orage. »

L'AMITIÉ EST L'AMOUR SANS AILES.
(DÉCEMBRE 1806.)

Pourquoi gémir de la fuite de ma jeunesse ? Des jours de délices m'attendent peut-être encore : l'affection n'est pas morte. Quand je repasse dans ma mémoire les années de mon adolescence, une éternelle vérité, gravée en caractères ineffaçables, me donne de célestes consolations. Zéphyrs, portez-la dans ces lieux où mon cœur battit pour la première fois : « l'Amitié est l'Amour sans ailes ! »

Dans mes années peu nombreuses, mais agitées, quels moments m'ont appartenu, tantôt à demi obscurcis par des nuages de larmes, tantôt éclairés de rayons divins ! Quel que soit le sort que me prépare l'avenir, mon âme, enivrée du passé, s'attache avec amour à une idée unique. Amitié ! cette pensée, elle est à toi tout entière ; elle vaut à elle seule un monde de félicité : « l'Amitié est l'Amour sans ailes. »

Là où ces ifs balancent légèrement leurs branches au souffle de la brise, s'élève une tombe simple et oubliée, monument de la destinée qui nous est commune à tous. Voyez jouer autour d'elle d'insouciants écoliers, jusqu'à ce que retentisse dans le studieux manoir l'ennuyeuse cloche qui met fin aux jeux enfantins. Mais ici, partout où je porte mes pas, mes pleurs silencieux ne prouvent que trop que « l'Amitié est l'Amour sans ailes. »

Amour, devant ton regard séduisant j'ai prononcé mes premiers vœux ; mes espérances, mes rêves, mon cœur étaient à toi ; mais tout cela maintenant est usé et flétri, car tes ailes sont comme celles du vent, tu ne laisses aucune trace de ton passage, si ce n'est, hélas ! tes jaloux aiguillons. Arrière ! arrière, pouvoir décevant ! tu ne présideras plus aux jours qui m'attendent, à moins que tu ne sois dépouillé de tes ailes.

Séjour de mon adolescence ! ta lointaine spirale me rappelle de joyeux jours ; mon cœur brûle de ses premiers feux, je me crois redevenu enfant. J'aime à revoir ton bouquet d'ormeaux, ta verdoyante colline ; chaque promenade me réjouit le cœur, chaque fleur m'apporte un double parfum ; et dans un gai entretien les amis chers à mon enfance semblent me dire : « l'Amitié est l'Amour sans ailes. »

Lycus, pourquoi pleures-tu ? retiens tes larmes. L'affection peut dormir quelque temps ; mais bientôt elle se réveille. Songe, songe, mon ami, quand nous nous reverrons, comme elle sera douce cette entrevue longtemps désirée ! C'est là que je fonde mes espérances de bonheur. Tant que de jeunes cœurs savent aimer ainsi, l'absence, ô mon ami ! ne peut que nous dire : « l'Amitié est l'Amour sans ailes. »

Trompé une fois, une seule fois, ai-je déploré mon erreur ? Non. Affranchi d'un lien tyrannique, j'abandonnai le misérable au mépris. Je me tournai vers ceux qu'avait connus mon enfance, gens au cœur chaleureux, aux sentiments sincères ; vers ceux que rattachaient à mon cœur des cordes sympathiques ; et jusqu'à ce que ces cordes vitales soient brisées, c'est pour ceux-là seulement que je ferai vibrer dans mon âme les accords de l'Amitié ; l'Amitié, ce génie qui n'a point d'ailes.

Amis choisis ! âme, vie, mémoire, espérance, vous êtes tout pour moi ; votre mérite vous assure une affection durable et libre dans son cours. Fille de l'Imposture et de la Crainte, que l'Adulation, au visage riant, à la langue emmiellée, s'attache aux pas des rois ; pour nous, amis, entourés de piéges, nous resterons joyeux, et n'oublierons jamais « que l'Amitié est l'Amour sans ailes. »

Des fictions et des rêves inspirent le barde qui fait entendre le chant épique : que l'amitié et la vérité soient ma récompense : je ne veux pas d'autre laurier. Les palmes de la Gloire croissent au sein du mensonge : que l'enchanteresse s'éloigne de moi, car c'est mon cœur, et non mon imagination, qui parle dans mes chants. Jeune et sans art, je ne sais pas feindre ; et je répète ce rustique et sincère refrain du cœur : « l'Amitié est l'Amour sans ailes. »

PRIÈRE DE LA NATURE [66].

Père de la lumière ! grand Dieu du ciel ! entends-tu les accents de mon désespoir ? Un coupable tel que l'homme peut-il être pardonné ? Le vice peut-il expier des crimes par des prières ?

Père de la lumière, c'est vers toi que je crie ! Tu vois les ténèbres de mon âme ; toi qui remarques la chute du passereau, éloigne de moi la mort du péché !

Je n'adopte point d'autel, je ne m'unis à aucune secte. Oh ! enseigne-moi le sentier de la vérité ! Je crois à ta redoutable omnipotence ; réforme ma jeunesse, tout en lui pardonnant ses fautes.

Que les bigots t'élèvent des temples lugubres ; que la superstition les salue ! Que les prêtres, pour propager leur noir empire, trompent les hommes et leur parlent de mystiques droits.

Eh quoi! l'homme prétendrait circonscrire la puissance de son Créateur dans des dômes gothiques de pierres vermoulues! Ton temple est la face du jour; tu as pour trône sans limite, la terre, l'océan, le ciel.

L'homme condamnera-t-il ses frères aux tourments de l'enfer, s'ils refusent de se plier à certaines cérémonies pompeuses? Nous dira-t-il que pour un seul qui a succombé, tous nous devons périr dans un commun naufrage?

Quoi! chacun, pour son compte, prétendra aller au ciel, et condamnera son frère à la destruction, parce que son âme nourrit d'autres espérances ou professe des doctrines moins rigoureuses!

Ces hommes, en vertu de dogmes qu'ils ne peuvent expliquer, nous assignent un bonheur ou un malheur imaginaire! Comment des reptiles, qui rampent sur la terre, connaîtraient-ils la volonté du souverain Créateur?

Quoi! ceux qui ne vivent que pour eux seuls, qui flottent chaque jour sur un océan de crimes, ils pourront expier leurs forfaits par la foi, et vivre par delà les temps!

Père, je ne m'attache aux lois d'aucun prophète. Tes lois se manifestent dans les œuvres de la nature. Je m'avoue corrompu et faible; pourtant je te prierai, car tu m'écouteras.

Toi qui guides l'étoile errante à travers les royaumes infinis de l'espace éthéré, qui apaises la guerre des éléments, et dont je vois la main empreinte d'un pôle à l'autre;

Toi qui, dans ta sagesse, m'as placé *ici-bas*; qui *peux*, quand il te plaira, m'en retirer; ah! tant que mes pieds fouleront ce globe terrestre, étends sur moi ton bras sauveur!

C'est vers toi, mon Dieu, vers toi que je crie! Quoi qu'il m'advienne en bien ou en mal, que ta volonté m'élève ou m'abaisse, je me confie à ta garde.

Lorsque ma poussière sera rendue à la poussière, si mon âme s'envole en déployant ses ailes, comme elle adorera ton nom glorieux! comme il inspirera les chants de sa faible voix !

Mais si ce souffle fugitif doit partager avec l'argile le repos éternel de la tombe, tant qu'il me restera un battement de vie, j'élèverai vers toi ma prière, dussé-je ensuite ne plus quitter la demeure des morts.

Vers toi j'élève mon humble chant, reconnaissant de toutes tes miséricordes passées ; et j'espère, mon Dieu, que cette vie errante doit à la fin revoler vers toi.

29 décembre 1806.

A ÉDOUARD NOEL LONG [67].

Nil ego contulerim jucundo sanus amico.
HORACE.

Cher Long, dans cette retraite solitaire, pendant qu'autour de moi tout sommeille, les jours joyeux que nous avons connus viennent se reproduire dans toute leur fraîcheur aux regards de mon imagination. Ainsi, lorsqu'un orage se prépare et que de sombres nuages obscurcissent le jour, si tout à coup le ciel change d'aspect, je salue l'arc-en-ciel qui, déployant son pacifique étendard, fait cesser la guerre des tempêtes. Ah! bien que le présent ne m'apporte que des douleurs, je pense qu'ils peuvent revenir, ces jours! ou si, dans un moment de tristesse, quelque crainte envieuse, se glissant dans mon âme, vient y réprimer ma pensée la plus chère et interrompre mon beau rêve, j'écrase ce démon pervers, et continue à me livrer à mon illusion chérie. Je sais que nous n'irons plus, dans la vallée de Granta, prêter l'oreille aux leçons des pédants ; qu'Ida ne nous verra plus, dans ses bois, poursuivre comme naguère nos chimères enchanteresses ; que la Jeunesse s'est envolée sur ses ailes roses, et que l'âge d'homme réclame ses droits sévères. Il est vrai, mais les années ne détruiront pas toutes nos espérances : elles nous tiennent encore en réserve quelques heures de joie modérée.

Oui, j'espère que, le Temps étendant ses vastes ailes, il en tombera pour nous quelques gouttes de rosée printanière ; mais si sa faux doit moissonner les fleurs qui embaument les magiques bosquets où se plaît à errer la riante Jeunesse, où les cœurs sont gonflés de précoces ravissements; si la sourcilleuse Vieillesse, avec son froid contrôle, vient resserrer le courant de l'âme, glacer les larmes dans les yeux de la Pitié, étouffer les soupirs de la Sympathie; si elle exige que j'entende sans m'émouvoir les gémissements du Malheur, et que toutes mes affections se reportent sur moi seul, oh! que mon cœur ne l'apprenne jamais, cette fatale science! qu'il continue à mépriser l'impitoyable censeur, mais qu'il n'oublie jamais les maux d'autrui! Oui, tel que tu m'as connu dans ces jours auxquels nous aimons à reporter notre pensée, tel puissé-je être toujours, avec ma sauvage indépendance, mon imagination vagabonde, et mon cœur enfant jusque dans la vieillesse!

Bien qu'emporté maintenant par mes visions aériennes, pour toi mon cœur est toujours le même. J'ai eu fréquemment des pertes à pleurer, et toutes mes premières joies se sont affadies. Mais fuyez loin de moi, heures aux sombres couleurs! vos tristesses sont passées, mes douleurs ont disparu. J'en jure par les joies qu'a connues ma jeunesse, je ne veux plus penser à votre ombre. Ainsi, quand la fureur de l'ouragan a cessé, et que les vents, rentrés dans leurs cavernes, y concentrent leurs sourds mugissements, nous oublions les autans et leur rage, et nous nous endormons sur la foi des zéphyrs.

Souvent ma jeune Muse accorda sa lyre aux tons langoureux de l'amour; mais aujourd'hui, n'ayant rien à chanter, ses sons expirent en vagues modulations. Mes jeunes nymphes, hélas! se sont envolées! E— est mariée; C— est devenue mère; Caroline soupire seule; Marie s'est donnée à un autre. Les yeux de Cora, qui s'arrêtaient sur moi, ne peuvent plus rappeler mon amour; et en effet, cher ami, il était temps de battre en retraite : car les yeux de Cora s'arrêtent maintenant sur tout le monde. Je sais que le soleil dispense à tous ses rayons bienfaisants, et, bien que l'œil d'une femme soit un soleil, j'ai la faiblesse de croire qu'il ne doit luire que pour un seul homme : le méridien de l'âme ne convient pas à celle dont le soleil étale la splendeur d'un été perpétuel. C'est ainsi que mes anciennes flammes se sont refroidies, et l'amour n'est plus pour moi qu'un nom. Lorsqu'un feu est prêt à s'éteindre, ce qui en redoublait l'activité et le faisait brûler avec plus de force, ne fait plus qu'accélérer sa fin et hâter l'extinction des dernières étincelles. Comme maint jouvenceau, mainte jeune fille en a mémoire; il en est de même des feux de l'amour, alors que leur force expire et qu'ils disparaissent ensevelis sous leurs propres cendres.

Mais maintenant, ami, il est minuit; des nuages obscurcissent le disque humide de la lune, dont je ne te redirai pas les beautés, décrites par tous les rimailleurs. Pourquoi marcherais-je dans le sentier battu où tous les poëtes ont marché avant moi? Toutefois, je te dirai qu'avant que la lampe argentée de la nuit ait accompli trois fois sa révolution accoutumée et parcouru trois fois sa route lumineuse, j'espère, mon cher ami, voir avec toi son disque éclairer le pacifique et bien-aimé séjour qu'habita naguère notre jeunesse. Alors nous nous mêlerons à la troupe joyeuse de nos camarades d'enfance; les récits du passé rempliront le cours charmant des heures; nos âmes s'épancheront en de doux entretiens où pleuvront les mots heureux, jusqu'à l'heure où le croissant de Phébé, commençant à pâlir, ne jettera plus qu'une lueur incertaine à travers les vapeurs du matin.

A UNE DAME [68].

Si le ciel à ton sort eût joint ma destinée, comme ce gage m'en avait naguère donné l'assurance, on n'eût point eu à me reprocher ces folies : car alors la paix de mon cœur n'eût point été troublée [69].

Je te dois ces fautes précoces; je te dois les reproches des vieillards et des sages : ils savent mes torts; mais ils ne savent pas que ce fut toi qui brisas la première les liens de l'amour.

Car il fut un temps où mon âme était pure comme la tienne, et pouvait étouffer ses passions à leur naissance;

mais maintenant tu m'as retiré tes serments : un autre les a reçus.

Je pourrais détruire son repos et troubler le bonheur qui l'attend ; mais je veux laisser mon rival sourire dans sa joie. — Pour l'amour de toi, je ne puis le haïr.

Ah ! depuis que ta beauté angélique m'est ravie, nulle autre ne peut calmer l'orage de mon cœur ! Ce qu'autrefois il voulait trouver dans toi seule, il le cherche maintenant dans plusieurs.

Adieu donc, jeune fille décevante ! il serait inutile de te regretter. Ni l'espérance, ni le souvenir ne me viennent en aide ; mais la fierté peut m'apprendre à t'oublier.

Et pourtant cet insensé gaspillage de mes ans, ce cercle fastidieux de plaisirs sans saveur, ces nombreuses amours, cet effroi jeté au cœur des mères, cet abandon aveugle au branle des passions,

Tout cela eût été réprimé si tu avais été à moi. Mes joues, pâles maintenant de l'orgie de la nuit, au lieu d'être enflammées par la fièvre des passions, eussent porté la calme empreinte du bonheur domestique.

Oui, le spectacle des champs m'était doux autrefois ; car, en ta présence, la Nature semblait sourire. Mon cœur alors abhorrait l'imposture, car il n'avait de vie que pour t'adorer.

Mais maintenant il me faut d'autres joies. Mes pensées, je les fuis : elles me rendraient fou. Au milieu de la foule frivole et du bruit, je perds la moitié de ma tristesse.

Et cependant, en dépit de tous mes efforts, une pensée se glisse furtivement dans mon âme : les démons auraient pitié de ce que je souffre en apprenant que je t'ai perdue pour toujours !

OH ! QUE NE SUIS-JE ENFANT !

Oh ! que ne suis-je enfant, exempt de soucis et de peines, dans ma caverne des montagnes, ou errant à travers la solitude sombre, ou bondissant sur la vague bleuâtre ! La pompe gênante de l'orgueil saxon ne convient pas à l'âme libre qui aime les flancs escarpés de la montagne, et gravit les rochers d'où jaillit le torrent.

Fortune, reprends ces terres cultivées, reprends ce nom au son splendide! Je hais le contact des mains serviles, je hais les esclaves qui rampent autour de moi. Place-moi au milieu des rochers que j'aime, et aux pieds desquels l'Océan vient briser ses vagues mugissantes. Je ne te demande qu'une chose : c'est de pouvoir errer encore aux lieux qu'a connus ma jeunesse.

Peu nombreuses sont mes années, et pourtant je sens que le monde ne fut pas fait pour moi. Ah! pourquoi des ténèbres épaisses cachent-elles à l'homme l'heure où il doit cesser d'être? J'eus naguère un magnifique rêve : j'entrevis l'image d'un bonheur imaginaire. Vérité, pourquoi, éveillé par ton odieuse lumière, me suis-je retrouvé dans un monde tel que celui-ci?

J'ai aimé; mais ceux que j'aimais ne sont plus. J'ai eu des amis; mes amis d'enfance ont disparu. Quelle tristesse s'empare du cœur solitaire quand toutes ses premières espérances sont mortes! En vain, la coupe en main, de joyeux convives chassent un instant loin de nous le sentiment de nos maux; en vain l'âme se livre à la fureur du plaisir; ah! le cœur, le cœur n'en garde pas moins son isolement.

Oh! qu'il est triste d'entendre la voix de ceux dont l'amitié ou la haine nous sont indifférentes, et que le rang ou le hasard, l'opulence ou le pouvoir nous donne pour compagnons de plaisir! Rendez-moi quelques amis fidèles, des amis de mon âge dont les sentiments n'aient point changé, et je quitterai pour eux ces réunions nocturnes où le bruit remplace la joie.

Et toi, femme, être charmant, toi, mon espoir, ma consolation, mon tout! combien mon cœur doit être de glace maintenant, puisque je commence à être insensible même à tes sourires! J'abandonnerais sans regret ce bruyant théâtre de splendides douleurs, pour posséder ce calme contentement que la vertu connaît ou semble connaître.

Je voudrais fuir le contact des hommes. — Je cherche à

éviter l'espèce humaine sans la haïr. Il me faut le séjour de la sombre vallée; ses ténèbres conviennent à celles de mon âme. Oh! que n'ai-je les ailes qui transportent la colombe vers son nid! je prendrais mon vol vers la voûte des cieux; c'est là que j'irais chercher la paix.

QUAND J'ERRAIS, JEUNE MONTAGNARD.

Quand j'errais, jeune montagnard, sur la bruyère sombre, que je gravissais, ô Morven [70]! ta cime neigeuse, contemplant à mes pieds le torrent à la voix tonnante ou les vapeurs que la tempête amoncelait au-dessous de moi, étranger à la science, ignorant la crainte, sauvage comme les rochers au sein desquels grandissait mon enfance, une pensée unique occupait mon cœur; et cette pensée, ô ma douce Marie! ai-je besoin de vous dire qu'elle se reportait tout entière sur vous?

Pourtant ce ne pouvait être de l'amour; car j'en ignorais jusqu'au nom; quelle passion peut vivre au cœur d'un enfant? Et cependant j'éprouve encore la même émotion que j'éprouvais, adolescent, dans cette solitude de rochers. Une seule image était empreinte dans mon cœur : j'aimais ces froides régions, et n'en désirais point d'autres. J'avais peu de besoins, car tous mes vœux étaient comblés; et pures étaient mes pensées, car mon ame était avec vous.

Je me levais avec l'aube. Guidé par mon chien, je bondissais de montagne en montagne; ma poitrine luttait contre les flots rapides de la Dée [71], où j'écoutais de loin le chant du montagnard. Le soir, étendu sur ma couche de bruyère, vous seule, ô Marie! remplissiez tous mes rêves; mes prières ferventes s'élevaient vers le ciel, car elles commençaient toujours par une bénédiction pour vous.

J'ai quitté ma froide patrie, et mes illusions ont disparu; les montagnes se sont évanouies, ma jeunesse n'est plus; dernier rejeton de ma race, je dois me flétrir solitaire et n'avoir de joie que dans le passé. Ah! la grandeur, en élevant ma destinée, l'a rendue amère. Scènes de mon enfance,

combien vous m'étiez plus chères ! Mes espérances, quoique
déçues, ne sont point pourtant oubliées; malgré le froid qui
glace mon cœur, il ne s'est point détaché de vous.

Quand je vois une colline sombre lever son front vers le
ciel, je songe aux rochers qui couvrent Colbleen de leur
ombre [72]; quand je vois deux yeux bleus qui parlent d'a-
mour, je pense aux yeux qui me faisaient aimer ces lieux
sauvages; quand par hasard s'offre à mes regards une flottante chevelure, pour peu que sa couleur me rappelle celle
de Marie, je songe à l'or de ces boucles ondoyantes, trésor
de la beauté, et que je n'ai vues qu'à vous.

Cependant il luira peut-être le jour où je verrai les montagnes s'élever devant moi dans leurs manteaux de neige [73] !
Mais quand planeront au-dessus de ma tête leurs cimes qui
n'auront point changé, Marie sera-t-elle là pour me recevoir?
Oh, non! Adieu donc, collines où fut élevée mon enfance;
et toi, rivière de la Dée, adieu à tes ondes! Nul toit dans la
forêt n'abritera ma tête. Ah, Marie! sous quel abri pourrais-
je vivre sans vous ?

AU COMTE GEORGE DELAWARR.

Oh, oui! je l'avouerai, nous étions chers l'un à l'autre. Les
amitiés de l'enfance sont passagères, mais vraies Vous aviez
pour moi la tendresse d'un frère; j'éprouvais pour vous le
même sentiment.

Mais l'Amitié déplace parfois le siége de son doux empire; une longue affection expire en un moment : comme
l'Amour, elle vole sur des ailes rapides; mais elle ne brûle
pas comme lui d'un feu inextinguible.

Bien souvent Ida nous vit rêver ensemble. Elles furent
heureuses les scènes de notre jeunesse! Au printemps de la
vie, comme le ciel est serein! Mais voici venir l'hiver et ses
sombres tempêtes.

La Mémoire ne s'unira plus à l'Amitié pour nous retracer
les délices de notre enfance; le cœur cuirassé d'orgueil ne
se laisse point émouvoir, et ce qui ne serait que justice lui
paraît une honte.

Cependant, cher George (car je dois encore vous estimer, et je ne puis récriminer contre le petit nombre de ceux que j'aime), le hasard m'a fait vous perdre, le hasard peut vous rendre à moi : le repentir effacera le vœu que vous avez fait.

Je ne me plaindrai pas, et malgré le refroidissement de notre affection, nul ressentiment corrosif ne vivra dans mon cœur. Je suis rassuré par cette simple réflexion, que tous deux nous pouvons avoir tort, et tous deux devons pardonner.

Vous saviez que, si le danger l'exigeait, mon âme, mon cœur, ma vie, étaient à vous; vous saviez que, dévoué tout entier à l'Amitié et à l'Amour, le temps et l'absence ne m'avaient point changé.

Vous saviez... Mais loin de moi ces vains retours sur le passé! les liens qui nous unissaient sont rompus. Un jour, mais trop tard, ces doux souvenirs reviendront à votre mémoire, et vous soupirerez après celui qui fut autrefois votre ami.

Pour le moment, nous nous séparons; j'espère que ce ne sera pas pour toujours; car le temps et le regret vous ramèneront à moi. Efforçons-nous l'un et l'autre d'oublier la cause de notre désaccord. Je ne veux point de réparation : je ne demande que des jours semblables à ceux du passé.

AU COMTE DE CLARE.

Tu semper amoris
Sis memor, et cari comitis ne abscedat imago.
VALERIUS FLACCUS.

Ami de ma jeunesse! lorsque tous deux enfants nous errions ensemble, chers l'un à l'autre, unis par l'amitié la plus pure, le bonheur qui donnait des ailes à ces heures vermeilles était si doux, qu'il est rarement accordé aux mortels de savourer ici-bas de tels plaisirs.

Le souvenir seul de cette félicité m'est plus cher que toutes les joies que j'ai connues loin de vous. J'éprouve une peine, sans doute, mais une peine qui me fait du bien, à me rappeler ces jours et ces moments, et à soupirer encore le mot : « Adieu! »

Ma pensive mémoire erre avec délices sur ces scènes dont

nous ne jouirons plus, ces scènes à jamais regrettées. La mesure de notre jeunesse est comblée. Le rêve du soir de la vie est plein de tristesse et d'ombre, et nous ne nous reverrons peut-être jamais !

Ainsi l'on voit deux fleuves partir d'une source commune ; bientôt, oubliant le lien qui les unit, ils se séparent, vont, en murmurant, se frayer un autre cours, et ce n'est que dans l'Océan qu'ils se rejoignent.

Ainsi coulent nos deux existences, mêlées de biens et de maux, dans des lits rapprochés, mais distincts, sans se confondre comme auparavant ; tour à tour lentes et rapides, troubles et transparentes, jusqu'à ce que l'une et l'autre s'engloutissent dans le gouffre sans fond de la Mort.

Cher ami ! nos deux âmes, qui n'avaient autrefois qu'un vœu, qu'une pensée, coulent maintenant dans des lits différents. Dédaignant les humbles plaisirs des champs, la destinée t'appelle à vivre au sein de la politesse des cours, à briller dans les fastes de la Mode.

Mon sort à moi est de perdre mon temps au milieu des amours, ou d'exhaler mes rêveries en rimes dépourvues de sens et de raison. Car (les critiques le savent) le sens et la raison abandonnent tout poëte amoureux, et ne lui laissent pas une pensée saisissable.

Ce pauvre LITTLE [74], ce barde tendre et mélodieux qui s'était déjà fait connaître du public par ses chants, qui avait servi d'interprète aux leçons de l'Amour, il lui a semblé dur que d'impitoyables critiques l'accusassent d'être sans esprit et immoral.

Mais tant que tu seras loué par la beauté, harmonieux favori des neuf Sœurs, ne te plains pas de la destinée. On lira encore tes vers charmants quand le bras de la Persécution sera flétri et les critiques oubliés.

Toutefois, je reconnais un certain mérite à ces gens dont la férule impitoyable châtie les mauvais vers et ceux qui les écrivent ; et dussé-je moi-même être bientôt à mon tour immolé à leurs sarcasmes, franchement je ne les appellerai point en duel [75].

Peut-être ne feraient-ils pas mal de briser la lyre discordante d'un novice aussi jeune. Celui qui commence à pécher à dix-neuf ans ne peut manquer à trente d'être un incorrigible mécréant.

Maintenant, cher ami, je reviens à toi; et vraiment des excuses te sont dues : accepte cette concession que je te fais. En vérité, cher Clare, mon imagination, dans son vol, voltige tantôt à gauche, tantôt à droite; ma muse aime beaucoup les digressions.

Je disais donc, autant que je me le rappelle, que ton destin serait d'ajouter une étoile au ciel de la royauté. Puisse la faveur des rois se fixer sur toi! Si un noble monarque vient à régner, qui sache apprécier le mérite, tu ne rechercheras pas en vain son sourire.

Mais, puisque les périls abondent dans les cours, où de subtils rivaux font briller leur clinquant, puissent les saints te préserver de leurs piéges, et puisses-tu n'accorder jamais ton amitié ou ton amour qu'à des âmes dignes de la tienne!

Puisses-tu ne pas dévier un seul moment de la voie droite et sûre de la vérité! Ne te laisse point séduire à l'appât du plaisir. Puisses-tu ne fouler jamais que des roses! Que tous tes sourires soient des sourires d'amour, tous tes pleurs des pleurs de joie!

Oh! si tu veux que le bonheur soit le partage des jours et des ans qui te sont réservés, et que la vertu forme ta couronne, sois toujours ce que tu as été, sans tache, comme je t'ai connu; sois toujours ce que tu es maintenant.

Et moi, bien qu'un léger tribut d'éloge, qui viendrait consoler mon vieil âge, me fût doublement cher, dans ces bénédictions que j'appelle sur ton nom chéri, je renoncerais volontiers à la gloire du *poëte* pour celle du *prophète*.

VERS ÉCRITS SOUS UN ORMEAU DANS LE CIMETIÈRE D'HARROW[76].

Lieu cher à mon jeune âge! tes vieux rameaux frémissent agités par la brise qui rafraîchit ton ciel sans nuage! Ici je suis seul, et je médite ; je foule ton gazon tendre et verdoyant, que j'ai tant de fois foulé avec ceux que j'aimais, avec ceux qui, dispersés au loin, regrettent peut-être comme moi les jours heureux qu'ils ont connus autrefois. En revoyant cette colline sinueuse, mes yeux t'admirent, mon cœur t'adore encore, ormeau vénérable qui tant de fois m'as vu couché sous ton ombrage, rêver à l'heure du crépuscule. J'étends encore ici mes membres fatigués, comme j'ai fait naguère ; mais ce n'est plus avec les mêmes pensées. Tes branches, qui gémissent au souffle du vent, semblent inviter mon cœur à évoquer la mémoire du passé ; elles semblent murmurer, en se balançant doucement sur ma tête : « Pendant que tu le peux, dis-nous un long et dernier adieu. »

Lorsque le Destin glacera enfin ce cœur qu'agite une fièvre brûlante, et que ses inquiétudes et ses passions se calmeront dans la mort, j'ai souvent pensé que ce serait un adoucissement à ma dernière heure, si quelque chose peut adoucir ce moment où la vie abdique sa puissance, de savoir qu'une humble tombe, une étroite cellule renfermerait ma cendre aux lieux où se plaisait mon cœur ; il me semblait qu'avec cet espoir la mort me serait douce. Ainsi, je reposerais là où se reportaient toutes mes pensées ; je dormirais en ce lieu où naquirent toutes mes espérances, théâtre de ma jeunesse, couche de mon repos, étendu pour toujours sous cet ombrage protecteur, pressé par la pelouse où s'est jouée mon enfance, enveloppé par ce sol qui m'était cher, mêlé à la terre qu'ont foulée mes pas, béni par les voix qui, enfant, charmaient mon oreille, pleuré par le petit nombre de ceux qu'ici mon âme avait choisis, regretté par les amis de mon premier âge, et oublié du reste du monde.

2 septembre 1807.

Les « Vers écrits sous un ormeau dans le cimetière d'Harrow » terminent le recueil imprimé à Newark en 1807. Nous allons maintenant donner l'article célèbre dans lequel *la Revue d'Édimbourg* attaqua ces productions de la jeunesse de notre poëte. Le génie de Byron avait besoin peut-être de cette critique acerbe, de ce vigoureux stimulant. Ce fut l'indignation qui le fit véritablement poëte et lui révéla sa mission. C'est sous ce point de vue surtout que cette critique acquiert de l'importance. On voit dans les dernières lettres de Byron, qu'il l'attribuait à M. Brougham (aujourd'hui lord Brougham). Nous ignorons si cette opinion est fondée ; mais, quel que soit l'auteur de cet article, il forme dans l'histoire littéraire de Byron un lien si essentiel, que nous croyons devoir l'insérer ici en entier.

ARTICLE DE LA « REVUE D'EDIMBOURG. »
EXTRAIT DU NUMÉRO DE JANVIER 1808.

HEURES DE PARESSE, recueil de Poëmes originaux et de Traductions en vers, par George Gordon, lord Byron, mineur. Un volume in-octavo de deux cents pages. Newark, 1807.

La poésie de ce jeune lord appartient à cette classe d'ouvrages qui est à bon droit maudite des hommes et des dieux. En effet, nous ne nous rappelons pas avoir jamais vu un recueil de vers qui s'éloignât aussi peu que celui-ci de ce terme moyen de la médiocrité. Ces productions sont d'un plat mortel, ne descendent ni ne s'élèvent, et gardent le juste niveau, comme pourrait le faire une eau stagnante. Pour atténuer ce tort, le noble auteur se plaît à se réfugier dans l'excuse de sa minorité. Cette excuse, nous la voyons sur le titre, nous la retrouvons encore sur la dernière page de la couverture; elle arrive à la suite de son nom, et semble faire partie de son *style*. On en parle beaucoup dans la préface ; et on a eu soin de mettre à chaque pièce de vers une date indiquant l'âge auquel elle a été composée. Or, nous pensons qu'en fait de minorité la loi est parfaitement claire. Elle constitue un motif d'excuse pour le défendeur : nul demandeur ne peut le présenter à l'appui de ses prétentions. C'est ainsi, par exemple, que, si une action était intentée contre lord Byron à l'effet de l'obliger à produire à la cour une certaine quantité de poésies, et qu'il y fût condamné par jugement, il est très probable qu'il ne serait pas admis à donner comme *poésie* le contenu de ce volume. C'est alors qu'il pourrait s'excuser sur sa *minorité*; mais, comme c'est volontairement qu'il produit sa marchandise, si elle ne peut avoir cours, il n'a pas le droit d'exiger que le prix lui en soit payé en numéraire de bonnes et solides louanges. Tel est l'état de la loi en cette matière, et nous ne doutons pas que les tribunaux ne prononcent dans le même sens. Toutefois la vérité est peut-être que, dans tout ce qu'il nous dit sur sa jeunesse, l'auteur a bien plus en vue d'exciter notre étonnement que d'adoucir nos censures. Il veut peut-être nous dire par-là : « Voyez comme un mineur peut écrire ! J'ai composé ce poëme à dix-huit ans ; quand j'ai fait celui-ci je n'en avais que seize ! » Mais, hélas ! nous nous rappelons tous la poésie de Cowley à dix ans et de Pope à douze ; et, loin d'apprendre avec surprise qu'un jeune homme ait fait de mauvais vers dans l'intervalle de sa sortie de pension à sa sortie de l'Université inclusivement, nous regardons cet événement comme on ne peut plus commun ; c'est ce qui arrive à neuf personnes sur dix parmi les individus élevés en Angleterre ; et la dixième personne fait encore mieux les vers que lord Byron.

Il est un autre privilége encore que l'auteur fait valoir ; mais celui-là, il ne le produit que pour l'écarter ensuite. Toutefois, il est certain qu'il fait de fréquentes allusions à sa famille et à ses ancêtres, tantôt dans ses vers, tantôt dans ses notes ; et, tout en faisant l'abandon de ses prétentions sur l'élévation de son rang, il a grand soin de nous rappeler le sentiment du docteur Johnson qui veut que lorsqu'un grand seigneur se fait auteur, il lui soit tenu compte de son mérite. Et, par le fait, c'est cette considération seule qui nous engage à donner place aux poëmes de lord Byron dans notre Revue, en y ajoutant toutefois notre désir de lui donner un bon conseil, qui est d'abandonner désormais la poésie, et d'appliquer d'une manière plus profitable ses talents, qui sont considérables, et ses autres avantages, qui ne laissent pas que d'être grands.

Dans ce but, nous prenons la liberté de lui déclarer très sérieusement, que tout l'art de la poésie ne consiste pas dans la rime de la syllabe finale, même accompagnée de la présence d'un certain nombre de pieds, lors même (ce qui n'arrive pas toujours) que l'auteur les aurait régulièrement scandés et comptés avec exactitude sur ses doigts. Nous le supplions de croire qu'une certaine portion de chaleur et quelque peu d'imagination sont nécessaires pour constituer un poëme ; et que, de nos jours, un poëme, pour être lu, doit contenir au moins une pensée tant soit peu différente des idées des écrivains antérieurs, ou différemment exprimée. Nous lui demanderons de bonne foi s'il y a quelque chose qui mérite le nom de poésie dans des vers comme ceux-ci, par exemple, écrits en 1806 ; et si, en supposant même qu'un jeune homme de dix-huit ans pût adresser à ses ancêtres des choses aussi communes, un jeune homme de dix-neuf devait les publier :

« Adieu, ombres héroïques ! en s'éloignant de la résidence de ses pères, votre descendant vous salue. Aux rives étrangères ou sur la terre natale, il pensera à la gloire et à vous, et ce souvenir ranimera son courage.

« Bien qu'il verse des larmes à cette séparation douloureuse, c'est la nature, et non la crainte, qui les lui fait répandre. Une noble émulation l'accompagnera aux terres lointaines. Il ne saurait oublier la gloire de ses ancêtres.

« Il chérira le souvenir de cette gloire ; il jure de ne jamais ternir votre renom. Comme vous il vivra, et mourra comme vous. Quand il ne sera plus, puisse-t-il mêler sa cendre à la vôtre ! »

Nous affirmons positivement que la totalité du volume publié par le noble mineur ne contient rien de mieux que ces stances.

Lord Byron devrait se garder de tenter ce que les plus grands poëtes ont fait avant lui ; car il n'y a rien de terrible comme les comparaisons, ainsi qu'il aura pu s'en convaincre chez son maître d'écriture. L'ode de Gray sur le collège d'Eton aurait dû lui faire supprimer les dix strophes boiteuses « sur une vue lointaine du village et du collège d'Harrow,

« Où l'imagination me retrace encore les traits de camarades unis à moi par l'amitié et l'espièglerie. Combien m'est cher votre souvenir toujours vivant, qui repose là dans ce cœur d'où l'espérance est bannie ! »

De même les vers charmants de M. Rogers « *Sur une larme* » auraient dû servir d'avertissement au noble auteur de ce recueil, et nous épargner une douzaine de strophes comme les suivantes :

« C'est à l'ardente charité qu'on reconnaît une âme compatissante ; alors que la pitié se manifeste, elle répand sa douce rosée dans une larme.

« L'homme qui s'abandonne au souffle des vents et traverse les flots orageux de l'Atlantique, se penche sur la vague qui bientôt peut-être sera son tombeau, et y laisse tomber une larme. »

Nous en dirons autant des sujets dans lesquels des poëtes antérieurs ont échoué. Ainsi, par exemple, nous ne croyons pas qu'une muse dans sa minorité fût capable de traduire « *l'Apostrophe d'Adrien à son âme,* » tentative qui avait déjà réussi assez mal à Pope lui-même. Si nos lecteurs ne veulent pas nous croire, qu'ils jugent par eux-mêmes :

Petite âme, douce et légère,
Du corps hôtesse passagère,
Eh ! que vas-tu faire là-bas,

> Pâle, tremblotante, chétive?
> Crois-moi, sur cette froide rive,
> Ta gaîté ne te suivra pas.

Quoi qu'il en soit, nous croyons lord Byron épris surtout de ses traductions et de ses imitations. Nous en avons de toutes les espèces, depuis Anacréon jusqu'à Ossian ; et, à les considérer comme devoirs de classes, ce n'est pas trop mal ; seulement, pourquoi les imprimer lorsqu'elles ont fait leur temps et servi à leur but? Pourquoi, par exemple, appeler traduction le je ne sais quoi de la page 79, dans lequel deux mots de l'original (θελω λεγειν) sont délayés en quatre vers ; et cet autre passage à la page 81, où μεσονυκτιαις ποθ' ώραις est traduit en six vers qui clochent? Quant à la poésie ossianique, nous ne sommes pas juges compétents ; car, à dire vrai, nous sommes si peu versés dans cette espèce de composition, qu'en exprimant notre opinion sur les rapsodies de lord Byron, nous craindrions que notre critique ne tombât sur quelque lambeau de l'œuvre de Macpherson lui-même. Si donc le début suivant d'un « *Chant des Bardes* » est effectivement de la plume de sa seigneurie, nous le condamnons formellement, autant du moins que nous pouvons le comprendre : « Quelle est cette apparition qui plane sur le mugissement des nuages? quelle est cette ombre farouche qui brille à travers les rouges clartés de la tempête? C'est Orla, le chef brun d'Oïthona. Il n'avait point, » etc. Après avoir retenu ainsi ce « chef brun » pendant quelque temps, les bardes concluent en lui conseillant de « relever sa blonde chevelure, puis de la déployer sur l'arc-en-ciel, et de sourire à travers les larmes de l'orage. » Il n'y a pas moins de neuf pages de ces belles choses-là. Tout ce que nous pouvons dire en leur faveur, c'est qu'elles sentent terriblement leur Macpherson : et, en effet, elles sont presque aussi ennuyeuses et aussi stupides.

Les poëtes ont le privilége de l'égoïsme ; mais ils sont tenus d'en faire un usage modéré ; et surtout un individu qui, bien qu'ayant complété sa dix-neuvième année, se pique d'être un barde enfant (« moi, mon Hélicon sans art, c'est la jeunesse »), devrait ne pas en savoir tant au sujet de ses ancêtres. Outre un poëme déjà cité sur le manoir de la famille de Byron, nous en avons un autre de onze pages sur le même sujet. L'auteur se serait abstenu de l'insérer, mais, à la demande particulière de ses amis, etc. Il conclut par cinq strophes sur lui-même, « le jeune et dernier rejeton d'une noble race. » On trouve aussi de longs détails sur ses ancêtres maternels dans un poëme sur le *Lachin y Gair,* » montagne où il a passé une partie de sa jeunesse, et où il aurait pu apprendre qu'un pibroch n'est pas une cornemuse, pas plus qu'un duo n'est un violon.

Comme l'auteur a consacré une grande partie de son recueil à immortaliser l'emploi de son temps au collége et à l'Université, nous ne terminerons pas sans offrir au lecteur un extrait de ces ingénieuses compositions. Dans une ode qui porte une épigraphe grecque, et intitulée « *Granta,* » nous lisons les magnifiques strophes qui suivent :

« Là, dans des chambres étroites et humides, le candidat aux prix du collége travaille à la lueur de la lampe nocturne, se couche tard et se lève matin.

« Celui qui cherche dans Scale de fausses quantités, ou se morfond sur un triangle, et se prive de plus d'un repas salutaire pour ergoter en latin barbare ;

« Renonçant au charme des lectures historiques, et préférant aux chefs-d'œuvre littéraires le carré de l'hypothénuse.

« Toutefois ce sont là des occupations innocentes, qui ne font de mal qu'à l'infortuné étudiant, comparées aux récréations qui rassemblent ces jeunes imprudents. »

Nous sommes vraiment fâchés de trouver sur la psalmodie du collége des détails aussi peu favorables que ceux que contiennent ces strophes d'un sel tout à fait attique :

« Nos chantres sont plus que médiocres, même pour des novices. Point de grâce à ce ramas de pêcheurs à la voix croassante !

« Si David, quand il eut fini son œuvre, avait entendu chanter devant lui ces lourdauds, ses psaumes ne seraient point arrivés jusqu'à nous ; dans son dépit il les eût mis en pièces. »

Mais, quelque jugement que nous portions des poëmes de ce noble mineur, il paraît qu'il faut les prendre tels quels et nous en contenter, car ce sont les derniers que nous aurons de lui. Il n'est, dit-il, qu'un intrus dans les bosquets du Parnasse, il n'a jamais vécu dans un grenier comme les poëtes de pur sang ; et, « bien qu'autrefois, insouciant montagnard, il ait erré dans les highlands de l'Écosse, » il y a quelque temps qu'il n'a eu cet avantage. D'ailleurs il n'attend aucun profit de son livre ; et, qu'il réussisse ou non, il n'est pas probable, d'après sa position et ses occupations ultérieures, qu'il condescende à devenir auteur. Prenons donc ce qu'on nous offre, et soyons reconnaissants. Pauvres diables que nous sommes, de quel droit ferions-nous les difficiles ? Nous devons être fort aises d'obtenir déjà tant d'un homme du rang de sa seigneurie, qui n'habite pas un grenier, mais qui a en sa possession l'abbaye de Newstead. Nous le répétons, soyons reconnaissants. Comme l'honnête Sancho, bénissons Dieu de ce qu'on nous donne, et ne regardons pas dans la bouche d'un cheval dont on nous fait cadeau [77].

NOTES DES HEURES DE PARESSE.

[1] Cette préface a été omise dans la seconde édition.

[2] Le comte de Carlisle, auteur d'une tragédie intitulée : *la Vengeance d'un Père.*

[3] L'auteur réclame spécialement l'indulgence du lecteur pour ce petit poëme, son premier essai, qui fut composé à l'âge de quatorze ans. B.

[4] C'est le nom par lequel l'auteur a partout désigné Harrow.

[5] Le docteur Drury, auquel j'ai causé bien des tourments, a été l'ami le meilleur, le plus tendre et le plus éclairé que j'aie jamais eu. Je le regarde encore aujourd'hui comme un second père. B.

[6] Le docteur Butler.

[7] Dans les écoles publiques de l'Angleterre, les commençants sont soumis à leurs aînés, jusqu'à ce que, parvenus aux classes supérieures, ils commandent à leur tour.

[8] Thomas Sackville, lord Buckhurst, créé par Jacques 1er comte de Dorset, fut le premier qui composa un drame régulier.

[9] Charles Sackville, comte de Dorset, regardé comme l'homme le plus accompli de son temps.

[10] Miss Chaworth appartenait à cette famille des Chaworth qui devait avoir pour lord Byron un intérêt profond et tout spécial. C'était en 1804. Six semaines passées auprès d'elle enflammèrent le cœur du jeune homme. Avec les vacances son beau rêve s'évanouit. Il ne la revit plus qu'une fois, l'année suivante. En août 1805, elle se maria, et mourut en 1832, de la frayeur que lui causa le pillage du manoir de Colwick par les insurgés de Nottingham.

[11] C'est le nom classique de l'université de Cambridge.

[12] Auteur d'un ouvrage sur la versification grecque.

[13] Les jours de fête les étudiants portent des surplis dans la chapelle.

[14] Mes amitiés d'enfance ont été des *passions* (car j'ai toujours été violent) : je ne crois pas qu'il y en ait une seule qui ait duré jusqu'à présent ; il est vrai que la mort en a moissonné quelques-unes. B.

[15] A Harrow, dans tous mes combats, je me suis passablement tiré d'affaire. Je ne crois pas avoir été vaincu plus d'une fois sur sept. B.

[16] On montre, dans le cimetière d'Harrow, une tombe de laquelle on découvre Windsor. C'est là que Byron allait fréquemment passer des heures

entières, plongé dans ses méditations. Les élèves l'ont appelée la « tombe de Byron. »

17 Personnage d'un drame d'Young, intitulé *la Vengeance.*

18 Acteur célèbre.

19 C'est la traduction presque littérale d'un proverbe espagnol.

20 Cet incident eut lieu à Southwell, et la jolie demoiselle à laquelle ces vers furent adressés était miss Houson.

21 Selon les lois, tout mineur est réputé enfant.

22 « Quand j'entrai au collége de la Trinité, à Cambridge, en 1805, à dix-sept ans et demi, j'étais dans la disposition d'esprit la plus insupportable. J'étais malheureux de quitter Harrow, malheureux d'aller à Cambridge au lieu d'aller à Oxford, malheureux par suite de circonstances domestiques de différents genres, et conséquemment aussi insociable qu'un loup qu'on a enlevé du milieu de sa bande. » *B.*

M. Moore ajoute : « Le genre de vie que menait alors Byron, au milieu des dissipations de Londres et de Cambridge, sans foyer, sans même le toit d'un ami pour le recevoir, était peu propre à le rendre content de lui-même ou du monde. N'ayant à se conformer à d'autre volonté que la sienne, les plaisirs pour lesquels il avait le plus de goût lui devinrent bientôt insipides, faute de ces indispensables assaisonnements de toute jouissance, la rareté et l'obstacle. »

23 Ayant appris que cette pièce de vers avait été l'objet de censures sévères et peu ménagées, je n'y répondrai qu'en citant un passage d'un ouvrage estimé, *l'Etranger en France,* de Carr : — « Pendant que nous étions occupés à regarder un grand tableau, où l'on voyait entre autres un guerrier totalement nu, une dame à l'air prude, et qui paraissait avoir atteint l'âge où l'on désespère, l'examina longtemps avec sa lorgnette, puis dit aux personnes de sa société : « Il y a beaucoup d'indécence dans ce tableau. » Sur quoi madame S....... me dit à l'oreille : « C'est dans ce qu'elle vient de dire qu'est l'indécence. » *B.*

24 La catastrophe de cette légende est puisée dans l'histoire de Jéronymo et Lorenzo, au premier volume de *l'Arménienne,* ou *le Voyeur de spectres,* par Schiller. Elle a aussi quelque analogie avec une scène du troisième acte de *Macbeth.*

25 Les montagnards d'Ecosse allument, le 1er mai, de grands feux de joie, appelés *Beal-tain,* feux de Baal. C'est une ancienne superstition celtique.

26 Le docteur William (lord Mansel).

27 Shakspeare.

28 Le Cam, rivière de Cambridge.

29 Expression familière aux quakers, qui croient à l'opération de l'Esprit saint dans le cœur de l'homme.

30 La cornaline dont il est ici parlé fut donnée à lord Byron par un enfant de chœur de Cambridge, nommé Eddlestone, qui paraît avoir été de sa part l'objet de l'amitié la plus enthousiaste.

31 Dans mon enfance, je passais pour bon acteur. Outre les déclamations d'Harrow, dans lesquelles j'excellais, en 1806, à Southwell, sur un

théâtre d'amateurs, j'ai joué trois jours de suite Penruddock dans *la Roue de la Fortune*, et Tristam Fickle dans la farce de *la Girouette*, et on m'y a fort applaudi. Le prologue prononcé en cette occasion était de ma composition. Les autres rôles était joués par des jeunes personnes et des jeunes gens du voisinage : l'auditoire était indulgent, et tout se passa pour le mieux. *B.*

32 Le jeune poëte écrivit ce prologue entre deux relais, en partant d'Harrowgate.

33 Harrow.

34 Miss Elisabeth Pigot, de Southwell, à laquelle sont adressées plusieurs des lettres qui datent de la jeunesse de Byron.

35 *Lachin y Gair*, que, dans la langue erse, on prononce *Loch na Garr*, est une haute montagne des Highlands du Nord, près d'Invercauld. C'est, dit-on, la plus haute montagne de la Grande-Bretagne. C'est assurément l'une des plus sublimes et des plus pittoresques de nos « Alpes calédoniennes. » Son aspect est sombre, mais son sommet est couronné de neiges éternelles. C'est là que j'ai passé une partie de mon enfance, et c'est ce souvenir qui a produit ces stances. *B.*

36 Je fais ici allusion à mes ancêtres maternels, les Gordons, dont plusieurs combattirent pour le malheureux prince Charles, plus connu sous le nom de Prétendant. Cette branche de ma famille était alliée aux Stuarts par les liens du sang et du dévouement. George, second comte d'Huntley, épousa la princesse Annabella Stuart, fille de Jacques Ier d'Ecosse. Il en eut trois fils, et j'ai l'honneur de compter le troisième, sir William Gordon, parmi mes ancêtres. *B.*

37 Je ne suis pas certain qu'aucun Gordon ait perdu la vie à la bataille de Culloden ; mais comme il y en eut plusieurs qui périrent dans l'insurrection, je me suis servi du nom de l'action principale ; *pars pro toto*.

38 Il y a dans les Highlands un canton de ce nom. Il y a aussi un château de Braemar.

39 Le révérend John Becher, de Southwell.

40 L'abbaye de Newstead fut fondée par Henri II, peu de temps après le meurtre de Thomas Becket.

41 La croix rouge était le signe que portaient les croisés.

42 Le prieuré de Newstead était consacré à la Vierge.

43 Lors de la dissolution des monastères, Henri VIII donna l'abbaye de Newstead à sir John Byron.

44 Newstead soutint un long siége dans la guerre entre Charles Ier et son parlement.

45 Lord Byron et son frère sir William avaient un commandement dans l'armée royale. Le premier était général en chef en Irlande, lieutenant de la Tour, et gouverneur de Jacques, duc d'York, depuis Jacques II ; le second se distingua dans plus d'une bataille.

46 Lucius Cary, lord vicomte Falkland, l'homme le plus accompli de son temps, fut tué à la bataille de Newbury, en chargeant dans les rangs du régiment de cavalerie de lord Byron.

⁴⁷ Ceci est un fait historique. Une violente tempête suivit la mort ou l'enterrement de Cromwell, ce qui occasionna plus d'une dispute entre ses partisans et les cavaliers : les uns et les autres y virent une intervention divine. Qu'elle ait eu pour objet l'approbation ou le blâme, c'est ce que nous abandonnons à la décision des casuistes de l'époque. J'ai cru devoir, dans mon poëme, tirer parti de cette circonstance. *B.*

⁴⁸ Charles II.

⁴⁹ « Arrive ce qui pourra, » écrivait Byron à sa mère en mars 1809, « Newstead et moi aurons une destinée commune. Maintenant j'ai vécu dans ce lieu, mon cœur s'y est attaché, et il n'est pas de nécessité présente et future qui puisse m'engager à trafiquer du dernier vestige de notre héritage. J'ai assez d'orgueil pour être en état de supporter des embarras de fortune ; mais dussé-je obtenir en échange de l'abbaye de Newstead la plus grande fortune du pays, je rejetterais la proposition. Tranquillisez-vous sur ce chapitre : *je sens comme doit sentir un homme d'honneur, et je ne vendrai pas Newstead.* »

⁵⁰ Le docteur Butler, directeur du collége d'Harrow.

⁵¹ Lors de la retraite du docteur Drury, trois candidats se présentèrent pour occuper le fauteuil vacant : MM. Drury, Evans et Butler. « Au premier mouvement que fit naître dans le collége cette lutte des trois rivaux, » dit M. Moore, « le jeune Wildman se mit à la tête du parti de Marc Drury ; mais Byron se tint à l'écart, et ne prit parti pour personne. Désireux toutefois de s'en faire un allié, un membre de la faction Drury dit à Wildman : Je sais que Byron ne se joindra pas à nous, parce qu'il ne veut point du second rang ; mais en le nommant notre chef, nous sommes sûrs de l'avoir pour nous. » C'est ce que fit Wildman, et Byron prit le commandement.

⁵² Le docteur Drury. Lord Byron en parle partout dans les termes les plus honorables.

⁵³ Pendant une révolte à Harrow, le poëte empêcha qu'on ne mît le feu à la classe, en montrant aux élèves les noms de leurs pères gravés sur les murs.

⁵⁴ Lord Byron dit quelque part, en parlant de la vie qu'il menait à Harrow : « On me trouvait toujours au milieu du tapage, des révoltes, des querelles et des espiègleries de tout genre. » Un jour, par manière de bravade, il arracha tous les barreaux de la fenêtre de la grande salle. Le docteur Butler lui ayant demandé le motif de cet acte de violence, il répondit froidement : C'est parce qu'ils interceptaient le jour. »

⁵⁵ La description de ce qu'éprouvait en 1806 le jeune poëte en retrouvant dans le monde l'un de ses anciens condisciples, est bien loin d'égaler ce passage d'une de ses lettres où il parle de la rencontre qu'il fit par hasard *de lord Clare sur la route d'Imola à Bologne,* en 1821 : « Cette rencontre, » dit-il, « fit pour un moment disparaître toutes les années écoulées depuis ma sortie d'Harrow. Ce que j'éprouvai est inexplicable. Il me semblait sortir du tombeau. Clare, de son côté, était vivement ému, plus que je ne le paraissais moi-même ; car je sentis les battements de son

cœur à l'extrémité de ses doigts, à moins que ce ne fussent les pulsations de mon propre cœur que je sentais. Nous ne passâmes ensemble que cinq minutes, et sur la grand'route encore ; mais je n'ai pas une heure dans toute mon existence que je puisse mettre en parallèle avec ces cinq minutes-là. » Nous pouvons aussi citer ce passage intéressant d'une lettre de madame Guiccioli : « En 1822, » dit-elle, « quelques jours avant de quitter Pise, nous étions un soir assis dans le jardin du Palazzo Lanfranchi. Un domestique vint annoncer M. Hobhouse : la légère teinte de mélancolie répandue sur les traits de lord Byron fit place tout à coup à la joie la plus vive, tellement qu'il faillit se trouver mal. Une effrayante pâleur couvrit ses joues, et ses yeux se remplirent de larmes lorsqu'il embrassa son ami ; son émotion était si grande, qu'il fut obligé de s'asseoir. »

56 L'honorable John Wingfield, frère de Richard, quatrième vicomte Powerscourt. Il est mort à Coïmbre, dans sa vingtième année, le 14 mai 1811.

57 Le révérend John Cécil Tattersall, mort à vingt-quatre ans, le 8 décembre 1812.

58 Le combat dont il est ici parlé eut lieu par suite de la rencontre fortuite des élèves d'Harrow et de quelques recrues revenant de l'exercice. Il paraît qu'en cette occasion la crosse d'un fusil était déjà levée sur la tête de Byron et allait l'étendre sur le carreau, lorsque l'intervention de Tattersall le sauva.

59 John Fitzgibbon, second comte de Clare, né le 2 juin 1792. Son père, auquel il succéda le 28 janvier 1802, avait été pendant près de douze ans lord chancelier d'Irlande. Sa seigneurie était en 1832 gouverneur de Bombay. Lord Byron écrivait en 1821 : « Je n'entends jamais, *maintenant encore*, prononcer le nom de *Clare* sans un battement de cœur. »

60 George John, cinquième comte Delawarr, né le 26 octobre 1791. Il succéda à son père, John Richard, le 28 juillet 1795.

61 Il est impossible de lire l'extrait suivant d'une lettre adressée à lord Clare en février 1807, sans rendre hommage à la noble candeur et à la conscience de l'écrivain : « Vous serez étonné d'apprendre que j'ai depuis peu écrit à Delawarr, à l'effet d'expliquer (autant du moins que je pouvais le faire sans compromettre d'*anciens amis*) la cause de mes procédés à son égard, pendant mon séjour à Harrow. Vous devez vous souvenir que ces procédés ont été tant soit peu cavaliers. Depuis lors, j'ai découvert qu'il avait été injustement traité par ceux qui m'avaient représenté sa conduite sous un faux jour, et par moi-même, par suite des impressions erronées qu'on m'avait communiquées sur son compte. J'ai donc fait toutes les réparations en mon pouvoir, en faisant l'aveu de ma méprise. Je ne sais si cette démarche réussira. Toutefois, j'ai soulagé ma conscience par cette expiation, qui a dû coûter à un homme de mon caractère ; mais l'idée d'avoir, à mon insu, attribué un tort à quelqu'un, m'aurait ôté le sommeil. J'ai réparé ce tort autant qu'il était en moi. »

62 Edouard Noël Long, auquel une pièce de vers est adressée plus bas.

⁶³ Allusions aux discours oratoires que prononçaient les élèves du collége d'Harrow, à l'époque des examens publics.

⁶⁴ « Je me souviens, » dit Byron, « que ma première déclamation étonna le docteur Drury, et lui arracha (car il en était économe) une expression subite et inaccoutumée de satisfaction, devant tous les déclamateurs, lors de notre première répétition. »

⁶⁵ Nous ferons remarquer que ce poëme, quoique bien différent dans la catastrophe, est le même sujet que l'épisode de Nisus et Euryale dans l'*Énéide*. B.

⁶⁶ Il est difficile d'en dire la raison, mais il est certain que ces stances, bien supérieures à la plupart des autres poëmes de la jeunesse de Byron, n'ont pas été comprises dans l'édition de 1807. « Écrites à une époque où l'auteur n'avait pas atteint sa dix-neuvième année, » dit M. Moore, « elles montrent combien est née de bonne heure en lui la lutte entre le doute et la piété naturelle » En lisant la *critique* de la *Revue d'Édimbourg*, il ne faut pas perdre de vue que le volume des *Heures de Paresse* ne contenait pas la *Prière de la Nature*.

⁶⁷ Compagnon d'études de Byron au collége d'Harrow et à l'université de Cambridge, il entra plus tard dans les gardes.

⁶⁸ Mistriss Musters.

⁶⁹ « Notre mariage eût apaisé des haines où le sang de nos pères avait coulé ; — il aurait réuni des terres étendues et fertiles ; il eût du moins réuni un cœur et deux personnes assez bien assorties par l'âge (elle est mon aînée de deux ans); et—et—et—quel a été le résultat ! » *B.*

⁷⁰ Morven, haute montagne de l'Aberdeenshire.

⁷¹ La Dée est une belle rivière, qui prend sa source près de Mar-Lodge et se jette dans la mer à New-Aberdeen.

⁷² Colbleen est une montagne à l'extrémité des Highlands de l'Écosse, non loin des ruines de Dee-Castle.

⁷³ Ce projet de voyage en Écosse ne fut pas mis à exécution.

⁷⁴ C'est sous ce nom que Thomas Moore avait publié sa traduction d'*Anacréon*.

⁷⁵ Un poëte (*horresco referens*) a défié son critique à un combat à mort. Si cet exemple devient contagieux, il faudra nécessairement plonger dans le Styx nos censeurs périodiques. Par quel autre moyen les mettre à l'abri de la fureur d'une nuée d'assaillants ? *B.*

⁷⁶ A la mort d'Allégra, sa fille naturelle, en avril 1822, lord Byron fit transporter à Harrow sa dépouille mortelle pour y être inhumée. « C'est là, » écrivait-il à M. Murray, « que j'espérais reposer moi-même. » Il ajoute : « Il y a dans le *cimetière* un endroit, près du sentier, sur la côte de la colline, d'où l'on découvre Windsor; là se trouve une tombe sous un grand arbre, à l'ombre duquel j'avais coutume de m'asseoir des heures entières lorsque j'étais enfant. C'était ma retraite favorite ; mais, comme je me propose d'élever un marbre funéraire à sa mémoire, il vaudra mieux déposer le corps dans l'*église*. » — C'est aussi ce qui fut fait.

⁷⁷ La *Revue Mensuelle* (*Monthly-Review*), la plus répandue de cette

époque après la *Revue d'Édimbourg*, rendit un compte beaucoup plus favorable des *Heures de Paresse*. « Ces compositions, » dit-elle, « ont en général un ton plaintif et tendre entremêlé parfois de satire ; on y trouve de la facilité, de la force, de l'énergie, de la chaleur. On doit s'attendre à y voir des traces de jeunesse et des négligences ; et nous conseillons sérieusement à notre jeune barde de les réviser et de les corriger avec une modeste persévérance. Nous apercevons dans lord Byron une puissance intellectuelle et une tournure d'idées qui nous font désirer vivement de le voir sagement dirigé dans la carrière de la vie. Il a reçu de la nature des talents, et il est comptable de leur usage. Nous espérons qu'il les rendra utiles à l'humanité, et qu'il y trouvera une source de satisfaction réelle pour lui-même dans sa vieillesse. C'est alors qu'il pourra justement s'écrier avec l'orateur romain : Je n'ai point à déplorer ma vie, comme ont fait souvent beaucoup d'hommes, et des plus savants ; je ne me repens pas d'avoir vécu : car j'ai vécu de manière que mon existence n'a pas été inutile. *Non lubet mihi deplorare vitam, quod multi, et ii docti, sæpe fecerunt, neque me vixisse pœnitet ; quoniam ita vixi, ut non frustra me natum existimem.* »

Lord Byron répondit à la critique d'*Édimbourg* par une satire, et devint l'un des rédacteurs de la *Revue Mensuelle*.

LES
BARDES DE L'ANGLETERRE

ET LES

CRITIQUES DE L'ÉCOSSE,
SATIRE.

> Ma foi ! j'aimerais mieux être matou miauleur
> Que faiseur de ballade et méchant rimailleur.
> SHAKSPEARE.
>
> Des bardes ennuyeux si la race est féconde,
> Le critique impudent pareillement abonde.
> POPE.

PRÉFACE[1].

Tous mes amis, éclairés ou non, m'ont conseillé de ne pas mettre mon nom à cette satire. Si des jeux de mots et des boulets de papier suffisaient pour changer mes déterminations, je me serais conformé à leur avis ; mais les injures ne m'effraient pas, et je ne me laisse pas intimider par des rédacteurs de Revue, amis ou non amis. Je puis dire en conscience que je n'ai attaqué personnellement aucun individu qui n'ait commencé par prendre l'offensive. Les ouvrages d'un auteur sont une propriété publique : quiconque les achète a le droit de les juger, et de publier son opinion si cela lui convient, et les auteurs dont je me suis efforcé de perpétuer le souvenir peuvent faire pour moi ce que j'ai fait pour eux. Je suis sûr qu'ils réussiront beaucoup mieux à critiquer mes écrits qu'à améliorer les leurs. Le but que je me propose n'est pas de prouver que je puis écrire bien, mais, s'il est possible, d'obliger les autres à écrire mieux.

Comme ce poëme a eu beaucoup plus de succès que je ne m'y attendais, j'ai tâché, dans cette édition, d'y faire des additions et des changements qui le rendissent plus digne des regards du public.

La première édition de cette satire, publiée sans nom d'auteur, contenait au sujet du *Pope* de Bowles, quatorze vers composés par l'un de mes amis, homme d'esprit[2], qui vient de mettre sous presse

un volume de poésies ; c'est à sa demande que je les avais insérés.
Je les ai retranchés dans cette édition, et je leur en ai substitué
d'autres de ma composition ; en cela j'ai été guidé par un sentiment
que beaucoup d'autres partageront, à savoir, la résolution de ne
mettre mon nom qu'à des ouvrages sortis entièrement et exclusivement de ma plume.

Pour ce qui est [3] des talents réels de la plupart des poëtes dont il
est fait mention ou auxquels il est fait allusion dans cette satire,
l'auteur est persuadé qu'il ne saurait y avoir une grande divergence
d'opinion dans la masse du public ; ce n'est pas qu'à l'exemple
d'autres sectaires, chacun d'eux n'ait son tabernacle spécial de prosélytes qui exagèrent son mérite, ferment les yeux sur ses défauts,
et reçoivent sans scrupule et avec respect ses oracles poétiques.
Mais la dose considérable d'esprit que possèdent incontestablement
plusieurs des écrivains que j'ai censurés, rend plus regrettable encore la prostitution qu'ils ont faite de leur intelligence. La sottise
peut exciter la pitié, du moins on peut en rire et l'oublier ; mais
l'abus du talent appelle une énergique réprobation. Nul plus que
l'auteur, n'eût désiré voir un écrivain connu et plus capable prendre
en main la tâche de démasquer ces hommes ; mais M. Gifford est
absorbé par ses travaux sur Massinger ; et, en l'absence de docteurs de la Faculté, il est permis à un médecin de campagne, dans
les cas d'absolue nécessité, de débiter son baume pour empêcher
la propagation d'une si déplorable épidémie, pourvu qu'il n'y ait
point de charlatanisme dans son traitement ; et il est à craindre que
le cautère ne soit indispensable pour la guérison des nombreux
malades affligés de cette rage de rimer, qui fait de nos jours de si
redoutables progrès. — Quant aux rédacteurs de *la Revue d'Édimbourg* [4], il faudrait un Hercule pour écraser cette hydre. Mais si
l'auteur parvient seulement à briser l'une des têtes du serpent,
dût sa main être blessée dans le combat, il s'estimera amplement
satisfait.

LES BARDES DE L'ANGLETERRE

ET LES

CRITIQUES DE L'ÉCOSSE.

SOMMAIRE [5].

Le poëte examine l'état de la poésie dans les siècles passés. — De là, par une transition subite, il passe à l'époque actuelle. — Il exhale sa colère contre les faiseurs de livres, — reproche à Walter Scott sa cupidité et sa fabrique de ballades. — Notables observations sur M. Southey — L'auteur se plaint de ce que M. Southey a infligé au public trois poëmes épiques et autres. — Il s'élève contre William Wordsworth, mais loue M. Coleridge et son élégie sur un jeune âne. — Il se montre disposé à blâmer M. Lewis. — Il réprimande vertement le ci-devant Thomas Little, ainsi que lord Strangford. — Il recommande à M. Hayley d'écrire en prose, — exhorte les Moraves à glorifier M. Grahame, — exprime sa sympathie pour le révérend Bowles, — déplore la malheureuse destinée de James Montgomery, — s'emporte contre les rédacteurs de la *Revue d'Edimbourg*, — les gratifie de noms fort durs, tels que celui de harpie et autres. — Apostrophe à Jeffrey; prophétie à son égard. — Episode de Jeffrey et Moore, périls qu'ils courent, leur délivrance; présages dans la matinée où eut lieu le combat; la Tweed, le Tolbooth, le Frith de Forth éprouvent une commotion; une déesse descend du ciel pour sauver Jeffrey; incorporation des balles avec son sinciput et son occiput. — Revue en masse des critiques d'Edimbourg. — Lord Aberdeen, Herbert, Scott, Hallam, Pillans, Lambe, Sydney, Brougham, etc. — Lord Holland loué pour ses dîners et ses traductions. — Le théâtre; Sceffington, Hook, Reynolds, Kenney, Cherry, etc. — Appel à Shéridan, à Colman et à Cumberland, pour qu'ils reprennent la plume. — L'auteur revient à la poésie. — Rimailleurs de toutes sortes. — Les lords écrivent parfois, ils feraient beaucoup mieux de s'en abstenir. — Hafiz, Bose, Mathilde et X. Y. Z. — Rogers, Campbell, Gifford, etc., poëtes véritables. — Traducteurs de l'Anthologie grecque. — Crabbe. — Style de Darwin. — Cambridge. — Prix universitaire. — Smyth. — Hondgson. — Oxford. — Richards. — Le poëte entre en scène. — Conclusion.

Quoi! je serai condamné à tout entendre! [6] L'enroué Fitz-Gerald [7] braillera dans les tavernes ses couplets discordants; et moi, je me tairai, de peur que les Revues écossaises ne m'appellent rimailleur et ne dénoncent ma muse! Non! non! préparez-vous à me lire. — J'écrirai à tort ou à raison; les sots sont le sujet de mes vers. La satire inspirera mes chants!

O le plus noble don de la nature! ma bonne plume d'oie! esclave de ma pensée, obéissante à ma volonté, arrachée à l'aile paternelle pour faire une plume, ce puissant instrument de bien petits hommes! O toi! qui facilites l'accouchement intellectuel d'un cerveau en travail, gros de vers ou de prose; toi qui, en dépit de l'inconstance des femmes et des sarcasmes de la critique, fais la consolation d'un amant et la gloire d'un auteur, que de beaux esprits, que de poëtes tu fais naître chaque jour! Combien est fréquent ton emploi, et petite ta gloire, condamnée enfin à un complet oubli, de même que les pages que tu as tracées! Mais toi, du moins, plume qui m'appartiens, toi que j'ai déposée naguère et que je reprends maintenant, notre tâche terminée, tu seras libre comme celle de Cid Hamet[8]; si d'autres te méprisent, moi je te chéris. Prenons donc aujourd'hui notre essor; ce n'est point un sujet rebattu, une vision orientale, un rêve extravagant qui m'inspire[9]; notre route, bien que hérissée d'épines, est distinctement tracée : que nos vers soient coulants et notre chant facile!

En ce temps, où le Vice triomphant commande en souverain, obéi par les hommes, ses esclaves volontaires; où la Folie, trop souvent précurseur du crime, garnit son chapeau des grelots de tous les pays; où les méchants et les sots dominent réunis et pèsent leur justice dans des balances d'or; eh bien! les plus hardis redoutent encore la risée publique; la crainte de la honte est la seule qui leur reste; ils pèchent avec plus de mystère, tenus en effroi par la satire, et tremblent devant le ridicule, sinon devant la loi.

Telle est la puissance de l'esprit; mais les flèches de la satire ne sont point mon partage; pour châtier les iniquités royales de notre âge, il faut une arme plus acérée, une main plus puissante. Néanmoins il est des folies dont la chasse m'est permise et pourra du moins m'amuser. Qu'on rie avec moi, je ne demande pas d'autre gloire. Le signal a retenti; mon gibier, ce sont les écrivassiers. Au galop, mon Pégase!

— Je cours sur vous tous, poëmes grands et petits, odes, épopées, élégies! Et moi aussi, je puis comme un autre barbouiller du papier. Et il m'arriva un jour de répandre par la ville un déluge de vers, vraie boutade d'écolier, indigne d'éloge ou de blâme ; je me fis imprimer, — de plus grands enfants que moi en font autant. Il est doux de voir son nom imprimé ; un livre est toujours un livre, bien qu'il n'y ait rien dedans. Ce n'est pas qu'un nom titré puisse sauver d'un oubli commun le livre et l'écrivain : Lambe en sait quelque chose, lui dont la farce bâtarde a été sifflée malgré le nom patricien de son auteur. Cela n'empêche pas que George ne continue à écrire [10], bien qu'il cache son nom aux regards du public. Autorisé par ce grand exemple, je suis la même voie ; seulement je fais moi-même ma Revue ; et, sans recourir au grand Jeffrey, comme lui je me constitue de ma propre autorité juge en poésie.

Il faut un apprentissage pour tous les métiers, excepté pour celui de censeur. On trouve des critiques tout faits d'avance. Sachez par cœur les plaisanteries rebattues de Miller, ayez tout juste autant de science qu'il en faut pour faire des citations erronées, un esprit bien dressé à trouver ou à forger des fautes, une certaine disposition au calembour, que vous appellerez sel attique ; allez trouver Jeffrey ; soyez silencieux et discret : il paye juste dix livres sterling la feuille ; ne craignez pas le mensonge, il donnera à vos traits quelque chose de plus acéré ; ne reculez pas devant le blasphème, il passera pour de l'esprit ; foulez aux pieds toute sensibilité, ne vous faites pas faute de jeux de mots : vous voilà devenu un critique complet ; on vous haïra, mais vous serez adulé.

Nous soumettrons-nous à une telle juridiction ? Non, certes. Cherchez des roses en décembre, de la glace en juin ; demandez de la constance au vent, du blé à la paille ; croyez à une femme ou à une épitaphe ou à tout autre objet menteur, plutôt que d'ajouter foi au langage d'un critique chagrin, ou de vous laisser égarer par le cœur de Jeffrey [11] ou la tête béotienne de Lambe [12]. Tant que, soumis au joug de ces tyrans imberbes et sans mission, de ces usurpateurs du sceptre du Goût, les auteurs courberont humblement la tête, accueilleront leur voix comme celle de la Vérité, et recevront leurs arrêts comme articles de foi ; tant que la Critique sera remise en de telle mains, ce serait un péché que de l'épargner. De tels censeurs méritent-ils des ménagements ? Néanmoins nos modernes génies se suivent tous de si près, qu'on ne sait quel choix faire parmi eux ; nos poëtes et nos critiques se ressemblent tellement, qu'on ne sait trop qui épargner ou qui frapper.

Vous me demanderez peut-être pourquoi je me hasarde dans une carrière que Pope et Gifford ont courue avant moi. Si déjà vous n'êtes rebutés, continuez à me lire. Mes vers vont vous répondre. « Arrêtez ! » me crie un ami ; « ce vers est négligé ; celui-ci, celui-là et cet autre encore me semblent incorrects. » — Eh bien ! qu'en conclurez-vous ? Pope a fait la même faute, ainsi que l'insouciant Dryden. —Oui ; mais Pye ne l'a pas commise. —Voilà vraiment une belle autorité ! Que m'importe ? mieux vaut errer avec Pope qu'exceller avec Pye.

Avant nos jours dégénérés, où des œuvres ignobles obtiennent des éloges imposteurs, il fut un temps où, au lieu de grâces mensongères, l'esprit et le bon sens s'alliaient à la poésie et florissaient ensemble, puisaient leurs inspirations à la même source, et, cultivés par le goût, brillaient chaque jour d'une beauté nouvelle. C'est alors que, dans cette île heureuse, la voix pure de Pope s'efforçait de charmer l'âme ravie et voyait le succès couronner ses efforts, aspirait à l'approbation d'une nation polie, et relevait la gloire du pays en même temps que celle du poëte. Comme lui, le grand Dryden faisait couler les flots de sa muse avec moins de douceur peut-être, mais plus de force. Alors aussi Congrève égayait la scène, Otway nous arrachait des larmes ; car l'accent de la nature allait au cœur d'un auditoire anglais. Mais pourquoi rappeler de tels noms ou de plus illustres encore, quand la place de ces grands hommes est occupée par des bardes sans génie ? Mais c'est vers ces temps que nous reportons nos regards attristés par la fuite du Goût et de la Raison. Jetez maintenant les yeux autour de vous, feuilletez cet amas de pages frivoles ; contemplez les ouvrages précieux qui charment notre époque. Il est toutefois une vérité que la satire elle-même doit reconnaître : c'est qu'on ne peut se plaindre qu'il y ait parmi nous disette de poëtes [13]. Leurs œuvres font gémir la presse et fatiguent les imprimeurs ; les épopées de Southey font craquer sous leur poids les rayons des bibliothèques ; et les poésies lyriques de Little brillent en in-douze satinés.

« Il n'y a rien de nouveau sous le soleil, » disent les prédicateurs ; et pourtant nous courons d'innovations en innovations. Que de merveilles diverses nous allèchent en passant ! La vaccine, l'attraction, le galvanisme et le gaz apparaissent successivement, excitent l'admiration du vulgaire, puis la bulle de savon crève, — il n'y a plus que de l'air ! Nous voyons aussi s'élever de nouvelles écoles poétiques où d'ennuyeux prétendants réclament la palme. Ces pseudo-bardes font pendant quelque temps taire la voix du Goût. Maint club campagnard plie le genou devant Baal, et, détrônant le Génie légitime, élève un temple et une idole de sa façon [14], quelque veau de plomb, peu importe lequel, depuis l'ambitieux Southey jusqu'au rampant Stott [15].

Voyez ! la légion écrivassière, fractionnée en groupes divers, défile devant nous, impatiente d'attirer l'attention : chacun pique de l'éperon son Pégase efflanqué ; la Rime et les Vers Blancs marchent côte à côte. Voyez s'amonceler sonnets sur sonnets, odes sur odes. Les histoires de revenants se coudoient en route ; les vers s'avancent en mesures démesurées, car la Sottise aime un ryhthme varié ; amie du fatras étrange et mystérieux, elle admire toute poésie qu'elle ne peut comprendre. C'est ainsi que les lais du Ménestrel — puissent-ils être les derniers ! — font entendre au souffle des vents leurs tristes gémissements sur des harpes à demi tendues, pendant que les esprits de la montagne bavardent avec les esprits de la rivière, afin que les dames puissent les entendre la nuit ; des nains farfadets de la race de Gilpin Horner égarent dans les bois de jeunes seigneurs écossais, sautillant à chaque pas, Dieu sait à quelle hauteur ! et font peur aux petits enfants, Dieu sait pourquoi ! tandis que dans leur cellule magique des dames de haut parage font défense de lire à des chevaliers qui ne savent pas épeler, dépêchent un courrier au tombeau d'un sorcier, et font la guerre à d'honnêtes gens pour protéger un mécréant.

Voyez ensuite s'avancer gravement, sur son cheval de parade, l'orgueilleux Marmion au cimier d'or, tantôt faussaire, tantôt le premier au combat; sans être tout à fait un félon, il n'est pourtant chevalier qu'à demi, également propre à décorer un gibet ou un champ de bataille, puissant mélange de grandeur et de bassesse. T'imagines-tu donc, Scott [16], dans ta folle arrogance, faire agréer au public ton roman insipide? C'est en vain que Murray se ligue avec Miller pour rétribuer ta muse à raison d'une demi-couronne par vers. Non! quand les fils d'Apollon s'abaissent à trafiquer de leur plume, leurs palmes sont desséchées, leurs jeunes lauriers sont flétris. Que ceux-là abdiquent le titre sacré de poëte, qui tourmentent leur cerveau pour un vil salaire, et non pour la gloire [17]. Puissent-ils travailler en vain pour Mammon, et contempler avec douleur l'or qu'ils n'ont pu gagner! Que ce soit là leur partage! que telle soit la juste récompense de la Muse qui se prostitue, du barde mercenaire! C'est pour cela que nous n'avons que des mépris pour le fils vénal d'Apollon; et sur ce, nous disons « bonne nuit à Marmion. »

Voilà les œuvres qui réclament aujourd'hui nos applaudissements; voilà les poëtes devant lesquels la Muse doit s'incliner, pendant que Milton, Dryden, Pope, relégués dans un commun oubli, cèdent leurs palmes sacrées à Walter Scott!

Il fut un temps, alors que la Muse était jeune encore, qu'Homère faisait résonner sa lyre, que Virgile chantait, où pour produire un poëte épique dix siècles suffisaient à peine, où l'admiration des peuples saluait avec respect son nom magique; l'ouvrage de chacun de ces bardes immortels apparaît comme l'unique merveille de mille années. Des empires ont disparu de la face de la terre, des langues ont expiré avec ceux qui leur avaient donné naissance, sans obtenir la gloire de l'un de ces chants immortels où revit toute une langue éteinte. Il n'en est point ainsi de nous. Nos poëtes, malgré leur infériorité, ne se contentent pas d'appliquer à un grand ouvrage le travail d'une vie entière : voyez d'un vol d'aigle s'élever dans les cieux Southey, le marchand de ballades. Que Camoëns, Milton, le Tasse, baissent pavillon devant cet homme qui, chaque année, fait entrer en campagne une armée de poëmes ! Voyez au premier rang s'avancer Jeanne d'Arc, le fléau de l'Angleterre et l'orgueil de la France ! méchamment brûlée par Bedfort, comme sorcière, voyez sa statue entourée d'une auréole de gloire ; elle a brisé ses fers, sa prison s'est ouverte, et cette vierge phénix renaît de ses cendres ! Voici ensuite venir le terrible Thalaba, monstrueux, sauvage et merveilleux enfant de l'Arabie, redoutable destructeur de Dom Daniel, lui qui a plus exterminé de magiciens enragés que le monde n'en a jamais connu. Héros immortel ! rival du Petit-Poucet, règne à jamais sur les débris de tes ennemis abattus ! Puisque la poésie s'enfuit effrayée à ton aspect, tu fus avec raison condamné à être le dernier de ta race ! Des génies triomphants ont bien fait de t'enlever de ce bas monde, illustre vainqueur du sens commun ! Voici maintenant le dernier et le plus grand des héros de Southey ; Madoc déploie sa voile, Madoc, cacique à Mexico, et prince au pays de Galles ; comme tous les voyageurs, il nous conte d'étranges histoires, plus vieilles que celles de Mandeville et pas tout à fait aussi vraies. O Southey ! Southey ! mets un terme à la fécondité de ta muse ! Un barde peut chanter trop souvent et trop longuement : poëte vigoureux, par pitié, épargne-nous ! Un quatrième poëme, hélas ! c'en serait trop. Mais si, en dépit de tout ce qu'on peut te dire, tu persistes à te frayer en vers un pénible chemin ; si dans tes ballades, on ne peut plus inciviles, tu continues à dévouer les vieilles femmes au diable, Dieu garde de tes sinistres desseins les enfants qui sont encore à naître ! Dieu te soit en aide, Southey, et à tes lecteurs aussi [18] !

Voyez venir ensuite son disciple ennuyeux, le bénin apostat des règles poétiques, le simple Wordsworth, dont les chants sont aussi doux qu'un soir de mai, son mois favori [19]; qui conseille à son ami « de laisser là le travail et le trouble, et de quitter ses livres, de peur de devenir double [20]; » qui par le précepte et l'exemple fait voir qu'il n'y a aucune différence entre les vers et la prose; nous démontre clairement qu'une prose insensée fait les délices des poétiques âmes, et que les contes de Noël, mutilés par la rime, contiennent l'essence du vrai sublime. Ainsi, lorsqu'il nous raconte l'histoire de Betty Foy, la mère idiote d'un « enfant idiot, » nigaud, lunatique qui a perdu son chemin, et, de même que son poëte, confond la nuit et le jour, il appuie tellement sur tous les endroits pathétiques, et décrit chaque aventure d'une manière si sublime, que tous ceux qui voient « l'idiot dans sa gloire » prennent l'historien pour le héros de l'histoire.

Passerai-je sous silence l'aimable Coleridge, cher à l'ode boursouflée et à la strophe ambitieuse? Bien qu'il se plaise surtout aux sujets innocents, l'obscurité néanmoins est la bienvenue auprès de lui. Si parfois l'inspiration refuse son aide à celui qui adopte une fée pour sa muse, nul ne saurait surpasser en poésie relevée la barde qui prend un âne pour sujet d'élégie. La matière s'adapte si merveilleusement à son noble esprit, qu'on croit entendre braire le poëte lauréat de la gent aux longues oreilles [21].

O Lewis [22]! merveilleux magicien, moine ou barde, n'importe, toi qui voudrais faire du Parnasse un cimetière! L'if, en guise de laurier, compose ta couronne; tu as pour muse un revenant, et Apollon t'a pris pour son fossoyeur! Soit que tu prennes ton poste sur d'antiques tombeaux, salué par la voix sépulcrale des spectres, ton digne cortége; soit que ta plume nous trace ces chastes tableaux qui plaisent tant aux femmes de notre âge pudique; salut, Lewis P.! De ton cerveau infernal s'élancent des troupes hideuses de fantômes couverts de leur suaire; à ton commandement on voit accourir en foule « des femmes grimaçantes, » des rois, du feu, de l'eau et des nuages, de « petits hommes gris, » et je ne sais combien d'êtres encore dont l'empire est à toi, ainsi qu'à Walter Scott; salut pour la seconde fois! Si des contes tels que les tiens font des prosélytes, c'est une maladie que saint Luc seul peut guérir; Satan lui-même n'oserait vivre avec toi, et ton cerveau lui serait un enfer plus profond que le sien.

Quel est ce poëte qui s'avance d'un air doux, environné d'un chœur de jeunes filles brûlant d'un feu autre que celui de Vesta? Les yeux brillants, la joue enflammée, il fait retentir les accents désordonnés de sa lyre, et les dames l'écoutent en silence! C'est Little! le jeune Catulle de son époque, aussi doux dans ses chants, mais aussi immoral que son modèle! La Muse qui condamne à regret doit pourtant être juste, et ne point faire grâce au mélodieux prédicateur du libertinage. Pure est la flamme qui brûle sur ses autels; elle se détourne avec dégoût d'un encens plus grossier; néanmoins, indulgente à la jeunesse, après cette expiation elle se borne à lui dire : « Corrige tes vers, et ne pêche plus! »

Quant à toi, traducteur aux vers de clinquant, et à qui tout cet oripeau appartient en propre, Strangford l'Hybernien, avec tes yeux d'azur et les boucles vantées de ta chevelure rouge ou blonde, toi, dont les chants plaintifs sont admirés de nos miss malades d'amour, qui se pâment d'attendrissement sur ces riens harmonieux, apprends, apprends, si tu le peux, à reproduire le sens de ton auteur et à ne plus vendre tes sonnets sous le nom d'un autre. Crois-tu donc obtenir au Parnasse un rang plus élevé en habillant Camoëns en dentelles? Corrige, Strangford, corrige ta morale et ton goût : sois chaleureux, mais pur; amoureux, mais chaste; cesse d'en imposer; rends ta harpe empruntée, et ne fais plus du barde lusitanien le copiste de Moore.

Mais arrêtons-nous un moment! Quel est cet ouvrage? C'est la dernière et la pire production d'Hayley, jusqu'à la prochaine cependant : soit qu'avec d'insipides tirades il fabrique des drames ou tourmente les morts du purgatoire de ses éloges, jeune ou vieux, il a toujours le même style, uniformément faible et insipide. Voici d'abord le *Triomphe du*

Sang-Froid, qui a failli me faire perdre le mien, puis le *Triomphe de la Musique*. Ceux qui ont lu celui-là peuvent affirmer que la pauvre Musique n'y triomphe guère [23].

Moraves, levez vous! décernez une digne récompense à la dévotion fastidieuse! — Écoutez! le poète du dimanche, le sépulcral Grahame [24] exhale ses sublimes accents en prose barbare, et n'aspire même pas à la rime. Il met en vers blancs l'évangile de saint Luc, pille audacieusement le Pentateuque, et, sans le moindre scrupule de conscience, falsifie les Prophètes et dévalise les Psaumes.

Salut, ô Sympathie! ta douce puissance évoque devant moi mille souvenirs d'un millier de choses, et me montre, courbé sous ses soixante années de lamentations, le prince ivre des faiseurs de sonnets ennuyeux. Et n'es-tu pas en effet leur prince, harmonieux Bowles, le premier, le grand oracle des âmes tendres, soit que tu chantes avec la même facilité de douleur, la chute d'un empire ou celle d'une feuille, soit que ta muse nous raconte d'un ton lamentable les sons joyeux des cloches d'Oxford, et, toujours éprise des cloches, trouve un ami dans chaque tintement du carillon d'Ostende [25]? Oh! combien tu serais plus conséquent encore si tu ornais de grelots le chapeau de ta muse! Délicieux Bowles! toujours bénissant ou béni, chacun aime tes vers; mais les enfants surtout en font grand cas. Il faut te voir, l'inspirant de la poésie morale de Little, charmer les transports de l'amoureuse foule. Avec toi, la petite fille verse de douces larmes, avant que mademoiselle ait complété les années de son enfance; mais à treize ans elle échappe à ta séduisante influence; elle quitte le pauvre Bowles pour les chants plus purs de Little. D'autres fois, dédaignant de circonscrire aux sentiments tendres les nobles sons d'une harpe telle que la tienne, tu « fais retentir des accents plus forts et plus élevés [26], » tels que personne n'en entendit et n'en entendra jamais. Là sont enregistrées, chapitre par chapitre, toutes les découvertes faites depuis le déluge, depuis le jour où l'arche vermoulue s'arrêta dans la vase, depuis le capitaine Noé jusqu'au capitaine Cook. Ce n'est pas tout : le poète fait une halte, soupire un touchant épisode [27], et nous raconte gravement, — écoutez, ô belles demoiselles ! — comment trembla Madère au bruit du premier baiser. Bowles ! retiens cet avis : continue à faire des sonnets ; eux, du moins, ils se vendent [28]. Mais, si quelque nouveau caprice ou un large salaire sollicite ta cervelle ignorante et te met la plume à la main ; s'il est un poëte qui, naguère l'effroi des sots, est descendu dans la tombe et mérite notre vénération ; si Pope, dont la gloire et le génie ont triomphé du plus habile des critiques, doit lutter encore contre le pire de tous, tente l'aventure : relève la moindre faute, la plus légère imperfection ; le premier des poëtes n'était, après tout, qu'un homme. Fouille les vieux fumiers pour y trouver des perles ; consulte lord Fanny : ajoute foi à Curll ; que tous les scandales d'un siècle qui n'est plus se perchent sur ta plume et voltigent sur ton papier ; affecte une candeur que tu n'as pas ; donne à l'Envie le manteau d'un zèle sincère ; écris comme si l'âme de Saint John t'inspirait, et fais par haine ce que Mallet fit pour de l'argent. Oh ! si tu avais vécu à cette époque qui te convenait si bien ; si tu avais pu extravaguer avec Denis ou rimer avec Ralph, ameuté avec ses ennemis autour du Lion vivant, au lieu de lui donner après sa mort le coup de pied de l'âne [29], une récompense fût venue s'ajouter à tes gains glorieux, et t'eût pour ta peine attaché au pilori de *la Dunciade*.

Encore un poëme épique ! Qui vient de nouveau infliger ses vers blancs aux enfants des hommes ? Le béotien Cottle, l'orgueil de la riche Bristowa, importe de vieilles histoires de la côte cambrienne, et envoie toute vivante sa marchandise au marché ! Quarante mille vers ! vingt-cinq chants ! Voilà du poisson frais de l'Hélicon [30] ! qui en achète ? qui en achète ? il n'est pas cher. — Ma foi, ce n'est pas moi. Ils doivent être plats les vers de ces mangeurs de soupe à la tortue, tout bouffis de la graisse de Bristol. Si le commerce remplit la bourse, en revanche il rétrécit le cerveau, et Amos Cottle fait en vain résonner sa lyre. Voyez en lui un exemple des infortunes qu'entraîne le métier d'auteur : le voilà condamné à faire les livres qu'il vendait autrefois. O

Amos Cottle! — Phébus! quel nom pour remplir la trompette de la renommée! O Amos Cottle! songe un peu aux maigres profits que rendent une plume et de l'encre! Pendant que tu es ainsi livré à tes rêves poétiques, qui voudra jeter les yeux sur le papier que tu barbouilles? O plume détournée de son véritable usage! ô papier mal employé! Si Cottle [31] ornait encore le bout d'un comptoir, penché sur son pupitre; si, né pour d'utiles travaux, on lui eût appris à faire le papier qu'il gâte aujourd'hui, à labourer, à bêcher, à manier la rame d'un bras vigoureux, il n'aurait point chanté le pays de Galles, et moi, je ne me serais pas occupé de lui [32].

Tel que Sisyphe roulant aux enfers son énorme rocher sans pouvoir goûter le sommeil, ainsi sur ta colline, Richmond embaumé, l'ennuyeux Maurice [33] charrie le granit de ses lourdes pages; monument poli et solide des fatigues de son esprit, pétrifications d'un cerveau épais qui, avant d'atteindre le sommet, retombent pesamment dans la plaine.

Mais j'aperçois dans la vallée le mélancolique Alcée! Sa lyre est brisée, sa joue est empreinte de sérénité et de pâleur! Ses espérances, autrefois si belles, et qui auraient pu fleurir un jour, le vent du nord les a fait périr. Le souffle de la Calédonie a flétri ses boutons dans leur fleur. Que le *classique* Sheffield pleure sur ses œuvres perdues et que nulle main téméraire ne trouble leur précoce sommeil [34]!

Dites-moi, cependant : pourquoi le poëte abdiquerait-il ainsi ses titres à la faveur des muses? Devra-t-il donc se laisser toujours effrayer par les hurlements confus de ces loups d'Écosse qui rôdent dans l'ombre, lâche engeance qui, par un instinct infernal, déchire comme une proie tout ce qui se rencontre sur son passage? Vieux ou jeune, vivant ou mort, nul n'est épargné, tout sert d'aliment à ces harpies[35]. Pourquoi les objets de leurs outrages céderaient-ils sans combat la tranquille possession de leur champ natal? Pourquoi lâchement reculer devant leurs griffes? Pourquoi ne pas refouler ces limiers sanguinaires vers le siége d'Arthur [36]?

Salut à l'immortel Jeffrey [37] ! L'Angleterre eut jadis la gloire d'avoir un juge à peu près du même nom. Miséricordieux, mais justes, leurs âmes se ressemblent tellement, qu'il est des gens qui croient que Satan a lâché sa proie et lui a permis de revenir au monde pour condamner les écrits, comme il avait autrefois condamné les hommes. Il a la main moins puissante, mais le cœur aussi pervers, et sa voix est tout aussi prompte à ordonner la torture. Élève du barreau, il n'a retenu de sa science légale qu'une certaine aptitude à relever des vétilles ; instruit depuis à l'école du libéralisme, il a appris à railler les partis politiques, bien qu'il soit lui-même l'instrument d'un parti. Il sait que si un jour ses patrons retournent au poste qu'ils ont perdu naguère, les pages qu'il a griffonnées seront dignement récompensées et feront monter sur le siége du juge ce nouveau Daniel [38]. Ombre de Jeffries, nourris cette pieuse espérance ; présente une corde à cet autre toi-même en lui disant : « Héritier de mes vertus, mon digne émule, habile à condamner comme à calomnier le genre humain, reçois cette corde que je t'ai soigneusement réservée ; tiens-la à la main lorsque tu rendras tes arrêts, et qu'elle serve un jour à te pendre ! »

Salut au grand Jeffrey ! Que le ciel le conserve pour briller sur les rives fertiles de Fife ! qu'il protége ses jours sacrés dans ses guerres à venir, puisque parfois nos auteurs en appellent au jugement des armes. Vous souvient-il de ce jour historique [39], de cette rencontre glorieuse et qui faillit être fatale, alors que l'œil de Jeffrey rencontra le pistolet sans balle de Little, pendant qu'à deux pas de là les imprudents mirmidons de Bow-Street pouffaient de rire [40] ? O jour désastreux ! le château de Dunedin trembla jusque dans ses fondements ; les ondes sympathiques du Forth roulèrent toutes noires ; les ouragans du nord firent entendre de sourds murmures ; la Tweed enfla la moitié de ses eaux pour former une larme, l'autre moitié poursuivit tranquillement son cours [41] ; le mont escarpé d'Arthur s'agita sur sa base, et le sombre Tolbooth changea presque de place. Il sentit alors, — car en de tels moments le marbre peut éprouver les émotions de l'homme,

— il sentit qu'il allait être privé de tous ses charmes si Jeffrey mourait ailleurs que dans ses bras [42]. Enfin, dans cette matinée redoutable, son grenier paternel, ce seizième étage qui l'avait vu naître, s'écroula tout à coup, et à ce bruit la pâle Édine tressaillit. Des rames de papier blanc inondèrent toutes les rues d'alentour; des ruisseaux d'encre coulèrent dans la Canongate; noir emblème de la candeur de Jeffrey comme le blanc pacifique l'était de son courage, comme ces deux couleurs réunies forment l'emblème de son esprit puissant. Mais la déesse de la Calédonie plana sur le champ de bataille et le sauva de la colère de Moore; elle enleva le plomb vengeur dont les pistolets étaient chargés, et le remit dans la tête de son favori; cette tête, par une attraction toute magnétique, le reçut comme autrefois Danaé la pluie d'or, et le grossier métal alla accroître une mine déjà riche par elle-même. « Mon fils, » s'écria-t-elle, « n'aie plus soif du sang à l'avenir; laisse là le pistolet et reprends la plume; préside à la politique et à la poésie; sois l'orgueil de ton pays et le guide de la Grande-Bretagne. Car aussi longtemps que les fils insensés d'Albion se soumettront à tes arrêts et que le goût écossais sera l'arbitre du génie anglais, tu régneras paisiblement, et nul n'osera prendre ton nom en vain. Une bande choisie t'aidera dans l'exécution de tes projets et te proclamera chef du *clan* de la critique. Au premier rang de la phalange nourrie d'avoine, apparaîtra ce *thane* voyageur, l'Athénien Aberdeen [43]. Herbert brandira le marteau de Thor, et parfois, en retour, tu loueras ses vers raboteux. Tes pages amères recevront aussi le tribut de Smith le fat [44], et d'Hallam, renommé pour son grec [45]. Scott consentira peut-être à te prêter son nom et son influence; et le méprisable Pillans diffamera ses amis, pendant que l'infortuné disciple de Thalie, Lambe [46], comme un diable sifflé, sifflera à son tour comme un diable. Que ton nom soit célèbre, ton empire illimité! Les banquets de lord Holland récompenseront tes travaux, et la Grande-Bretagne, reconnaissante, ne manquera pas d'offrir le tribut de ses éloges aux mercenaires du noble lord, aux ennemis de l'intelligence. J'ai un avis pourtant à te donner : avant que ton prochain numéro prenne son essor, en déployant ses ailes bleu et safran, prends garde que le maladroit Brougham [47] ne fasse tort à la vente, ne change le bœuf en galette d'avoine, et le chou-fleur en chou. » A ces mots, la déesse en jupon court donna un baiser à son fils, et disparut dans un brouillard d'Écosse [48].

Prospère donc, Jeffrey! toi le plus éveillé de la bande qu'engraisse l'Écosse avec son grain excitant! Les prospérités qui attendent tout véritable Ecossais sont doublées dans ton glorieux partage. Pour toi Edine recueille les parfums du soir, qu'elle répand ensuite sur tes pages candides. La couleur et l'odeur adhèrent au volume : l'une en parfume les pages, l'autre en dore la couverture [49]. Que dis-je! la Lèpre, nymphe modeste, éprise de toi, oublie tout pour ne s'attacher qu'à toi, et, injuste envers le reste des Pictes, elle possède ta personne et inspire ta plume.

Illustre Holland! ce serait vraiment mal à moi de parler de ses stipendiés et de l'oublier lui-même [50]; Holland et son aide-de-camp Henri Petty, piqueur de la meute. Dieu bénisse les banquets d'Holland-House, où les Ecossais ont leur couvert mis, où les critiques font bombance! Puisse Grub-Street[51] dîner longtemps sous son toit hospitalier, à l'abri des créanciers! Voyez l'honnête Hallam quitter la fourchette pour la plume, rédiger un article sur l'ouvrage de sa seigneurie, et, reconnaissant des bons morceaux qui sont sur son assiette, déclarer que son hôte sait tout au moins traduire! Edimbourg, contemple avec joie tes enfants! ils écrivent pour manger, et mangent parce qu'ils écrivent. Mais, de peur qu'échauffés par le jus inaccoutumé de la grappe, quelque pensée chaleureuse ne leur échappe et ne s'imprime, et n'aille faire monter le rouge au front des belles lectrices, milady se charge du soin d'écrémer les articles, leur communique d'un souffle sa pureté d'âme, corrige les fautes, et passe sur le tout la lime et le rabot.

Occupons-nous maintenant du drame.—Quelle confusion! quels singuliers tableaux appellent nos regards ébahis! Des calembours, un prince qu'on renferme dans un tonneau[52], les absurdités de Dibdin, voilà ce qui satisfait pleinement le public. Heureusement que la Rosciomanie est passée de mode, et qu'on est revenu aux acteurs sortis de l'enfance. Mais à quoi serviront les vains efforts qu'ils font pour nous plaire, tant que de pareilles pièces seront tolérées par la critique anglaise, tant qu'on permettra à Reynolds d'exhaler sur la scène ses jurons grossiers [53] et de confondre le sens commun avec les lieux communs, tant que « le Monde » de Kenney [54] — pourrait-on me dire où est son esprit? — ennuiera les loges et endormira le parterre, et qu'une pièce de Beaumont, travestie en *Caractacus*, nous offrira une tragédie complète à laquelle il ne manque que les paroles? Qui ne gémirait de voir de telles choses faire fureur, de voir cette dégradation de notre théâtre tant vanté? Eh quoi! avons-nous perdu tout sentiment de honte? le talent a-t-il disparu? n'avons-nous parmi nous aucun poëte de mérite? — Aucun! — Eveille-toi, George Colman[55]! Cumberland [56], éveille-toi! sonnez la cloche d'alarme! faites trembler la sottise! O Shéridan! si quelque chose encore peut émouvoir ta plume, que la Comédie remonte sur son trône! Abandonne les absurdités de l'école germanique; laisse traduire Pizarre à des imbéciles; lègue à ton siècle un dernier monument de ton génie! donne-nous un drame classique, et réforme notre scène! Grands dieux! la sottise lèvera la tête sur ces planches que Garrick a foulées, que Siddons foule encore[57]! la farce y étalera le masque de la bouffonnerie, et Hook cachera ses héros dans un baril! Les régisseurs nous donneront des nouveautés tirées de Cherry, Skeffington et ma Mère-l'Oie, pendant que Shakspeare, Otway, Massinger, moisiront oubliés sur l'étalage, ou pourriront dans les bibliothèques! Oh! avec quelle pompe les journaux proclament les noms des candidats à la palme scénique! en vain Lewis fait apparaître son hideux cortége de fantômes, le prix n'en est pas moins partagé entre Skeffington et Goose[58]. Et, de fait, le *grand* Skeffington a droit à nos éloges, lui qui est également renommé pour ses habits sans basques et ses drames sans plan; qui ne borne pas l'essor de son génie à remplir le cadre des riants tableaux de Greenwood et ne s'endort pas avec « les belles endormies; » mais s'en vient tonner, en cinq actes facétieux, au grand étonnement du pauvre John Bull, qui tout ébahi, se demande ce que diable cela peut signifier. Mais quelques mains gagées venant à applaudir, plutôt que de dormir, John Bull en fait autant.

C'est ainsi que nous sommes maintenant. Ah! comment pourrions-nous sans gémir jeter les yeux sur ce qu'étaient nos pères? Bretons dégénérés! avez-vous perdu toute honte; ou, bons jusqu'à la niaiserie, craignez-vous d'exprimer votre blâme? Nos lords ont bien raison de suivre attentivement la moindre distorsion sur le visage d'un Naldi, de sourire aux bouffons italiens et d'adorer les pantalonades de Catalani [59], puisque notre propre théâtre ne nous donne en fait d'esprit que des calembours, en fait de gaieté que des grimaces!

Eh bien donc, que l'Ausonie, experte dans l'art d'adoucir les mœurs en corrompant le cœur, épande sur la capitale ses folies exotiques, pour sanctionner le vice et chasser la décence; que des prostituées mariées se pâment à contempler Deshayes et bénissent les avantages que ses formes promettent; que Gayton bondisse aux regards ravis de marquis en cheveux blancs et de ducs jouvenceaux; que de nobles libertins regardent la sémillante Presle faire pirouetter son corps léger qui dédaigne d'inutiles voiles; qu'Angiolini découvre son sein de neige, balance son bras blanc et tende son pied flexible; que Collini trille ses chants amoureux, allonge son cou charmant et ravisse la foule attentive. N'aiguisez point votre faux, Société pour la suppression du Vice, saints réformateurs aux scrupules singulièrement raffinés, qui, pour le salut de nos âmes pécheresses, faites défense aux brocs de s'emplir le dimanche, aux barbiers de raser; qui voulez que la bière reste dans les tonneaux et que chacun garde sa barbe, par respect pour le saint jour du Seigneur!

Saluons dans Greville et Argyle le patron et le palais de la sottise et du vice [60]. Voyez-vous ce magnifique édifice, sanctuaire de la Mode, qui ouvre ses larges portiques à la foule bigarrée? c'est là que tient sa cour le Pétrone de l'époque, l'arbitre souverain des plaisirs et de la scène. Là l'eunuque stipendié, le chœur des nymphes d'Hespérie, le luth langoureux, la lyre libertine, les chants italiens, les pas français, l'orgie nocturne, la danse aux mille détours, le sourire de la beauté et les fumées du vin, tout s'unit à l'envi pour charmer des fats, des sots, des joueurs, des fripons et des lords; chacun suit ses goûts ; de par Comus tout est permis : vous avez le champagne, les dés, la musique, ou même la femme du voisin. Commerçants affamés, ne venez pas nous parler de votre misère, qui est notre ouvrage. Les mignons de la Fortune se réchauffent au soleil de l'abondance ; ils ne connaissent la pauvreté qu'en masque, lorsque dans une soirée quelque âne titré se déguise en mendiant et revêt les haillons que portait son grand-père. La gaie *burletta* terminée, le rideau baissé, l'auditoire à son tour occupe la scène. Ici, c'est le cercle des douairières qui font le tour de la salle; là, ce sont leurs filles qui, vêtues à la légère, bondissent aux accords d'une valse lascive. Les premières s'avancent en longues files d'un pas majestueux ; les autres étalent aux regards des membres agiles et dégagés ; celles-là, pour allécher les robustes enfants de l'Hybernie, réparent à force d'art les outrages des ans ; celles-ci volent d'une aile rapide à la chasse des maris, et laissent à la nuit nuptiale peu de secrets à révéler.

O charmant séjour d'infamie et de mollesse ! où, ne songeant qu'à plaire, la jeune fille peut lâcher la bride à sa pensée, et l'amant donner ou recevoir des leçons de morale ! Là, le jeune officier, à peine revenu d'Espagne, mêle les cartes ou manie le cornet sonore; le jeu est fait ; le sort a prononcé : mille livres pour le coup suivant ! Si, furieux de vos pertes, l'existence vous est à charge, le pistolet de Powell est là tout prêt à vous en délivrer, et, ce qu'il y a de plus consolant encore, votre femme trouvera deux consolateurs pour un. Digne fin d'une vie commencée dans la folie et terminée dans la honte : n'avoir autour de votre lit de mort que des domestiques pour laver vos blessures saignantes et recueillir votre dernier soupir ; calomnié par des imposteurs, oublié de tous, victime honteuse d'une querelle d'ivrogne ; vivre comme Claudius, et mourir comme Falkland [61].

Vérité ! fais apparaître parmi nous un poëte de génie, et que sa main vengeresse délivre le pays de ce fléau ! Moi-même, le moins sage d'une foule insensée, qui en sais tout juste assez pour savoir où est le bien et choisir le mal ; maître de moi-même à un âge où la Raison a perdu son bouclier, et obligé de me frayer un passage à travers l'innombrable phalange des passions [62], moi, qui ai parcouru tour à tour les sentiers fleuris du plaisir, et qui dans tous me suis égaré ; eh bien ! moi-même, je me sens obligé d'élever la voix ; moi-même je comprends combien de telles scènes, de tels hommes, sont funestes à la chose publique ! Je sais que plus d'un ami va me reprendre et me dire : « Fou que tu es, qui te mêles de blâmer les autres, vaux-tu mieux qu'eux [63] ? » Tous les mauvais sujets comme moi vont sourire et s'émerveiller de me voir prêcher la morale. N'importe ! Lorsqu'un poëte vertueux, lorsqu'un Gifford fera entendre les chants d'une muse chaste et pure, alors je laisserai pour toujours dormir ma plume, je n'élèverai la voix que pour applaudir et me réjouir, que pour lui décerner le tribut de mes louanges, dussé-je être moi-même atteint par le fouet de la Vertu.

Quant au menu fretin qui foisonne, depuis le stupide Hafiz [64] jusqu'au simple Bowles, pourquoi irions-nous chercher ces gens-là dans leurs obscures demeures de Saint-Gilles ou de Tottenham-Road, ou même dans Bond-Street et son *square* opulent, puisque enfin il est des fashionables qui ne craignent pas de se faire barbouilleurs de vers ? Si des hommes de haut parage mettent leur nom à des poésies innocentes, prudemment condamnées à fuir le regard du public, quel mal y a-t-il à cela ? En dépit de tous les nabots de la critique, permis à F. de se lire ses stances à lui-même, à Miles Andrews [65] de s'essayer dans le couplet, et de tâcher de survivre dans ses prologues à la mort de ses drames. Il y a des lords poëtes; cela arrive quelquefois, et dans un noble pair c'est un mérite que de savoir écrire. Cependant, si de nos jours le goût et la raison faisaient loi, qui voudrait assumer leurs titres et leurs vers? Roscommon! Sheffield! depuis que vous n'êtes plus, les lauriers ne couronnent plus de nobles têtes; nulle Muse ne daigne encourager de son sourire les paralytiques inspirations de Carlisle[66]. On pardonne au jeune écolier ses chants précoces, pourvu que cette manie lui passe promptement; mais quelle indulgence peut-on avoir pour les vers incessants d'un vieillard dont la poésie devient plus détestable à mesure que ses cheveux blanchissent? A quels honneurs hétérogènes aspire le noble pair! lord, rimailleur, petit-maître, pamphlétaire[67]! Si ennuyeux dans sa jeunesse, si radoteur dans ses vieux jours, ses drames à eux seuls auraient suffi pour achever notre scène déclinante; heureusement que les régisseurs s'écrièrent : « Arrêtez! en voilà assez! » et cessèrent d'administrer au public ces drogues tragiques. N'importe! que sa seigneurie en appelle de ce jugement, et qu'une peau de veau vienne habiller des œuvres qui en sont si dignes! Oui, ôtez cette couverture où le maroquin brille[68], et reliez en veau ces vers mécréants[69].

Pour vous, druides au cerveau de plomb, qui gagnez votre pain quotidien à griffonner, je ne vous fais point la guerre : la main pesante de Gifford a écrasé impitoyablement votre bande nombreuse. Déchargez contre « tous les talents » votre rage vénale : le besoin est votre excuse, et la pitié vous protége. Que votre troupe se régale de monodies sur Fox, et que le manteau de Melville vous serve encore de couverture[70]! Bardes malheureux, qu'attend un commun oubli, reposez en paix, c'est tout ce que vous méritez. Une de ces redoutables réputations, telles qu'en a fait *la Dunciade*, pourrait seule faire vivre vos vers l'espace d'un matin; mais non : que vos travaux inaperçus reposent en paix auprès de noms plus illustres! Loin de moi la pensée désobligeante de reprocher à la charmante Rosa sa prose burlesque, elle dont les vers, fidèles échos de son esprit, laissent loin derrière eux l'intelligence étonnée [71]. Bien que les bardes de la Crusca ne remplissent plus nos journaux de leurs productions, néanmoins quelques traînards tiraillent encore sur les flancs des colonnes; derniers débris de cette armée de hurleurs que Bell commandait, Mathilde criaille encore, Hafiz glapit, et les métaphores de Merry reparaissent accolées à la signature d'O, P, Q [72].

Arrive-t-il qu'un jeune homme vif et éveillé, habitant d'une échoppe [73], manie une plume moins effilée que son alène, déserte son établi, laisse là ses souliers, renonce à saint Crépin et se fait le savetier des muses; voyez comme le vulgaire ouvre de grands yeux! comme la foule applaudit! comme les dames lisent! Que d'éloges les lettres dispensent [74]! Si quelque mauvais plaisant se permet d'en rire, c'est méchanceté pure : le public n'est-il pas le meilleur des juges? Il faut qu'il y ait du génie dans des vers admirés des beaux-esprits; et Capel Lofft [75] les déclare sublimes. Écoutez donc, ô vous tous, heureux enfants d'un métier désormais superflu! quittez la charrue, laissez là la bêche inutile! Ne savez-vous pas que Burns [76], Bloomfield, et un génie plus grand encore (Gifford naquit sous une étoile ennemie), ont renoncé aux travaux d'une condition servile, lutté contre l'orage et triomphé du destin? Pourquoi donc n'en serait-il plus ainsi? Si Phébus a daigné te sourire, ô Bloomfield! pourquoi ne sourirait-il pas aussi à l'ami Nathan? La métromanie, et non la muse, s'est emparée de lui; ce n'est pas l'inspiration, mais un esprit malade qui lui met la plume à la main; et maintenant, si un villageois se rend à sa dernière demeure, si on enclôt une prairie, il faut une ode pour célébrer la chose [77]. Eh bien! puisqu'une civilisation toujours croissante sourit aux enfants de la Grande-Bretagne et répand ses dons sur notre île paternelle, que la Poésie prenne son essor, qu'elle pénètre le pays tout entier, l'âme du campagnard comme celle de l'artisan! Continuez, mélodieux savetiers, à nous faire entendre vos accords! Composez à la fois une chanson et une pantoufle : la Beauté achètera vos œuvres; on sera content de vos sonnets, sans aucun doute; de vos souliers, peut-être,

Puissent les tisserands de Moorland [78] exceller dans la poésie pindarique, et les tailleurs produire des poëmes plus longs que leurs mémoires ! Puissent les élégants ponctuels récompenser leur muse, et payer les poëmes — quand ils payeront leurs habits !

Maintenant que j'ai offert à cette foule illustré le tribut que je lui devais, je reviens à toi, ô génie qu'on oublie ! Lève-toi, Campbell [79] ; donne carrière à tes talents ! Qui plus que toi a droit de prétendre à la palme ? Et toi, harmonieux Rogers [80], réveille-toi enfin, rappelle l'agréable Mémoire du passé ! Viens ; que les doux souvenirs t'inspirent encore, que ta lyre sacrée résonne de nouveau entre tes mains ; fais remonter Apollon sur son trône vacant ; revendique l'honneur de ta patrie et le tien [81] ! Quoi donc ! la poésie abandonnée doit-elle continuer à pleurer sur la tombe où dort, avec ses dernières espérances, la cendre pieuse de Cowper ? Faut-il qu'elle ne se détourne de cette froide bière que pour couronner de gazon la terre qui recouvre Burns, son ménestrel ? Non : bien que le mépris s'attache à la race bâtarde qui rime par manie ou par besoin, il est néanmoins, il est des poëtes véritables, dont nous pouvons être fiers, qui, sans affecter le sentiment, savent nous émouvoir, qui sentent comme ils écrivent, et n'écrivent que ce qu'ils sentent : témoin Gifford [82], Sotheby [83], Macneil [84].

« Pourquoi dors-tu, Gifford ? » lui demandait-on en vain naguère [85]. « Pourquoi dors-tu, Gifford ? » lui demanderai-je de nouveau ; sa plume n'a-t-elle plus de folies à extirper ? N'y a-t-il plus de sots dont le dos demande à être fustigé ? plus de fautes qui appellent les châtiments de la satire ? Le Vice gigantesque ne montre-t-il pas sa face dans chaque rue ? Quoi ! pairs et princes marcheront dans un sentier de souillures, et ils échapperont à la vengeance de la Muse comme à celle des lois ? ils ne luiront pas dans l'avenir d'une coupable splendeur ces fanaux du crime et son éternelle leçon ? Lève-toi, ô Gifford ! acquitte tes promesses, corrige les méchants, ou du moins fais-les rougir !

Infortuné White [86] ! Quand ta vie était dans son printemps et que la jeune muse essayait son aile joyeuse, la mort vint briser cette lyre naissante, qui aurait fait entendre des chants immortels. Oh! quel noble cœur nous avons perdu, lorsque la Science fit elle-même périr son enfant chéri! Oui, elle le laissa t'absorber trop ardemment dans tes travaux favoris. Elle sema, et la Mort vint recueillir. Ce fut ton propre génie qui te donna le coup fatal, et contribua à t'infliger la blessure qui causa ton trépas. Ainsi l'aigle frappé, gisant sur la plaine pour ne plus s'élever au milieu des nuages roulants, reconnaît sa propre plume sur la flèche fatale, et lui-même a fourni des ailes au dard qui tremble dans son flanc. Poignantes sont ses douleurs; mais plus poignantes encore à cette pensée, que lui-même a donné à l'homicide acier ses moyens d'impulsion, et que ce même plumage qui a réchauffé son nid, boit maintenant son sang qui s'écoule avec sa vie [87].

Il en est dans ce siècle éclairé qui prétendent que la gloire du poëte ne vit que de brillants mensonges; que l'Invention, les ailes toujours étendues, peut seule soutenir le vol du barde moderne. Il est vrai que tous ceux qui riment, et même tous ceux qui écrivent, ont horreur du commun, ce mot funeste au génie; néanmoins il en est à qui la Vérité prête ses nobles flammes, et dont elle orne les vers qu'elle-même a dictés. C'est ce que prouve Crabbe au nom de la vertu [88], Crabbe, le peintre le plus impitoyable et cependant le plus parfait de la nature [89].

Et ici, que Shée [90] et le génie trouvent une place; lui qui manie la plume et le pinceau avec la même grâce. Également cher à la poésie et à la peinture, le poëte se reconnaît dans les travaux du peintre : il sait tour à tour animer la toile par une touche magique, ou nous charmer par des vers faciles et harmonieux; et un double laurier attend justement le rival du poëte, mais l'ami du peintre.

Heureux le mortel qui ose s'approcher du bosquet où naquirent les Muses, dont les pas ont foulé, dont les yeux ont contemplé la patrie des poëtes et des guerriers, cette terre d'Achaïe qui fut le berceau de la Gloire, et sur laquelle elle plane encore! Mais doublement heureux celui dont le cœur ressent une noble sympathie pour ces classiques rivages; qui, déchirant le voile des siècles, jette sur leurs débris des regards de poëte! Wright [91], tu eus le double privilége de voir et de chanter cette terre de la gloire, et ce ne fut point sous l'inspiration d'une muse vulgaire que tu saluas la patrie des dieux et des héros.

Et vous, poëtes amis! [92] qui avez produit au jour ces perles trop longtemps soustraites aux modernes regards, qui avez réuni vos efforts pour tresser cette guirlande où les fleurs de l'Attique exhalent les suaves odeurs d'Aonie, et qui avez embelli les beautés de votre langue natale de ces parfums rajeunis; que des bardes qui ont su se pénétrer si noblement de l'esprit glorieux de la Muse grecque cessent de faire entendre des sons empruntés; qu'ils ne se contentent plus d'être des échos harmonieux, et, déposant la lyre hellénique, qu'ils fassent résonner la leur!

C'est à ceux-là ou à ceux qui leur ressemblent qu'il appartient de rétablir les lois violées de la Muse; mais qu'ils se gardent d'imiter le pompeux carillon du flasque Darwin, ce grand maître aux vers insignifiants, dont les cimbales dorées, plus ornées que sonores, plaisaient naguère à l'œil, mais fatiguaient l'oreille, et, après avoir d'abord éclipsé par leur éclat la lyre modeste, usées maintenant, montrent le cuivre qui les compose, pendant que tout son mobile cortége de sylphes voltigeants s'évapore en comparaisons creuses et en sons vides de sens. Laissez là un tel modèle; que son clinquant meure avec lui : un faux éclat attire, mais ne tarde pas à blesser la vue.

Toutefois, n'allez pas descendre jusqu'à la simplicité vulgaire de Wordsworth, le plus bas de la foule des poëtes rampants, lui dont la poésie, qui n'est qu'un puéril bavardage, semble une harmonie délicieuse à Lambe et à Lloyd [93]. Sachez plutôt... — Mais, arrête, ô ma muse! et n'essaie pas de donner des leçons qui passent de beaucoup ton humble portée. Le génie qu'un vrai poëte a reçu en naissant lui montrera le sentier qu'il doit suivre et lui inspirera des vers immortels.

Et toi aussi, Scott, abandonne à de grossiers ménestrels le sauvage récit de querelles obscures; que d'autres, pour de l'argent, fassent de maigres vers! Le génie trouve en lui-même ses inspirations! Que Southey chante, bien que sa muse fertile accouche chaque printemps avec trop de fécondité; que le simple Wordsworth [94] carillonne ses vers puérils, et que l'ami Coleridge endorme avec les siens les enfants au berceau; que Lewis, avec sa fabrique de spectres, soit satisfait quand il a effrayé les galeries et évoqué un fantôme; que Moore exhale de nouveaux soupirs; que Strangford pille Moore, et jure que ce sont les chants du Camoëns qu'il nous donne; que Hayley débite ses vers boiteux, que Montgomery extravague, que le pieux Grahame psalmodie ses stupides antiennes; que Bowles continue à polir ses sonnets, qu'il crie et se lamente jusqu'au quatorzième vers; que Stott, Carlisle [95], Mathilde et toute la coterie de Grub-Street et de Grosvenor-Place barbouillent du papier, jusqu'à ce que la mort nous ait délivrés de leurs vers, ou que le sens commun ait repris son empire. Mais toi, dont les talents n'ont pas besoin qu'on les loue, laisse d'ignobles chants à de plus humbles bardes : la voix de ton pays, la voix des neuf Sœurs, appellent une harpe sacrée; — cette harpe, c'est la tienne. Dis-moi, les annales de la Calédonie ne t'offrent-elles pas de plus glorieux exploits à chanter que les combats obscurs d'une tribu de pillards dont les prouesses les plus nobles font rougir l'humanité, que les actes pervers d'un Marmion, dignes tout au plus de figurer dans les contes de Robin Hood, le proscrit de Sherwood? Écosse! revendique ton poëte avec orgueil! que tes suffrages soient sa première et sa plus belle récompense! Mais ce n'est pas seulement dans ton estime que doit vivre son nom : que le monde entier soit le théâtre de sa renommée; que ses chants soient connus encore quand Albion ne sera plus; qu'ils racontent ce qu'elle fut, transmettent aux siècles à venir le souvenir de sa grandeur éclipsée, et fassent survivre sa gloire à la chute de sa puissance!

Mais à quoi aboutiront les téméraires espérances du poëte? Que lui sert de vouloir conquérir les siècles, et lutter contre le temps? Des ères nouvelles déploient leurs ailes; de nouvelles nations apparaissent, et les acclamations retentissent pour de nouveaux vainqueurs; après quelques générations évanouies, celles qui leur succèdent oublient et le poëte et ses chants. Aujourd'hui même, c'est à peine si des poëtes aimés naguère peuvent revendiquer la mention passagère d'un nom douteux! Le son le plus éclatant de la trompette de la Renommée, après s'être quelque temps prolongé, expire à la fin dans l'écho endormi; et la Gloire, pareille au phénix sur son bûcher en flammes, exhale ses parfums, jette un dernier éclat, et meurt [96].

La vieille Granta fera-t-elle un appel à ses enfants en robe noire, experts dans les sciences et plus encore dans les calembours? Ces hommes s'approcheront-ils de la muse? Non, non; elle s'enfuit à leur aspect, et l'éclat des prix universitaires n'est pas capable de la tenter, quoiqu'il se trouve des imprimeurs pour souiller leurs presses des poésies de Hoare [97] ou de l'épopée en vers blancs de Hoyle [98], non pas celui dont le livre, protégé par les joueurs de whist, n'a pas besoin de génie poétique pour se faire lire. Vous qui aspirez aux honneurs de Granta, montez son Pégase; c'est un âne, digne rejeton de son antique mère, dont l'Hélicon est plus triste que les eaux dormantes du Cam, qui l'arrosent.

C'est là que Clarke fait « pour plaire » de piteux efforts, oubliant que de méchants vers ne mènent pas aux degrés universitaires. Bouffon à gages, se donnant les airs de satirique, griffonneur mensuel de plaisanteries niaises [99], vil entre les plus vils, manœuvre condamné à fourbir des mensonges pour les revues, il dévoue à la calomnie son esprit bien digne d'un tel métier; car il est lui-même une satire vivante de l'espèce humaine [100].

O noir asile d'une race vandale [101]! tout à la fois l'orgueil et la honte de la science! si étranger à Phébus, que la renommée ne peut rien gagner aux vers de Hodgson [102], ni rien perdre à ceux du pitoyable Hewson [103]. Mais la Muse se plaît aux lieux où la belle Isis roule son onde limpide; sur ses vertes rives, ses mains ont tressé une guirlande plus verte encore pour en couronner les bardes qui fréquentent son classique bocage. Là, Richard donne l'essor à ses poétiques inspirations, et révèle aux modernes Bretons la gloire de leurs pères [104].

Pour moi, qui, sans mission, ai osé dire à mon pays ce que ses enfants ne savent que trop bien, jaloux de son honneur, je n'ai pas hésité à braver la phalange des sots qui infestent notre âge. Ton nom honoré ne perdra aucun de ses vrais titres de gloire, ô terre de la Liberté, que chérissent les Muses! Albion, que ne peuvent tes poëtes, émules de ta gloire, se rendre plus dignes de toi! Ce que fut Athènes pour la science, Rome pour la puissance, Tyr au midi de ses prospérités, belle Albion, tu pouvais l'être, arbitre de la terre, reine charmante de l'Océan; mais Rome est déchue; Athènes a semé la plaine de ses débris; le môle orgueilleux de Tyr est enseveli sous les ondes; comme elles nos yeux peuvent voir s'écrouler ta puissance affaiblie, et tomber l'Angleterre, ce boulevard du monde. Mais arrêtons-nous; redoutons le destin de Cassandre; craignons de voir accomplir les prédictions méprisées; que ma muse, prenant un vol moins haut, exhorte tes poëtes à se faire un nom immortel comme le tien [105].

Malheureuse Bretagne! Dieu bénisse ceux qui te gouvernent, oracles du sénat et la risée du peuple! Que les orateurs continuent à semer des fleurs de rhétorique en l'absence du sens commun; pendant que les collègues de Canning le détestent pour son esprit, et que Portland la vieille femme [106] occupe la place de Pitt.

Reçois donc mes adieux! Déjà s'enfle la voile qui doit me transporter loin de toi : bientôt mes yeux verront et la côte africaine et le promontoire de Calpé, et les minarets de Stamboul : de là j'irai porter mes pas dans la patrie de la beauté [107], aux lieux où s'élève le Kaff [108] avec son vêtement de rochers et sa couronne de neige. Mais si je reviens, un fol amour de publicité n'ira pas soustraire à mon portefeuille mon journal de voyage. Que des fats venus de loin se hâtent d'imprimer, et enlèvent à Carr [109] la palme du ridicule ! Qu'Aberdeen et Elgin poursuivent l'ombre de la gloire dans les régions des virtuoses, sacrifient inutilement des milliers de livres sterling à des fantaisies de sculptures, à des monuments défigurés, à des antiques mutilés, et fassent de leur salon le marché général des informes débris de l'art. Je laisse aux amateurs le soin de nous parler des tours dardaniennes ; j'abandonne la topographie à l'expéditif [110] Gell [111], et consens volontiers à ne plus fatiguer les oreilles du public, du moins de ma prose [112].

C'est ainsi que j'ai tranquillement fourni ma carrière, préparé à faire face aux ressentiments, cuirassé contre la crainte égoïste. Ces rimes, je n'ai jamais dédaigné de les reconnaître ; ma voix, sans être importune, n'est cependant pas tout à fait inconnue ; elle s'est fait entendre de nouveau, quoique moins haute ; et si mon livre ne portait pas mon nom, du moins je ne l'ai jamais désavoué ; aujourd'hui je déchire le voile : — lancez la meute, votre proie est devant vous ; rien ne l'intimide, ni les cris bruyants de la maison de Melbourne [113], ni la colère de Lambe, ni l'épouse d'Holland, ni Jeffrey et son pistolet inoffensif, ni la rage d'Hallam, ni les fils basanés d'Édine, ni ses revues couleur safran. Nos héros écossais passeront un rude quart d'heure : ils sentiront qu'ils sont faits de matière pénétrable ; et bien que je n'aie pas la prétention de sortir du combat sans une égratignure, mon vainqueur payera cher sa victoire. Il fut un temps où aucune parole dure ne tombait de mes lèvres, aujourd'hui imbibées de fiel [114] ; où, en dépit de tous les sots et de toutes les sottises du monde, l'être le plus vil et le plus rampant n'eût point provoqué mes mépris ; mais depuis ma jeunesse je suis changé, je suis devenu impitoyable ; j'ai appris à penser et à dire rudement la vérité, à me moquer des décisions magistrales du critique et à l'attacher sur la roue qu'il me destinait, à mépriser la férule qu'un écrivailleur voudrait me faire baiser, et à rester indifférent aux applaudissements comme aux sifflets des cours et de la foule; bien plus, affrontant le ressentiment de tous les poëtes mes rivaux, je puis étendre à mes pieds un sot rimailleur, et, armé de pied en cap, jeter le gant au maraudeur écossais et au fat d'Albion. Voilà ce que j'ai osé : si mon vers imprudent a calomnié notre époque sans tache, c'est ce que d'autres pourront dire, c'est ce que peut maintenant déclarer le public, qui sait être indulgent et qui est rarement injuste [115].

POST-SCRIPTUM DE LA SECONDE ÉDITION.

J'ai appris, depuis que cette seconde édition est sous presse, que mes dignes et bien-aimés cousins de la *Revue d'Édimbourg*, préparent une critique des plus véhémentes contre ma pauvre, douce et inoffensive muse, sur laquelle ils ont déjà déversé leurs impitoyables sarcasmes.

Tantæne animis cœlestibus iræ?

Je dois dire sans doute de Jeffrey ce que dit sir Andrew Aguecheck : « Si je l'avais cru si bon tireur, au diable si je me serais battu avec lui ! » Malheureusement j'aurai passé le Bosphore avant que le prochain numéro ait passé la Tweed ! Mais j'espère bien — en Perse en allumer ma pipe. Mes amis du Nord m'ont accusé avec justice de personnalités à l'égard de leur grand anthropophage littéraire Jeffrey; mais comment agir autrement avec lui et sa sale meute, qui se repaît de « mensonges et de scandales » et s'abreuve de « calomnies? » J'ai cité des faits déjà bien connus, j'ai franchement dit mon opinion sur Jeffrey, et il ne lui en est revenu aucun dommage. Salit-on un vidangeur en lui jetant de la boue? On dira peut-être que je quitte l'Angleterre parce que j'y ai censuré des gens « d'esprit et d'honneur. » Mais je reviendrai, et leur vengeance se tiendra chaude jusqu'à mon retour. Ceux qui me connaissent peuvent attester que les motifs qui me font quitter l'Angleterre n'ont rien de commun avec des craintes littéraires ou personnelles; ceux qui ne me connaissent pas s'en convaincront peut-être un jour. Depuis la publication de cette bagatelle, je n'ai point tenu mon nom caché; j'ai presque continuellement habité Londres, prêt à répondre de mes transgressions, et m'attendant chaque jour à recevoir des cartels ; mais, hélas ! les jours de la chevalerie sont passés, ou, en termes vulgaires, il n'y a plus de susceptibilités par le temps qui court.

Il y a de par le monde un jeune homme nommé Hewson Clarke, écolier servant au collége Emmanuel, natif, m'a-t-on dit, de Berwick sur la Tweed, que j'ai introduit dans ces pages en meilleure compagnie qu'il n'a coutume d'en fréquenter. Cela n'empêche pas qu'il ne soit furieux contre moi sans que j'en puisse donner d'autre raison qu'une querelle personnelle avec un ours que j'élevais à Cambridge pour concourir aux examens du collége, et que la jalousie de ses rivaux a fait échouer dans sa candidature. Eh bien ! cet individu m'a injurié dans *le Satirique* pendant une année et quelques mois, et, ce qu'il y a de pis, l'être innocent et inoffensif ci-dessus mentionné a été, par la même occasion, immolé à sa colère. Je ne crois pas lui avoir donné le moindre sujet de mécontentement, et de fait, je n'ai appris son nom que par *le Satirique*. Il n'a donc aucun motif de se plaindre ; et, comme sir Fretful Plagiary [116], je suis sûr qu'il est plutôt content qu'autrement. J'ai maintenant mentionné tous ceux qui m'ont fait l'honneur de parler de moi et des miens, c'est-à-dire de mon ours et de mon livre, à l'exception du *Satirique*, qui, ce semble, est un homme comme il faut. Dieu le veuille ! Je ne serais pas fâché qu'il voulût bien communiquer un peu de son savoir-vivre aux scribes ses subordonnés. On me dit que M. Jerningham se propose de prendre en main la défense de lord Carlisle, son Mécène. J'espère que non : il est du petit nombre de ceux qui, pendant mon enfance et dans le peu de rapports que j'ai eus avec eux, m'ont traité avec bonté. Quoi qu'il dise ou qu'il fasse, j'endurerai tout de sa part. Je n'ai plus rien à ajouter, si ce n'est mes remerciements généraux aux lecteurs, acheteurs, éditeurs, et, pour me servir des expressions de Scott, je leur souhaite à tous

Bonne nuit jusqu'au réveil,
Rêves doux et frais sommeil.

NOTES.

[1] Cette préface accompagnait la seconde édition, pour laquelle elle avait été écrite. Le noble auteur avait quitté ce pays avant la publication de cette édition, et n'est pas encore de retour. — NOTE AJOUTÉE A LA QUATRIÈME ÉDITION (1811). — (« Il est revenu et reparti. » B. 1816.)

[2] M. Hobhouse.

[3] Ici commençait la préface de la première édition.

[4] « Je me rappelle parfaitement, dit lord Byron en 1820, l'effet que pro-

duisit sur moi la critique de la Revue d'Edimbourg, à propos de mon premier recueil de poésies. C'était de la rage, le besoin de résister et d'obtenir réparation ; mais il n'y avait en moi ni accablement ni désespoir. Une critique sanglante est de la ciguë pour un auteur à la mamelle, et celle-ci, qui produisit les Bardes de l'Angleterre, etc., me jeta bas ; — mais je me relevai. Cette critique était un chef-d'œuvre de basses plaisanteries, un tissu d'injures grossières. Je me rappelle qu'elle contenait beaucoup de lieux communs de bas aloi, comme, par exemple, qu'il fallait se montrer reconnaissant de ce qu'on obtenait, — qu'il fallait ne pas regarder dans la bouche d'un cheval donné ; et autres expressions qui sentaient l'écurie. Mais cela fut loin de m'effrayer ou de me détourner d'écrire : je résolus de démentir leurs prédictions de mauvais augure, et de leur faire voir que, toute discordante qu'était ma voix, ce n'était pas la dernière fois qu'ils entendraient parler de moi. »

5 On a retrouvé dans les papiers de Byron ce sommaire, que son intention était de mettre en tête de sa satire. *N. du Trad.*

6 *L'enroué Fitz-Gerald*, c'est assez juste ; — mais pourquoi parler d'un semblable charlatan ? *B. 1816.*

7 M. Fitz-Gerald, plaisamment nommé par Colbert le *poëte à la petite bière*.

8 Cid Hamet Benengeli promet le repos à sa plume dans le dernier chapitre de *Don Quichotte*. Oh ! si nos faiseurs de livres voulaient suivre l'exemple de Cid Hamet Benengeli ! *B.*

9 Ceci a dû être écrit dans un esprit de prophétie. *B. 1816.*

10 Dans la *Revue d'Edimbourg*. — (« C'est un fort bon enfant, et, si on en excepte sa mère et sa sœur, c'est, selon moi, le meilleur de la bande. » *B. 1816.*

11 MM. Jeffrey et Lambe sont *l'alpha* et *l'omega*, le commencement et la fin de la *Revue d'Edimbourg*; les autres sont mentionnés ci-après

12 Ceci était injuste : ni le cœur ni la tête de ces messieurs n'étaient tels qu'ils sont ici représentés. A l'époque où j'écrivis ceci, je ne les connaissais personnellement ni l'un ni l'autre. *B. 1816.*

13 « Je suis d'avis que l'époque actuelle n'est pas l'une des plus remarquables de la poésie anglaise. Il y a plus de soi-disant poëtes, et comparativement moins de poésie que jamais. Je soutiens cette opinion depuis quelques années ; mais, chose étrange ! elle n'est pas favorablement accueillie de mes confrères de la lyre. » *B. 1821.*

14 « Relativement à la poésie en général, j'ai la conviction que nous sommes entrés dans un système poétique révolutionnaire très défectueux, tout à fait détestable, et dont Rogers et Crabbe sont les seuls qui se soient affranchis. Je me suis confirmé dans cette opinion en relisant quelques-uns de nos classiques, spécialement Pope, sur lequel j'ai fait l'essai suivant. — Je pris les poëmes de Pope, ainsi que les miens et ceux de quelques autres ; je les lus en regard de ceux de Pope, et j'ai été réellement mortifié de voir l'inexprimable distance qu'il y avait, sous le rapport de la logique, de l'instruction, de l'effet et même de l'imagination, de la

passion et de l'invention, entre le petit homme de la reine Anne et nous autres du bas-empire. Soyez-en certain, c'était de l'Horace alors ; c'est maintenant du Claudien ; et, si j'avais à recommencer, je changerais de moule. » *B.* 1817.

15 Stott, plus connu dans le *Morning Post* sous le nom d'Hafiz. Ce personnage est le maître le plus profond dans l'art du pathos. Je me rappelle, à l'époque où la famille régnante quitta le Portugal, une ode de M. Stott sur ce sujet. Elle commençait ainsi (c'est l'Irlande qui parle) :

Royal rejeton de Braganco,
L'Irlande te salue en t'offrant une stance, etc.

Je me souviens aussi d'un sonnet adressé aux rats et tout à fait à la hauteur de la matière, comme aussi d'une ode retentissante commençant par ces mots :

Un chant bruyant comme les flots
Qui battent du Lapon le rivage sonore.

Mon Dieu, ayez pitié de nous! *Le Lai du dernier Ménestrel* n'était rien en comparaison. *B.*

16 « Quand Byron écrivit sa fameuse satire, j'eus ma part de flagellation, ainsi que beaucoup d'autres qui valaient mieux que moi. Mon crime était d'avoir écrit mon poëme pour 25,000 liv. st. ; ce qui n'est vrai qu'en ce sens que j'ai vendu le manuscrit pour cette somme. Or, je ne vois pas trop en quoi un auteur serait blâmable d'accepter la somme que les libraires lui offrent, si l'on considère surtout que ces messieurs ne se sont jamais plaints d'avoir fait un mauvais marché. J'ai pensé que cette intervention dans mes affaires privées dépassait un peu les limites de la satire littéraire. Toutefois, j'étais fort loin d'avoir pris la moindre part à la rédaction de l'article injurieux de la *Revue d'Edimbourg* ; je fis même des remontrances à cet égard à l'éditeur, parce que je pensais que les *Heures de Paresse* étaient traitées avec une sévérité injuste. Ces poésies, comme toutes celles qui sont l'ouvrage des jeunes gens, étaient puisées plutôt dans les souvenirs de ses lectures que dans les ressources de sa propre imagination. Néanmoins, mon opinion était qu'on y trouvait des passages qui promettaient beaucoup pour l'avenir. » SIR WALTER SCOTT.

17 Lord Byron, comme on sait, était entré dans la carrière littéraire avec la détermination de ne rien recevoir pour ses écrits. Il refusa 400 guinées en échange de l'autorisation de publier une nouvelle édition de sa satire, et l'on sait qu'il fit cadeau à M. Dallas du prix du manuscrit des deux premiers chants de *Childe-Harold* et du *Corsaire*. En 1816, M. Murray lui ayant offert 1,000 guinées pour *le Siége de Corinthe* et *Parisina*, et ayant mis dans sa lettre un bon pour cette somme, le noble poëte lui fit la réponse suivante : — « Votre offre est extrêmement libérale et bien supérieure à ce que les deux poëmes peuvent valoir ; mais je ne puis ni ne veux l'accepter. Vous pouvez, si cela vous convient, les ajouter à la collection, sans que je vous demande rien pour cela. Je vous renvoie ci-inclus votre bon déchiré, crainte d'accident en route. Vous m'obligerez de

ne pas me présenter à l'avenir de ces tentations-là. Ce n'est pas par dédain pour l'idole universelle, ce n'est pas non plus que j'aie actuellement une surabondance de ces trésors ; mais ce qui est convenable est convenable, et ne doit pas céder aux circonstances. » Plus tard, sur les vives insistances de M. Murray, le poëte consentit à accepter les 4,000 guinées. Voici l'état des sommes payées par lui à lord Byron pour droit d'auteur en diverses fois. C'est véritablement une curiosité bibliographique :

	liv. st.
Childe-Harold, ch. I et II.	600
———— III.	1,575
———— IV.	2,100
Le Giaour.	525
La Fiancée d'Abydos.	525
Le Corsaire.	525
Lara.	700
Le Siége de Corinthe.	525
Parisina.	525
La Lamentation du Tasse.	315
Manfred.	315
Beppo.	525
Don Juan, ch. I et II.	1,525
———— III, IV et V.	1,525
Le Doge de Venise.	1,050
Sardanapale, Caïn et les Foscari.	1,100
Mazeppa.	525
Le Prisonnier de Chillon.	525
OEuvres diverses.	450
Heures de Paresse : les Bardes de l'Angleterre, Imitation d'Horace, Werner, le Difforme transformé, le Ciel et la Terre, etc.	5,885
Total.	19,540

[18] Lord Byron fut présenté à M. Southey, en 1815, à Holland-House. Il en parle comme du poëte le mieux avenant qu'il eût jamais vu. « Pour posséder la tête et les épaules de ce poëte, dit-il, je consentirais presque à avoir composé ses poésies lyriques. C'est un homme de fort bonne mine, un homme de talent. Il est tout cela ; on lui doit cet éloge. » Dans son journal de la même année, il dit : « Je n'ai pas encore beaucoup vu M. Southey. Son aspect est épique, et il est le seul homme de lettres vivant qui soit complétement homme de lettres. Tous les autres joignent une occupation quelconque à leur métier d'auteur. Ses manières sont douces, mais elles ne sont pas celles d'un homme du monde. Ses talents sont du premier ordre : sa prose est parfaite ; quant à sa poésie, les opinions diffèrent. Peut-être a-t-il trop produit en ce genre pour la génération actuelle. Il est probable que la postérité en fera le triage : il a des passages de toute beauté. Aujourd'hui il a un parti, mais point de public, excepté pour ses

ouvrages en prose. Sa *Vie de Nelson* est fort belle. » Plus tard, lord Byron a déclaré que le *Don Roderick* de Southey était le premier poëme de l'époque.

¹⁹ « Injuste. » B. 1816.

²⁰ Ballades lyriques, p. 4 ; *les Tables renversées*, stance 1ʳᵉ :

> Debout, ami ! Bannis ce regard soucieux !
> De quels soins ton esprit se trouble ?
> Debout ! Laisse-moi là tous tes bouquins poudreux,
> Si tu ne veux devenir double.

²¹ « Injuste. » B. 1816. — Dans une lecture à M. Coleridge, écrite en 1815, lord Byron dit : « Vous me parlez de ma satire, ou pasquinade, comme vous voudrez l'appeler. Tout ce que je puis dire, c'est que j'étais fort jeune et fort irrité quand je l'ai écrite ; et, depuis ce temps, elle n'a cessé d'être une épine à mon pied, attendu surtout que la plupart des individus que j'y ai attaqués sont devenus par la suite mes connaissances et quelques-uns mes amis. C'était vraiment allumer des charbons sur la tête d'un ennemi, et me pardonner trop facilement pour que je me pardonnasse moi-même. Le passage qui vous concerne est plein de pétulance frivole et superficielle ; mais, bien que j'aie fait depuis longtemps mon possible pour arrêter la circulation de cette satire, je n'en regretterai pas moins éternellement l'imprudence ou la généralité de ses attaques. »

²² Lord Byron, qui avait particulièrement connu Lewis pendant son expérience de la vie de Londres, mentionna ainsi sa mort, qui eut lieu en mer, en 1818 : — « Lewis était un bon homme, un homme de talent, mais un être insupportable. Ma seule vengeance, ou plutôt ma seule consolation, était de le mettre aux prises avec quelques personnes peu endurantes qui détestaient les gens de sa sorte ; par exemple, avec Mᵐᵉ de Staël ou Hobhouse. Mais j'aimais Lewis : c'eût été un vrai bijou s'il eût été mieux incrusté et moins fatigant, car il était insipide et toujours en opposition avec tout le monde. Pauvre garçon ! il est mort martyr de sa nouvelle fortune lors de son second voyage à la Jamaïque.

> « Je donnerais à l'instant et sans peine
> Toutes les terres de Lorraine
> Pour que Mulgrave fût vivant ;

c'est-à-dire :

> « En dépit de l'amour du lucre,
> Je donnerais de bon accord
> La Jamaïque et ses cannes à sucre
> Pour que Lewis ne fût pas mort. »

²³ Le seul ouvrage de Hayley qu'on se rappelle aujourd'hui est sa *Vie de Cowper*.

²⁴ M. Grahame a publié deux volumes de momeries religieuses sous le titre de *Promenades du Dimanche* et *Tableaux bibliques*. B.

[Grahame, homme aimable et poëte agréable, a publié depuis les *Oiseaux de l'Écosse* et d'autres poëmes ; mais ce sont ses *Promenades du Diman-*

che qui ont fait sa réputation. Il commença par être avocat au barreau d'Édimbourg, mais il y obtint peu de succès; et, comme la mélancolie et la dévotion formaient le fond de son caractère, il entra dans les ordres, et se retira dans une cure près de Durham, où il mourut en 1811.]

²⁵ Voyez dans Bowles le *Sonnet à Oxford* et les *Stances écrites après avoir entendu les cloches d'Ostende.*

²⁶ C'est là le début du *Génie des Découvertes*, épopée naine très spirituelle. Entre autres vers délicieux, on trouve les suivants :

> Un baiser, le premier que l'île ait entendu,
> Tout à coup de ces bois vint troubler le silence...
> Ils tremblèrent, du ciel, comme si la puissance, etc.

C'est-à-dire que les bois tremblèrent au bruit d'un baiser, phénomène extraordinaire en effet, et qui dut les étonner.

— « Ici j'ai cité à faux, et je me suis trompé, mais sans intention. Ce furent, non point les bois, mais les individus qui y étaient qui tremblèrent. Pourquoi ? — Dieu le sait. — A moins qu'ils ne craignissent que cette prodigieuse accolade ne fût entendue. » *B.* 1816.

²⁷ L'épisode dont il est ici question est l'histoire de *Robert à Machin et Anne d'Arfet.* C'est ce couple d'amants fidèles qui donna le baiser ci-dessus mentionné, lequel fit trembler les bois de Madère.

²⁸ « Quoique, dit lord Byron en 1821, je sois fâché d'avoir publié *les Bardes de l'Angleterre et les Critiques de l'Écosse*, la partie de cette satire que je regrette le moins est celle où il est question de M. Bowles à propos de Pope. Pendant que je travaillais à cet ouvrage, en 1807 et 1808, M. Hobhouse manifesta le désir que j'exprimasse mon opinion à tous deux au sujet de Pope et de l'édition de ses œuvres publiées par Bowles. Comme j'avais complété mon plan, et que je me sentais une velléité de paresse, je le priai de traiter lui-même le passage en question. Il le fit. Les quatorze vers sur le *Pope* de Bowles ont été insérés dans la première édition de la satire ; ils sont tout aussi sévères et beaucoup plus poétiques que ceux que je leur ai substitués dans la seconde édition. Quand je réimprimai cette satire, comme j'y mis mon nom, je crus devoir retrancher les vers de M. Hobhouse, et M. Bowles y gagna beaucoup plus que l'ouvrage. »

²⁹ Une note manuscrite de 1816, de la main de Byron, s'exprime ainsi à propos de ce passage : « Tout ce qui concerne Bowles est beaucoup trop rigoureux. » Et c'était vrai. Cet homme vénérable vit encore, et, en dépit de toutes les critiques que son édition de *Pope* lui attira plus tard, nul doute que Byron, dans ses moments de calme, ne rendît justice à ce beau génie poétique qui, de leur propre aveu, communiqua à Wordsworth et à Coleridge leur première inspiration. *M.*

³⁰ « Du poisson frais de l'Hélicon ! » — L'Hélicon est une montagne, et non un étang à poissons. J'aurais dû mettre l'Hippocrène. *B.* 1816.

³¹ M. Cottle, Amos ou Joseph (je ne sais lequel, mais l'un ou l'autre), vendait autrefois des livres qu'il n'écrivait pas, et écrit aujourd'hui des livres qu'il ne vend pas. Il a publié une paire de poëmes épiques : *Alfred*

(pauvre Alfred ! Pye s'est aussi occupé de lui !) *Alfred* et *la Chute de la Cambrie*.

32 On lit dans les notes de Byron écrites en 1817 : — « Tout cela est juste. J'ai vu des lettres adressées par cet individu (Joseph Cottle) à une malheureuse femme poëte. Il y attaquait si rudement et si amèrement des productions dont la pauvre femme n'était pas du tout vaine, que je n'ai pu résister à l'envie de le prendre à partie, même injustement ; ce qui n'est pas, car c'est bien certainement un âne. » B. 1816.

33 M. Maurice a manufacturé les parties constitutives d'un in-quarto énorme sur les *Beautés de la colline de Richmond*.

34 Le pauvre Montgomery, très loué par toutes les revues anglaises, a été impitoyablement attaqué par la *Revue d'Édimbourg*. Après tout, le barde de Sheffield est un homme de beaucoup de génie ; son *Voyageur en Suisse* vaut mille ballades lyriques et au moins cinquante épopées défigurées.

35 Dans une critique manuscrite sur cette satire par feu William Crowe, voici comment l'inconvenance de ces métaphores est relevée : — « Dans la même tirade, l'auteur transforme un homme en plusieurs animaux différents. D'un loup il fait une harpie, et plus loin il le change en limier. » En lisant cette observation de M. Crowe, lord Byron pria M. Murray de remplacer, dans l'exemplaire en sa possession, l'instinct infernal par l'instinct brutal, les harpies par les félons, et les limiers par les chiens d'enfer.

36 Le siége d'Arthur. C'est le nom de la colline qui domine Édimbourg.

37 Après la publication des deux premiers numéros de la *Revue d'Édimbourg*, M. Jeffrey en devint l'éditeur, et succéda en cette qualité au révérend Sidney-Smith. Il quitta ce poste peu de temps avant d'être nommé lord-avocat de l'Écosse, place qu'il occupe encore maintenant. « Depuis mon retour en Angleterre, dit lord Byron (*Journal*, 1814), j'ai entendu faire beaucoup d'éloges de M. Jeffrey par tous ceux qui l'ont connu, et sous des rapports indépendants de ses talents. Je l'admire, non parce qu'il m'a loué, mais parce que c'est peut-être le seul homme qui, dans les circonstances où lui et moi nous nous sommes trouvés vis-à-vis l'un de l'autre, pouvait avoir la générosité d'en agir ainsi. Il fallait une grande âme pour se hasarder de cette manière : un petit écrivassier aurait continué à épiloguer jusqu'à la fin du chapitre. »

38 « Il y a là trop de méchanceté : c'est véritablement de la rage. » B. 1816.

39 « Tout cela est détestable : ce sont là des personnalités. » B. 1816.

40 « En 1806, MM. Jeffrey et Moore eurent une rencontre à Chalk-Farm. L'intervention des magistrats empêcha le duel. Après examen, on trouva que les balles des pistolets s'étaient évaporées. Cet incident donna lieu à beaucoup de commentaires dans les journaux. »

La note qui précède fut retranchée de la cinquième édition, et la suivante, après avoir été mise sous les yeux de M. Moore, lui fut substituée : — « Je suis informé que M. Moore a publié dans les journaux le désaveu de ces faits en ce qui le concernait, et je lui dois cette justice de mentionner cette circonstance. Comme je ne l'ai apprise que depuis peu, je ne puis entrer, sous ce rapport, dans aucun détail. » — Novembre 1814.

[41] La Tweed se comporta bien en cette circonstance : il eût été tout à fait inconvenant que la moitié anglaise de cette rivière eût témoigné le moindre symptôme de crainte.

[42] Ce témoignage de sympathie de la part du Tolbooth (principale prison d'Édimbourg), qui paraît avoir été très affecté en cette occasion, est on ne peut plus louable. On eût pu croire que le grand nombre de criminels exécutés devant sa façade lui avait endurci l'âme. On pense que le Tolbooth appartient au sexe féminin, parce que sa sensibilité, en cette occasion, fut véritablement féminine, bien qu'un peu égoïste, comme la plupart des impulsions chez les femmes.

[43] Sa seigneurie a beaucoup voyagé et fait partie de la Société Athénienne. (George Hamilton Gordon, quatrième comte d'Aberdeen. En 1822 sa seigneurie publia un *Examen du principe de la beauté dans l'architecture grecque*.)

[44] Le révérend Sidney-Smith, l'auteur supposé des *Lettres de Peter Plymley* et de plusieurs autres critiques.

[45] M. Hallam a composé dans *la Revue d'Édimbourg* plusieurs articles, un entre autres à propos de l'ouvrage *sur le Goût*, par Payne Knight, dans lequel il montra une excessive sévérité pour des vers grecs que contenait ce livre. Le numéro de *la Revue* avait à peine paru qu'on découvrit que les vers en question étaient de Pindare. Il n'était plus possible de retrancher cette critique, qui restera comme un monument durable de la rare perspicacité d'Hallam.

Note ajoutée à la seconde édition. Le susdit Hallam est très en colère, et se dit faussement accusé, attendu qu'il n'a jamais dîné à Holland-House. Si cela est vrai, j'en suis fâché pour lui, car j'ai entendu dire que les dîners de sa seigneurie valaient mieux que ses ouvrages. S'il n'a pas fait d'article sur le livre de lord Holland, j'en suis bien aise, car ce doit être une production pénible à lire et plus encore à louer. Si M. Hallam veut me dire qu'il a fait l'article en question, j'insérerai dans ma satire le nom du véritable délinquant, pourvu toutefois que ledit nom soit composé de deux syllabes orthodoxes et musicales, et puisse entrer dans le vers sans rompre la mesure. Jusque-là le nom d'Hallam restera faute de mieux.

(Il est inutile de justifier contre les insinuations du jeune poëte l'auteur célèbre de l'*Histoire du moyen âge* et de l'*Histoire constitutionnelle de l'Angleterre*.)

[46] L'honorable George Lambe est auteur d'un article sur l'ouvrage de Beresford, intitulé *les Misères humaines*, ainsi que d'une farce fort applaudie au prieuré de Stanmore et sifflée d'importance au théâtre de Covent-Garden. Elle était intitulée *Sifflez !* et c'est ce qu'on a fait.

(M. Lambe se porta, en 1818, candidat pour la députation de Westminster, en opposition avec M. Hobhouse, sur lequel il l'emporta. Mais ce dernier lui fit éprouver une défaite l'année suivante, et a continué longtemps à occuper ce siége. En 1821, M. Lambe publia une traduction de Catulle. Il devint en 1832 sous-secrétaire d'État au département de l'intérieur, sous l'administration de son frère, lord Melbourne.)

47 M. Brougham, dans le vingt-cinquième numéro de *la Revue d'Édimbourg*, dans l'article sur don Pedro de Cevallos, a été plus fort sur la politique que sur la prudence. Plusieurs des dignes bourgeois d'Édimbourg furent tellement indignés des infâmes principes professés dans cet article, qu'ils retirèrent leurs souscriptions.

48 Je dois m'excuser auprès des divinités d'avoir osé introduire une nouvelle déesse en jupon court; mais, hélas! que pouvais-je faire? Je ne pouvais pas faire apparaître le génie de la Calédonie : on sait qu'on ne peut trouver de génie depuis Clackmann jusqu'à Caithness ; et pourtant, sans une intervention surnaturelle, comment sauver Jeffrey? Les *helpies* nationales sont trop peu poétiques ; les *brownies* et les *bons voisins* (esprits de bonne composition) refusaient de le tirer d'affaire. Il a donc fallu appeler une déesse en aide ; et Jeffrey doit être fort reconnaissant, attendu que c'est la seule communication qu'il ait jamais eue ou qu'il aura jamais avec les intelligences célestes. *B.*

49 Voir la couleur du dos de la couverture de *la Revue d'Édimbourg*. *B.*

50 « Ceci ne vaut rien et n'est aucunement fondé. » *B.* 1816.

51 En 1813, lord Byron dédia *la Fiancée d'Abydos* à lord Holland, et dans son journal du 17 novembre nous trouvons ce passage : — « Je viens de recevoir une lettre très flatteuse de lord Holland sur *la Fiancée d'Abydos*. Il en est très content, ainsi que lady Holland. Cela est fort aimable *de leur part*, vu que je n'avais aucun quartier à attendre d'eux. Toutefois je croyais à cette époque que l'hostilité dirigée contre moi provenait d'Holland-House. Je suis bien aise d'avoir été induit en erreur, et c'est un des motifs qui me font regretter la précipitation que j'ai mise à cette maudite satire, dont je voudrais supprimer jusqu'à la mémoire. Mais maintenant qu'on ne peut se la procurer, on lui donne beaucoup d'importance, sans doute par esprit de contradiction. »

52 Dans le mélodrame de *Téhéli* on fourre ce prince dans un tonneau, asile tout à fait nouveau pour lui.

53 Les jurons sont fréquents dans les comédies vivantes ou défuntes de M. Reynolds.

54 M. Kenney a depuis composé plusieurs drames qui ont eu du succès.

55 Lord Byron avait la plus haute opinion de George Colman comme convive aimable. — « Si j'avais, dit-il, à choisir, et que je fusse obligé de n'en prendre qu'un seul à la fois, je dirais : « Laissez-moi commencer la soirée avec Shéridan et la finir avec Colman; Shéridan à dîner et Colman à souper; Shéridan pour le bourgogne et le porto; mais Colman pour tout. » — Shéridan était un grenadier de la garde, Colman était à lui seul tout un régiment d'infanterie, légère il est vrai, mais un régiment enfin.

56 Richard Cumberland, l'auteur célèbre du drame *le Créole*, de *l'Ob-*

servateur, et de l'une des plus intéressantes auto-biographies, est mort en 1811.

⁵⁷ Dans toutes les éditions qui ont précédé la cinquième, au lieu de Siddons on lit Kemble. Lord Byron avait coutume de dire que « de tous les acteurs, Cooke était le plus naturel, Kemble le plus surnaturel, que Kean tenait le milieu entre eux deux ; mais que mistriss Siddons à elle seule les valait tous. » Le jeu de Kean produisait sur lui un tel effet, qu'un jour, lui voyant jouer le rôle de sir Giles Overreach, il fut saisi d'une attaque de nerfs. John Kemble est mort en 1823, son illustre sœur en 1830.

⁵⁸ La pantomime de Dibdin, connue sous le nom de *Ma Mère l'Oie*, a eu près de cent représentations et a produit plus de 20,000 l. st. à la caisse du théâtre de Covent-Garden.

⁵⁹ *Naldi et Catalani* sont suffisamment connus, car le visage de l'un et le traitement de l'autre nous rappelleront longtemps ces amusants vagabonds. En outre, nous sommes encore tout meurtris de la presse dans laquelle nous avons failli étouffer, la soirée où cette dame s'est montrée pour la première fois en culotte. *B.*

⁶⁰ Afin d'éviter toute méprise, et pour qu'on ne prenne pas une rue pour un homme, je dois avertir que c'est l'institution et non le duc de ce nom que j'ai voulu désigner. Quelqu'un de ma connaissance a perdu au jeu, dans la salle d'Argyle, plusieurs milliers de livres sterling ; j'étais moi-même alors un des souscripteurs de cet établissement. Je dois rendre cette justice au directeur, de dire qu'il manifesta en cette occasion quelque désapprobation. Mais pourquoi permet-on d'introduire des instruments de jeu dans un lieu de réunion pour les deux sexes ? L'agréable chose pour les femmes et les filles de ceux qui ont le bonheur ou le malheur d'avoir ces liaisons-là, d'entendre le bruit du billard dans une pièce et le bruit des dés dans l'autre ! C'est ce que je puis attester comme témoin oculaire, ayant été autrefois membre indigne d'une institution qui affecte matériellement la moralité des classes supérieures, tandis que les classes inférieures ne peuvent remuer la jambe au son d'un violon ou d'un tambour de basque sans s'exposer à être mises en jugement comme ayant troublé la tranquillité publique. *B.*

⁶¹ Je connaissais particulièrement le feu lord Falkland. Un dimanche soir je le vis rendre les honneurs de sa table avec le noble orgueil de l'hospitalité ; le mercredi matin, à trois heures, je contemplai étendu devant moi ce qui restait d'un jeune homme plein de courage, de sensibilité et dévoré de passions. C'était un brave et habile officier. Ses défauts étaient ceux d'un marin, et comme tels ils doivent trouver grâce aux yeux des Anglais. Il mourut comme meurt un galant homme dans une meilleure cause ; car s'il fût mort ainsi sur le pont de la frégate au commandement de laquelle il venait d'être nommé, ses concitoyens l'eussent offert en exemple aux héros à venir. *B.*

[Lord Falkland fut tué en duel par M. Powell en 1809. En cette occasion, lord Byron ne se borna pas à témoigner verbalement sa sympathie.

Bien que déjà fort gêné à cette époque, il fit parvenir des secours à la veuve et aux enfants de son ami.]

62 « Oui, et certes elles m'ont donné une vigoureuse chasse. » B. 1816.

63 « Sans nul doute j'étais fou alors, et je ne suis pas devenu plus sage. » B. 1816.

64 Que dirait l'Anacréon de la Perse, Hafiz, s'il pouvait sortir de son splendide sépulcre à Schiraz, où il repose avec Ferdousi et Sadi, l'Homère et le Catulle de l'Orient, s'il pouvait, dis-je, voir son nom usurpé par un Stott de Dromore, le plus impudent et le plus exécrable des scribes de gazettes ? B.

65 Miles Peter Andrews, membre du parlement pour Bewdley, colonel des volontaires du prince de Galles, propriétaire d'une manufacture de poudre à Dartfort; auteur de beaucoup de prologues, d'épilogues et de farces, et l'un des héros de la *Baviade*. Il est mort en 1814.

66 Quelqu'un ayant dit un jour à lord Byron qu'on croyait que dans ce passage il avait voulu faire allusion à l'infirmité physique de lord Carlisle, il s'écria : « Je l'ignorais complétement ; l'eussé-je su, je me serais bien gardé d'en parler. Il ne m'appartient pas d'attaquer dans les autres des infirmités naturelles. »

67 Le comte de Carlisle a publié dernièrement un pamphlet de dix-huit sous sur l'état actuel du théâtre ; il y présente son plan pour la construction d'une nouvelle salle. Il faut espérer qu'au théâtre on acceptera tout de Sa Seigneurie, excepté ses tragédies. B.

68 Les ouvrages de Sa Seigneurie, magnifiquement reliés, forment le plus bel ornement de sa bibliothèque.

> Le reste, faible bagatelle,
> Est couvert seulement de cuir et de prunelle.

69 Tout cela est on ne peut plus mal. J'avais tort : la provocation n'était pas suffisante pour justifier tant d'amertume dans l'attaque. B. 1816.

70 *Le Manteau de Melville*, parodie du *Manteau d'Élisée*.

71 Cette jolie petite Jessica, fille d'un juif très connu, semble appartenir à l'école *della Crusca*. Elle a publié deux volumes d'absurdités en vers très respectables par le temps qui court, outre plusieurs romans dans le style de la première édition du *Moine*. Elle a ensuite épousé le *Morning-Post*, mariage fort bien assorti, et depuis elle a cessé de vivre, ce qui vaut encore mieux. B. 1816.

72 Ces initiales servent de signature à certains individus dont les poésies figurent dans les journaux.

73 Joseph Blackett, cordonnier. Il mourut à Seaham en 1810. Ses poëmes furent recueillis plus tard par Pratt; et ce qu'il y a de singulier, c'est que sa principale protectrice était miss Milbank, qui était alors inconnue à lord Byron. Dans une lettre adressée à Dallas, datée de juin 1811, écrite en mer à bord de la frégate *la Volage*, Byron dit : — « Je vois que le protégé de Pratt et le vôtre, Blackett le savetier, est mort en dépit de ses vers. C'est l'un de ces exemples où la mort a sauvé un homme de la dam-

nation. Vous avez, vous autres, causé la ruine du pauvre diable. Sans ses patrons, il ferait aujourd'hui de fort bonnes affaires, non en poésie, mais en cuirs; mais vous avez voulu faire de lui un immortel. Il n'y avait qu'un imbécile qui pût vouloir aller contre le fameux proverbe : *Ne sutor ultra crepidam.*

> O critiques ! faites quartier
> A ce poëte savetier !
> Votre colère serait vaine :
> La mort l'a couché là sans pouls et sans ALÈNE.

« Vous aurez soin de souligner le mot alène, pour indiquer où porte le jeu de mots. Je vous prie d'engager miss Milbank à faire graver ces vers sur la tombe du défunt. »

74 Ceci s'adressait au pauvre Blackett, qui était alors protégé par A J. B. (lady Byron); « mais je l'ignorais, sans quoi je n'aurais pas écrit cela, du moins je le pense. » *B.* 1816.

75 Capel Lofft, le Mécène du cordonnier et le préfacier général des poëtes en détresse; espèce d'accoucheur gratuit, qui fait venir à bien les vers qu'on ne sait trop comment mettre au jour. *B.*

76 J'ai lu Burns aujourd'hui. Que serait-il devenu s'il avait été patricien ? Nous aurions eu un peu plus de poli, moins de force, la même quantité de vers, mais pas d'immortalité : un divorce et un duel ou deux. S'il en fût sorti vivant, il fût arrivé à l'âge de Shéridan, et se fût survécu à lui-même comme le pauvre Brinsley. *B.* 1816.

77 Voir l'ode ou l'élégie, comme on voudra l'appeler, de Nathaniel Bloomfield, sur *la Clôture du pré d'Honington.*

78 Voir les *Souvenirs d'un Tisserand des Moorlands du Staffordshire.*

79 Il serait superflu de rappeler ici les auteurs des *Plaisirs de la Mémoire* et des *Plaisirs de l'Espérance,* les deux plus beaux poëmes didactiques de notre langue, si nous en exceptons l'*Essai sur l'Homme* de Pope. Mais nous avons vu paraître tant de poëtereaux, que les noms de Campbell et de Rogers commencent à nous être étrangers.

Au-dessous de cette note, lord Byron avait gribouillé en 1816 :

> Jacqueline, à l'œil malin,
> Avait un nez aquilin,
> Et tenait sur miss Gertrude
> Un langage vraiment rude,
> Lorsque monsieur Marmion
> Conduisait son bataillon ;
> Et Kahama faisait rage
> Comme un mamelouck sauvage.

80 « J'ai relu, dit lord Byron en 1815, les *Plaisirs de la Mémoire* et ceux de *l'Espérance.* Je conserve ma préférence pour le premier de ces poëmes. C'est une élégance merveilleuse : on n'y trouve pas un seul vers commun. »

81 Rogers n'a pas justifié les promesses de son début poétique ; mais il n'en a pas moins un très grand mérite. *B.* 1816.

⁸² Gifford, auteur de *la Baviade* et de *la Mœviade*, les premières satires de l'époque, et traducteur de Juvénal. *B.*

L'opinion de M. Gifford a toujours eu beaucoup de poids sur lord Byron. Quelques semaines avant sa mort, ayant appris d'Angleterre que le bruit courait qu'il avait composé une satire contre M. Gifford, il écrivit sur-le-champ à M. Murray : — « Quiconque affirme que je suis l'auteur ou le complice de quoi que ce soit de cette nature en a menti par la gorge. Il n'est pas vrai que je veuille, que je puisse ou que je doive écrire une satire contre Gifford ou contre un seul cheveu de sa tête. Je l'ai toujours regardé comme mon père littéraire, et moi comme son enfant prodigue ; et, si j'ai laissé son veau gras devenir bœuf avant qu'il le tuât pour mon retour, c'est uniquement parce que je préfère le bœuf au veau. »

⁸³ Sotheby, traducteur de l'*Oberon* de Wieland et des *Géorgiques* de Virgile, et auteur d'un poëme épique intitulé *Saül*. *B.*

M. Sotheby a beaucoup agrandi depuis sa réputation par plusieurs poëmes originaux et par une traduction de l'*Iliade*.

⁸⁴ Macneil, auteur de plusieurs poëmes très populaires, entre autres *les Maux de la Guerre*, dont on a vendu dix mille exemplaires en un mois.

Hector Macneil est mort en 1818.

⁸⁵ Lord Byron fait ici allusion au poëme de George Canning, intitulé *la Morale moderne*, dans lequel il apostrophe ainsi Gifford :

> Mais quoi ! du feu sacré la flamme est-elle éteinte ?
> La muse de son temple a-t-elle fui l'enceinte ?
> Le chantre de la Boucle est-il mort tout entier ?
> Son génie éloquent n'a-t-il plus d'héritier ?
> Cet héritier, Gifford, aux jours de ta jeunesse
> Tu nous l'avais promis, et sur cette promesse,
> Nous nous disions : « Celui qui triompha des sots,
> Celui qui les couvrit du sel de ses bons mots,
> Dans un combat plus noble illustrera sa muse. »
> Gifford, ton indolence est une vaine excuse ;
> Nous avons ta promesse, et tu dois la tenir.
> Pourquoi laisser ainsi ta muse s'endormir ?
> Pourquoi laisser rouiller tes satiriques armes ?
> Hâte-toi d'accourir... Entends le cri d'alarmes...
> Viens venger la vertu, viens maintenir ses droits ;
> Contre ses ennemis viens vider ton carquois,
> Et ne suspends tes coups que quand l'hydre insolente
> Nagera dans son sang, à tes pieds expirante.

Cette satire remarquable, dans laquelle la révolution française est attaquée avec beaucoup de verve et de vigueur, fait partie des *Poésies de George Canning*, dont il a paru en 1827 une traduction en vers par le traducteur actuel de Byron. *B. L.*

⁸⁶ Henri Kirke White mourut à Cambridge en octobre 1806, victime de

son ardeur pour des études qui auraient mûri un esprit que la maladie et la pauvreté n'avaient pu affaiblir, et que la mort détruisit plutôt qu'elle ne le dompta. Ses poëmes sont pleins de mille beautés, et font vivement regretter au lecteur qu'une vie si courte ait été accordée à des talents qui auraient ennobli même les fonctions sacrées qu'il était destiné à remplir. *B.*

Dans une lettre à M. Dallas en 1811, lord Byron dit : — « Je suis fâché que vous n'aimiez pas Kirke White. Malgré sa momerie religieuse, qui chez lui était sincère (car elle l'a tué comme vous avez tué Joseph Blackett), certes il y avait dans cet homme de la poésie et du génie. Je ne dis pas cela pour justifier la manière dont j'ai parlé de lui; mais, sans nul doute, il était bien supérieur à tous les Bloomfield et les Blackett, et leurs savetiers collatéraux recrutés par Lofft et Pratt au service de la librairie. Bigoterie à part, il prend rang immédiatement après Chatterton. Il est étonnant combien peu il était connu. A Cambridge, personne n'avait entendu parler de lui, jusqu'à ce que sa mort eût rendu inutile tout panégyrique. Pour moi, j'aurais été fier d'une telle connaissance; ses préjugés mêmes étaient respectables. »

87 La *Vie de Kirke White*, délicieusement écrite par Southey, est connue de tout le monde.

88 Je regarde Crabbe et Coleridge comme les premiers poëtes de l'époque pour le talent et le génie. *B. 1816.*

89 Ce poëte éminent, cet homme excellent, est mort dans son rectorat de Trowbridge en février 1832, âgé de soixante-dix-huit ans. Il est l'auteur du poëme intitulé *le Village*. Ses autres ouvrages sont *la Bibliothèque, le Journal, le Bourg*, un recueil de poésies que Charles Fox lut en manuscrit à son lit de mort, et enfin les *Contes du Manoir*. Il a en outre laissé plusieurs poëmes manuscrits, et on prépare, dit-on, une édition complète de ses œuvres.

90 M. Shee, auteur d'un poëme sur *l'Art* et des *Éléments de l'Art*.

Maintenant, sir Martin Shee est président de l'Académie royale de peinture.

91 Waller Rodwell Wright, ci-devant consul-général aux Sept-Iles, est l'auteur d'un poëme récemment publié intitulé *Horæ Ionicæ*, où sont décrites les îles et les côtes adjacentes de la Grèce.

92 Les traducteurs de l'*Anthologie*, Bland et Merivale, ont depuis publié séparément divers poëmes où se manifeste un génie qui, pour devenir éminent, n'a besoin que d'occasion. *B.*

93 MM. Lamb et Lloyd, les plus ignobles partisans de Southey et compagnie. *B.*

94 Injuste. *B. 1816.*

95 On me demandera peut-être pourquoi j'ai critiqué le comte de Carlisle, mon tuteur et mon parent, auquel j'ai dédié, il y a quelques années, un volume des poésies de ma jeunesse. Cette tutelle était nominale, autant du moins que j'ai pu le voir. Quant à ma parenté, je n'en puis mais, et j'en suis bien fâché; mais, comme il a plu à sa seigneurie de l'oublier

dans une occasion très importante pour moi, je ne vois pas pourquoi je chargerais ma mémoire de ce souvenir. Je ne crois pas que des mécontentements personnels soient un motif suffisant pour condamner les œuvres d'un confrère en littérature ; mais je ne vois pas comment ce seraient là des raisons préventives, lorsque l'auteur, noble ou vilain, depuis longues années dupe le *public éclairé* (style d'annonce) en lui vendant des rames de papier pleines d'absurdités orthodoxes et capitales. D'ailleurs, ce n'est pas par voie de digression que j'attaque le comte ; non, ses ouvrages tombent sous la juridiction de la critique avec ceux des autres gens de lettres praticiens. Si à peine sorti de ma dix-neuvième année j'ai parlé favorablement de ce tas de papiers que sa seigneurie appelle ses livres, c'était dans une dédicace respectueuse. En cela, j'avais moins suivi ma propre impulsion que le jugement des autres, et je saisis cette occasion pour faire entendre ma sincère rétractation. Certaines gens croient que j'ai des obligations à lord Carlisle ; je serais charmé d'apprendre de quelle nature elles sont, afin de les apprécier convenablement et de les reconnaître publiquement. Ce que j'ai avancé en toute humilité sur son compte est une opinion fondée sur ses ouvrages imprimés, et je suis prêt à l'appuyer, s'il est nécessaire, de citations tirées de ses élégies, apologies, odes, épisodes, ainsi que de certaines facétieuses et burlesques tragédies qui portent son nom et son cachet :

> Tout le sang des Howards ne peut, par sa noblesse,
> D'un faquin et d'un sot relever la bassesse.

Pope le dit. Ainsi soit-il ! *B.*

Ceci est beaucoup trop méchant, quels que fussent mes griefs. *B.* 1816.

96 Le diable emporte le phénix ! comment s'est-il trouvé là ? *B.* 1816.

97 Le révérend Charles James Hoare publia en 1808 le *Naufrage de saint Paul*, poëme.

98 Le révérend Charles Hoyle, auteur de l'*Exode*, poëme épique en treize chants.

99 C'est juste, bien mérité et bien dit. *B.* 1816.

100 Cet individu, chez qui la rage d'écrire s'est depuis peu déclarée avec les symptômes les plus alarmants, est l'auteur d'un poëme intitulé l'*Art de plaire*, comme *Lucus a non lucendo*, lequel contient peu d'agréments et moins encore de poésie. *B.*

M. Hewson Clarke est l'auteur du *Flâneur* et d'une *Histoire de la campagne de Russie*.

101 L'empereur Probus transporta dans le comté de Cambridge un corps considérable de Vandales. *Décadence et Chute de l'empire romain*, de Gibbon, vol. 2, p. 83. Il n'y a pas lieu de douter de la vérité de cette assertion ; la race s'est très bien conservée.

102 Le nom de cet auteur peut se passer de nos éloges : l'écrivain qui dans une traduction déploie un génie incontestable, excellera aussi dans des compositions originales. Il faut espérer qu'il ne nous les fera pas attendre.

Outre une traduction de Juvénal, M. Hodgson a publié *Lady Jane Grey*, *Sir Edgar*, et *les Amis*, poëme en quatre chants. Il a aussi traduit, de compagnie avec le docteur Butler, l'illisible épopée de *Charlemagne*, par Lucien Bonaparte.

103 Hewson Clarke.

104 *Les Bretons aborigènes*, poëme excellent par Richards.

Le révérend George Richards a aussi publié : *Chants des Bardes aborigènes de la Bretagne, la France moderne*, deux volumes de poésies diverses, etc.

105 C'est ici que se terminait la satire dans la première édition.

106 Un de mes amis, à qui l'on demandait pourquoi sa grâce le duc de Portland était comparé à une vieille femme, répondit : « Parce qu'il a passé l'âge de la fécondité. » — Sa grâce est allée rejoindre ses grand'-mères, auprès desquelles il dort aussi profondément que jamais ; dans tous les cas, son sommeil valait mieux que la vigilance de ses collègues. 1811. B.

107 La Géorgie.

108 Le mont Caucase.

109 Dans une lettre écrite de Gibraltar à son ami Hodgson, lord Byron dit : — « J'ai vu sir John Carr à Séville et à Cadix, et, comme le barbier de Swift, je l'ai supplié à deux genoux de ne pas me mettre en noir et blanc. »

110 L'épithète *classique* se trouvait dans les premières éditions. Lord Byron la changea dans la 5e, et ajouta cette note : — « Expéditif en effet ; il a topographié et typographié les domaines du roi Priam en trois jours ! Je l'avais appelé classique avant de voir *la Troade*, mais depuis je ne me soucie pas de lui donner un nom qui ne lui appartient pas.

111 La *Topographie de Troie et d'Ithaque*, par Gell, ne peut manquer d'obtenir l'approbation de tout ce qui a le goût classique, tant par ses recherches savantes que par l'instruction qu'on y puise. B.

« Depuis que j'ai vu la plaine de Troie, j'ai un peu changé d'opinion à cet égard. L'ouvrage de Gell est un travail superficiel et fait à la hâte. » B. 1816.

Quelque temps après son retour de la Grèce, en 1811, lord Byron écrivit dans la *Revue Mensuelle* un article sur l'ouvrage de M. Gell (aujourd'hui sir William Gell). Dans son journal de 1821, on trouve ce passage : — « En lisant, je suis tombé par hasard sur une expression de Thomas Campbell ; en parlant de Collins, il dit que « le lecteur ne se soucie pas plus de la vérité des personnages et des mœurs de ses églogues que de l'authenticité de l'histoire de Troie. » Cela est faux. Nous nous soucions beaucoup de l'authenticité de l'histoire de Troie ! J'ai parcouru chaque jour cette plaine pendant plus d'un mois en 1810 ; et si quelque chose diminuait mon plaisir, c'était de voir sa véracité niée par ce coquin de Bryant. Il est vrai que je lis l'*Homère travesti*, parce que Hobhouse et d'autres m'ont ennuyé de leur science locale, et j'aime tout ce qui est singulier. Mais je n'en vénère pas moins le grand original, pour la vérité des faits matériels ainsi que des lieux ; sans quoi je n'y aurais pris aucun plaisir. Lorsque j'étais penché sur une vaste tombe, qui aurait pu me persuader qu'elle n'avait pas contenu un héros? Sa grandeur même en était la preuve. Les hommes ne consacrent pas leurs travaux à des morts communs et sans importance. Et pourquoi *ces morts* ne seraient-ils pas ceux d'*Homère?* »

[112] Lord Byron partit pour ses voyages avec la résolution de ne point tenir de journal. Dans une lettre à son ami Henry Drury, sur le point de mettre à la voile, il dit en plaisantant : — « Hobhouse a fait d'étonnants préparatifs pour publier un livre à son retour : cent plumes, deux galons d'encre du Japon et plusieurs volumes du plus beau papier blanc. Ce sont là des provisions qui promettent à un public éclairé. Pour moi, j'ai déposé ma plume ; mais j'ai promis un chapitre sur l'état des mœurs, etc., etc. »

[113] Singulièrement bruyant, en effet, Dieu le sait. *B.* 1816.

[114] Dans ce passage jeté à la hâte on trouve, dit Moore, la preuve la plus forte de cette sensibilité blessée qui saigne pour ainsi dire dans tout ce qu'il a écrit par la suite.

[115] Je désirerais bien sincèrement que la plus grande partie de cette satire n'eût jamais été écrite, non seulement à cause de l'injustice de la plupart des critiques ainsi que des personnalités qu'elle contient, mais parce que je ne puis en approuver le ton général. » *Byron,* 14 juillet 1816. — Diodati, Genève.

[116] Nom d'un personnage de la comédie du *Critique,* par Shéridan.

SOUVENIRS D'HORACE,

IMITATION DE L'ÉPITRE AUX PISONS « DE ARTE POETICA, »

FAISANT SUITE A LA SATIRE

« LES BARDES DE L'ANGLETERRE ET LES CRITIQUES DE L'ÉCOSSE [1]. »

> — « Ergo fungar vice cotis, acutum
> Reddere quæ ferrum valet, exsors ipsa secandi. »
> HOR., *de Arte poet.*
>
> « Les vers, Monsieur, sont choses difficiles, intraitables. »
> FIELDING, *Amélie*.

Athènes, couvent des Capucins, 12 mars 1811.

Qui ne rirait de voir Lawrence, payé à grands frais pour orner sa toile d'un portrait flatteur, abuser de son art et faire rougir la nature, en transformant sous son pinceau des bourgeois en centaures? Que dirait-on du peintre ignorant qui terminerait par une queue de sirène le corps d'une jeune fille? C'est ainsi qu'on a vu le pinceau irrité du vil Dubost dégrader les créatures de Dieu [2]. Mais cette politesse forcée qui protége les fautes des imbéciles n'a pu réprimer l'indignation de ses amis. Crois-moi, Moschus [3], il ressemble à ce tableau le livre qui, dépassant en sottise les rêves d'un malade, étale à nos regards une multitude de figures incomplètes, cauchemars poétiques, sans queue ni tête.

Les poëtes et les peintres, comme tous les artistes le savent, ont pris de tout temps de grandes libertés; c'est une indulgence que nous réclamons pour nous-même, et que nous accordons volontiers aux autres; mais de mères douces et inoffensives il n'est pas permis de faire naître des monstres. Les oiseaux ne donnent pas le jour à des serpents; les agneaux ne sont pas élevés par des tigres.

Il en est d'un long et pénible exorde comme des discours de maint orateur politique : on attend quelque chose et on ne trouve rien. La sottise qui hausse trop le ton trébuche et tombe; l'impertinence, sous la robe magistrale, passe son chemin sans encombre. Ainsi plus d'un poëte décrit en vers pompeux le ruisseau murmurant dans la plaine fertile, les bosquets de Granta, ses salles gothiques, le collége royal, les flots du Cam, les vitres peintes, les antiques murailles : il en est même qui se hasardent à peindre un arc-en-ciel ou bien — la Tamise [4].

Vous pourriez réussir à esquisser un arbre; mais vous voulez peindre un naufrage, et vous ne faites qu'un tableau d'enseigne; vous croyez faire un vase, et vous ne produisez qu'un pot; vous vous perdez dans Grub-Street, où le jeûne et l'oubli vous attendent; ou vous prêtez à rire à quelque revue maligne, dont on méprise la critique, — à moins pourtant qu'elle ne soit fondée.

Enfin, quelle que soit l'œuvre que vous ayez en vue, qu'elle soit avant tout une et simple.

La plus grande partie de la gent rimailleuse (écoute-moi, ami, car tu as manié la plume) est égarée par un but qui la trompe. Je veux être concis, et je deviens obscur; celui-ci échoue par un excès d'élégance; celui-là prend son vol sur les ailes d'un Phébus déclamatoire; cet autre, au contraire, dans sa timidité, ne cesse de ramper; il ne vous fait pas grâce du moindre détail; ou bien, dans son désir absurde de variété, il vous met des poissons dans les bois, et des sangliers sous les flots.

A moins que vous ne soyez attentif, et d'un jugement sain et délicat, souvent la peur du mal vous conduira dans un pire; nul n'est complet, chacun a sa partie faible, et, comme certains tailleurs, les écrivains sont limités dans leur art. Voulez-vous des culottes, Slowshears est votre homme; mais il vous faut un autre artiste pour confectionner votre habit. C'est, à mon sens, comme si l'on donnait à Apollon les pieds de Vulcain, comme si, à un teint de neige une blonde joignait des yeux et des cheveux noirs, — et un nez rubicond!

Auteurs, choisissez des sujets selon vos forces, et méditez-en longtemps la portée; ne soulevez pas votre fardeau avant de connaître le poids que peuvent porter vos épaules. Ni l'expression heureuse, ni l'ordre lucide ne manqueront au poëte qui aura été habile dans son choix; il sera éloquent sans effort, la grâce brillera dans ses pensées, l'harmonie dans ses chants.

Un sage discernement lui apprendra à omettre ici ce qui, plus tard, sera mieux placé ailleurs : il prendra ce mot, rejettera cet autre, plein de concision dans son style et de goût dans son choix. Nous devons de la reconnaissance à ceux qui créent un mot nouveau et nécessaire. Ne craignez pas, s'il y a utilité à le faire, d'employer un mot inconnu ou vieilli. Pitt, faisant pour nous ce que les lexicographes avaient refusé de faire, a fourni à notre langue quelques mots nouveaux; imitez son exemple, avec sobriété toutefois. — C'est une licence dont il ne faut user que rarement. Les expressions nouvelles réussissent de nos jours lorsqu'elles sont adroitement greffées sur des locutions françaises. Ce qu'ont fait Chaucer et Spenser, on aurait mauvaise grâce à le refuser à la muse plus polie de Dryden ou de Pope. Si vous pouvez apporter votre contingent, pourquoi pas? William Pitt et Walter Scott l'ont bien fait. Depuis que leur éloquence et leurs rimes n'ont pas craint d'enrichir les idiomes mal unis de notre île, libre à tous, maintenant et à toujours, de proposer des réformes, soit dans la langue, soit dans le parlement.

Comme les forêts perdent peu à peu leur feuillage, de même on voit se faner des expressions qui plaisaient autrefois; nous et ce qui nous appartient devons payer tribut au destin, et il est des ouvrages comme des mots dont il ne reste plus que la date. Au commandement d'un monarque, à la voix du commerce, des fleuves impétueux versent dans des canaux leurs ondes pacifiques. Sur les marais comblés, les marécages desséchés; la charrue passe et la moisson jaunit; des ports nouveaux, improvisés sur nos côtes, mettent nos vaisseaux à l'abri des fureurs de l'Océan. Eh bien! tous ces travaux doivent périr un jour; seules sur les débris du passé, les lettres en conservent à moitié le souvenir. Des écrivains meurent, il est vrai; mais il en est aussi beaucoup qui ressuscitent [5]; cependant ils déclineront ceux qui paraissent aujourd'hui les plus puissants; ainsi le veut la Mode, dont le caprice préside également et à notre existence et à notre langage.

Milton, dans ses pages sacrées, a chanté les immortels combats des dieux et des anges. Son poëme vous apprendra quel rhythme convient le mieux à l'épopée pour traiter un sujet céleste.

La stance lente et mélancolique convient pour peindre les douleurs de l'Amour et les plaintes de l'Amitié. Mais du vers blanc ou du vers rimé auquel donnerons-nous la palme? Lequel occupe sur l'Hélicon un rang plus honorable? Que des critiques pointilleux éclaircissent ce point, aussi embrouillé qu'une cause portée au tribunal de la chancellerie.

La mauvaise humeur et l'égoïsme firent éclore la satire. En doutez-vous? lisez Dryden, Pope, et le doyen de Saint-Patrick [6].

Le vers blanc est, d'un consentement unanime, assigné à la tragédie, et il l'accompagne presque toujours [7]. Bien qu'au temps de Dryden l'insensé Almanzor parlât en rimes, la rime a été bannie du théâtre moderne; l'humble comédie a abandonné les vers pour les jeux de mots et les calembours, qu'elle débite en prose fort ordinaire. Ce n'est pas que, pour avoir écrit en vers, nos Ben et nos Beaumont en soient plus mauvais. Mais c'est là le caprice de Thalie, la pauvre vierge! sifflée quelque vingt fois par an!

Quel que soit le sujet de votre drame, écoutez un avis important. Sachez adapter votre langage à la condition de votre héros. Parfois Melpomène oublie ses gémissements, et la vive Thalie prend un ton sérieux; et le public applaudit quand l'indignation de Townley se fait jour en chaleureux accents [8]. Shakspeare réserve ses vers pour les rois, et laisse la vile prose au commun des mortels; et le joyeux Henri abandonne le poétique courroux « au caverneux Hotspur » et à son royal père.

Auteurs, il ne vous suffit pas de polir vos œuvres avec un art infini, — il faut qu'elles touchent notre cœur : en quelque lieu que la scène se passe, quels que soient les discours de vos personnages, il faut que vous intéressiez l'âme de vos auditeurs; faites-les rire ou pleurer, comme il vous plaira, mais ne les faites pas dormir. Le poëte me demande des larmes; mais avant d'en verser, il faut que je lui en voie répandre à lui-même.

Si Roméo banni n'a ni pleurs ni soupirs, ennuyé de sa langueur insipide, je dors ou je siffle. Des paroles de douleur conviennent à un visage attristé, et il est des occasions où les traits doivent exprimer la colère. Des mots à double sens excitent la curiosité du spectateur. Le sentiment exige un regard pensif; car la Nature a formé avant tout l'homme intérieur, et les acteurs copient la nature — quand ils le peuvent. C'est sous son impression que le cœur bondit de ravissement, s'élève jusqu'au ciel, ou retombe abattu. Pour exprimer nos sentiments, elle nous a donné le truchement de l'âme, — la langue, qui, détériorée par l'usage, a cru depuis peu, du moins sur la scène, pouvoir se passer du sens commun, étourdit d'un vain bruit les loges, les galeries, le parterre, et pour provoquer le rire emploie tous les moyens, — hormis l'esprit.

Il n'est pas indifférent à l'habile écrivain que l'action de son drame se passe à la cour ou dans la vie commune : soit qu'il veuille nous égayer ou nous tirer des pleurs, qu'il ait pour héros un valet menteur ou le roi Léar, un sage ou un jeune étourdi échappé des bancs de l'école, un pèlerin errant ou John Bull pur et simple; Écossais, Irlandais, natif de Wilts ou de Galles, tout individu nous plaît s'il parle le langage de la nature.

Peu importe que votre sujet soit historique ou imaginaire. Nul ne s'inquiète de savoir si vos personnages dramatiques ont vécu ou non. Il est un précepte qui avant tout doit dominer la scène : — faites que dans votre pièce les choses se passent comme elles *auraient pu* se passer.

Si vous voulez offrir à nos regards un nouveau Drawcansir[9], représentez-le insensé et bravant toutes les lois; si vous avez besoin d'une furie femelle, la farouche moitié de Macbeth est à votre service; pour les larmes, la trahison, pour le bien, pour le mal, vous avez Constance, Richard III,

Hamlet et le Diable! Mais si votre plan est neuf, si vous marchez librement loin des chemins frayés, que vos personnages ne se démentent pas, et qu'ils soient jusqu'à la fin tels qu'on les a vus d'abord.

Il est difficile de réussir où de plus forts que nous ont échoué; et de prêter un intérêt nouveau à un sujet déjà traité; et cependant, il est plus sage peut-être d'adopter une action déjà connue que d'en choisir une nouvelle et de faillir. Pourtant n'imitez pas servilement, et plutôt les pensées que les mots; ne suivez pas votre modèle dans les moindres détails, et ne lui empruntez que ce qu'il a de bon.

Pour vous, jeune poëte, que votre malheureuse étoile condamne à trembler devant l'arrêt de quiconque vous lit, avant de dérouler votre vingtième chant, n'allez pas, pour l'amour de Dieu! dès l'abord vous écrier comme Bowles:

« Muse, viens éveiller sur ma harpe sonore
Des sons plus éclatants encore. »

Et que sort-il enfin de ce cerveau en ébullition ? il retombe au niveau de Southey, dont les montagnes épiques sont fécondes en souris! Ce n'est pas sur ce ton que le roi de notre Parnasse fait résonner les sons modestes de sa lyre admirable:

« Je chante la première désobéissance de l'homme, et le fruit... »

Il parle, et à mesure que son sujet se déroule, le ciel, la terre, les enfers viennent tour à tour prendre place dans ses chants. Cependant il continue sa marche, et tout ce qu'il dit, il semble que nous en ayons été les témoins. Il laisse là tout ce qui ne lui semble pas digne d'élever son sujet et d'orner son tableau; et, grandissant à chaque page, de la lumière il ne tire pas de la fumée, mais du sein des ténèbres il fait jaillir la lumière; et sous son habile main la vérité et les fictions se mêlent avec tant d'art, que nous ne savons où poser leurs limites respectives. Si vous voulez plaire au public, étudiez les goûts de ce monstre aux cent têtes; si votre cœur bondit d'une joie triomphante quand toutes les mains applaudissent à la chute du rideau, méritez ces applaudissements, — lisez dans le livre de la nature, et apprenez à reconnaître les traits distinctifs de chaque âge ; examinez avec attention comment les années modifient la vie de l'homme, cette histoire si tôt et si souvent contée, et toujours inutilement. Voyez-le aux premiers jours de sa naïve enfance, avec ses espiégleries, son babil, ses camarades et ses jeux ; enfin arrive le jour où l'enfant rejette ses lisières, et où l'attrait du vice devance sa majorité trop tardive !

Voyez-le maintenant ! il est homme ! Il n'est plus tenu de se morfondre sur les vers abhorrés de Virgile [10] — et sur les siens ; prier est ennuyeux, lire est un plaisir trop abstrait. Il laisse le visage sévère de Tawell pour les chevaux de Fordham ; infortuné Tawell [11] ! condamné à tant de chagrins journaliers par des écoliers boxeurs et par des ours [12], amendes, professeurs, devoirs scolaires, règlements, menacent en vain, — il ne voit plus que la meute, les chasseurs et la plaine de Newmarket. Incivil avec ses supérieurs en âge, bouillant avec ses égaux, poli avec les fripons, prodigue de son or ; inconstant dans tout, sauf le jeu et les courtisanes, et maudissant également ces deux choses, car toutes deux lui ont fait du mal ; sans instruction, à moins qu'alité par ses excès, la maladie, dont la lecture adoucit l'ennui, ne soit le docteur qui lui confère ses grades : dupé, dévalisé, traqué par ses créanciers, c'est ainsi qu'il passe le temps de ses inscriptions universitaires. S'il réussit à ne pas être expulsé, il se retire maître ès-arts ! et les maisons de jeu et les clubs, dans la foule de leurs coryphées, ne comptent pas de nom plus brillant !

Une fois lancé dans la vie, et son premier feu éteint, il imite l'égoïste prudence de son père ; la fortune le détermine dans le choix de sa femme, le rang dans celui de ses amis ; il achète des immeubles, et prudemment se méfie de la banque, siège à la chambre des communes ; sa femme lui donne un héritier ; il l'envoie à Harrow, car lui-même y a été. A la chambre, il opine du bonnet, si ce n'est lorsqu'il faut applaudir. Son fils est un garçon si intelligent ! — il espère bien voir un jour le drôle promu à la pairie !

Le voilà sur le déclin de l'âge : — son corps s'affaiblit, il quitte la scène, ou plutôt la scène le quitte ; il thésaurise, regrette chaque sou qu'il dépense, et dans lui l'avarice s'empare de tout ce qu'a laissé l'ambition ; il compte ses écus, et sourit, et la vue de ses trésors diminués par les dettes de son jeune héritier, lui donne des crispations ; il calcule prudemment les achats et les ventes, consommé dans toutes les sciences de la vie, hors une seule, celle de mourir. Morose, haineux, radoteur, difficile à plaire, faisant le panégyrique de tous les temps, hormis du temps actuel ; imbécile, grondeur, négligé, presque oublié, il meurt sans être pleuré ; — on l'enterre. — Qu'il pourrisse !

Mais revenons au drame. Je ne vous épargnerai pas mes préceptes, dussent-ils ne pas beaucoup vous plaire. Il est des choses qui, présentées sur la scène au lieu d'être mises en récit, sont sûres de faire pleurer les femmes et d'émouvoir les cœurs les plus durs ; cependant il est des actions consignées dans les pages de l'histoire qu'il vaut mieux raconter qu'exposer aux regards des spectateurs ; l'oreille supporte ce qui choquerait des yeux timides, et l'horreur se transforme ainsi en sympathie. Anglais dans tout le reste, je suis Français en ceci, — et je suis d'avis que le meurtre ne doit pas souiller la scène. Le sang des gladiateurs qui coule sur les planches de nos théâtres, bien que nous sachions qu'il n'a rien de réel, ne nous en choque pas moins. Ce n'est pas sur la scène que le régicide Macbeth nous frappe de terreur par le trépas d'un roi ; lorsque le farouche Hubert menace de brûler les yeux du jeune Arthur, c'est un spectacle qui révolte les *nôtres,* ainsi que la *nature.* Quand Johnson mit la corde au cou d'une héroïne[13], nous sauvâmes Irène, mais nous sifflâmes la pièce. Dieu en soit loué ! notre siècle, tout tolérant qu'il est, a relégué les métamorphoses dans les pantomimes ; Lewis lui-même, avec tous ses revenants, n'oserait transformer en serpent le nègre du comte d'Osmond ! comédie ou tragédie, nous rejetons tout ce qui sort des limites de la vraisemblance ; et pourtant Dieu sait jusqu'où peuvent aller des auteurs qui, dans leurs post-scriptums, parlent de teindre « leurs héroïnes en bleu [14]. »

Sur toutes choses, faites en sorte que l'homme seul joue un rôle dans votre drame; n'évoquez pas de spectres, à moins d'une extrémité telle qu'il faille ouvrir dix chausse-trapes pour en sortir. Je pense comme Dennis : de toutes les monstruosités, celle que je déteste le plus c'est un opéra : là, tous les personnages, bons ou mauvais, à tort ou à raison, se disputent, s'aiment, et font tout en chantant, sauf de la morale. Salut, dernier témoignage du souvenir de nos amis étrangers, que tolère la France et que nous envoie l'Hespérie! les décrets de Napoléon ne mettent point d'embargo sur les espions et les chanteurs, qui ont bien fait de se rembarquer. Notre gigantesque capitale, avec ses places publiques couvertes d'artisans qui autrefois gagnaient le pain que maintenant ils mendient, est devenue difficile en matière d'iniquités, et dédaigne tout amusement qui n'est pas coûteux. Ainsi, le boutiquier paye pour entendre un orchestre dont les sons affectent douloureusement son tympan; une mauvaise honte seule l'empêche de ronfler, et en criant *bis* il double son tourment; étouffé dans la foule, rudoyé par des fats, ne sachant que faire de son chapeau, et tremblant pour ses orteils, il souffre toute la soirée et n'a de repos qu'au moment où la chute du rideau vient mettre fin à son supplice. Et pourquoi s'impose-t-il toutes ces souffrances et bien d'autres encore? Ne le devinez-vous pas? parce qu'elles lui coûtent cher et qu'elles l'obligent à s'habiller.

Ainsi prospèrent les eunuques de l'Étrurie; donnez-nous des ménétriers, ils ne manqueront pas de badauds qui les payent. Avant que des pièces de théâtre fussent jouées par plus d'un vénérable ecclésiastique (où est le mal? David n'a-t-il pas dansé devant l'arche?) dans les réjouissances de Noël, le peuple ignorant des campagnes se contentait d'assister à des grimaces et à des farces grossières. Le progrès des temps, parmi beaucoup d'autres choses aujourd'hui passées de mode, amena le joyeux polichinelle et la joviale madame Jeanne, qui continuent à nous donner le spectacle indécent de leurs ébats, au point que je m'étonne que Benvolio souffre de telles représentations ; Benvolio, ce pair *réformateur*, devant qui disparaissent tous les vices, les jurements, le pugilat, la mendicité, tout enfin, — hormis les *raouts* et les courses de chevaux [15].

La farce suivit la comédie et atteignit sa plus grande splendeur dans le siècle original de Foote, ce rieur éternel et impitoyable qui n'épargnait personne et se moquait des choses les plus sérieuses. Ni l'Église ni l'État n'échappèrent à ses sarcasmes publics ; il immola tout à sa gaieté, l'épée comme la robe, les prêtres, les hommes de loi, les volontaires : hélas ! pauvre Yorick, muet maintenant à tout jamais ! quiconque aime à rire doit regretter Foote.

Nous sourions médiocrement quand, sur la scène, nous entendons parodier en langage emphatique et des rois et des reines ; quand « Chrononhotonthologos va mourir, » et qu'Arthur se pavane dans sa majesté comique.

Moschus ! j'espère bien un jour me retrouver auprès de toi ; nous rirons encore ensemble, et à défaut d'esprit, la gaieté nous viendra en aide ; oui, mon ami, pour toi je quitterai ma cynique cellule et prendrai la devise de Swift : « Vive la bagatelle ! » Dans nos foyers, comme sur les flots de la mer Égée, elle a plus d'une fois charmé nos instants et enivré nos cœurs de poésie et de joie [16]. Puisse la légère Euphrosyne, après avoir égayé ton passé, présider à tout le drame de ta vie, et ne pas te quitter même à la dernière scène ; et lorsque tu ne seras plus, puisse-t-on dans ton lit, comme dans celui de Platon le païen, trouver le manuscrit de quelque production égrillarde !

Voyons maintenant le drame tel qu'il est de nos jours, sous le poids des chaînes que lui imposa le whig Walpole [17] ; la Corruption l'a terrassé, car elle redoutait son regard ; la Pruderie l'a quitté pour un bal d'opéra ! Et cependant Chesterfield, dont la plume élégante fait le procès au rire, a combattu pour la liberté du théâtre ; il a voulu le protéger contre la maussaderie des cervelles patriciennes et l'infernale stupidité des lords chambellans. Rapportez cette loi ! Que la gaieté circule librement sur la scène; — nous n'avons chez nous que trop de sujets de tristesse; « qu'Archer » plante des cornes sur le front de nouveaux « Sullen, » et que « Stéphanie » en fasse accroire à son époux [18]; la morale est là clairsemée; mais après tout, qu'importe? on va au théâtre pour s'amuser et non pour être sermonné. Celui qui va puiser sur la scène des leçons de vertu ou de vice, a un cerveau qui réclame les soins de Willis [19]. Oui; mais l'exemple de Macheath ! — bah! en voilà assez ; — il n'a fait des voleurs que de ceux qui l'étaient déjà; croyez-moi, en dépit des puritains et des malédictions de Collier, le théâtre n'a jamais rendu personne meilleur ni pire. Epargnez donc notre scène, ô méthodistes! et ne brûlez pas, s'il se relève, ce Drury damné par vous. Mais pourquoi en appeler à des bigots au cerveau fêlé? L'indulgence céleste peut-elle s'allier au fanatisme terrestre? Laissons-leur espérer le retour des autoda-fé, de cette époque chère aux puritains et au pape. De même que le pieux Calvin vit autrefois brûler Servet, nos modernes sectes ne seraient pas fâchées de voir immoler de nouvelles victimes. Mais déjà n'entendez-vous pas les chants de Solyme? Sceptique apologiste du péché, écoute la Foi qui déclame pendant que le serviteur de Dieu châtie ceux qu'il aime, et que Siméon donne un coup de pied, ou que Baxter se contente d'administrer une « bourrade. »

Celui qui a pour guide la Nature, écrit de telle sorte qu'en le lisant, le premier venu s'imagine, dans son enthousiasme, pouvoir en faire autant; mais après s'être noirci les doigts, avoir mordu ses ongles et griffonné bien du papier, le présomptueux y renonce.

N'essayez pas de la pastorale; car qui peut se flatter d'égaler ces églogues, œuvres charmantes de la jeunesse de notre Pope? Cependant elles ont leurs défauts, de même que celles de Philips; les unes et les autres pèchent, quoique d'une manière différente. Trop de rudesse pour l'art, trop de raffinement pour la nature, voilà le double écueil qu'il faut éviter, et leur exemple nous fait voir combien ce juste milieu est difficile à atteindre.

L'écrivain grossier, certes, n'est pas de mise dans notre époque de susceptibilité, où tout le monde veut avoir du goût ; le langage ordurier, la grosse plaisanterie, qui charmaient autrefois dans Swift, aujourd'hui ne seraient plus soufferts ; non seulement on les proscrit dans le monde poli, mais un chevalier de la Cité ne voudrait pas même y descendre !

Indulgence pour les défauts de Swift ! Son esprit leur a servi de passe-port. Il n'a de rival qu'*Hudibras*, que rien n'égale. L'auteur de ce poëme est, je pense, le premier qui ait retranché deux pieds à notre vieux vers dissyllabique ; ce rhythme plus court n'est pas moins que l'autre aimé des neuf Sœurs. Au premier abord, des vers de huit pieds ne semblent guère convenir à une composition sérieuse, l'ode exceptée. Néanmoins, à notre grand étonnement, Scott a depuis peu prouvé que ce rhythme peut soutenir avec aisance le poids d'un sujet grave, varié habilement, et surpasse de beaucoup le vers héroïque, surtout dans les chants de guerre et d'amour, qui, passant tour à tour du tendre au sublime, trouveraient une entrave dans le retour trop lent de la rime.

L'irrégularité est admirée de peu de gens, et tout juge éclairé la déteste. Il en est qui la pardonnent ; mais ce mot est dur et ne saurait satisfaire un barde britannique.

Le poëte doit-il donc réprimer la chaleur généreuse de ses pensées, de peur que la Censure ne vienne relever dans son œuvre un vers fautif ? Doit-il retrancher tout ce qui pourrait sembler suspect à ses critiques, pour le triste avantage d'être qualifié de « correct ? » Doit-il, courbant l'orgueil de toute phrase ambitieuse, s'attacher à éviter les fautes au lieu de créer des beautés ?

Vous qui cherchez les modèles accomplis, ne cessez, nuit et jour, de feuilleter les œuvres de la Grèce. Mais nos pères, contents de leur poésie nationale, ne chargeaient pas leur cerveau de grec idolâtre. Le petit nombre d'entre eux qui savaient lire une page ou se servir d'une plume, se bornaient à Chaucer et au vieux Ben ; il leur fallait un rhythme sans art, de bonnes plaisanteries, et fort peu de chasteté. Que les préceptes des anciens soient bons ou mauvais, je n'appellerai pas nos ancêtres des imbéciles ! Ce qui ne nous empêche pas, vous et moi, de savoir distinguer l'élégant du grossier, et lorsqu'un vers boiteux se présente, de le découvrir à l'aide de nos doigts, à défaut d'oreilles.

En vérité j'ignore, et je ne tiens pas beaucoup à le savoir, ce qu'étaient nos premiers saltimbanques anglais, et si, avant qu'un théâtre abritât sous ses voûtes le drame ambulant, notre muse, comme celle de Thespis, allait en charrette. Mais ce qu'il y a de certain, c'est que, depuis les jours de notre Shakspeare, ce n'est pas du moins la pompe qui manque à nos pièces dramatiques ; et Melpomène ne monterait pas sur son trône sans hauts talons, sans plumes blanches, sans fausses pierreries.

On applaudit encore les vieilles comédies, bien que trop licencieuses pour les convenances de notre théâtre : du moins, nous autres modernes, nous mutilons sagement ou passons sous silence leurs plaisanteries immodestes.

Quels que soient du reste leurs erreurs et leurs défauts, nos bardes entreprenants ne laissent rien sans le tenter ; car ils méritent nos applaudissements ceux qui choisissent un sujet anglais pour une muse anglaise, et laissent aux esprits dépourvus d'invention le verbiage français et la sentimentalité germanique. Notre langage pourrait prétendre à la palme de la poésie comme à celle de la philosophie, si nos poëtes, un peu moins pressés, voulaient, à l'exemple de Pope, se donner le temps de polir leurs écrits.

Il est des écrivains redoutables dont la critique abat les in-quarto, et met au jour leurs sottises ; ils ont bientôt découvert les côtés faibles de notre ouvrage ; et notre marbre ne résiste pas à l'épreuve de leur ciseau. Démocrite lui-même est dépassé par eux. Il nous estimait fous, mais eux nous rendent tels.

A dire vrai, la plupart des rimailleurs prêtent le flanc au ridicule dont ils se plaignent. Sales et négligés sur leur personne, ils portent une barbe d'une semaine et des ongles d'un d'un an, habitent des greniers, s'éloignent de tous ceux qu'ils rencontrent, évitent les rues pour marcher dans les ruelles.

Quelque peu de rime et moins de raison encore, en voilà assez pour vous affubler tout à votre aise du nom de poëte; en sorte que des tonnes d'ellébore ne suffiront pas pour mettre un grain de bon sens dans votre cervelle. Écrivez comme Wordsworth, habitez les bords d'un lac [20], gardez pendant un an votre chevelure touffue à l'abri des ciseaux de Blake [21], puis mettez votre livre sous presse, et retournez à Londres. Vous pouvez être sûr que tous les marmots, à votre passage, salueront de leurs acclamations votre seigneurie poétique.

Si j'ai une santé de poëte, ne ferai-je pas sagement d'imiter l'exemple de Bayes, et de me purger au printemps avant de prendre la plume? Si cette utile précaution n'adoucissait ma bile, je ne sais pas de poëte dont le style fût plus extravagant que le mien. Mais, puisque, par une délicatesse peut-être déplacée, je ne puis consentir à acheter la gloire à ce prix, je veux tourner gratis la meule d'un rémouleur, et, obtus moi-même, affiler l'acier d'autrui; je ne veux plus écrire si ce n'est pour enseigner leur art à ceux qui se préparent au rôle de poëtes; je montrerai dans Horace les routes fleuries de la poésie, et dans mon propre exemple, les défauts à éviter.

Bien que cela aille à l'encontre de la pratique moderne, il ne serait pas mal de penser avant d'écrire; lisez tout ce qui se rapporte au sujet que vous traitez; c'est ainsi que vous puiserez vos inspirations à la véritable source.

Celui qui connaît ses devoirs envers ses amis et sa patrie, qui sait pardonner à ses ennemis, qui sait régler sa conduite d'une manière convenable dans ses relations avec un frère, un père ou un étranger; qui prend pour ce qu'ils sont notre culte et nos lois, sans beugler la réforme dans le parlement, l'église ou le barreau; qui, sage dans la pratique sans afficher la sagesse, et plus philosophe de cœur que de paroles; tel est l'homme que le poëte doit prendre pour exemple, et sur lequel il doit modeler et sa vie et ses vers.

Parfois un esprit brillant, une action bien conduite, sans même le secours de beaucoup de grâce, de talent ou d'art, obtiendront auprès du public un succès plus durable que des riens ingénieux et sonores, mais frivoles.

Malheureuse Grèce ! la Muse peut louer sans restriction tes fils d'autrefois, adonnés exclusivement aux armes et aux beaux-arts, et dont le commerce ne rétrécissait pas le cœur. Nos enfants (à l'exception de ceux à qui nos écoles publiques font scander des longues et des brèves avant qu'ils sachent lire), nos enfants apprennent de bonne heure de leurs pères cette maxime : « Un sou d'épargné, mon fils, est un sou de gagné ! » « Enfant de la Cité, de six sous ôtez le tiers, combien restera-t-il ? — Quatre. — Bravo ! Richard a trouvé la somme ! Mes cinquante mille livres sterling, il les élèvera à cent mille ! »

Il est évident que celui dont la jeune âme a de bonne heure contracté cette rouille, est propre à faire tout autre chose qu'un poëte. Locke vous dira que le père agit sagement qui ne permet jamais à ses enfants de lire un seul vers; car, dit ce philosophe (et bien des gens sont de son avis), les poëtes, avec leur bagage lyrique, sont de mauvais artisans; Delphes, quelle qu'ait pu être autrefois son opulence, a aujourd'hui très peu d'argent et encore moins d'or, attendu que le mont Parnasse, tout divin qu'il est, est gueux comme Irus [22] ou comme une mine d'Irlande [23].

Le poëte doit toujours se proposer deux buts, soit séparés, soit réunis : nous plaire ou nous rendre meilleurs. Si vous traitez le genre didactique, soyez bref dans vos enseignements : la redondance met la mémoire au supplice, car le cerveau peut être surchargé tout aussi bien que les épaules.

Il est bon que la fiction ait les apparences de la vérité, car les contes de fées n'en imposent qu'aux enfants; n'attendez pas qu'on ajoute foi à des choses trop surprenantes : il n'y a que Jonas qui soit sorti vivant du ventre d'une baleine.

La jeunesse sacrifie tout à l'élégance; un âge plus mûr

exige quelque peu de bon sens. En un mot, le poëte est propre à tout, qui sait mêler l'instruction à l'esprit. Il obtiendra le sourire des revues, et le patronage de Pater noster-row ; aidé de l'appui libéral de Longman (qui ne dédaigne jamais les livres profitables), son livre circulera; pendant trois semaines il donnera le ton à Londres en matière de bon goût, et franchira la Tweed ainsi que le canal de Saint-George.

Mais tout ici-bas a ses défauts : on sait que violons et harpes détonnent quelquefois ; la voix capricieuse criaille, en dépit des efforts du chanteur ; les chiens perdent la piste, le briquet ne fait pas jaillir d'étincelles, et les meilleurs fusils (le diable les emporte!) manquent parfois leur coup [24].

Dans un livre où les beautés abondent, le lecteur ne doit pas chercher querelle à l'auteur pour une ou deux taches; il faut pardonner aux livres et aux hommes les erreurs de la nature humaine et de la plume.

Mais s'il se rencontre un auteur qui, bravant amis et ennemis, rejette tous les conseils, refuse de s'amender, et fait toujours crier la même corde discordante, quoi qu'il chante, ne lui faites point de quartier. Qu'il ait le destin de cet Havard [25] qui produisit un jour une pièce trop bonne pour venir de la plume d'un sot : d'abord personne ne soupçonnait qu'elle fût de lui ; mais à peine y eut-il mis son nom, savez-vous ce qui arriva ? elle cessa de réussir. Quand Milton daigne sommeiller, tout le monde le déplore ; pourtant cela est bien pardonnable dans une œuvre de longue haleine.

Il en est de la poésie comme de la peinture : il est des productions qui soutiennent le regard de la Critique, et qui plaisent vues de près ; d'autres ressortent davantage à une certaine distance ; celle-ci a besoin d'ombre, celle-là demande la lumière : elle ne redoute pas l'examen approfondi du connaisseur, et dix fois regardée, semble dix fois nouvelle.

Pèlerins du Parnasse ! vous que le hasard ou un libre choix a conduits à prêter l'oreille à la voix de la Muse, recevez mes conseils, et soyez sages pendant qu'il en est temps encore; bien peu atteignent le sommet que vos regards convoitent. L'Église et l'État, les camps et la cour offrent des récompenses à des intelligences fort médiocres, ma foi! Là, il suffit d'avoir du sens commun pour faire beaucoup de chemin; tous les chefs de notre barreau ne sont pas des Erskine. Mais en poésie, il n'y a pas de degré du médiocre au pire; il faut de toute nécessité être au premier rang ou au dernier; car les œuvres misérables des poëtes médiocres sont également en horreur aux dieux, aux hommes et aux journalistes [26].

A toi, de nouveau, mon Jeffrey! — Au bruit inspirateur de ton nom, comme je sens se rallumer en moi mon ancienne ardeur, pareille à celle que ressentent de doux Calédoniens alors que quelque auteur méridional est attaché sur la roue de leur critique, ou de benins éclectiques [27] quand des chrétiens, cent fois pires que des Turcs, dépouillent la foi pour enrichir les « bonnes œuvres! » Ce sont là, Jeffrey, les sentiments qui t'animent. — Je ne lance pas mon faucon contre une ignoble proie! O le meilleur animal à chasser de tout Dunedin! pour toi, mon Pégase va ralentir son pas. Lève-toi, mon Jeffrey! ou ma plume desséchée n'émoussera pas son tranchant sur des ennemis indignes de son courroux; jusqu'à ce que mon regard hostile te rencontre toi ou les tiens, hélas! je ne puis « faire tomber mes coups sur des guerriers obscurs [28]. » Saxon cruel! veux-tu donc laisser là une muse et un cœur dont tu t'es plu à faire complètement ta proie? Cher et maudit contempteur des poésies de mon adolescence, n'as-tu plus de vengeance contre les torts de mon âge mûr! Si, sans provocation, tu m'as fait saigner naguère, n'as-tu point d'armes contre mon audace? Quoi! pas un mot! — Suis-je donc descendu si bas? M'épargneras-tu, toi qui n'épargnas jamais un ennemi? N'as-tu plus de colère, ou dédaignes-tu de la faire éclater? point d'esprit contre des nobles, héréditaires imbéciles? point de plaisanterie contre les « mineurs? » point de quolibet à propos d'un nom [29]? pas un seul paragraphe de blâme facétieux? Est-ce donc pour cela que je me suis assis sur les ruines d'Ilion, et que j'y ai pensé à Homère beaucoup moins qu'à Holyrood? . Sur les rives de l'Euxin ou de la mer Égée, ma haine constante se tournait passionnément vers toi. Ah! n'y pensons plus! En vain mon cœur brûle, le cruel Alexis se détourne de Corydon [30]; mes vers sont inutiles; laissons là Jeffrey, cessons de solliciter un courroux qu'il ne veut pas montrer. Qu'en adviendra-t-il? Un des enfants affamés d'Édine écrira contre moi un article, un article auquel je ne pourrai échapper. Il se rencontrera un Écossais moins fastidieux, et, quoique moins renommé, tout aussi versé dans le vocabulaire des injures.

A table, nos yeux seraient choqués de quelque plat étrange, par exemple, des grenouilles en guise de poisson, ou de l'huile employée au lieu de beurre; de petits chiens ne plairaient guère dans un pâté moderne; si de tels mélanges sont à nos yeux presque des crimes, en fait de vers il ne nous faut que de l'excellent. Le bouilli et le rôti seuls ne tentent pas un épicurien; il en est de même de la poésie : ou elle dégoûte, ou elle enchante

Qui ne sait pas tirer touche rarement un fusil; qui ne sait pas nager ne court pas à la rivière; et ceux qui ignorent l'art d'administrer un coup de poing, avant de se hasarder à boxer, doivent aller prendre des leçons de Jackson [31]. Quelle que soit l'arme qu'on emploie, le bâton, le poing ou le fleuret, on ne devient expert qu'après de longues années d'apprentissage; et cependant cinquante imbéciles vont, quand bon leur semble, brocher vingt mille couplets sans se gêner. Pourquoi pas? — ayant qualité pour représenter un bourg-pourri, ne puis-je pas déployer mon esprit? Moi dont les ancêtres ont siégé dans les commissions de justice de paix, ont vécu indépendants sur leurs terres, et m'ont transmis en héritage, avec leurs écuries, leurs chenils et leurs meutes, leur revenu tout entier et des impôts s'élevant au double de sa valeur, moi qui ne laisse rien à désirer pour la rime et la généalogie, on veut que j'étouffe mon sel attique!

Ainsi pense la « tourbe des gens comme il faut; » mais cela ne vous suffit pas à vous, il vous faut en outre du génie. Que ceci vous serve de loi, et soyez prudent, et n'imprimez pas tout chauds des vers récemment éclos de l'école de Southey, qui, avant de faire paraître une nouvelle *Thalaba*, nous donnera, je l'espère, neuf années au moins de répit. Et entends-moi, Southey, — mais ne te fâche pas : — brûle tes trois derniers ouvrages — et la moitié de ton œuvre prochaine. Mais pourquoi cet inutile conseil ? Une fois publié, on ne peut plus rappeler un livre — de chez l'épicier ! quoique Madoc, en compagnie de la *Pucelle* [32], puisse reprendre le chemin de Quito — dans une valise [33].

Orphée, comme nous l'apprennent Ovide et Lemprière, conduisait par l'oreille tous les animaux sauvages, les femmes seules exceptées; et s'il jouait du violon aujourd'hui, nous verrions les lions valser à la Tour; et telle était alors la puissance des ménestrels, que le vieil Amphion eût bâti Saint-Paul sans l'assistance de Wren. Les vers rendaient aussi la justice, et les bardes de la Grèce firent plus que les constables pour le maintien de la paix publique; ils abolirent le cocuage, aux acclamations de tous; convoquèrent les assemblées de comtés, firent exécuter les lois; leur faux réformatrice à la main, ils détruisirent l'influence de la couronne, et servirent l'Église sans exiger de dîmes. Depuis lors, en Grèce et en Orient, tout poëte fut prêtre et prophète tout ensemble, et ce double sacerdoce voué à la cure des âmes soumit des royaumes entiers à sa juridiction.

Ensuite parut le belliqueux Homère, ce roi de l'épopée, et depuis lui la guerre n'a cessé d'être de mode : le vieux Tyrtée, chef boiteux, mais poëte sublime [34], conduisit les Spartiates au combat; et la forteresse d'Ithome, après une longue résistance, tomba enfin devant la puissance des vers.

Au temps jadis, quand les oracles étaient en vogue, c'est en vers seulement qu'Apollon faisait connaître ses volontés; si donc vos vers sont ce que des vers doivent être, pourquoi serions-nous plus difficiles que ne l'étaient les dieux ?

La Muse est comme les femmes mortelles; elle finit par

se rendre. Elle se fait tour à tour fille de Cythère ou prude, sauvage comme la nouvelle mariée dans le premier moment de sa frayeur, apprivoisée comme elle dès la seconde nuit; hautaine comme la femme d'un alderman ou d'un pair; aujourd'hui souriant à sa Grâce, et demain véritable gendarme! ses yeux trompent, son cœur ment; devant le monde elle est de glace; seule c'est une lave brûlante.

Pour un poëte, l'étude ne suffit pas; la nature entre pour quelque chose dans son talent. Il lui faut du génie et un esprit naturel; nous méprisons la veine qui est tout artificielle. Cependant, la Nature et l'Art réunis remporteront la palme, à moins qu'ils n'agissent comme l'Angleterre et ses alliés.

Le jeune homme qu'on élève pour le cheval ou la course doit supporter sans se plaindre beaucoup de privations; souvent l'exercice le réclame lorsqu'il s'attendait à dîner, et, chose plus dure encore, il lui faut renoncer à l'amour et au vin. Les cantatrices, du moins celles qui chantent à livre ouvert, ont consacré de longues années à l'étude de la musique; mais un rimailleur se contente de vous dire : « J'ai un fort joli poëme qui va paraître : » cela suffit, et vite, on se hâte d'écrire et d'imprimer. Nul ne veut arriver le dernier. On prend les presses d'assaut; on publie, tous et un chacun. On saute par-dessus le comptoir; on déserte l'échoppe. De vieilles filles de province, des hommes importants, oui, jusqu'à des baronnets, noircissent d'encre leurs mains sanglantes[35]! L'or ne peut les calmer; Pollion[36] nous a joué ce tour (ce jour-là, Phébus trouva pour la première fois crédit chez un banquier). Et ce ne sont pas seulement les vivants qui s'en mêlent; les morts eux-mêmes s'en passent la fantaisie, aussi harmonieux que la tête d'Orphée : sifflés de leur vivant, ils voient prospérer leurs œuvres posthumes; — enterrés vifs, voilà qu'on les exhume! Les revues accueillent ce crime épidémique, ces livres des martyrs sacrifiés à la rage de rimer. Malheureux écrivailleurs ! leurs œuvres commencent par figurer dans le *Morning-Post* et le *Monthly-Magazine*; c'est là que leurs premiers chants se font jour; mais bientôt on les voit resplendir sur papier satiné, dans un bel in-quarto! — L'épicier dira le reste. Laissez donc, si vous m'en croyez, les cordes précaires de la lyre à des baronnets métromanes, à des lords plus fous encore, ou à des Crispins de province, un peu moins en vogue aujourd'hui; à des Doriens jumeaux, ivres de bière dorique! Écoutez ces accords pleins d'une douceur somnifère! Les savetiers lauréats chantent pour Capel Lofft! et pendant qu'il les écoute, ce moderne Midas sent ses oreilles déjà longues s'allonger encore d'une aune.

Il est de par le monde un druide qui prépare d'avance, et pour des querelles en expectative, les vers interprètes de sa triste vengeance; il tourmente sa mémoire imbécile et sa muse plus stupide encore à publier des fautes qu'excuserait l'amitié. Si l'amitié n'est rien à ses yeux, le soin de sa propre dignité devrait donner plus de politesse à son langage. Mais que peut sur lui la honte? Tout lui est indifférent pourvu qu'il exhale sa mauvaise humeur et donne carrière à ses caprices. Qui sait? vous l'avez peut-être offensé involontairement; une plaisanterie, une discussion, l'auront indisposé contre vous; l'écrivailleur rentre dans sa tanière; et toute l'amertume amassée dans son âme s'épanche en un factum satirique. Peut-être avez-vous paru ne pas goûter son impertinent langage, ou votre dernier poëme a obtenu du succès par la ville; dans ce cas (hélas! ainsi l'a créé la nature), puisse le ciel vous pardonner, car lui ne vous pardonnera jamais! Eh bien! soit. Que ses lauriers, flétris dans l'éloge, refleurissent dans la satire! Que ses poésies défuntes, les plus lourdes et les plus insipides d'entre les plantes qui croupissent au bord du Léthé, sortent enfin de leur pourriture; qu'on les exhume et qu'elles se vendent (ce qui ne leur est jamais arrivé). Qu'un poëte opulent (mais de nos jours la science n'admet que difficilement l'existence d'une telle monstruosité), qu'un prétentieux écrivassier de cour, qu'un pair rimailleur [37], — c'est une espèce qui n'est pas rare [38], — quand tous sont partis, lorsqu'il ne reste plus qu'un chapelain à leurs gages, sans pitié pour les bâillements de l'ecclésiastique, condamnent ce pauvre vicaire à réciter à la lumière leur dernière production dramatique; quel supplice pour le prédicateur de tourner chacun de ces redoutables feuillets, aussi ennuyeux que ses sermons et plus longs de moitié! Mais le bénéfice du recteur lui a été promis, et cette perspective vaut bien la dépense d'un peu de salive. Le voilà donc qui déclame, qui écume! A chaque vers il s'extasie (Dieu le lui pardonne!). Il crie « Bravo! c'est sublime! c'est divin! » Enroué par tous ces éloges, cette monnaie dont la pauvreté dépendante qui vit de flatterie paye le pain amer qu'elle mange, il marche à grands pas, fait résonner le parquet sous son pied emphatique, puis se rassied, roule ses yeux dévots avec plus de ferveur qu'il n'en aura à l'heure de sa mort! Et pendant tout ce temps, son cœur reste froid et impassible; — mais tous les imposteurs chargent leurs rôles.

Poëtes, voulez-vous exceller dans votre art? n'ajoutez pas foi à ceux qui louent votre faux « sublime [39] »; mais si un ami, après avoir entendu la lecture de votre œuvre, vous dit: « Otez-moi cette stance, faites disparaître ce vers; » si après d'inutiles efforts, revenu auprès de lui sans avoir rien corrigé, il vous répond: « Brûlez cela! » ne lui faites pas de question, faites ce qu'il vous dit et jetez votre œuvre au feu. Mais si, en poëte véritable, vous refusez de vous rendre et ne voulez pas changer ce que vous ne pouvez défendre, si vous persistez à faire éclore ce fruit bâtard de votre cerveau [40], — n'en parlons plus, j'ai perdu avec vous mon latin.

Et cependant, dussiez-vous ne défendre qu'une pensée favorite, comme font bénévolement les critiques, et comme doivent faire les auteurs; dût votre ami vous ennuyer de temps à autre de sa froide censure, et sa plume impitoyable raturer des pages entières; n'importe, effacez, émondez le luxe de vos vers: mieux vaut céder à sa critique que de prêter à rire au monde. Eclaircissez ce passage trop obscur; faites disparaître le sens douteux de ce vers. Vous avez pour ami un Johnson; il ne vous ferait pas grâce d'un mot qui pourrait paraître absurde; ces fautes légères amènent des conséquences sérieuses, et fournissent des aliments aux critiques et à leur plume [41].

Comme on fuit un violon écossais et ses touchants accords, ou la triste influence d'une lune funeste, on évite avec soin ces méchants auteurs toujours prêts à réciter leurs productions ; ainsi les domestiques[42] prennent la fuite en entendant la voix de Fitz-Vadius[43] ; pour lui, il continue son débit, — il ne vous demande que dix minutes — ennuyeuses comme une homélie d'évêque, ou le discours d'un député fonctionnaire ; longues comme les dernières années d'un bail onéreux quand le silence de l'émeute fait hausser les fermages. Pendant qu'un ménestrel de cette étoffe, tout en débitant son galimatias, franchit fossés et haies, et court à travers champs, s'il lui arrive de tomber dans un puits, et de crier d'une voix de Stentor : « Au secours ! une corde ! chrétiens, secourez-moi au nom du salut de votre âme ! » homme, femme ou enfant, personne ne bougera ; car il est très possible que, soit folie, soit caprice, il ait lui-même jeté là sa carcasse. Quoique cela soit arrivé à plus d'un poëte, je vais vous conter l'histoire de Budgell, — et j'aurai fini.

Budgell, mauvais garnement et rimailleur enfin, ne valant pas grand'chose (si ce qu'on dit de lui est vrai), fatigué des importunités de ses créanciers, « pour mourir comme Caton, » se jeta dans la Tamise. Il est donc, en cette ville, loisible et permis à tout poëte de s'empoisonner, de se pendre ou de se noyer[44]. S'aviser de sauver celui qui veut se détruire, c'est s'exposer aux reproches d'un homme à qui la vie, dont il se débarrasse, est odieuse ; et à dire vrai, il ne faut pas priver les poëtes de la gloire de cette mort, librement choisie par eux.

Et puis, il n'est pas du tout certain que les vers ne soient pas une malédiction attachée à la conscience du poëte. Qui sait ? peut-être l'a-t-on trouvé ivre un dimanche, peut-être a-t-il fait un enfant en terre consacrée ! C'est pour cela qu'il est tourmenté de la rage poétique, et redouté comme un ours échappé de sa cage. Lorsqu'il paraît, tous fuient sa frénésie versifiante, également fatale à l'ignorant et à l'homme d'esprit. Malheur à celui dont il s'empare ! il l'écorche à loisir du récit de ses vers, enfonce le poignard jusqu'au vif, et se gorge du sang de sa victime, comme pourrait faire un homme de loi— ou une sangsue.

NOTES.

¹ Lord Byron écrivit ses *Souvenirs d'Horace*, à Athènes, en 1811, avec les deux premiers chants de *Childe-Harold*, et il les regardait comme plus capables d'établir sa réputation que le poëme original. La préférence que Milton accordait au *Paradis reconquis* sur le *Paradis perdu* n'est pas un des exemples les *moins frappants* de ces erreurs du génie sur son propre compte. Le motif qui empêcha lord Byron de publier cette satire, dont il faisait tant de cas, est des plus honorables. Par hasard ou toute autre circonstance, *Harold* parut avant les *Souvenirs*, et l'accueil que lui fit le public fut tellement bienveillant, que Byron ne voulut pas pour le moment donner cours à son amertume naturelle. Dans la suite il se trouva en rapport avec une foule de personnes qu'il avait blessées, et qui, soit par suite de leur bon sens ou de leur bon naturel, lui pardonnaient *les Bardes de l'Angleterre et les Critiques de l'Écosse*. Il sentit que donner une suite à ses emportements de jeune homme serait vouloir *entasser des charbons brûlants sur sa tête*.

Neuf ans s'étaient écoulés lorsqu'il écrivit à M. Murray : « Demandez à M. Hobhouse une épreuve de mes *Souvenirs d'Horace*, le *nonum prematur in annum* est accompli ; le moment de la publication est arrivé ; je crois qu'en omettant quelques noms propres et en supprimant quelques passages cela ira tout seul. Je glisserai parmi les notes mes observations sur Pope. La versification est bonne : en relisant ce que j'écrivais à cette époque je suis étonné de voir combien j'ai fait peu de progrès ; j'écrivais mieux alors qu'aujourd'hui ; c'est le mauvais goût de notre temps qui m'a gâté. » Cependant, M. Hobhouse ayant pensé que les ïambes avaient besoin d'un bon coup de rabot, lord Byron abandonna son projet de les publier. Ils parurent pour la première fois en 1831, sept ans après la mort du poëte.

² J'ai lu dans un journal anglais qui va partout où vont les Anglais, les détails de cette dégoûtante caricature sur M. H., et ces détails sont trop connus pour avoir besoin d'être rappelés, B.

La personne ainsi désignée était M. Thomas Hope, l'auteur d'*Anastase*, l'un des plus généreux protecteurs qu'aient rencontrés les arts en Angleterre. Ayant, je ne sais comment, mécontenté un mauvais peintre français nommé Dubost, cet aventurier s'en vengea par un tableau appelé *la Belle et la Bête*, où M. Hope et sa femme étaient représentés sous les traits des deux héros de ce conte de fées. Ce tableau était trop injurieux pour ne pas avoir un succès de scandale, et, à la honte de John Bull, l'exposition en rapporta, dit-on, à l'auteur jusqu'à trente liv. st. par jour. Un frère de M. Hope creva le tableau avec son épée, et M. Dubost obtint cinq livres de dommages-intérêts. L'affaire fit beaucoup de bruit dans le temps, quoique M. Hope n'eût pas encore obtenu la haute réputation littéraire que lui a faite son magnifique roman.

³ *Moschus.* Dans le manuscrit original, « Hobhouse. »

⁴ Pope avait dit :

« *Et les descriptions tiennent lieu de bon sens.* »

⁵ Les vieilles ballades, les vieilles comédies, les histoires de vieille femme, sont aujourd'hui aussi recherchées que les vieux vins et les nouveaux discours. Merci à nos Heber, Weber et Scott. *B.*

[Il y avait une intention malicieuse de la part de l'auteur en plaçant le nom de Weber, qui est celui d'un pauvre compilateur allemand, entre ceux d'Heber et de Scott.]

⁶ *Mac Flecknoe, la Dunciade,* et toutes les ballades satiriques de Swift. Quels que soient leurs autres travaux, ceux-ci portent le cachet de leur personnalité et de leur ressentiment contre des rivaux indignes, et, quoique le haut mérite de ces satires soit un des titres de leur réputation comme écrivains, leur âcreté nous fait penser moins favorablement du caractère de leurs auteurs.

A l'égard de Dryden, qui a immortalisé Shadwell, son successeur au titre de poëte lauréat sous le nom de Mac Flecknoe et sous celui de Og dans la seconde partie d'*Absalon et Achitophel,* et quant aux querelles littéraires dans lesquelles Swift et Pope se trouvèrent engagés, consultez les biographies de ces grands écrivains, et le triste, quoique curieux livre de M. Israeli, *les Querelles des Auteurs. B.*

⁷ A l'exemple du docteur Johnson, Byron soutenait la supériorité de la rime sur le vers blanc dans la poésie anglaise. « Excepté Milton, » dit Byron dans sa longue lettre au rédacteur du *Blanckwood's Magazine,* « aucun poëte capable d'employer la rime n'a écrit de poésie en vers blancs. Johnson a dit, non sans avoir hésité, qu'il ne pouvait prendre sur lui de regretter que Milton n'eût point écrit en vers rimés. Je sais qu'il est de mode aujourd'hui de décrier ce grand homme, ainsi que Pope ; mais ses jugements seront toujours pour moi la plus haute autorité, et je crois en toute humilité que *le Paradis perdu* aurait été loin de perdre aux yeux de la postérité, s'il avait été écrit, je ne dirai pas en vers héroïques, quoiqu'ils soient à la hauteur du sujet, mais dans la strophe de Spenser et du Tasse ou dans les tercets du Dante, que Milton aurait pu facilement greffer sur notre langue. *Les Saisons* de Thompson eussent gagné à être rimées, sans égaler pour cela son *Château de l'Indolence,* et la *Jeanne d'Arc* de M. Southey n'y eût rien perdu. »

⁸ Dans la comédie de Vanbrugh, *le Mari offensé.*

⁹ Voir *la Répétition.*

JOHNSON. « Dites-moi, monsieur Bayes, quel est ce Drawcansir ? »

BAYES. « C'est, Monsieur, un grand héros qui effraie sa maîtresse, gourmande les rois, se moque des armées, et fait tout ce qu'il lui plaît, sans tenir compte des obstacles, du bon sens, de la justice. »

¹⁰ Harvey, le *circulateur* de la *circulation* du sang, jeta un jour Virgile loin de lui, dans une extase d'admiration, en s'écriant : « Ce livre

a le diable au corps ! » Dans le cas dont il s'agit, l'original que je cherche à peindre jetterait aussi probablement le livre loin de lui, et le donnerait à tous les diables, non pas précisément par mépris pour le poëte, mais par une horreur bien légitime des hexamètres. L'indigestion classique des colléges suffirait pour détourner de la poésie le reste de la vie, et peut-être est-ce un bonheur. *B.*

11 *Infandum, regina, jubes renovare dolorem.*

J'espère que M. Tawell, *que je suis* loin d'avoir voulu insulter, me comprendra. *B.*

12 Le révérend Tawell était un agrégé (*fellow*) du collége de la Trinité, à Cambridge, pendant le séjour de lord Byron. Le poëte se vengea, par cette mention satirique, de quelques réprimandes du révérend à propos des boutades du jeune poëte. (Voir les *Mémoires de M. Moore.*)

13 Irène devait prononcer deux vers, ayant la corde déjà passée autour du cou ; mais le parterre cria : « Point de meurtre ! » et elle fut obligée de sortir vivante de la scène. « (Boswell, *Vie de Johnson.*)

Ces deux vers furent supprimés, et Irène fut désormais mise à mort dans les coulisses. « Cet exemple prouve, dit M. Malone, combien les spectateurs modernes sont loin de permettre aux nouveaux auteurs ce qu'ils tolèrent dans les anciens. » Rowe, dans son *Tamerlan*, fait étrangler Moneses sur la scène ; Davies raconte, dans sa *Vie de Garrick*, que l'exécution d'Irène *coram populo*, malgré l'avis d'Horace, fut conseillée par ce grand acteur. (Voir le *Boswell* de Croker, vol. 1, p. 172.)

14 Dans le *post-scriptum* du *Château des Spectres*, M. Lewis nous avertit que, quoique les négresses fussent inconnues en Angleterre à l'époque où il place son action, il a cru devoir se permettre cet anachronisme pour augmenter l'intérêt, et que, s'il eût cru produire plus d'impression en faisant son héroïne bleue, il n'aurait pas hésité à le faire. *B.*

15 Au lieu de Benvolio, il y avait dans le manuscrit original le comte de Grosvenor.

16 En dédiant le quatrième chant de *Childe-Harold* à son compagnon de voyage, Byron le dépeint ainsi : — « Je lui ai dû les agréments d'une amitié toujours bienveillante et éclairée ; il m'a accompagné dans mes voyages, il m'a veillé dans mes maladies, consolé dans mes chagrins ; il était heureux de mon bonheur. Il m'est resté fidèle aux jours de l'adversité : c'était un homme de bon conseil et courageux dans les moments de danger. »

M. Hobhouse, de son côté, exprime ainsi ses regrets de ce que Byron n'avait pu l'accompagner dans un court voyage à Négrepont : — « Il réunissait à une profondeur d'observation et à une naïveté charmante cette bonne humeur qui fait oublier les fatigues et retrempe l'âme dans les moments pénibles et difficiles. »

17 Voici, en peu de mots, l'histoire du bill sur les théâtres en 1735 ; Sir John Barnard proposa un bill pour diminuer le nombre des théâtres comiques et pour régler la police des acteurs. Le ministre sir Robert Walpole, regardant cette occasion comme favorable pour réprimer les abus

des représentations théâtrales, proposa d'y insérer une clause qui consacrait et augmentait le pouvoir d'autorisation préalable conféré au lord-chambellan ; il insinua même que le roi n'adopterait le bill qu'avec cet amendement. Mais sir John Barnard s'opposa formellement à cette clause, prétendant que le pouvoir de ce fonctionnaire était déjà trop grand, et qu'il n'en abusait que trop souvent. En conséquence, il retira son bill plutôt que d'accroître par une loi l'influence d'un salarié entièrement dépendant de la couronne. Cependant, dans le cours de la session de 1757, s'offrit un prétexte que sir Robert s'empressa de saisir. Le directeur du théâtre de Goodman's-Fields lui ayant apporté le manuscrit d'une farce intitulée *le Croupion d'or*, le ministre lui acheta les représentations de cette pièce et garda le manuscrit ; puis il en fit extraire plusieurs passages remplis de blasphèmes, d'obscénités, de mots séditieux, les lut dans le parlement, et obtint un bill qui limitait le nombre des théâtres et soumettait toutes les pièces dramatiques à l'inspection du lord-chambellan.

[18] Michael Perez, rôle du capitaine dans la comédie intitulée *Rule a Wife and have a Wife*.

[19] Reynolds, dans sa *Biographie de l'Époque*, cite un exemple remarquable de la puissance de ce docteur : il avait ce qu'il faut pour menacer et commander. Menacer est le mot propre, car ses nombreux malades se tenaient immobiles devant ce regard redoutable. Au bout de quelques semaines de service auprès du roi, il donna à Sa Majesté un rasoir pour se faire la barbe et un canif pour se couper les ongles. A cette occasion, d'autres médecins l'accusèrent d'imprudence devant un comité de la chambre des communes. M. Burke se montra très sévère, et demanda impérativement si le royal malade avait eu un accès, et quel était ce pouvoir que possédait le docteur de se faire obéir par la terreur. « Mettez les bougies entre nous, répliqua le docteur d'un ton également impératif, et je vais vous donner la réponse. Je l'ai regardé *ainsi*.... Oui, Monsieur, *ainsi*... » M. Burke détourna la tête et ne répondit rien, reconnaissant le pouvoir de ce regard de *basilic*. Le docteur aimait à raconter cette histoire.

[20] Que ce siècle soit une époque de décadence pour la littérature anglaise, c'est ce que tout homme qui a examiné tranquillement ce sujet ne peut mettre en doute. Qu'il y ait des hommes de génie parmi les poëtes actuels, cela ne prouverait rien ; car, comme on l'a fort bien dit, après celui qui forme le goût de son pays, le plus grand génie est celui qui le corrompt. Personne n'a jamais refusé le génie à Marini, qui a corrompu non seulement le goût littéraire de l'Italie, mais encore celui de toute l'Europe pendant près d'un siècle ; la source de l'état déplorable de la poésie anglaise est dans ce système absurde de déprécier Pope, qui pendant ces dernières années a été une sorte d'épidémie toujours croissante. Les lakistes, leur école et tous ceux qui les approchent, Moore lui-même, les professeurs dilettanti, les vieux gentilshommes qui traduisent et imitent, les jeunes dames qui écoutent et répètent, les baronnets qui invitent les mauvais poëtes à dîner à la campagne ; la petite fraction des

gens d'esprit et la grande corporation des bas-bleus, se sont dernièrement réunis pour déprécier ce grand poëte ; et qu'avons-nous mis à sa place ? l'école des lacs, qui commence avec un poëme épique écrit en six semaines (Jeanne d'Arc nous en avertit elle-même) et finit avec une ballade comme Pierre Bell, que l'auteur a mis vingt ans à composer, comme il prend soin de nous en informer. Qu'avons-nous mis à la place ?, un déluge de romans flasques et inintelligibles, imités de Scott et de moi-même, qui avons de notre mieux mis en œuvre les matériaux d'un mauvais système. Qu'avons-nous mis à la place ? *Madoc*, *Talaba*, *Kehama*, *Gebir*, et tant d'autres baragouinages écrits dans toutes les mesures, mais qui n'ont pas le sens commun. » — *Lettres de Byron*. 1819.

21 Fameux perruquier.

22 *Iro pauperior.* C'est ce mendiant qui boxa avec Ulysse pour un morceau de chevreau rôti, et perdit la moitié de ses dents par-dessus le marché. *B*.

23 La mine d'or de Wicklow, en Irlande, qui fournit assez de métal pour dorer une mauvaise guinée. *B.*

24 Comme Pope a pris la liberté de maudire Homère, auquel il a tant d'obligation, on peut donc se permettre par une licence poétique de maudire qui que ce soit en vers, et en cas de mauvaise querelle je me prévaudrai de cet illustre précédent. *B.*

25 Pour l'anecdote de la tragédie de Billy Havard, voyez la *Vie de Garrick*, par Davies. Je crois qu'elle s'appelait *Régulus* ou *Charles Ier*. Aussitôt que l'on sut qu'il était l'auteur, les spectateurs diminuèrent, et le libraire refusa de lui donner la somme convenue. « Havard, dit Davies, en était à ses dernières ressources, et on lui proposa pour rétablir ses affaires de traiter l'histoire de Charles Ier, comme propre à captiver la faveur publique. Havard préférait encore à l'argent et à la réputation le droit d'avoir toutes ses aises, et Giffard le directeur insista sur cette clause, qu'il le logerait jusqu'à ce que la pièce fût achevée. Il y consentit, et Giffard l'enferma sous clef. La pièce fut jouée avec grand profit pour le directeur et quelque gloire pour l'auteur, dont elle rétablit un peu les finances. La curiosité publique voulut connaître l'auteur. C'était un secret qu'il fallait craindre de divulguer ; mais Havard aimait trop sa réputation pour pouvoir longtemps garder le silence au-delà de la douzième représentation. Du moment où Havard s'avoua l'auteur, les spectateurs diminuèrent sensiblement, et son libraire refusa de lui donner la somme de 100 l. st. pour le manuscrit. »

26 Dans le manuscrit se trouvaient les deux vers et la note suivante :

« Ce que les dieux, les hommes et les affiches interdisent, le diable et Jeffrey le permettent à un Picte. »

27 Voici le charitable passage de la *Revue éclectique* auquel fait allusion lord Byron :

« Si le noble lord et le savant avocat ont le courage nécessaire pour venger leurs offenses réciproques, nous entendrons probablement bientôt l'explosion d'une nouvelle balle de papier dans le goût du dernier duel que ce dernier a eu ou a feint d'avoir avec Little Moore. Il y a, sinon dans la critique, au moins dans la satire, des motifs suffisants pour forcer tout homme d'honneur à défier le provocateur à un combat mortel. »

28 « Hélas ! je ne puis pas frapper de pareils malheureux. »
Macbeth.

29 Voir la critique de la *Revue d'Édimbourg* sur les *Heures de Paresse*.

30 *Invenies alium, si te hic fastidit, Alexim.*

31 La passion de Byron pour l'art de boxer l'avait de bonne heure mis en rapport avec Jackson, le plus distingué et, pour tout dire, le plus *craint* des professeurs de cet art, et il conserva le reste de sa vie une grande affection pour cet homme. Dans une note du XIe chant de *Don Juan*, il l'appelle son vieil ami, son maître et son guide corporel.

32 La *Jeanne d'Arc* de M. Southey est un peu plus immaculée que la *Pucelle* de Voltaire. B.

33 Comme le *Richard* de sir Bland Burgess, dont j'ai lu le dixième chant à Malte, sur une malle de la fabrique d'Eyres, 19, Cockspur-street. Si l'on en doute, je produirai le porte-manteau d'où j'ai tiré ma citation.

34 Lord Byron avait d'abord écrit :

Boiteux comme moi, mais meilleur poëte.

Après avoir lu les mémoires de M. Moore, on comprendra facilement pourquoi Byron a changé ce passage sur le manuscrit.

35 *La Main Rouge d'Ulster* figure habituellement dans les armoiries d'un baronnet des Trois-Royaumes.

36 *Pollion*, dans le manuscrit original *Rogers*.

37 Dans le manuscrit original on lit :

« Quelques pairs versificateurs, Carlisle ou Carysfort. »

A ce vers est jointe cette note. « Je ne connais rien quant à présent du comte de Carysfort ; mais ayant lu par hasard en Morée, dans de vieux journaux, l'annonce de plusieurs poëmes et tragédies par sa seigneurie, et étant moi-même un rimeur, il me pardonnera la liberté que je prends, pour compléter mon vers, de placer son nom à côté de celui d'un autre comte. »

38 Que M. Gifford me permette d'introduire ici le seul survivant, le dernier des Romains et des Cruscanti, Edwin. Il est aussi vivant que dans les jours de Bavius. Je croyais que Fitzgerald était le dernier des poëtes, mais il n'en est que l'avant-dernier depuis l'*Épître familière à l'éditeur du Morning-Chronicle*, dont voici un extrait :

« Que de rames de papier, que de flots d'encre emploient certains hommes qui n'ont jamais pensé ! Peut-être en direz-vous autant de moi. Cependant je continuerai d'écrire, et je vous dirai pourquoi ? Rien n'est aussi déplorable, on ne saurait le nier ; mais qui peut instruire les hommes sans risquer de les ennuyer ? »

39 Voyez le *Lycidas* de Milton.

40 Minerve était sortie la première du cerveau de Jupiter, et une suite de productions inqualifiables l'avaient suivie, telles que Madoc, etc. *B.*

41 Une croûte pour les critiques (la *Répétition*).

42 Les domestiques sont les seuls assez heureux pour pouvoir se retirer, tout le reste des malheureux sujets du royaume littéraire étant obligé par courtoisie d'entendre le récit des vers de Fitzgerald. *B.*

43 *Fitzscribble,* primitivement *Fitzgerald.* *B.*

44 Nous parlions un jour, dit Boswell, sur le suicide. — JOHNSON. « Je n'ai jamais pensé à me détruire. » — Je posai l'hypothèse d'Eustache Budgell, qui, accusé d'avoir falsifié un testament, se jeta dans la Tamise avant que son crime fût prouvé : — « Supposez, Monsieur, disais-je, qu'un homme soit sûr que s'il vit quelques jours de plus sa fraude sera découverte, et qu'il sera, en conséquence, déshonoré et chassé de la société. — JOHNSON. Alors, Monsieur, qu'il aille dans quelque pays éloigné, quelque endroit où il est inconnu ; mais qu'il n'aille pas dans l'enfer, où il est connu. »

POÉSIES DIVERSES,

COMPOSÉES EN 1807 ET 1808.

L'ADIEU, ÉCRIT A UNE ÉPOQUE OU L'AUTEUR CROYAIT QU'IL ALLAIT BIENTOT MOURIR.

Adieu, colline[1] où les joies de l'enfance ont couronné de roses mon jeune front, où la Science appelle l'écolier paresseux pour lui dispenser ses trésors; adieu, amis ou ennemis de mon jeune âge, compagnons de mes premiers plaisirs, de mes premières peines; nous ne parcourrons plus ensemble les sentiers d'Ida; je descendrai bientôt dans l'étroite et sombre demeure où il fait toujours nuit et où l'on dort d'un éternel sommeil.

Adieu, vénérables et royales demeures qui élevez vos spirales dans la vallée de Granta, où règnent l'Étude en robe noire et la Mélancolie au front pâle. Compagnons de mes heures joyeuses, habitants du classique séjour que baigne le Cam[2] aux verdoyantes rives, recevez mes adieux pendant que la mémoire me reste encore; car pour moi bientôt ces souvenirs s'effaceront, immolés sur l'autel de l'Oubli.

Adieu, montagnes des contrées qui ont vu grandir mes jeunes années, où le *Loch na Garr*, neigeux et sublime, lève son front géant. Pourquoi, régions du Nord, mon enfance s'éloigna-t-elle de vous, et alla-t-elle se mêler aux fils de l'Orgueil? Pourquoi ai-je échangé contre le séjour du Midi ma caverne highlandaise, Marr et ses sombres bruyères, la Dée et son flot limpide?

Manoir de mes pères, adieu pour longtemps! Mais pourquoi te dirais-je adieu? L'écho de tes voûtes répétera mon glas de mort; tes tours contempleront ma tombe. La voix défaillante qui a chanté ta ruine actuelle et ta gloire passée, ne peut plus faire entendre ses simples accents; mais la lyre a conservé ses cordes, et parfois le souffle des vents y éveillera les sons mourants d'une éolienne mélodie.

Campagnes qui entourez cette cabane rustique, adieu pendant que je respire encore; en ce moment vous n'êtes point oubliées, et votre souvenir m'est cher. Rivière[3] qui m'as vu souvent, pendant la chaleur du jour, m'élancer de ton rivage et fendre d'un cours agile ton onde frémissante, tes flots ne baigneront plus ce corps aujourd'hui sans force.

Et dois-je oublier ici le lieu le plus cher à mon cœur? Des rochers se dressent, des fleuves coulent entre moi et ce séjour où je savourai le bonheur d'aimer; et pourtant, ô Marie[4]! ta beauté m'apparaît vivante, comme naguère dans le rêve enchanteur de l'amour, né d'un de tes sourires. Jusqu'à ce que le mal lent qui me consume ait abandonné sa proie à la Mort, mère de la Destruction, ton image ne saurait s'effacer de ma mémoire.

Et toi, mon ami[5], dont la douce affection fait vibrer encore les fibres de mon cœur, oh! combien ton amitié était au-dessus de ce que des paroles peuvent exprimer! Je porte encore sur mon cœur ta cornaline, don sacré de la tendresse la plus pure, que mouilla naguère une larme de tes yeux émus. Nos âmes étaient de niveau en ce moment si doux, et la différence de nos destinées était oubliée : l'orgueil seul pourra m'en faire un sujet de reproche.

Tout, tout maintenant est triste et sombre! Nul souvenir d'un amour décevant ne peut réchauffer mes veines ni me rendre les pulsations de la vie; l'espérance même d'un immortel avenir ne pourrait, par l'appât de ses couronnes imaginaires, ranimer mon épuisement et réveiller ma langueur. J'aurai vécu sans gloire, pour cacher ma face dans la poussière et me mêler à la foule des morts.

O Gloire! divinité de mon cœur, heureux celui à qui tu daignes sourire! Embrasé par tes feux immortels, la Mort ne peut rien sur lui, et son dard tombe émoussé. Mais moi, elle me fait signe de la suivre, et je meurs obscur et sans nom. Nul n'aura remarqué ma naissance; ma vie n'aura été qu'un rêve court et vulgaire. Confondu dans la foule, un linceul, voilà tout mon espoir; l'oubli, voilà ma destinée.

Quand je dormirai oublié sous le sol et dans l'argile que foulaient naguère mes jeux enfantins et où doit maintenant reposer ma tête, ma tombe chétive ne sera arrosée que par les vapeurs de la nuit ou les pleurs de l'orage. Les yeux d'aucun mortel ne daigneront humecter d'une larme le gazon funéraire qui recouvrira un nom inconnu.

Ame agitée, oublie ce monde! Tourne, tourne tes pensées vers le ciel : c'est là que bientôt tu dois diriger ton vol, si toutefois tes fautes sont pardonnées. Étrangère aux bigots et aux sectes, prosterne-toi devant le trône du Tout-Puissant; adresse-lui ta prière tremblante. Il est miséricordieux et juste; il ne repoussera pas un fils de la poussière, l'objet le plus chétif de sa sollicitude.

Père de la lumière, c'est toi que j'implore! Les ténèbres remplissent mon âme; toi qui remarques la chute du passereau, éloigne de moi la mort du péché. Toi qui guides l'étoile errante, qui apaises la guerre des éléments, qui as pour manteau le firmament sans limite, pardonne-moi mes pensées, mes paroles, mes fautes; et puisque je dois bientôt cesser de vivre, apprends-moi à mourir.

1807.

A UNE DAME VAINE.

Insensée! pourquoi révéler ce qui ne devait jamais arriver à d'autres oreilles? Pourquoi détruire ainsi ton repos, et te creuser dans l'avenir une source de larmes?

Oh! tu pleureras, fille imprudente, pendant que souriront secrètement tes ennemis jaloux; tu pleureras l'indiscrétion qui t'a fait redire les paroles décevantes qu'on t'adressait.

Fille vaine, tes jours d'affliction s'approchent, si tu crois ce que te disent les jeunes hommes. Oh! fuis les piéges de la tentation, et ne deviens pas la proie du corrupteur habile.

Ainsi donc, tu redis avec un orgueil d'enfant les discours qu'on ne te tient que pour te tromper! Si tu as le malheur d'y ajouter foi, c'en est fait de ton repos, de tes espérances, de toi!

Pendant qu'au milieu de tes compagnes, tu répètes ces doux entretiens, vois sur leurs lèvres ces sourires ironiques que la duplicité voudrait en vain cacher.

Ces choses, couvre-les du voile du silence; n'appelle pas sur toi les regards du public : quelle vierge modeste pourra sans rougir répéter les adulations d'un fat!

Le jeune homme ne méprisera-t-il pas celle qui se plaît à répéter les flatteries obligeantes qu'on lui adresse; qui, s'imaginant que le ciel est dans ses yeux, ne sait point pourtant découvrir l'imposture sous son voile transparent?

Car la femme qui aime à révéler tous ces riens amoureux que sa vanité l'empêche de tenir secrets, doit nécessairement croire tout ce qu'on lui dit et lui écrit.

Corrige-toi donc, si tu mets quelque prix à l'empire de ta beauté! Ce n'est pas la jalousie qui me fait parler. Celle que la Nature fit si vaine, je puis en avoir pitié; mais je ne puis l'aimer.

15 janvier 1807.

A ANNA.

O Anna! vous avez été bien coupable envers moi! J'ai cru qu'aucune expiation ne désarmerait mon courroux; mais la femme fut créée pour nous commander et nous tromper; j'ai revu votre visage, et je vous ai presque pardonné!

J'avais juré que vous n'occuperiez plus un seul moment ma pensée, et pourtant un jour de séparation me parut long : quand je vous revis, j'étais résolu à ne pas me fier à vous; votre sourire m'a convaincu bientôt de l'erreur de mes soupçons.

J'avais juré, dans le transport de ma jeune indignation, de vous vouer désormais le plus froid mépris : je vous vis, — ma colère se changea en admiration; et maintenant, tous mes vœux, tout mon espoir, sont de vous reconquérir.

Contre une beauté telle que la vôtre, combien il est insensé de lutter ! Je m'incline humblement devant vous pour obtenir mon pardon. Pour terminer une discussion aussi inutile, je n'ajoute plus qu'un mot : trahissez-moi, ma douce Anna, le jour où je cesserai de vous adorer.

16 janvier 1807.

A LA MÊME.

Oh ! ne dites point, douce Anna, que la destinée avait résolu que le cœur qui vous adore chercherait à briser ses liens. C'eût été pour moi une destinée ennemie que celle qui m'eût enlevé à jamais à l'amour et à la beauté.

Votre froideur, fille charmante, voilà la destinée qui seule m'obligea à imposer silence à ma tendre admiration. Ce fut elle qui détruisit tout mon espoir et tous mes vœux, jusqu'au jour où un sourire fit renaître mon ravissement.

Ainsi qu'on voit dans la forêt le chêne et le lierre, entrelacés, affronter réunis la fureur de la tempête, ainsi ma vie et mon amour ont été destinés par la nature à fleurir en même temps ou à mourir ensemble.

Ne dites donc point, ma douce Anna, que la destinée avait résolu que votre amant vous dît un éternel adieu : tant que la destinée n'aura pas ordonné à ce cœur de cesser de battre, mon âme, mon existence, seront absorbées dans vous.

1807.

A L'AUTEUR D'UN SONNET COMMENÇANT PAR CES MOTS :
« Mon vers est triste, et ne fait point pleurer. »

Ton vers est « triste, » on n'en saurait douter, beaucoup plus triste que spirituel ! Je ne vois pas trop pourquoi nous pleurerions, à moins de pleurer de pitié pour toi.

Mais il est quelqu'un que je plains davantage encore, et certes, celui-là le mérite ; car, j'en suis sûr, celui qui te lit doit horriblement souffrir.

On pourra te lire *une fois* ; mais à moins d'être sorcier, on ne te lira pas une seconde. Assurément les vers n'ont rien de tragique ; ils feraient même rire s'ils n'étaient pas trop ennuyeux.

Mais veux-tu nous mettre le désespoir au cœur, nous imposer une souffrance réelle, nous faire enfin pleurer tout de bon? Je vais t'en dire le moyen : c'est de nous faire une seconde lecture de tes productions.

8 mars 1807.

SUR UN ÉVENTAIL.

Dans un cœur qui sentirait aujourd'hui comme il sentait autrefois, cet éventail eût pu raviver sa flamme; mais aujourd'hui ce cœur ne peut s'attendrir, parce qu'il n'est plus ce qu'il était.

Lorsqu'un feu est prêt à s'éteindre, ce qui en redoublait l'activité et le faisait brûler avec plus de force, ne fait plus que hâter l'extinction des dernières étincelles.

Comme plus d'un jouvenceau, plus d'une jeune fille en a mémoire, il en est de même des feux de l'amour, alors que toute espérance meurt, et qu'ils disparaissent ensevelis sous leurs propres cendres.

Le *premier* feu, bien qu'il n'en reste plus une étincelle, une main soigneuse peut le rallumer. Hélas! il n'en est pas de même du *dernier* : nul n'a la puissance de le faire renaître.

Ou si, par hasard, il se réveille, si la flamme n'est pas étouffée pour toujours, c'est sur un autre objet (ainsi l'ordonne la capricieuse Destinée) qu'il répand sa première chaleur.

1807.

ADIEU A LA MUSE.

Divinité qui régnas sur les jours de mon premier âge, jeune enfant de l'imagination, il est temps de nous séparer; que les vents emportent donc encore sur leurs ailes ce chant qui sera le dernier, cette effusion de mon cœur, la plus froide de toutes!

Ce cœur, sourd maintenant à l'enthousiasme, imposera silence à tes accents émus, et ne te demandera plus des chants; les sentiments de mon adolescence, qui avaient soutenu ton essor, se sont envolés au loin sur les ailes de l'Apathie.

Quelque simples que fussent les sujets qui faisaient résonner ma lyre grossière, ces sujets ont disparu pour toujours; les yeux qui inspiraient mon rêve ont cessé de briller; mes visions sont parties, hélas! pour ne plus revenir.

Lorsqu'est bu le nectar qui remplissait la coupe, pourquoi chercher en vain à prolonger la joie du festin? Lorsqu'est froide la Beauté qui vivait dans mon âme, quelle puissance de l'imagination pourrait ranimer mes chants?

Mes lèvres peuvent-elles parler d'amour dans la solitude, de baisers et de sourires auxquels il leur faut dire adieu? Peuvent-elles s'entretenir avec délices des heures écoulées? Oh! non; car ces heures ne peuvent plus être à moi.

Parleront-elles des amis à l'affection desquels j'avais voué ma vie? Ah! l'amitié sans doute ennoblirait mes chants; mais quelle sympathie éveilleront mes vers dans leur âme, lorsque je puis à peine espérer de les revoir?

Dirai-je les hauts faits de mes pères, et consacrerai-je les sons éclatants de ma harpe à célébrer leur gloire? Mais combien ma voix est faible pour de telles renommées! combien sera insuffisante mon inspiration pour chanter les exploits des héros!

Je dépose ma lyre, encore vierge; je laisse aux vents à faire résonner ses cordes : qu'elle se taise! mettons fin à mes faibles efforts. Ceux qui l'ont entendue me pardonneront le passé, sachant que sa voix murmurante a vibré pour la dernière fois.

Son errante et irrégulière mélodie sera bientôt oubliée, maintenant que j'ai dit adieu à l'amitié et à l'amour. Heureux eût été mon destin, fortuné mon partage, si mon premier chant d'amour eût aussi été le dernier!

Adieu, ma jeune Muse, puisque maintenant nous ne devons plus nous revoir! Si nos chants ont été faibles, du moins ils sont peu nombreux; espérons que le présent nous sera doux, le présent qui met le sceau à notre éternel adieu.

A UN CHÊNE DE NEWSTEAD [6].

Jeune chêne, quand mes mains t'ont planté, j'espérais que

tes jours seraient plus nombreux que les miens; que tu balancerais au loin ton épais feuillage, et qu'autour de ton tronc vigoureux serpenterait le lierre.

Tel était mon espoir lorsqu'aux jours de mon enfance, sur le sol de mes pères, je te voyais croître avec orgueil. Ils sont passés, ces jours! et voilà que j'arrose ta tige de mes larmes. Les herbes dont tu es entouré ne peuvent me cacher ton déclin.

Je t'ai quitté, ô mon chêne! et depuis cette heure fatale, un étranger a fixé son séjour dans le manoir de mes pères. Tant que je ne serai point homme, je ne pourrai rien pour toi; ce pouvoir appartient à celui dont la négligence a failli te laisser mourir.

Oh! tu étais fort! et maintenant encore quelques soins suffiraient pour raviver ta jeune tête, pour cicatriser doucement tes blessures; mais tu n'étais point destiné à partager son affection. Eh! que pouvait sentir pour toi un étranger?

Oh! ne t'incline point ainsi, mon jeune chêne; relève un moment ta tête; avant que ce globe ait fait deux fois le tour de l'astre radieux que tu vois, mon adolescence aura complété ses années d'épreuve, et tu souriras de nouveau sous la main de ton maître.

Vis donc, ô mon chêne! lève ton front au-dessus des herbes parasites qui entravent ta croissance et hâtent ton déclin; car tu as encore au cœur des germes de jeunesse et de vie, et tes branches peuvent encore se déployer dans leur mâle beauté.

Oui, des années de maturité te sont encore réservées; quand je dormirai dans la caverne de la mort, tu braveras le temps et le souffle glacé des hivers; et pendant des siècles les rayons de l'aurore viendront dorer ton feuillage.

Pendant des siècles tu balanceras légèrement tes branches sur la tombe de ton maître, qu'elles couvriront comme d'un pavillon; pendant qu'ainsi ton feuillage ombragera gracieusement sa tombe, ton nouveau possesseur s'étendra sous ton ombre.

Lorsque accompagné de ses enfants il visitera ce lieu, il

leur dira tout bas de marcher doucement. Oh! sans doute mon nom vivra dans leur mémoire: le souvenir sanctifie la cendre des morts.

« C'est ici, » diront-ils, « quand sa vie était à son aurore, qu'il a exhalé les simples chants de sa jeunesse; c'est ici qu'il dort jusqu'au jour où le Temps disparaîtra dans l'Éternité. »

1807.

LORS D'UNE VISITE A HARROW [7].

Ici les yeux de l'étranger lisaient naguère quelques mots simples tracés par l'Amitié; ces mots étaient en petit nombre, et néanmoins la main du Ressentiment voulut les détruire.

Malgré ses incisions profondes, les mots n'étaient point effacés; on les voyait encore si lisiblement, qu'un jour l'Amitié, de retour, y jeta les yeux, et soudain les mots se reproduisirent à la Mémoire charmée.

Le Repentir les rétablit dans leur premier état; le Pardon y joignit son doux nom; et l'inscription redevint si belle, que l'Amitié crut que c'était la même.

Elle existerait encore maintenant; mais, hélas! malgré les efforts de l'Espérance et les larmes de l'Amitié, l'Orgueil accourut et effaça l'inscription pour toujours.

Septembre 1807.

ÉPITAPHE DE JOHN ADAMS, VOITURIER DE SOUTHWELL, MORT D'UN EXCÈS DE BOISSON.

Le voiturier Adams ici repose en terre.
A sa bouche sans peine il voiturait son verre.
Il en voitura tant, que, tout considéré,
La Mort dans l'autre monde enfin l'a voituré [8].

Septembre 1807.

A MON FILS [9].

Cette chevelure blonde, ces yeux d'azur, brillants comme ceux de ta mère; ces lèvres roses, au séduisant sourire, me rappellent un bonheur qui n'est plus, et touchent le cœur de ton père, ô mon fils!

Et tu balbuties déjà le nom de ton père! Ah! William, que ce nom n'est-il le tien! Mais écartons d'affligeants reproches et d'amers souvenirs, Va, mes soins paternels expieront mes torts; l'ombre de ta mère sourira joyeuse; elle me pardonnera tout le passé, ô mon fils!

Un simple gazon a couvert son humble tombe, et tu as pressé le sein d'une étrangère; la Dérision insulte à ta naissance, et c'est à peine si elle te laisse un nom ici-bas. Qu'importe? Tu n'en perdras pas une seule espérance; le cœur d'un père est à toi, ô mon fils!

Eh! que me font à moi le monde et sa rigueur barbare? dois-je désavouer les droits sacrés de la Nature? Non, non! dussent les moralistes me désapprouver, je te salue, cher enfant de l'amour, bel ange, gage de jeunesse et de joie; un père protége ton berceau, ô mon fils!

Oh! avant que l'âge ait ridé mes traits, avant que ma vie ait atteint le milieu de sa course, qu'il me serait doux de voir tout à la fois en toi et un frère et un fils, et de consacrer le déclin de mes ans à m'acquitter envers toi, ô mon fils!

Tout jeune et imprudent qu'est ton père, la jeunesse n'affaiblira pas en lui les sentiments paternels; et, lors même que tu lui serais moins cher, tant que l'image d'Hélène revivra en toi, ce cœur encore palpitant de sa félicité passée n'en abandonnera jamais le gage, ô mon fils!

1807.

ADIEU! SI DANS LE CIEL ON ENTEND LA PRIÈRE.

Adieu! si dans le ciel on entend la prière d'une âme fervente qui prie pour le bonheur d'une autre, la mienne ne sera pas toute entière perdue dans les airs; mais elle ira porter ton nom par delà le firmament. Que servirait de parler, de pleurer, de gémir? Oh! plus de douleurs que n'en pourraient dire des larmes de sang, arrachées des yeux d'un coupable expirant, sont contenues dans ce seul mot: — Adieu!
— Adieu!

Mes lèvres sont muettes, mes yeux sont secs; mais il y a dans mon sein et dans mon cerveau des tourments qui ne passeront point, une pensée qui ne sommeillera plus. Mon âme ne daigne ni n'ose se plaindre, malgré la révolte de la Douleur et de la Passion. Tout ce que je sais, c'est que nous avons aimé en vain; tout ce que je sens, c'est — Adieu! — Adieu!

1808.

BRILLANT SOIT LE SÉJOUR DE TON AME!

Brillant soit le séjour de ton âme! Nulle âme plus adorable que la tienne ne brisa sa chaîne mortelle pour briller dans les sphères des bienheureux.

Ici-bas peu s'en fallait que tu ne fusses divine, comme tu le seras dans l'éternité. Nous pouvons calmer notre douleur en songeant que ton Dieu est avec toi.

Que le gazon de ta tombe te soit léger! Puisse sa verdure resplendir de l'éclat de l'émeraude! il ne doit pas y avoir une ombre de tristesse dans ce qui nous fait souvenir de toi.

Que de jeunes fleurs et un arbre toujours vert croissent au lieu où tu reposes; mais qu'on n'y voie ni l'if ni le cyprès! Pourquoi porterions-nous le deuil des bienheureux?

1808.

QUAND NOUS NOUS SOMMES QUITTÉS.

Quand nous nous sommes quittés, dans le silence et les larmes, le cœur demi-brisé, pour ne nous revoir de longtemps, pâle et froide devint ta joue, plus froid encore ton baiser : ce moment-là présagea vraiment la douleur de celui-ci.

La rosée du matin descendit glacée sur mon front. Ce que je ressentais alors était l'annonce de ce que je ressens maintenant. Tu as rompu tous tes serments, et légère est ta renommée; j'entends prononcer ton nom, et j'en partage la honte.

Ils te nomment devant moi; c'est un glas de mort à mon oreille; je me prends à tressaillir.—Oh! pourquoi me fus-tu si chère?—Ils ne savent pas que je t'ai connue, moi qui t'ai connue trop bien.—Ton souvenir me suivra longtemps, empreint d'une profonde et ineffable amertume.

Nous nous vîmes en secret. — Je gémis en silence que ton cœur ait pu oublier et ton âme tromper. Si jamais je te revois, après de longues années d'absence, comment t'accueillerai-je ? Dans le silence et les larmes.

1808.

A UN JEUNE AMI[10].

Peu d'années se sont écoulées depuis que tous deux nous étions amis, du moins de nom ; et, grâce à la joyeuse sincérité de l'enfance, nos sentiments restèrent longtemps les mêmes.

Mais maintenant tu sais trop, comme moi, combien il faut souvent peu de chose pour aliéner un cœur, et ceux qui ont aimé le plus, bientôt ne se souviennent même pas qu'ils ont aimé.

Si inconstant est notre cœur, si frêles sont nos premières amitiés, qu'il te suffira d'un mois, peut-être d'un jour, pour te faire changer de nouveau.

S'il en est ainsi, ce n'est pas moi qui déplorerai la perte d'un tel cœur. La faute n'en est point à toi, mais à la Nature, qui te fit une âme capricieuse.

Ainsi que les flots inconstants de la mer, les sentiments de l'homme ont leur flux et leur reflux. Et qui voudrait se fier à une âme toujours agitée de passions orageuses ?

Qu'importe qu'élevés ensemble, les jours de notre enfance aient été d'heureux jours ? Le printemps de ma vie a fui d'un vol rapide ; toi aussi tu as cessé d'être enfant.

Et quand nous prenons congé de la Jeunesse, esclaves du contrôle d'un monde spécieux, nous disons à la Vérité un long adieu : ce monde corrompt l'âme la plus noble.

Joyeux âge où l'âme ose tout faire hardiment, si ce n'est mentir, où la pensée se manifeste avant la parole, et reluit dans l'œil calme et paisible !

Il n'en est plus de même de l'homme arrivé à un âge plus mûr ; dès lors il n'est plus qu'un instrument ; l'intérêt domine nos espérances et nos craintes ; la haine et l'amour sont asservies à des règles.

Enfin nous apprenons à marier nos vices aux vices des insensés qui nous ressemblent; et c'est à ceux-là, à ceux-là seuls, que nous prostituons le beau nom d'amis.

Telle est la destinée commune à l'humanité : pouvons-nous échapper à la folie universelle? Pouvons-nous renverser cet ordre général, et ne pas être ce que tous doivent être à leur tour ?

Non ; pour moi, dans toutes les phases de la vie, ma destinée a été si sombre, je hais tellement et l'homme et le monde, que peu m'importe le moment où je quitterai la scène.

Mais toi, esprit frêle et léger, tu brilleras quelque temps, et puis tu disparaîtras, comme ces vers qui étincellent dans l'ombre de la nuit, mais n'oseraient affronter l'éclat du jour.

Hélas ! dans ces lieux que fréquente la Folie, où s'assemblent parasites et princes (car sous les lambris des rois les vices sont toujours les bien-venus);

On te voit chaque soir ajouter un insecte de plus à la foule bourdonnante; et ton cœur frivole est charmé de faire chorus avec la Vanité, de courtiser l'Orgueil.

Là tu voltiges de belle en belle, souriant et empressé, comme ces mouches qui, dans un brillant parterre, souillent toutes les fleurs et en goûtent à peine une.

Mais quelle nymphe, dis-moi, fera cas d'une flamme qui, semblable à la lueur vaporeuse qu'un marais exhale, va et vient d'une beauté à l'autre, véritable feu follet de l'amour ?

Quel ami, y fût-il même enclin, osera avouer pour toi un sentiment d'affection ? Qui voudra ravaler son mâle orgueil à une amitié à laquelle le premier sot venu peut prétendre ?

Arrête, pendant qu'il en est temps encore; ne te montre plus dans la foule, aussi méprisable; ne mène plus une existence aussi frivole ; sois quelque chose, tout ce que tu voudras, mais ne sois pas vil.

VERS GRAVÉS SUR UNE COUPE FORMÉE D'UN CRANE[11].

La Mort ne m'a pas fait sa proie ;
Pourquoi de moi t'effrayer tant ?
Je ne contiens que de la joie :
Quel cerveau peut en dire autant ?

Boire, aimer, ce fut là ma vie.
Mort, voilà qu'on m'a déterré.
Bois : je crains moins ta lèvre amie
Que les vers qui m'ont dévoré.

Dans un festin, coupe écumante,
Mieux vaut régner avec orgueil,
Qu'aller dans la tombe béante
Nourrir les hôtes du cercueil.

Qu'on puise de l'esprit à table
Dans ce vase où régna le mien !
Puis, quand la cervelle est au diable,
Le vin la remplace fort bien.

Hâte-toi donc ! bois à plein verre !
D'autres, quand tu seras là bas,
De tes os ravis à la terre
Egaîront aussi leurs repas.

Et pourquoi non ? homme futile,
Nul bien ne sort de ton cerveau :
Qu'après la mort il soit utile ;
C'est encore un sort assez beau.

Abbaye de Newstead, 1808.

NOTES DES POÉSIES DIVERSES DE 1807 ET 1808.

[1] *Harrow upon Hill.* Harrow, sur la colline.

[2] C'est le nom de la rivière d'où Cambridge (pont du Cam) a tiré son nom.

[3] La Grète, rivière qui passe à Southwell.

[4] Marie Duff.

[5] Eddlestone, choriste de Cambridge.

[6] Lord Byron, lors de sa première visite à Newstead, en 1798, planta un chêne dans le jardin, avec la pensée que la destinée de cet arbre serait la sienne. Étant revenu voir l'abbaye, à l'époque où lord Grey de Ruthven

y faisait sa résidence, il trouva le chêne entouré de mauvaises herbes et presque mort; ce fut à cette occasion qu'il fit cette pièce de vers. Quelque temps après que le colonel Wildman, propriétaire actuel de ce domaine, en eut pris possession, il remarqua ce chêne, et dit au domestique qui l'accompagnait : « Voilà un jeune chêne qui est fort beau; mais il faut l'abattre, car il gêne dans cet endroit. » — « J'espère que vous n'en ferez rien, » répliqua celui-ci, « c'est un arbre auquel milord était fort attaché, parce qu'il l'avait planté lui-même. » Comme on peut le croire, le colonel en a pris le plus grand soin. On le montre aux étrangers, sous le nom du *Chêne de Byron*, et il promet d'égaler plus tard en célébrité le mûrier de Shakspeare et le saule de Pope.

[7] Il y a quelques années, un des amis de l'auteur, se trouvant à Harrow, grava dans un certain endroit son nom et le sien, en y ajoutant quelques mots, expression de l'amitié qui les unissait. Plus tard, à son départ d'Harrow, l'auteur, croyant cet ami coupable d'un tort réel ou imaginaire, détruisit l'inscription fragile. De retour en ce même lieu en 1807, il écrivit au-dessous les vers qu'on va lire. B.

[8] C'est par suite du respect scrupuleux que nous nous sommes imposé, de reproduire tout ce qui est sorti de la plume de Byron, que nous avons traduit cette boutade, qui n'est qu'un mauvais jeu de mots, dont nous avons même beaucoup adouci la crudité. *N. du Trad.*

[9] Dans les conversations de lord Byron que la presse a livrées au public, ni dans ses lettres, ni dans ses notes de voyage, on ne trouve rien qui autorise à penser qu'il ait jamais eu un fils.

[10] Cette pièce et celle qui la suit parurent pour la première fois dans un volume publié en 1809 par M. Hobhouse (maintenant sir John Hobhouse), sous ce titre : « *Imitations et Traductions*, accompagnées de quelques poëmes originaux, » avec cette épigraphe modeste :

Nos hæc novimus esse nihil.

[11] Voilà ce que dit Byron à propos de cette coupe : « Le jardinier, en bêchant, découvrit un crâne qui avait probablement appartenu à quelque joyeux frère ou moine de l'abbaye à l'époque où elle fut démonastérisée. Voyant qu'il était d'une grande dimension, et dans un état parfait de conservation, il me prit l'étrange envie d'en faire une coupe. Je l'envoyai donc en ville, et bientôt on me le renvoya bien monté, avec un beau poli et une belle couleur écaille de tortue. » Cette coupe est en la possession du colonel Wildman, propriétaire actuel de l'abbaye de Newstead. Dans plusieurs des vieux poëtes dramatiques de l'Angleterre, il est fait mention de cette coutume de boire dans des coupes de la même nature.

POÉSIES DIVERSES,
COMPOSÉES EN 1809 ET 1810.

EH BIEN! TU ES HEUREUSE[1].

Eh bien! tu es heureuse, et je sens que je devrais l'être aussi ; car ton bonheur est, comme autrefois, l'objet de tous mes vœux.

Ton époux est heureux, — et il y a pour moi de la douleur dans le spectacle de sa félicité ; mais qu'elle passe, cette douleur ! — Oh ! combien mon cœur le haïrait s'il ne t'aimait pas !

La dernière fois que j'ai vu ton enfant chéri, j'ai cru que mon cœur jaloux allait se briser ; mais quand sa bouche innocente m'a souri, je l'ai embrassé en souvenir de sa mère.

Je l'ai embrassé, et j'ai étouffé mes soupirs en voyant en lui les traits paternels ; mais enfin il avait les yeux de sa mère, et ceux-là étaient tout à l'amour et à moi.

Adieu, Marie ! Il faut que je m'éloigne ! Tant que tu seras heureuse je ne me plaindrai pas ; mais je ne puis plus rester auprès de toi : mon cœur ne tarderait pas à être de nouveau à toi.

Je croyais que le temps, je croyais que la fierté avaient enfin éteint ma jeune flamme ; et ce n'est que lorsque je me suis trouvé assis à ton côté que j'ai reconnu que, sauf l'espérance, mon cœur était toujours le même.

Et pourtant j'étais calme : il fut un temps où mon sein eût tressailli devant ton regard ; mais en ce moment c'eût été un crime que de trembler. — Nous nous vîmes, et pas une fibre ne fut agitée en moi.

Je vis tes yeux se fixer sur mon visage ; ils n'y découvrirent aucun trouble ; tu ne pus y apercevoir qu'un seul sentiment, la sombre tranquillité du désespoir.

Partons ! partons ! Ma mémoire ne doit plus évoquer mon

jeune rêve. Oh ! donnez-moi les flots fabuleux du Léthé ! Cœur insensé, tais-toi ou brise-toi.

2 novembre 1808.

VERS GRAVÉS SUR LA TOMBE D'UN CHIEN DE TERRE-NEUVE[2].

Quand un orgueilleux enfant des hommes est rendu à la terre, inconnu à la gloire, mais élevé par sa naissance, l'art du sculpteur s'épuise dans les témoignages d'une pompeuse douleur, et des urnes mensongères nous apprennent quel est celui dont elles contiennent les cendres. Lorsque tout est fini, on lit sur sa tombe, non ce qu'il fut, mais ce qu'il aurait dû être. Quant au pauvre chien, qui fut notre ami le plus fidèle, le premier à nous accueillir par ses caresses, le premier aussi à nous défendre, le chien dont la sincère affection appartient tout entière à son maître, qui travaille, combat, vit et respire pour lui seul, il meurt sans honneur, ses mérites sont oubliés, et on lui refuse dans le ciel l'âme qui sur la terre était son partage ; tandis que l'homme, insecte orgueilleux, espère le pardon, et réclame un ciel exclusivement à lui. O homme ! faible créature d'un jour, avili par l'oppression ou corrompu par le pouvoir, vile masse de poussière animée, quiconque te connaît doit te quitter avec dégoût ! Il n'y a dans ton amour qu'impudicité, dans ton amitié qu'imposture ! Ton sourire est hypocrite, tes paroles mentent ! Bas par ta nature, n'ayant de noble que ton nom, il n'est pas d'individu de l'espèce animale devant lequel tu ne doives rougir. Vous qui regardez par hasard cette urne chétive, passez votre chemin ; celui qu'elle honore n'est pas de ceux qui obtiendraient vos regrets ou vos larmes. Ces pierres couvrent les restes d'un ami ; je n'en ai connu qu'un, — et c'est ici qu'il repose.

Abbaye de Newstead, 30 novembre 1808.

A UNE DAME[3] QUI ME DEMANDAIT POURQUOI JE QUITTAIS L'ANGLETERRE AU PRINTEMPS.

Quand l'homme fut exilé des bocages d'Éden, il s'arrêta un moment avant de franchir le seuil ; tout ce qu'il voyait lui rappelait le souvenir du passé et lui faisait maudire sa future destinée.

Mais, après avoir erré dans de lointains climats, il apprit à porter son fardeau de douleur ; et, tout en donnant parfois un soupir à d'autres jours, il trouva un soulagement dans l'activité de sa nouvelle existence.

Il en sera ainsi de moi, Madame; et je ne dois plus voir vos charmes ; car tant que je suis près de vous je soupire après tout ce que j'ai connu naguère.

Le plus sage pour moi est de fuir, afin d'échapper aux piéges de la tentation. Je ne puis contempler mon paradis sans désirer y habiter encore [4].

2 décembre 1808.

NE ME FAIS PAS RESSOUVENIR.

Ne me fais pas ressouvenir, ressouvenir de ces heures si chères, maintenant évanouies, où mon âme tout entière se donnait à toi ; heures qui ne seront oubliées que lorsque le temps aura énervé nos facultés vitales, et que toi et moi nous aurons cessé d'être.

Puis-je oublier, peux-tu oublier comme ton cœur accélérait ses battements quand ma main se jouait dans l'or de ta chevelure ? Oh ! sur mon âme, je te vois encore avec tes yeux si languissants, ton sein si beau, et tes lèvres qui malgré leur silence respiraient l'amour !

Ainsi appuyée sur mon sein, tes yeux me lançaient un regard si doux qui tour à tour réprimait à demi et enflammait les désirs ; et nous nous rapprochions plus près, plus près encore, et nos lèvres brûlantes venant à se rencontrer, nous nous sentions mourir dans un baiser.

Et alors ces yeux pensifs se fermaient ; et les paupières, cherchant à se réunir, voilaient leurs globes d'azur, pendant que tes longs cils, projetant leur ombre sur tes joues vermeilles, semblaient le plumage d'un corbeau déployé sur la neige.

Je rêvais la nuit dernière que notre amour était revenu. Te le dirai-je ! ce rêve, dans son illusion, était plus doux que si j'eusse brûlé pour d'autres cœurs, pour des yeux qui ne brilleront jamais comme les tiens dans l'enivrante réalité du bonheur,

Ne me parle donc plus, ne me fais plus ressouvenir de ces heures qui, bien que pour jamais disparues, peuvent encore inspirer de doux rêves, jusqu'à ce que toi et moi nous soyons oubliés, et insensibles comme la pierre funèbre qui dit que nous ne serons plus.

IL FUT UN TEMPS.

Il fut un temps,—qu'ai-je besoin de le nommer? nous n'en saurions perdre le souvenir; — il fut un temps où nous sentions de même, comme j'ai continué à sentir pour toi.

Et depuis ce moment où pour la première fois ta bouche confessa un amour égal au mien, quoique bien des douleurs aient déchiré ce cœur, douleurs que le tien a ignorées et n'a pu ressentir,

Aucune, aucune n'a pénétré si avant que la pensée que tout cet amour s'est envolé, fugitif comme tes baisers sans foi, mais fugitif dans ton âme seulement.

Et cependant mon cœur a éprouvé quelque consolation, lorsque naguère encore j'ai entendu ta bouche, avec un accent qu'autrefois je croyais sincère, rappeler le souvenir des jours qui ont été.

Oui! femme adorée et pourtant si cruelle, dusses-tu ne plus m'aimer encore, il m'est doux de voir que le souvenir de cet amour te reste.

Oui, c'est pour moi une pensée glorieuse, et mon âme désormais cessera de gémir. Quoi que tu sois maintenant ou que tu puisses être dans l'avenir, tu as été chèrement, uniquement à moi.

QUOI! TU ME PLEURERAS QUAND JE NE SERAI PLUS!

Quoi! tu me pleureras quand je ne serai plus! ô douce femme, redis-les-moi, ces mots. Toutefois, s'ils te font de la peine, ne les répète pas. Pour rien au monde je ne voudrais t'affliger.

Mon cœur est contristé, mes espérances sont évanouies, mon sang coule froid dans mon sein; et quand j'aurai cessé de vivre, toi seule viendras gémir au lieu où je reposerai.

Et pourtant il me semble qu'un rayon de paix brille à travers le nuage de ma douleur; et la pensée que ton cœur a eu compassion du mien suspend un moment mes souffrances.

Oh! bénie soit cette larme; elle coule pour quelqu'un qui ne peut pas pleurer; ces gouttes précieuses sont doublement chères à celui dont les yeux ne peuvent plus en répandre.

Femme adorée, il fut un temps où mon cœur était chaleureux et prompt à s'attendrir comme le tien; mais la beauté elle-même a cessé de charmer un malheureux fait pour gémir.

Et pourtant tu me pleureras quand je ne serai plus! Femme chérie, redis-les-moi, ces mots. Toutefois, s'ils te font de la peine, ne les répète pas. Pour rien au monde je ne voudrais t'affliger.

REMPLISSEZ DE NOUVEAU MA COUPE!
CHANSON.

Remplissez de nouveau ma coupe! Jamais je n'ai senti comme aujourd'hui l'ardeur qui me pénètre jusqu'au fond du cœur. Buvons! qui ne boirait, puisque, dans le cercle varié de la vie, la coupe de vin est la seule chose de ce monde au fond de laquelle on ne trouve pas de déception?

J'ai essayé tour à tour de toutes les jouissances de la vie; je me suis réchauffé aux rayons d'un bel œil noir; j'ai aimé! — Qui n'en a fait autant? — Mais qui peut affirmer que le plaisir existât dans son cœur en même temps que la passion?

Aux jours de ma jeunesse, alors que le cœur est dans son printemps, et rêve que les affections ne s'envoleront jamais, j'ai eu des amis! — Qui n'en a pas? — Mais quelle bouche pourra dire qu'un ami, liqueur vermeille! est aussi fidèle que toi?

Le cœur d'une maîtresse, un enfant peut vous l'enlever; l'amitié disparaît comme un rayon de soleil. Toi, tu ne peux changer; tu vieillis. — Qui ne vieillit pas? — Mais quel est l'être ici-bas dont le mérite, comme le tien, s'accroît avec l'âge ?

Quand l'amour épuise sur nous ses faveurs, qu'un rival s'incline devant notre idole terrestre, nous sommes jaloux. — Qui ne l'est pas ? — Tu n'as point cet alliage ; plus nous sommes à te savourer, plus grande est notre jouissance.

Quand nous avons passé la saison de la jeunesse et de ses vanités, c'est à la coupe enfin que nous avons recours. Là nous trouvons, — n'est-il pas vrai ? — dans la joie de notre âme, que, comme au temps jadis, la vérité n'est que dans le vin.

Quand la boîte de Pandore fut ouverte sur la terre, et que commença le triomphe de la douleur sur la gaieté, il nous resta l'espérance, c'est vrai. Mais nous, nous baisons notre coupe ; et que fait l'espérance à ceux qui ont l'assurance du bonheur ?

Longue vie à la grappe ! car, quand l'été aura fui, notre vieux nectar réjouira nos cœurs. Nous mourrons ! — Qui ne meurt pas ? — Que nos péchés nous soient pardonnés, et dans le ciel, Hébé ne sera pas oisive.

STANCES A UNE DAME[5], EN QUITTANT L'ANGLETERRE.

C'en est fait ! au souffle des vents le navire déroule sa blanche voile, et sur son mât penché la fraîche brise emplit l'air de ses sifflements ; et moi, il faut que je quitte ce rivage, parce que je ne puis aimer que toi.

Mais si je pouvais être ce que j'ai été, si je pouvais voir ce que j'ai vu, si je pouvais reposer ma tête sur le sein qui une fois a couronné mes vœux les plus ardents, je n'irais pas chercher une autre zone ; car moi je ne puis aimer que toi.

Il y a longtemps que je n'ai vu ces yeux qui faisaient ma joie ou mon malheur ; et c'est en vain que j'ai essayé de n'y plus penser ; j'ai beau fuir la terre d'Albion, je ne puis aimer que toi.

Comme la tourterelle solitaire qui a perdu l'objet de ses amours, la désolation est dans mon cœur ; je regarde autour de moi, et nulle part ma vue ne rencontre un sourire affectueux, un visage ami! Au milieu même de la foule je suis seul, parce que je ne puis aimer que toi.

Et je franchirai les flots écumeux, et j'irai demander une patrie à l'étranger; jusqu'à ce que j'aie oublié une beauté sans foi, nulle part je ne trouverai le repos! Jusque-là je ne puis secouer le joug de mes sombres pensées; je suis condamné à aimer, et à n'aimer que toi.

L'être le plus chétif et le plus malheureux trouve pourtant un foyer hospitalier où la douce amitié, et l'amour, plus doux encore, viennent sourire à sa joie ou sympathiser à sa douleur; mais d'ami ou de maîtresse, je n'en ai point, car je ne puis aimer que toi.

Je pars; mais dans quelque lieu que je fuie, nul ne s'attendrira sur moi, nul cœur ami où je trouve la plus petite place; et toi-même, toi qui as flétri toutes mes espérances, tu ne me donneras pas un soupir, bien que je ne puisse aimer que toi.

Penser aux jours qui ne sont plus, à ce que nous sommes, à ce que nous avons été, c'en serait assez pour accabler des cœurs plus faibles; mais le mien a résisté au choc; pourtant il bat comme il battait naguère, et ne saurait aimer que toi.

Quel est l'objet d'un si tendre amour? c'est ce que des yeux vulgaires ne sauraient deviner. Quelle cause est venue briser ce jeune amour? tu le sais mieux que personne, et moi je le sens de même; mais il en est peu sous le soleil qui aient aimé aussi longtemps que moi, et je n'ai jamais aimé que toi.

J'ai essayé des fers d'une autre femme, dont la beauté peut-être égalait la tienne; je me suis efforcé de l'aimer autant, mais je ne sais quel charme insurmontable empêchait mon cœur saignant encore de parler d'amour à d'autre qu'à toi.

Il me serait doux de jeter encore sur toi un long regard et de te bénir dans mon dernier adieu; mais je ne veux pas que les yeux versent des pleurs pour moi pendant que j'errerai sur les flots. Patrie, espérance, jeunesse, j'ai tout perdu ! pourtant j'aime encore et n'aime que toi.

1809.

LE PAQUEBOT DE LISBONNE,

VERS A M. HODGSON, COMPOSÉS A BORD PENDANT LA TRAVERSÉE.

Vivat, Hodgson, vivat ! nous partons : notre embargo est à la fin levé : un vent favorable enfle nos voiles. Déjà le signal est donné. Entendez-vous le canon d'adieu ? Les clameurs des femmes, les jurements des matelots, tout nous dit que voilà le moment du départ. Un manant vient de la part de la douane nous visiter : les malles sont ouvertes, les caisses brisées ; pas un trou de souris qui ne soit fouillé, au milieu du brouhaha, avant que nous mettions à la voile à bord du paquebot de Lisbonne.

Nos bateliers détachent leurs amarres, toutes les mains ont saisi la rame ; on descend du quai les bagages. Impatients, nous nous éloignons du rivage. « Prenez garde ! cette caisse contient des liqueurs ! — Arrêtez le bateau ! — Je me trouve mal ! — O mon Dieu ! — Vous vous trouvez mal, Madame ? Par ma foi, ce sera bien pis quand vous aurez été une heure à bord ! » Ainsi vocifèrent tous ensemble, hommes, femmes, dames, messieurs, valets, matelots ; tous s'agitent, confondus pêle-mêle et entassés comme des harengs. Tel est le bruit et le tintamarre qui règnent avant que nous arrivions à bord du paquebot de Lisbonne.

Nous y voici maintenant ! voyez ! Le brave Kidd est notre capitaine : c'est lui qui commande l'équipage ; les passagers se blottissent dans leur lit, les uns pour grogner, les autres pour vomir. « Comment, diable, vous appelez cela une cabine ? Mais c'est à peine si elle a trois pieds carrés : on n'y fourrerait pas la reine des nains. Qui diable peut vivre là-dedans ? — Qui, Monsieur ? bien des gens. J'ai eu à bord de mon vaisseau jusqu'à vingt nobles à la fois. — Vraiment ? Comme vous nous entassez les uns sur les autres ! Plût à Dieu que vos nobles fussent encore ici ! j'aurais évité la chaleur et le vacarme de votre excellent navire, le paquebot de Lisbonne. »

— « Fletcher ! Murray ! Robert[6] ! où êtes-vous ? Vous voilà étendus sur le pont comme des souches ! — Donnez-moi la main, joyeux matelot ! Voilà le bout d'un câble, corbleu ! Hobhouse articule d'effroyables jurements en tombant dans les écoutilles ; il vomit à la fois son déjeuner et ses vers, et nous envoie à tous les diables. « Voilà une stance sur Bragance. Donnez-moi.... — Un couplet ? — Non, une tasse d'eau chaude.—Que diable avez-vous donc ?—Diantre ! je vais rendre mes poumons ; je ne survivrai pas au tintamarre de ce brutal paquebot de Lisbonne. »

Enfin, nous voilà en route pour la Turquie ! Dieu sait quand nous reviendrons ! Un mauvais vent, une tempête nébuleuse, peuvent nous envoyer au fond de l'eau ; mais comme la vie n'est tout au plus qu'une mauvaise plaisanterie, ainsi que les philosophes en conviennent, ce qu'il y a de mieux à faire, c'est de rire. Riez donc comme je fais maintenant. Malade ou bien portant, en mer ou à terre, riez de toutes choses, petites ou grandes ; boire et rire, qui diable en demanderait davantage ? Donnez-nous de bon vin ! on n'en saurait manquer, même à bord du paquebot de Lisbonne[7].

En rade de Falmouth, 30 juin 1809.

VERS ÉCRITS SUR UN ALBUM A MALTE.

De même que, sur la froide pierre d'un tombeau, un nom arrête les yeux du passant, ainsi, quand tu verras cette page solitaire, puisse le mien attirer ton regard et ta pensée !

Et lorsque, par la suite, tu viendras à lire ce nom, pense à moi comme on pense aux morts, et dis-toi que mon cœur est là inhumé.

14 septembre 1809.

A FLORENCE[8].

Dame charmante, quand je quittai la rive, la rive lointaine qui m'a donné naissance, je ne soupçonnais pas qu'un jour viendrait où je pleurerais encore en quittant un autre rivage.

Et pourtant, ici, dans cette île stérile où s'affaisse la nature haletante, où tu es la seule qu'on voie sourire, c'est avec effroi que j'envisage mon départ.

Quoique loin des rives escarpées d'Albion, bien qu'il y ait entre nous le bleuâtre Océan, encore quelques saisons écoulées, et peut-être je reverrai ses rochers.

Mais en quelque lieu que me porte ma course vagabonde, soit que j'erre sous les climats brûlants, que je parcoure les mers ou que le temps me rende un jour à ma patrie, mes yeux ne se fixeront plus sur toi,

Sur toi qui réunis tous les charmes capables d'émouvoir les cœurs les plus indifférents, qu'on ne peut voir sans admirer et, — pardonne-moi ce mot, — sans aimer.

Pardonne ce mot à celui qui ne pourra plus t'offenser désormais en le prononçant! et, puisque je ne dois pas prétendre à posséder ton cœur, crois-moi, c'est que je suis en effet ton ami.

Et quel est le froid mortel qui, après t'avoir vue, ô belle voyageuse! ne sentirait pas comme je sens, et ne serait pas pour toi ce que tout homme doit être, l'ami de la beauté malheureuse?

Et qui jamais pourrait croire que cette tête charmante a traversé tant de périls, a bravé les tempêtes aux ailes homicides, et échappé à la vengeance d'un tyran?

Belle dame, quand je verrai les murs où s'élevait autrefois la libre Byzance, et où maintenant Stamboul étale ses palais orientaux, siège de la tyrannie musulmane,

Quelque place immense qu'occupe cette glorieuse cité dans les annales de la renommée, elle aura à mes yeux un titre plus cher, comme étant le lieu de ta naissance;

Et, malgré l'adieu que je te dis maintenant, quand mes yeux verront ce spectacle merveilleux, il me sera doux, ne pouvant vivre où tu es, de vivre où tu as été.

Septembre 1809.

STANCES COMPOSÉES PENDANT UN ORAGE [9].

Au milieu des montagnes du Pinde, le vent de la nuit est

humide et glacé, et la nue irritée fait pleuvoir sur nos têtes la vengeance du ciel.

Nos guides sont partis : nul espoir ne nous reste, et d'éblouissants éclairs nous font voir les rochers qui interceptent notre marche, ou dorent l'écume du torrent.

N'est-ce pas une cabane que je viens d'apercevoir à la lueur de la foudre? — Oh! que cet abri nous viendrait à propos! — Mais non, ce n'est qu'un tombeau turc!

A travers le bruit de la cascade écumante, j'entends une voix qui crie : c'est la voix de mon compatriote fatigué, qui fait retentir le nom de la lointaine Angleterre.

Un coup de fusil!... Vient-il d'un ennemi ou d'un ami? — Encore un!... C'est pour avertir le paysan des montagnes de descendre et de nous conduire dans sa demeure.

Oh! qui oserait, par une nuit semblable, s'aventurer dans le désert, au milieu des mugissements du tonnerre? Qui pourrait entendre notre signal de détresse?

Et quel est celui qui, entendant nos cris, voudra se lever pour tenter une marche périlleuse? Ne croira-t-il pas, en prêtant l'oreille à ces clameurs nocturnes, que ce sont des brigands en campagne?

Les nuages crèvent : le ciel est sillonné de flammes. O moment terrible! l'orage accroît sa violence, et pourtant, ici, une pensée a le pouvoir d'échauffer encore mon sein.

Pendant que j'erre ainsi à travers les rochers et les bois, pendant que les éléments épuisent sur moi leur fureur, chère Florence, où es-tu?

Tu n'es pas sur les flots : ton navire est depuis longtemps parti. Oh! que l'orage, dont les torrents m'inondent, ne courbe d'autre tête que la mienne!

Oh! oui, maintenant tu es sauvée : tu as atteint depuis longtemps les rivages d'Espagne. Quelle douleur si une beauté telle que toi était condamnée à errer sur l'Océan!

Le rapide sirocco soufflait fortement la dernière fois que j'ai pressé tes lèvres, et, depuis ce jour, il soulève autour de ton charmant vaisseau les vagues écumeuses!

Et, tandis que ton souvenir m'est présent au milieu du péril et des ténèbres, comme dans ces heures de plaisir dont la musique et la gaieté hâtaient la fuite,

Peut-être que toi-même, dans les blanches murailles de Cadix, si toutefois Cadix est libre encore, à travers tes jalousies, tu regardes la mer bleuâtre ;

Et alors ta pensée se reportant vers ces îles de Calypso qu'un doux passé t'a rendues chères, aux autres tu donnes mille sourires, et à moi un soupir seulement.

Et pendant que le cercle de tes admirateurs observe la pâleur de ton visage, une larme à demi formée, un fugitif éclair de grâce mélancolique,

Toi, tu souris de nouveau ; tu te dérobes en rougissant aux railleries d'un fat, et tu n'oses avouer que tu as pensé une seule fois à celui qui ne cesse de penser à toi !

Quoique sourires et soupirs ne puissent rien pour deux cœurs séparés et qui gémissent, pourtant, à travers monts et mers, mon âme en pleurs cherche à rejoindre la tienne.

STANCES ÉCRITES EN TRAVERSANT LE GOLFE D'AMBRACIE.

Du haut d'un ciel sans nuage, la lune verse sa lumière argentée sur la côte d'Actium. Sur ces flots, l'ancien monde fut gagné et perdu pour une reine égyptienne.

Et maintenant mes regards se promènent sur ces ondes d'azur où tant de Romains ont trouvé un tombeau, où l'Ambition farouche abandonna un jour sa couronne vacillante pour suivre une femme.

Florence, pour qui mon amour, tant que tu seras belle et que je serai jeune, égalera tout ce qu'on a pu dire ou chanter depuis que la lyre d'Orphée arracha Eurydice aux enfers ;

Douce Florence, c'était un heureux temps que celui où l'on jouait un monde contre deux beaux yeux? Si les poëtes avaient à leur disposition des mondes au lieu de rimes, tes charmes pourraient susciter de nouveaux Antoines.

Quoique le destin en ordonne autrement, néanmoins, j'en

jure par tes yeux et les boucles de ta chevelure, si je ne puis perdre un monde pour toi, je ne voudrais pas te perdre pour un monde.

14 novembre 1809.

L'ENCHANTEMENT EST ROMPU.
ÉCRIT A ATHÈNES.

L'enchantement est rompu ! le charme est envolé! Il en est ainsi de la fièvre de la vie : nous sourions comme des insensés quand nous devrions gémir ; le délire est notre meilleure décevance.

Chaque intervalle lucide de la pensée ramène les maux attachés à notre nature, et quiconque agit en sage vit comme sont morts les saints, en martyr.

16 janvier 1810.

VERS ÉCRITS APRÈS AVOIR NAGÉ DE SESTOS A ABYDOS [10].

Si Léandre, intrépide amant
(Quelle fille n'en a mémoire?),
En décembre eut jadis la gloire
De franchir ce gouffre écumant ;

Si cette mer, quand sur son onde
Il fit ce trajet hasardeux,
Comme aujourd'hui roulait profonde,
Vénus, que je les plains tous deux !

Moi, quand mai rouvre sa corbeille,
Nageur faible et moins aguerri,
J'étends mon corps endolori,
Et je crois avoir fait merveille.

Par un doux prix encouragé,
Un baiser, si j'en crois l'histoire,
L'attendait. Nous avons nagé,
Lui pour l'amour, moi pour la gloire.

Victime de son dévoûment,
Comme moi de mon incartade,
Il se noya : je suis malade.
C'était bien la peine, vraiment !

9 mai 1810.

VIERGE D'ATHÈNES, JE TE QUITTE [11].

Vierge d'Athènes, je te quitte :
Rends-moi mon cœur, rends-le-moi vite,
Ou, si tu l'as pris sans retour,
Prends le reste aussi, mon amour.
En s'éloignant, mon cœur te crie :
Je t'aime, je t'aime, ô ma vie [12] !

Par cette chevelure d'ange
Que caresse un vent amoureux,
Par ces cils dont la noire frange
Baise ta joue, et par ces yeux,
Beaux dans leur sauvage énergie,
Je t'aime, je t'aime, ô ma vie !

Par ces lèvres que je convoite,
Par cette taille svelte et droite,
Par ces fleurs qui disent tout bas [13]
Ce que des mots ne diraient pas ;
Par l'amour sacré qui nous lie,
Je t'aime, je t'aime, ô ma vie !

Je te quitte, vierge d'Athènes !
Seule, en ton cœur, ah ! pense à moi !
Dans Istamboul [14] portant tes chaînes,
Le mien restera près de toi.
Cesser d'aimer ! non, douce amie !
Je t'aime, je t'aime, ô ma vie !

Athènes, 1810.

NOTES DES POÉSIES DIVERSES DE 1809 ET 1810.

[1] Ces vers ont paru pour la première fois dans le recueil publié par M. Hobhouse.

[2] Ce monument est encore l'un des ornements les plus remarquables du jardin de Newstead. Voici comment lord Byron annonça dans une lettre à M. Hodgson la mort de son chien favori : « Boatswain est mort ! Il a expiré dans un état de rage le 18, après de grandes souffrances. Il a conservé jusqu'au dernier moment sa douceur habituelle, et n'a jamais essayé de faire le moindre mal aux personnes qui étaient près de lui. A l'exception du vieux Murray, j'ai tout perdu maintenant. » Dans le testament qu'il fit en 1811, il ordonna que son corps fût enterré dans le jardin, auprès de son chien fidèle.

[3] Mistriss Musters.

⁴ Voici l'extrait d'une lettre inédite de lord Byron, écrite trois jours avant son départ de l'Italie pour la Grèce : — « Miss Chaworth avait deux ans de plus que moi. Elle a épousé un homme d'une famille ancienne et respectable ; mais son mariage n'a pas été plus heureux que le mien. Toutefois sa conduite a été irréprochable ; mais leur caractère ne sympathisait pas. Il y avait plusieurs années que je ne l'avais vue, quand l'occasion s'en présenta. J'étais, avec son consentement, sur le point de lui faire une visite, quand ma sœur, qui a toujours eu sur moi plus d'influence que personne, me conseilla de n'en rien faire, « Car, » me dit-elle, « si vous y allez, vous en reviendrez amoureux, il y aura une scène ; une chose en amènera une autre, et cela fera un éclat. » Je me rendis à ces raisons, et peu de temps après je me mariai ; — avec quel bonheur ? — il est inutile de le dire. »

⁵ Mistriss Musters.

⁶ Noms des trois domestiques de Byron.

⁷ Dans la lettre qui contenait ces vers, lord Byron dit : — « Je quitte l'Angleterre sans regret, j'y reviendrai sans plaisir. Je suis comme Adam, le premier condamné à la déportation ; mais je n'ai point d'Ève, et la pomme que j'ai mangée était aigre comme un coing. Et c'est ainsi que finit mon premier chapitre. »

⁸ Ces vers furent écrits à Malte. Voici comment, dans une lettre à sa mère, Byron s'exprime au sujet de la dame à laquelle ils sont adressés : — « Cette lettre est confiée aux soins d'une dame fort extraordinaire, dont vous avez sans doute entendu parler, mistriss Spencer Smith. Il y a quelques années que le marquis de Salvo a publié le récit de son évasion. Depuis, elle a fait naufrage, et sa vie a été une suite continuelle d'événements remarquables qui seraient à peine croyables dans un roman. Elle est née à Constantinople, où son père, le baron Herbert, était ambassadeur d'Autriche ; elle a fait un mariage malheureux ; néanmoins, on n'a jamais attaqué sa réputation. Ayant pris part à je ne sais quelle conspiration, elle s'est attiré la vengeance de Bonaparte, a plusieurs fois risqué sa vie ; et cependant, elle n'a pas encore vingt-cinq ans. Elle se rend en Angleterre, où elle va rejoindre son mari. Elle était venue à Trieste visiter sa mère ; mais l'approche des Français l'a obligée à s'embarquer à bord d'un vaisseau de guerre. J'ai trouvé en elle une personne fort jolie, fort accomplie et très excentrique. Bonaparte est tellement irrité contre elle, que, si elle était prise une seconde fois, sa vie courrait des dangers. »

⁹ L'orage dont il est ici question eut lieu pendant la nuit du 11 octobre 1809, en Albanie, dans la chaîne de montagnes qui portait autrefois le nom de Pinde. Lord Byron se rendait à Zitza, et ses guides s'étaient égarés en chemin.

¹⁰ « Lord Byron, » dit M. Hobhouse, « avait accompli auparavant un exploit plus périlleux, quoique moins célèbre : pendant que nous étions en Portugal, il traversa à la nage l'espace qui sépare le vieux Lisbonne du château de Bélem. Il avait à lutter contre la marée et un contre-courant, et il fut près de deux heures à franchir cette distance. »

11 M. Hugh Williams, d'Édimbourg, dans un ouvrage intitulé *Voyages en Italie, en Grèce*, etc., donne sur la vierge d'Athènes des détails intéressants, que nous allons rapporter : — « Notre domestique, qui nous avait précédés, vint nous rejoindre à la porte de la ville, et nous conduisit à la demeure de la consulina Théodora Macri, chez qui nous demeurons maintenant. Cette dame, qui est la veuve du consul, a trois filles charmantes, dont l'aînée, célèbre pour sa beauté, est, dit-on, la vierge d'Athènes de lord Byron. Leur appartement est en face du nôtre, et si vous pouviez les voir, comme nous les voyons, à travers les plantes aromatiques qui se balancent devant notre fenêtre, vous laisseriez votre cœur à Athènes.

« Thérésa, la vierge d'Athènes, Catinka et Mariana, sont toutes trois de taille moyenne. Chacune d'elles porte sur la tête une calotte rouge albanaise, à laquelle est fixé un gland bleu en forme d'étoile. Au-dessous de cette calotte est noué un mouchoir de diverses couleurs qui entoure les tempes ; les cheveux de la plus jeune, entremêlés de soie, retombent épars sur ses épaules, et descendent par derrière jusqu'à la hauteur des reins. La chevelure des deux aînées est habituellement relevée et fixée sous le mouchoir. Elles portent pour vêtement de dessus une pelisse doublée de fourrure, et qui descend en longs plis jusqu'à la cheville ; un mouchoir de mousseline recouvre le sein jusqu'à la ceinture ; sous ce mouchoir est une robe de soie ou de mousseline, avec une ceinture qui prend au-dessus des hanches et se noue par-devant avec une gracieuse négligence. Des bas blancs et des pantoufles jaunes complètent ce costume. Les deux aînées ont les yeux et les cheveux bruns, le visage ovale, le teint un peu pâle, des dents d'une blancheur éclatante, les joues arrondies, le nez droit, tant soit peu aquilin. La cadette, Mariana, est très blanche ; son visage, avec des contours moins arrondis, a une expression plus riante que celui de ses sœurs, dont la physionomie est habituellement pensive, excepté quand la conversation prend un caractère de gaieté. Leur port est plein d'élégance ; leurs manières, agréables et distinguées, seraient attrayantes dans tous les pays. Elles possèdent le talent de la conversation à un très haut degré, et semblent avoir plus d'instruction que la généralité des femmes grecques. Avec tant de moyens de plaire, il ne faut pas s'étonner qu'elles soient l'objet de grandes attentions de la part des voyageurs qui viennent momentanément résider à Athènes. Elles s'asseyent à la manière orientale, la tête un peu rejetée en arrière, les jambes ramenées sous elles, sur le divan, et sans souliers. Leurs occupations sont la couture, la broderie et la lecture. »

12 Chacune de ces stances se termine dans le texte par le refrain romaïque :

Ζώη μοῦ, σᾶς ἀγαπῶ.

Voici la note de Byron à ce sujet : — « Expression de tendresse en langue romaïque : si je la traduis, j'offenserai mes lecteurs, qui croiront que je les juge incapables de le faire eux-mêmes ; si je ne la traduis pas, je m'expose à déplaire à mes lectrices. Dans la crainte d'une méprise de la part de ces dernières, je vais toujours traduire, tout en demandant bien des pardons aux savants. Ces mots signifient :

Ma vie, je vous aime !

paroles qui ont un son fort agréable dans toutes les langues, et qui sont tout aussi à la mode dans la moderne Grèce que l'étaient les deux premiers de ces mots parmi les dames romaines, qui mêlaient de l'hellénisme à leurs expressions érotiques. »

13 En Orient, où l'on n'enseigne pas à écrire aux dames, de peur qu'elles ne griffonnent des rendez-vous, ce sont des fleurs, des charbons, des cailloux qui expriment les sentiments des amants, par l'intermédiaire de cet universel substitut de Mercure, une vieille femme. Un charbon signifie : « Je brûle pour toi ; » un bouquet de fleurs attaché avec des cheveux : « Emmène-moi et fuyons ; » mais un caillou exprime ce que lui seul peut exprimer.

14 Constantinople.

POÉSIES DIVERSES,

COMPOSÉES DE 1811 A 1813.

VERS ÉCRITS SOUS UN PORTRAIT.

Cher objet d'une tendresse déçue ! quoique veuf aujourd'hui de l'amour et de toi, pour me réconcilier avec le désespoir il me reste ton image et mes larmes.

On dit que le temps peut lutter contre la douleur ; mais je sens que cela ne saurait être vrai, car le coup de mort porté à mes espérances a rendu ma mémoire immortelle.

Athènes, janvier 1811.

VERS DESTINÉS A TENIR LIEU D'ÉPITAPHE.

Lecteur bénévole ! ris ou pleure, comme il te plaira ; ci-gît Harold. — Mais où est donc son épitaphe ? — Si c'est cela que tu cherches, va à Westminster : là tu en verras mille qui peuvent s'appliquer à lui tout aussi bien qu'à toi.

VERS ÉCRITS DANS L'ALBUM DES VOYAGEURS A ORCHOMÈNE.

Dans cet album un voyageur avait mis les vers suivants :

Voyant partir ton fils, tu souris, Albion !
De la gloire et des arts il va voir le rivage.

Il est noble, il est grand, le but de son voyage ;
Arrivé dans Athène, il y trace son nom.

<small>Au-dessous de ce quatrain lord Byron écrivit celui-ci :</small>

Barde modeste, ainsi qu'on en compte tant d'autres,
Tu nous caches ton nom en rimant sur les nôtres.
Tu crois être prudent ; c'est encore un travers,
Et ton nom, quel qu'il soit, vaudrait mieux que tes vers.

LE DÉPART.

Jeune fille, le baiser que ta bouche a déposé sur la mienne y restera jusqu'à ce que de plus heureux jours me permettent de le rendre à tes lèvres, pur, inaltéré.

Le tendre regard que tu me donnes pour adieu, peut lire dans mes yeux un amour égal au tien ; les pleurs qui mouillent ta paupière, ce n'est point mon inconstance qui les fait couler.

Je ne te demande pas un gage que, loin de tous les regards, je puisse contempler avec bonheur ; un souvenir de toi n'est pas nécessaire à un cœur dont toutes les pensées t'appartiennent.

Je n'aurai pas besoin d'écrire ; — pour exprimer ce que je sens, que ma plume serait faible ! Que pourraient d'inutiles paroles, à moins que le cœur ne pût parler ?

La nuit, le jour, dans la prospérité ou l'infortune, ce cœur, désormais enchaîné, gardera l'amour qu'il lui est interdit de laisser paraître ; et soupirera pour toi en silence.

Mars 1811.

ADIEU A MALTE.

Adieu, plaisirs de La Valette ! Adieu, sirocco, soleil, transpiration ! Adieu, palais dont j'ai rarement franchi le seuil ! Adieu, maisons où j'ai eu le courage de pénétrer ! Adieu, rues en façon d'escalier qu'on ne gravit qu'en jurant ! Adieu, négociants aux fréquentes faillites ! Adieu, canaille toujours prête à railler ! Adieu, paquebots, — qui ne m'apportez point de lettres ! Adieu, imbéciles, — qui singez vos maîtres ! Adieu, quarantaine maudite qui m'as donné la fièvre et le spleen! Adieu, théâtre où l'on bâille! Adieu, danseurs de son excellence! Adieu, Pierre, — qui, sans qu'il y eût de la faute, ne pus jamais parvenir à apprendre à valser à un colonel! Adieu, femmes pétries de grâces! Adieu, habits rouges et faces plus rouges encore! Adieu, l'air important de tout ce qui porte l'uniforme! Je pars, — Dieu sait quand et pourquoi; je vais voir des villes enfumées, des cieux nuageux, des choses (à dire vrai) tout aussi laides, — mais d'une laideur différente.

Adieu à tout cela; mais non à vous, fils triomphants de la plaine azurée! Que l'un et l'autre rivage de l'Adriatique, les capitaines morts, les flottes anéanties, la nuit avec ses bals et ses sourires, le jour avec ses dîners, vous proclament vainqueurs en amour comme en guerre! Pardonnez au babillage de ma muse, et prenez mes vers, — je les donne gratis.

Venons-en maintenant à mistriss Fraser. Vous croyez sans doute que je vais la louer; et effectivement, si j'avais la vanité de croire que mon éloge vaut l'encre qui est dans ma plume, un vers — ou deux — ne serait pas chose bien difficile, d'autant plus qu'ici la flatterie n'est pas du tout nécessaire. Mais il faut qu'elle se contente de briller dans des éloges préférables aux miens, avec son air enjoué, son cœur sincère, l'aisance du bon ton sans son art factice; ses jours peuvent couler gaiement sans l'aide de mes rimes insignifiantes.

Et maintenant, ô Malte! petite serre-chaude militaire, puisque tu nous possèdes, je ne te dirai rien d'impoli, je ne t'enverrai pas à tous les diables; mais, mettant la tête hors de ma casemate, je demanderai à quoi bon un semblable lieu? Puis, rentrant dans mon trou solitaire, je recommence à griffonner, ou j'ouvre un livre, ou bien je profite du moment pour prendre ma médecine (deux cuillerées par heure, selon l'ordonnance). Je préfère mon bonnet de nuit à mon castor, et remercie les dieux — de ce que j'ai la fièvre.

26 mars 1811.

A DIVES.

FRAGMENT.

Infortuné Dives! dans un moment fatal, tu te rendis coupable et méconnus la voix de la Nature! Naguère favori de la Fortune, elle t'accable maintenant de ses rigueurs; le courroux des hommes a déchaîné ses flots sur ta tête orgueilleuse. Le premier en talent, en génie, en richesse, comme il se leva brillant ton beau matin! Mais une soif de crime, et de crime sans nom, s'empara de toi, et voilà que le soir de ta vie doit finir dans le mépris et dans la solitude forcée, ce pire de tous les supplices!

1811.

SUR LA DERNIÈRE BOUFFONNERIE DE THOMAS MOORE, QUALIFIÉE PAR LUI D'OPÉRA.

Les bonnes pièces sont rares, c'est pourquoi Moore écrit des parades : la gloire du poëte devient caduque. — Nous savions que *Petit* (little) était Moore; c'est maintenant Moore qui est *petit*.

14 septembre 1811.

ÉPITRE A UN AMI EN RÉPONSE A DES VERS DANS LESQUELS ON EXHORTAIT L'AUTEUR A ÊTRE GAI ET A BANNIR « LE NOIR CHAGRIN. »

« Bannis le noir chagrin, » que ce soit là la devise de *tes* joyeux ébats! et peut-être aussi la mienne dans ces nuits bachiques, au sein de ces délicieuses orgies par lesquelles les enfants du désespoir bercent le cœur attristé et « bannissent le chagrin! » Mais à l'heure du matin, quand la réflexion arrive, quand le présent, le passé, l'avenir s'assombrissent, alors que tout ce que j'ai aimé est changé ou n'est plus, oh! alors ne viens point offrir cette amère ironie comme un remède aux maux de celui dont toutes les pensées... — Mais laissons là cette matière. — Tu sais que je ne suis pas ce que j'étais. Mais avant tout, si tu veux occuper une place dans un cœur qui ne fut jamais froid, par tout ce que les hommes révèrent, par tout ce qui est cher à ton âme, par tes joies ici-bas, les espérances là-haut, parle-moi, parle-moi de toute autre chose que d'amour !

Il serait trop long de raconter, il est inutile d'entendre l'histoire d'un homme qui dédaigne les larmes; et il y a peu de choses dans cette histoire auxquelles pussent compatir des cœurs meilleurs. Mais le mien a souffert plus que la patience d'un philosophe ne pourrait le peindre. J'ai vu ma fiancée devenir la fiancée d'un autre; — je l'ai vue assise à son côté; — j'ai vu l'enfant qu'elle lui avait donné sourire comme souriait sa mère aux jours de notre riante jeunesse, alors que nous nous aimions, purs comme son enfant; — j'ai vu ses yeux me demander avec un froid dédain si j'éprouvais quelque peine secrète; et j'ai su jouer mon rôle, et mon visage a démenti mon cœur; je lui ai rendu son regard glacial, et cependant je me sentais l'esclave de *cette* femme; — j'ai embrassé, comme sans dessein, cet enfant, qui eût dû être le mien, et les caresses que je lui prodiguais faisaient voir que le temps n'avait rien changé à mon amour.

Mais n'en parlons plus. — Je ne veux plus gémir. — Je ne fuirai plus vers les rivages de l'Orient; le monde convient à un cerveau préoccupé : je veux de nouveau me réfugier dans ses domaines. Mais si quelque jour, quand sera fané le printemps de l'Angleterre, tu entends parler d'un homme dont les sombres forfaits rivalisent avec les plus hideux de l'époque, d'un homme sur qui ne peuvent rien la pitié ni l'amour, ni l'espoir de la gloire, ni les louanges des gens de bien; qui, dans l'orgueil de sa farouche ambition, ne reculera pas peut-être devant le sang; d'un homme que l'histoire rangera un jour parmi les plus redoutables anarchistes du siècle, — *reconnais* alors cet homme, et voyant l'*effet*, n'oublie pas la cause.

Abbaye de Newstead, 11 octobre 1811.

A THYRZA.

Sans une pierre qui indique le lieu de ta sépulture et dise ce que la vérité pourrait dire sans rougir, oubliée peut-être de tous, excepté de moi! ah! où ont-ils déposé ta cendre?

Séparé de toi par les mers et de nombreux rivages, je t'ai aimée en vain; mon passé, mon avenir, se reportaient vers toi, et tendaient à nous réunir.... — Non, — jamais! jamais!

Si cela avait pu être, — une parole, un regard qui m'auraient dit : « Nous nous quittons amis, » auraient fait supporter à mon âme avec moins de douleur le départ de la tienne.

Et puisque la Mort te préparait une agonie douce et sans souffrances, n'as-tu pas désiré la présence de celui que tu ne verras plus, qui te portait et te porte encore dans son cœur?

Oh! qui mieux que lui eût veillé près de toi, et observé douloureusement ton œil fixe ou terne dans ce moment terrible qui précède la mort, alors que la tristesse étouffe ses gémissements,

Jusqu'à ce que tout soit fini? Mais du moment où tu aurais été affranchie des maux de ce monde, les larmes de ma tendresse, se faisant un passage, eussent coulé en abondance — comme elles font maintenant.

Comment ne couleraient-elles pas, quand je me rappelle combien de fois, avant mon absence passagère, dans ces tours aujourd'hui désertes pour moi, nous avons confondu nos pleurs affectueux!

A nous alors le regard aperçu de nous seuls, le sourire que nul autre que nous ne comprenait, le langage à demi-voix de deux cœurs d'intelligence, l'étreinte de nos mains frémissantes;

Le baiser si innocent, si pur, que l'amour réprimait tout désir plus brûlant; — tes yeux annonçaient une âme si chaste, que la passion elle-même eût rougi d'en demander davantage; —

Cet accent qui me rappelait à la joie, quand, différent de toi, je me sentais disposé à la tristesse; ces chants que la voix rendait célestes, mais qui dans toute autre bouche me sont indifférents!

Le gage d'amour que nous portions, — je le porte encore; mais où est le tien? — Ah! où es-tu? Le malheur a souvent pesé sur moi, mais c'est la première fois que je ploie sous le faix.

Tu as bien fait de partir au printemps de ta vie, me laissant vider seul la coupe des douleurs. Si le repos n'est que dans la tombe, je ne désire pas te revoir sur la terre.

Mais si dans un monde meilleur tes vertus ont cherché un séjour plus digne d'elles, fais-moi part d'une portion de ta félicité, pour m'arracher à mes angoisses ici-bas.

Apprends-moi (cette leçon, devais-je si tôt la recevoir de toi?), apprends-moi à me résigner, soit que je pardonne, soit que je sois pardonné : si pur était pour moi ton amour sur la terre, que je me prends à espérer de le retrouver dans le ciel.

11 octobre 1811.

STANCES.
LOIN DE MOI, LOIN DE MOI.

Loin de moi, loin de moi ces accents qui m'affligent! Ces sons naguère pour moi pleins de charmes, qu'ils cessent, ou je fuis de ces lieux ; car je n'ose plus les entendre!

Ils me rappellent des jours plus beaux; mais faites taire cette harmonie, car maintenant, hélas! je ne puis ni ne dois arrêter ma pensée ou mes regards sur ce que je suis, sur ce que je fus.

La voix qui rendait si doux ces accords est éteinte et leur charme est envolé; et à présent leurs sons les plus suaves me semblent un chant de deuil entonné pour les morts. Oui, Thyrza! oui, ils me parlent de toi, cendre adorée, puisque tu n'es plus que cendre; et tout ce qu'ils avaient autrefois d'harmonie est discordant à mon cœur.

Les sons se taisent! — mais à mon oreille la vibration résonne encore; j'entends une voix que je ne voudrais pas entendre, une voix qui devrait bien être muette; mais souvent elle vient faire tressaillir mon âme incertaine ; cette douce mélodie me suit jusque dans mon sommeil. Je m'éveille et je l'entends encore, bien que mon rêve soit dissipé.

Douce Thyrza! dans ma veille, comme dans mon sommeil, tu n'es plus maintenant qu'un rêve enchanteur; une étoile qui, après avoir réfléchi sur les flots sa tremblante lumière, a dérobé à la terre son gracieux rayon. Mais le voyageur engagé dans le sombre sentier de la vie, alors que le ciel en courroux a voilé sa face, regrettera longtemps le rayon évanoui qui égayait sa marche.

6 décembre 1811.

STANCES.
ENCORE UN EFFORT.

Encore un effort, et je suis délivré des tourments qui déchirent mon cœur; encore un dernier et long soupir à l'amour et à toi, puis je retourne au tourbillon de la vie. Je trouve maintenant du plaisir à me mêler à une société autrefois sans charme pour moi : si j'ai vu ici-bas s'envoler toutes mes joies, quels chagrins peuvent m'affecter désormais?

Apportez-moi donc du vin, servez le banquet; l'homme ne fut pas créé pour vivre seul. Soyons l'être léger, frivole, qui sourit avec tout le monde et ne pleure avec personne. Il n'en était pas ainsi dans des jours plus chers, il n'en eût jamais été ainsi; mais tu as pris ton vol loin de moi, et tu m'as laissé ici-bas solitaire; tu n'es plus rien, — tout est néant pour moi.

Mais c'est vainement que ma lyre affecte un ton léger; le sourire que la douleur veut feindre fait un ironique contraste avec les chagrins qu'il recouvre, comme des roses sur un sépulcre. En vain de joyeux compagnons de table, la coupe à la main, écartent un moment le sentiment de mes maux; en vain le plaisir allume la démence de l'âme : le cœur, — le cœur est toujours solitaire!

Combien de fois, dans le silence délicieux des nuits, je me suis plu à contempler l'azur du ciel! Il me semblait que la lumière céleste brillait si doucement sur ton front pensif! Souvent à l'heure de minuit, voguant sur les flots de la mer Égée, j'ai dit à l'astre de Cynthie : « En ce moment Thyrza te regarde. » — Hélas! il n'éclairait que sa tombe!

Enchaîné par la fièvre sur un lit sans sommeil, alors qu'un feu brûlant coulait dans mes veines, « ce qui me console, » me disais-je, « c'est que Thyrza ignore que je souffre. » De même que pour l'esclave usé par les ans la liberté est un don inutile, c'est en vain que la nature compatissante m'a rappelé à la vie, puisque Thyrza a cessé de vivre!

Gage que j'ai reçu de Thyrza dans des jours meilleurs, à l'aurore de ma vie et de mon amour, combien tu es changé à mes yeux! comme le temps t'a coloré des teintes de la douleur! Le cœur qui s'est donné avec toi est silencieux. — Ah! que n'en est-il de même du mien! Bien qu'aussi froid que peuvent l'être les morts, le sentiment lui reste, et sa torpeur n'exclut pas la souffrance.

Don amer et mélancolique, gage douloureux et cher, conserve, conserve mon amour inaltérable, ou brise ce cœur contre lequel je te presse! les années tempèrent l'amour, elles ne l'éteignent pas; il a quelque chose de plus saint encore quand l'Espérance s'est envolée! Oh! que sont des milliers d'affections vivantes, comparées à celle qui ne peut se détacher des morts!

EUTHANASIA.

Quand le temps, tôt ou tard, amènera ce sommeil sans rêve qui berce les habitants de la tombe, Oubli! puisses-tu balancer doucement tes ailes languissantes sur mon lit de mort!

Point d'amis ou d'héritiers qui pleurent ou appellent mon dernier soupir! point de femme, les cheveux épars, qui éprouve ou simule une douleur récente!

Mais que je descende silencieux dans la tombe, sans être accompagné d'un deuil officieux : je ne veux pas interrompre un seul instant de joie, ni causer un seul mouvement d'inquiétude à l'amitié.

L'amour seul, si toutefois l'amour dans un pareil moment pouvait noblement étouffer d'inutiles soupirs, pourrait une dernière fois signaler sa puissance dans celle qui survit et dans celui qui meurt.

Il me serait doux, ma Psyché, de contempler jusqu'au dernier instant tes traits toujours sereins : oubliant alors ses convulsions passées, la douleur elle-même pourrait te sourire.

Mais ce vœu est inutile; le cœur de la beauté se resserre à mesure que s'approche notre dernier souffle ; et les larmes que la femme répand à volonté, nous trompent dans la vie et nous énervent au moment de la mort.

Que solitaire soit donc mon heure suprême, sans un regret, sans un gémissement! pour des milliers d'hommes la mort a été douce, la douleur passagère ou nulle.

Oui, mais mourir, et aller, hélas! où tous sont allés, où tous iront un jour! redevenir le rien que j'étais avant de naître à la vie et à la douleur vivante !

Comptez les heures de joie que vous avez connues, comptez les jours que vous avez passés sans souffrir, et sachez, quoi que vous ayez été, qu'il vaut encore mieux ne pas être.

STANCES.

ET TU N'ES PLUS.

« Heu! quantò minus est cum reliquis versari, quàm tuî meminisse ! »

Et tu n'es plus, toi jeune et belle comme mortelle ne le fut jamais, avec des formes si suaves, des charmes si rares, trop tôt rendus à la terre! Bien que la terre les ait reçus dans son sein, et que la foule peut-être marche insouciante et joyeuse sur le gazon qui te recouvre, il est quelqu'un dont les regards ne pourraient se fixer un seul instant sur cette tombe.

Je ne demanderai pas où tu reposes, je ne regarderai pas la place ; qu'il y croisse des fleurs ou des herbes parasites, pourvu que je ne les voie pas. C'est assez pour moi de savoir que ce que j'ai aimé, que ce que je devais aimer longtemps encore, pourrit comme l'argile la plus commune ; je n'ai pas besoin qu'une pierre me dise que l'objet de tant d'amour n'était rien.

Et pourtant, jusqu'à la fin ma tendresse fut aussi fervente

que la tienne, toi que le passé n'a point vue changer, et qui ne peux plus changer maintenant. Quand la Mort a mis son sceau à l'amour, l'âge ne peut le refroidir, un rival l'enlever, l'imposture le désavouer; et ce qui serait plus cruel encore, tu ne peux plus voir en moi de torts, de défauts ou d'inconstance.

Les beaux jours de la vie ont été à nous; les jours mauvais demeurent mon partage. Le soleil qui vivifie, l'orage qui gronde, tout cela n'est plus rien pour toi. Le silence de ce sommeil sans rêve, je l'envie trop pour le déplorer; et je ne me plaindrai pas que la mort ait ravi tout d'un coup ces charmes dont peut-être mes regards eussent suivi le lent dépérissement.

La fleur dont l'incarnat est le plus brillant a le plus court destin; si elle n'est point détachée de sa tige dans l'éclat de sa beauté, ses feuilles tombent une à une; et c'est un spectacle moins douloureux de la voir cueillir aujourd'hui que de la regarder demain se flétrir et s'effeuiller lentement. Nul œil mortel ne peut suivre sans déplaisir le passage de la beauté à la laideur.

Je ne sais si j'aurais pu supporter la vue du déclin de tes charmes; la nuit eût été plus sombre qui eût suivi une telle aurore. Mais le jour s'est passé sans un nuage, et tu fus belle jusqu'à la fin; tu t'es éteinte, et non flétrie, comme ces étoiles qu'on voit se détacher des cieux, et qui ne sont jamais plus brillantes que dans leur chute.

Si je pouvais pleurer comme je pleurais autrefois, mes larmes couleraient en pensant que je n'étais pas à ton chevet pour te veiller à tes derniers moments, pour contempler (avec quelle tendresse!) tes traits si doux, pour te serrer affectueusement dans mes bras, pour soutenir ta tête mourante, pour te témoigner, bien qu'inutilement, cet amour que ni toi ni moi ne devons plus éprouver.

Bien que tu m'aies laissé libre, aux objets les plus doux que la terre possède encore combien je préfère ton souvenir! Tout ce qui de toi ne peut mourir au sein de l'éternité terrible et sombre, tout cela revient à moi; et rien, rien n'égale l'amour que, morte, je te voue, si ce n'est celui dont je t'entourais vivante.

Février 1812.

STANCES.

SI PARFOIS.

Si parfois, au milieu du monde, ton image s'efface de mon cœur, je retrouve dans la solitude ton ombre adorée : c'est à cette heure de tristesse et de silence que j'évoque ton souvenir, et que ma douleur peut exhaler en secret la plainte qu'elle dérobe à tous les regards.

Oh ! pardonne si pour un moment j'accorde à la foule une pensée qui t'appartient tout entière ; si, tout en me condamnant moi-même, je semble sourire et parais infidèle à ta mémoire ! Ne crois pas qu'elle me soit moins chère, parce que je fais semblant de gémir moins ; je ne voudrais pas que les sots entendissent un seul des soupirs qui ne sont adressés qu'à toi.

Si je vide la coupe du festin, ce n'est pas pour bannir mes chagrins ; elle doit contenir un breuvage plus redoutable, la coupe destinée à verser au désespoir le bienfait de l'oubli. Et si l'onde du Léthé pouvait affranchir mon âme de toutes ses visions orageuses, je briserais contre terre la coupe la plus délicieuse qui t'enlèverait une seule de mes pensées.

Car, si tu étais bannie de ma pensée, qui pourrait remplir le vide de mon cœur ? Et qui resterait ici-bas pour honorer ton urne abandonnée ? Non, non, ma douleur se fait gloire de remplir ce cher et dernier devoir ; dût le reste des hommes t'oublier, il est juste que je garde ton souvenir.

Car je sais que tu en aurais fait autant pour celui que nul maintenant ne pleurera lorsqu'il quittera cette scène mortelle, où il n'était aimé que de toi seule. Hélas ! je sens que c'était là un bienfait qui ne m'était point destiné ; tu ressemblais trop à une vision céleste pour qu'un terrestre amour pût te mériter.

14 mars 1812.

SUR UN CŒUR EN CORNALINE BRISÉ PAR ACCIDENT.

Cœur malheureux ! se peut-il que tu te sois ainsi brisé !

Tant d'années de sollicitude pour ton maître et pour toi ont-elles donc été employées en vain ?

Mais chacun de tes fragments me semble précieux, et la moindre parcelle m'est chère ; car celui qui te porte sait que tu es un fidèle emblème de son propre cœur.

16 mars 1812.

A UNE DAME QUI AVAIT ÉTÉ VUE PLEURANT [1].

Pleure, fille des rois ! pleure la honte d'un père et la décadence d'un royaume ! heureux si chacune de tes larmes pouvait effacer une faute de l'auteur de tes jours !

Pleure,—car tes larmes sont celles de la vertu ; elles feront du bien à ces îles souffrantes ; puisse chacun de tes pleurs être payé un jour par un sourire du peuple !

Mars 1812.

LA CHAINE QUE JE TE DONNAI.
IMITÉ DU TURC.

La chaîne que je te donnai était belle ; le luth que j'y joignis avait des sons harmonieux ; le cœur qui offrit l'un et l'autre était sincère, et ne méritait pas le sort qu'il a éprouvé.

A ces dons un charme secret était attaché pour me faire deviner ta fidélité en mon absence ; et ils ont bien rempli leur devoir : — hélas ! ils n'ont pu t'apprendre le tien.

La chaîne était formée d'anneaux solides, mais qui ne devaient pas résister au contact d'une main étrangère ; le luth devait être mélodieux, jusqu'au moment où tu le croirais tel aux mains d'un autre.

Que celui qui a détaché de ton cou cette chaîne tombée en morceaux sous sa main, qui a vu ce luth lui refuser ses sons, que celui-là remonte les cordes et réunisse les anneaux.

Quand tu changeas ils changèrent aussi ; la chaîne est brisée, le luth est muet. Tout est fini. — Adieu à eux et à toi, — adieu au cœur faux, à la chaîne fragile, au luth silencieux

VERS ÉCRITS SUR UN FEUILLET BLANC DU POËME DE ROGERS : « LES PLAISIRS DE LA MÉMOIRE. »

Absent ou présent, mon ami, un charme magique s'attache à toi ; c'est ce que peuvent certifier tous ceux qui, comme moi, jouissent tour à tour de ta conversation et de la lecture de tes chants.

Mais quand viendra l'heure redoutée, toujours trop tôt venue pour l'amitié ; quand la MÉMOIRE, pensive sur la tombe de son poëte, pleurera la perte de ce qu'il y a de mortel en toi,

Avec quel amour elle reconnaîtra l'hommage offert par toi sur ses autels, et dans les siècles à venir unira pour jamais *son* nom au *tien!*

ADRESSE PRONONCÉE A L'OUVERTURE DU THÉATRE DE DRURY-LANE, LE SAMEDI 10 OCTOBRE 1812.

Dans une nuit terrible, notre cité vit en soupirant réduire en poussière ce palais que le drame était fier d'habiter ; une heure suffit pour livrer l'édifice aux flammes, détrôner Apollon et mettre fin au règne de Shakspeare.

Vous avez contemplé dans l'admiration et le deuil ce spectacle, dont l'éclat semblait parer ces ruines d'une insultante auréole ; ces nuages de feu s'élevant du sein des décombres, et, pareils à la colonne lumineuse d'Israël, chassant la nuit de la voûte des cieux ; ces tourbillons de flamme reflétant leur ombre rougeâtre dans la Tamise épouvantée, pendant que des milliers de spectateurs, amoncelés autour de l'édifice embrasé, reculaient pâles d'effroi et tremblaient pour leurs propres foyers, en voyant l'incendie dérouler ses flammes, et le ciel horriblement sillonné par des éclairs aussi terribles que les siens, jusqu'au moment où des cendres noircies et quelques murs solitaires annoncèrent la défaite de la Muse et prirent possession de son empire écroulé. Dites, ce nouvel édifice, qui aspire à la gloire du premier, élevé au même lieu où s'élevait le plus majestueux théâtre de notre île, lui accorderez-vous vos suffrages comme à son prédécesseur? ce temple de Shakspeare sera-t-il digne de lui et de vous?

Oui, — il le sera; — la magie de ce nom brave la faux du Temps et la torche enflammée; c'est lui qui veut que la scène reparaisse dans ce lieu consacré, et que le drame soit où il a été : la création de cet édifice atteste la puissance du charme. — Pardonnez à notre honnête orgueil, et joignez-y votre approbation!

Puisque ce théâtre s'élève pour rivaliser avec celui qu'il remplace, puisse le passé être pour nous un garant de l'avenir! Un destin propice à nos prières peut nous envoyer des noms tels que ceux qui ont fait la gloire de l'édifice détruit. C'est à Drury que notre Siddons fit éclater pour la première fois cette puissance d'émouvoir qui enivrait les cœurs tendres, et touchait les plus insensibles. A Drury, Garrick vit croître ses derniers lauriers; ici, Roscius, prêt à rentrer dans la retraite, fit couler vos dernières larmes, soupira ses derniers remerciements, et pleura son dernier adieu; mais, pour des génies vivants peuvent fleurir ces couronnes qui n'exhalent maintenant leurs parfums que sur des tombeaux. Ces hommes, Drury les a réclamés et les réclame encore. — Ne lui refusez pas vos suffrages qui réveilleront sa muse endormie; préparez des couronnes pour en orner la tête de votre Ménandre, et ne réservez pas aux seuls morts d'inutiles hommages.

Ils sont chers à notre souvenir ces jours qui ont rendu nos annales brillantes, avant que Garrick nous eût quittés, ou que Brinsley eût cessé d'écrire. Héritiers de leurs travaux, nous sommes vains de nos ancêtres comme le sont des fils de haut lignage. Pendant que la Mémoire emprunte le miroir de Banquo pour signaler à leur passage les ombres couronnées, et que nous tenons la glace fidèle où viennent se réfléchir les noms immortels qui brillent sur notre écusson, arrêtez-vous; avant de condamner leurs faibles rejetons, songez combien il est difficile de rivaliser avec eux!

Amis de la scène, dont l'indulgence et les éloges sont

humblement sollicités par les acteurs et les pièces, dont la voix et le regard condamnent ou absolvent en dernier ressort, si la frivolité a conduit à la gloire, si nous avons rougi de vous voir suspendre votre blâme, si le théâtre, dans sa décadence, s'est ravalé jusqu'à flatter le mauvais goût qu'il ne pouvait corriger, que les travaux actuels effacent les reproches du passé, et que le Blâme, levant la voix avec sagesse, se taise avec justice! Puisque dans le drame votre volonté fait loi, abstenez-vous de nous donner des applaudissements ironiques et déplacés; une noble fierté doublera les facultés de l'acteur, et notre voix sera l'écho de celle de la raison.

Après ce respectueux prologue, conforme à l'antique usage, après cet hommage du Drame, présenté par l'organe de son héraut, recevez aussi nos compliments de bienvenue; ils partent de nos cœurs, et voudraient nous concilier les vôtres. Le rideau se lève. — Puissions-nous offrir à vos regards des scènes dignes des beaux jours de Drury! avec des Bretons pour tribunal, la nature pour guide, puissions-nous longtemps plaire, — et vous, rester longtemps nos juges [2].

ADRESSE PARENTHÉTIQUE [3]; PAR LE DOCTEUR PLAGIARY.

(Cette adresse, qui doit être à moitié dissimulée, sera prononcée d'une manière inarticulée et avec force révérences par M. P. à la prochaine ouverture d'un nouveau théâtre. Les passages dissimulés sont indiqués par des guillemets).

« Pendant que les hommes poursuivent d'énergissants objets, » alors Dieu sait ce qui est écrit par Dieu sait qui. « Vous écoutez ici un modeste monologue, » que le théâtre a repoussé l'autre jour à coups de sifflet, comme si ses vers « somnifères » eussent été écrits par sir Fretful, et que son fils eût été chargé de la répétition de cette œuvre de rebut! « Néanmoins vous ne seriez pas surpris de la chose » si vous saviez le tapage qu'a fait l'auteur; « ici même vous ne pourriez vous empêcher de sourire » si vous connaissiez ces vers, dont les meilleurs sont détestables. « Feu! flamme! » (paroles empruntées à Lucrèce) métaphores effrayantes qui rouvrent les blessures et réveillent les douleurs endormies — et — mais en voilà assez. » (Le ciel me confonde si je sais ce que je dois dire ensuite.) « L'espérance renaît et déploie ses ailes, » et M. G. récite ce que chante le docteur Busby ! — « Si les petits objets aux plus grands se comparent » (traduit de Virgile, dans l'intérêt des dames), « le génie dramatique précipite son char victorieux, » lui qui a brûlé ce pauvre Moscou comme un tonneau « de goudron. » « Ce génie, Wellington l'a fait voir en Espagne » pour fournir à Drury des sujets de mélodrames ; « un autre Marlborough nous montre un nouveau Blenheim ; » George et moi, nous en ferons un drame, si vous voulez.

« Notre île s'est illustrée dans les arts et dans les sciences » (cette profonde découverte m'appartient exclusivement). « O poésie britannique ! dont la puissance inspire » mes vers — ou je suis un imbécile, — et la Gloire une menteuse, « nous t'invoquons, nous implorons les arts, tes frères, » avec les « sourires, » les « lyres, » les « pinceaux, » et bien d'autres choses encore. « Puissions-nous aussi nous concilier les « Grâces ; » (les disgrâces non plus ne nous feront pas faute !) « troupe inséparable ! » « trois sœurs qui ont emprunté à Cupidon leur charme ensorceleur » (vous comprenez tout ce que je veux dire, à moins d'être des buses), « groupe harmonieux, » que j'ai gardé *in petto* pour le produire maintenant dans un « *divin sestetto !* » « Pendant que la Poésie, » à l'aide de ces délicieuses princesses, « joue son rôle » dans toutes les loges « supérieures, » « ainsi exaltés, vous prendrez votre essor » dans le vaste ballon de la poésie de Busby. « Vous nagerez dans le burlesque, les mascarades, les décorations et le drame. » (George, pour ce vers, a eu un jour de congé.) « Jamais, jamais le vieux Drury ne s'est élevé si haut ; » c'est ce que dit le régisseur, et j'en dis autant. « Mais, arrêtez, dites-vous, cessez vos complaisantes fanfaronnades ; » est-ce là le poëme qu'a perdu le public ? « C'est juste — c'est juste, cela rabat immédiatement notre ambitieux orgueil ; » oui, mais les journaux impriment ce que vous tournez en ridicule. « C'est à nous de fixer sur vous nos regards, — le prix est dans vos mains, » il est de *vingt guinées*, d'après le programme! « Vos récompenses confèrent un double bienfait — »; aussi, je voudrais les obtenir, et de grand cœur. « Un double sentiment est produit en nous par une double cause, » c'est-à-dire que mon fils et moi nous réclamons tous deux vos applaudissements. « Que vos rayons réparateurs nous fassent vivre; » ma prochaine liste de souscription dira combien vous aurez donné.

Octobre 1812.

VERS TROUVÉS DANS UN PAVILLON D'ÉTÉ, A HALES-OWEN.

Quand le Fou de Dryden « allait sans savoir où, » et sifflait en marchant « à défaut de pensée, » cet inoffensif idiot compensait amplement par son innocence l'absence de la raison. Si nos modernes Cymons employaient comme lui leurs loisirs, les infamies qui souillent ces vertes allées ne feraient pas rougir et n'offenseraient pas les regards. Il est cruel, le destin de nos modernes idiots; le vice et la folie les ont marqués à la fois. Semblables à des reptiles malfaisants sur de blanches murailles, la bave immonde qu'ils laissent après eux atteste leur passage.

AU TEMPS.

O Temps, dont l'aile capricieuse emporte les heures changeantes d'un vol lent ou rapide; qui, suivant les pas tardifs de notre hiver ou la fuite agile de notre printemps, nous traînes péniblement, ou nous conduis avec célérité vers la mort,

Je te salue! toi qui me prodiguas à ma naissance ces dons connus de tous ceux qui te connaissent; cependant ton poids me semble moins pesant maintenant que je suis seul à le porter.

Je ne voudrais pas qu'un cœur aimant prît sa part des jours amers que tu m'as donnés; et je te pardonne, puisque tu as permis que le repos ou le ciel fût le partage de tout ce que j'ai aimé.

Pourvu qu'ils reposent en paix ou soient heureux, tes rigueurs à venir m'assiégeront en vain; je ne te dois que des années, et c'est une dette que j'ai déjà acquittée en douleurs.

Et même ces douleurs n'ont pas été sans compensation; je sentais ta puissance, et pourtant je t'oubliais : l'activité de la souffrance retarde le cours des heures, mais elle ne les compte pas.

Le bonheur m'a vu soupirer en pensant que ta fuite ne tarderait pas à se ralentir; tu pouvais jeter un nuage sur ma joie, mais tu ne pouvais ajouter une ombre à ma douleur.

Car alors, toute lugubre et sombre qu'était ton atmosphère, mon âme y était acclimatée; une seule étoile scintillait à mes regards, et je voyais à sa lueur que tu n'étais pas — l'Éternité.

Ce rayon a disparu, et maintenant tu es pour moi comme non avenu, un rôle dont on maudit les insipides détails, que tout le monde regrette d'avoir, et que tout le monde répète.

Il est dans ce drame une scène que tu ne peux point gâter, alors que, n'ayant plus souci de ta fuite ou de ta lenteur, sur d'autres que sur nous gronde l'orage qu'un sommeil profond ne nous permet plus d'entendre.

Et je me prends à sourire en pensant combien vains seront tes efforts, quand tous les coups de ta vengeance devront tomber sur—sur une pierre sans nom.

STANCES.
TU N'ES POINT PERFIDE.

Tu n'es point perfide, mais tu es légère avec ceux que tu as si tendrement aimés; les larmes que tu as forcées de couler, cette pensée les rend doublement amères; c'est là ce qui brise le cœur que tu affliges : tu aimes trop bien, tu quittes trop tôt.

Le cœur méprise la femme déloyale; on oublie la perfide et sa perfidie; mais celle qui ne dissimule aucune de ses pensées, dont l'amour est aussi vrai qu'il est doux, quand elle devient inconstante, celle qui aimait si sincèrement, le cœur éprouve alors ce que le mien vient d'éprouver.

Rêver de joie et s'éveiller à la douleur, c'est le sort de tout ce qui vit ou aime; et si le matin nous en voulons à notre imagination de nous avoir déçus, même en rêve, pour laisser notre âme plus triste après le réveil;

Que doivent-ils donc sentir, ceux qu'échauffa, non une illusion mensongère, mais la plus vraie, la plus tendre des passions? Tant de sincérité! puis un changement si prompt et si douloureux! Est-ce donc un songe qui m'avait charmé? Ah! sans doute ma douleur est l'œuvre de l'imagination, et j'ai rêvé ton inconstance.

A UNE DAME QUI DEMANDAIT A L'AUTEUR QUELLE ÉTAIT « L'ORIGINE DE L'AMOUR. »

« L'origine de l'amour! » — Pourquoi me faire cette question cruelle, quand tu peux lire dans tous les yeux qu'il prend naissance dès qu'on te voit?

Et si tu veux connaître sa *fin*, mon cœur me dit, mes craintes prévoient qu'il languira longtemps dans le silence et la douleur, et ne cessera de vivre — que lorsque j'aurai cessé d'être.

STANCES.
RAPPELLE-TOI CELUI.

Rappelle-toi celui que la passion mit à une épreuve redoutable, et qui n'y a point succombé; rappelle-toi cette heure périlleuse où nul de nous n'a failli, quoique tous deux fussent aimés.

Ce sein palpitant, cet œil humide, ne m'invitaient que trop à être heureux; ta douce prière, ton soupir suppliant, condamnèrent ce désir insensé et le réprimèrent.

Oh! laisse-moi sentir tout ce que j'ai perdu en te préservant de tout ce que la conscience redoute; laisse-moi rougir de ce qu'il m'en a coûté pour épargner à ta vie d'inutiles remords!

Ne l'oublie pas quand la langue de la Médisance chuchotera contre moi son blâme, voudra nuire au cœur qui t'aime, et noircir un nom à moitié flétri par elle;

N'oublie pas que, quelle qu'ait pu être ma conduite avec

d'autres, tu m'as vu réprimer toute pensée égoïste : maintenant encore, je bénis la pureté de ton âme, maintenant, dans la solitude de la nuit.

O Dieu! que ne nous sommes-nous rencontrés plus tôt, tous deux avec le même amour au cœur, toi avec une main plus libre, quand tu aurais pu aimer sans crime, et moi être moins indigne de toi!

Puisse, comme auparavant, ta vie s'écouler loin du monde et de son éclat trompeur ; et, ce moment trop amer une fois passé, puisse cette épreuve être pour toi la dernière!

Mon cœur, hélas! trop longtemps perverti, perdu lui-même au sein du monde, te perdrait peut-être ; en te revoyant dans la foule brillante, un espoir présomptueux pourrait l'égarer.

A ceux qui me ressemblent, et dont le malheur ou la félicité insensés n'importent à personne, abandonne ce monde, et quitte un théâtre où ceux qui sentent sont condamnés à succomber.

Ta jeunesse, tes charmes, ta tendresse, ton âme restée pure dans la retraite, par ce qui s'est passé même ici peuvent deviner ce que là-bas ton cœur aurait à souffrir.

Oh! pardonne-moi les larmes suppliantes qu'arracha ma démence à tes yeux adorés, et que la Vertu n'a pas répandues en vain! Tes pleurs, désormais je ne les ferai plus couler.

Quoiqu'une longue douleur s'attache pour moi à la pensée que *nous ne devons peut-être plus nous revoir*, ce cruel arrêt, je le mérite, et je trouve presque que ma sentence est douce.

Mais si je t'avais moins aimée, mon cœur t'aurait fait moins de sacrifices ; en te quittant, il n'a pas éprouvé la moitié de ce qu'il eût ressenti si, par sa faute, le crime t'eût donnée à moi.

―――

SUR LES POÉSIES DE LORD THURLOW.

Quand Thurlow fit paraître ces abominables stupidités (j'espère que je ne suis pas violent), ni les dieux ni les hommes ne surent où il en voulait venir ;

Et depuis, les éloges de notre Rogers lui-même ne purent élever ses pensées au niveau du sens commun. — Pourquoi lui ont-ils laissé imprimer ses poëmes ?

. . . .
. . . .

O divin Apollon! accorde-moi le premier et le second chant d'Hermilda : — j'ai à faire un nouveau portemanteau ;

Pour le garnir d'une manière décente, j'emprunte mes poésies et celles des autres : ayez donc la bonté, aimable Thurlow, de me jeter les vôtres.

A LORD THURLOW.

> Ma branche de laurier, de bon cœur je la donne,
> O divin Apollon pour former ta couronne ;
> Que chacun de la sienne apporte le tribut.
>
> *Vers de lord Thurlow adressés à M. Rogers.*

« Ma branche de laurier, de bon cœur je la donne. »

Tu donnes ta branche de laurier! Est-elle à toi, pour la donner? et en supposant qu'elle t'appartienne légitimement, qui en a le besoin le plus pressant, de Rogers ou de toi? Garde pour toi ta branche flétrie, ou renvoie-la au docteur Donne. Si l'on vous rendait à tous deux une impartiale justice, il lui reviendrait une bien petite quantité de lauriers, et à toi, point du tout.

« O divin Apollon! pour former ta couronne. »

Une couronne! Parbleu, tresse-la comme tu voudras, tu n'en feras que le chapeau de la Folie. La première fois qu'il t'arrivera de visiter la ville de Delphes, enquiers-toi auprès de tes camarades de voyage; ils te diront que plusieurs années avant que tu fusses né, Phébus avait donné sa couronne à Rogers.

« Que chacun de la sienne apporte le tribut »

Quand on enverra, comme choses rares, du charbon de terre à Newcastle et des hiboux à Athènes; quand le régent et sa femme seront divorcés; quand Liverpool pleurera ses sottises; quand les tories et les wighs cesseront de se chamailler; quand l'épouse de Castlereagh lui donnera un héritier, Rogers nous demandera des lauriers, et tu en auras assez pour lui en donner.

A THOMAS MOORE, LA VEILLE D'UNE VISITE A M. LEIGH-HUNT, DANS LA PRISON DE COLDBATH-FIELDS, LE 19 MAI 1813.

O vous qui avez fait du bruit par la ville, sous je ne sais combien de noms, Anacréon, Tom-Little, Tom-Moore ou Tom-Brown; car, qu'on me pende si je sais de quoi vous devez être le plus fier, de vos lourds in-quarto ou de votre *Boîte aux Lettres....*

Mais revenons à ma lettre, — elle est en réponse à la vôtre. — Trouvez-vous demain avec moi, d'aussi bonne heure que possible, tout habillé et tout prêt à nous rendre ensemble à la prison d'un homme d'esprit. — Priez Phébus que nos espiègleries politiques ne nous procurent pas un logement dans le même palais! Il est probable que ce soir vous êtes occupé, et que vous avez quitté Samuel Rogers pour les Bas Bleus de Sotheby; quant à moi, quoique enrhumé à mourir, il faut que je m'habille et que j'aille chez Heathcote; mais demain, à quatre heures, vous et moi nous jouerons la *Scurra;* vous serez Catulle, et le régent Mamurra[1].

IMPROMPTU EN RÉPONSE A UN AMI.

Quand la douleur, qui a son siége dans mon cœur, projette plus haut son ombre mélancolique, ondoie sur les traits changeants de mon visage, obscurcit mon front et remplit mes yeux de larmes, que cette tristesse ne t'inquiète pas; elle s'affaissera bientôt d'elle-même : mes pensées connaissent trop bien leur prison; après une excursion passagère, elles reprennent le chemin de mon cœur et rentrent dans leur cellule silencieuse. Septembre 1815.

SONNET A GENEVRA.

L'azur de tes yeux si doux, ta longue chevelure blonde, ton front pensif et pâle où respire la douce sérénité de la Douleur dont le temps a charmé le désespoir, ont empreint ta personne et les traits d'une tristesse si éloquente, que, — si je ne savais que ton cœur fortuné ne contient que des pensées pures et sans alliage, — je te croirais en proie à de terrestres chagrins. Telle du pinceau du Guide, de ce pinceau inspiré par le génie de la Beauté, naquit un jour la Madeleine ; — telle tu nous apparais ; mais combien tu lui es supérieure ! car toi tu n'as pas besoin du repentir ; en toi le remords n'a rien à expier, la vertu, rien à reprendre.   17 septembre 1813.

SONNET A LA MÊME.

La rêverie et non le chagrin a donné à ta joue cette pâleur pensive ; telle qu'elle est, elle est si belle, que si l'incarnat de la joie venait en colorer les lis, cet éclat trop vif, mon cœur le verrait avec peine : ils n'éblouissent pas, tes yeux d'azur, —mais, hélas ! des yeux moins tendres ne peuvent les contempler sans larmes ; et moi-même, je sens les miens s'emplir de ces pleurs puisés à la mamelle d'une mère, doux comme les dernières gouttes qui accompagnent l'arc céleste d'Iris. Car à travers tes longs cils noirs brille une mélancolie charmante, comme un Séraphin qui descendrait du ciel, et qui, au-dessus de toutes les douleurs, aurait pitié de toutes les infortunes ; en voyant tant de douceur unie à tant de majesté, je sens que je t'adore davantage sans pouvoir t'aimer moins.   17 décembre 1813.

NOTES DES POÉSIES DIVERSES
COMPOSÉES DE 1811 A 1813.

¹ Cet impromptu fut fait à l'occasion d'un on-dit : on prétendait que la princesse Charlotte avait versé des larmes en apprenant qu'à la mort de M. Perceval les wighs n'avaient pu réussir à former un ministère.

² Le théâtre de Drury-Lane, brûlé en 1811, fut rouvert l'année suivante. Un concours fut établi pour l'adresse, ou discours d'inauguration. A la prière de lord Holland, lord Byron écrivit la pièce qu'on vient de lire, au risque de déplaire mortellement aux auteurs de plus de cent adresses rejetées.

³ Parmi les adresses envoyées au comité du théâtre de Drury-Lane, il y en avait une du docteur Busby, intitulée *Monologue*, dont la pièce qu'on va lire est une parodie. Les mots guillemetés sont textuellement extraits de l'adresse du docteur.

⁴ Voir les vers de Catulle, intitulés *In Cæsarem*.

POÉSIES DOMESTIQUES[1].

L'ADIEU.

> Ils s'aimaient dans leurs jeunes ans ;
> Mais, las ! la calomnie a des poisons cuisants ;
> La constance est au ciel ; la vie est épineuse,
> La jeunesse présomptueuse ;
> Puis le courroux contre un objet aimé
> Jette dans l'âme un délire enflammé.
> . . . .
> Mais jamais plus ils ne trouvèrent
> De quoi remplir le vide en leurs cœurs déchirés,
> Et, comme deux rochers qu'un choc a séparés,
> Isolés tous deux demeurèrent.
> Entre eux un abîme a grandi ;
> Mais ce qui fut laisse une trace
> Qui demeure et que rien n'efface,
> Ni les frimas du nord, ni les feux du midi.
> COLERIDGE, *Christabel*.

I.

Adieu ! et quand ce devrait être pour toujours, eh bien ! pour toujours adieu ! Quoique tu sois inexorable, jamais mon cœur ne se révoltera contre toi.

II.

Que ne peux-tu lire dans ce cœur, où si souvent reposa ta tête, alors que descendait sur toi ce sommeil paisible que tu ne connaîtras plus désormais !

III.

Que ne peut ce cœur dévoiler à tes regards ses plus intimes pensées ! Tu avouerais alors que ce n'était pas bien de le dédaigner ainsi.

IV.

Dût le monde t'approuver en cela, — dût-il sourire aux coups que tu me portes, c'est une offense pour toi que des louanges fondées sur les douleurs d'autrui.

V.

Bien des défauts, sans doute, ont vicié ma nature ; mais, pour m'infliger une blessure incurable, ne pouvait-on choisir un autre bras que celui qui naguère me pressait d'une douce étreinte ?

VI.

Cependant ne t'abuse pas : l'amour peut s'affaisser par un lent déclin ; mais ne crois pas qu'on puisse, par un brusque effort, arracher ainsi deux cœurs l'un à l'autre.

VII.

La vie anime encore le tien ; — le mien, quoique saignant, est condamné à battre encore, torturé par cette éternelle pensée que nous pouvons ne plus nous revoir.

VIII.

Il y a plus de douleur dans ces paroles que dans les larmes versées sur les morts. Tous deux nous vivrons, mais chaque aurore nous réveillera sur une couche veuve.

IX.

Et quand tu chercheras des consolations, quand les premiers accents s'échapperont de la bouche de notre enfant, lui apprendras-tu à dire « Mon père ! » alors que les soins d'un père lui sont interdits ?

X.

Quand ses petites mains te presseront, quand ses lèvres toucheront les tiennes, pense à celui dont la prière te bénira ; pense à celui dont ton amour eût fait le bonheur.

XI.

Si ses traits ressemblent à celui que tu ne dois peut-être plus revoir, alors tu sentiras doucement trembler ton cœur, et ses battements seront pour moi.

XII.

Tu connais peut-être tous mes torts : nul ne peut connaître tout mon délire. Quoique flétries, toutes mes espérances t'accompagnent.

XIII.

Tous mes sentiments ont été ébranlés : ma fierté, que le monde entier n'eût pu faire plier, plie devant toi. — Il n'est pas jusqu'à mon âme qui, abandonnée par toi, ne m'abandonne.

XIV.

Mais c'en est fait, — toutes les paroles sont inutiles; — de ma part, elles sont plus vaines encore; mais nous ne pouvons brider la pensée : elle se fait jour malgré nous.

XV.

Adieu ! — Ainsi séparé de toi, ayant vu briser mes liens les plus chers, brûlé au cœur, solitaire, flétri, je ne puis mourir davantage.

ESQUISSE [2].

> Honnête — honnête Jago, si tu es le diable,
> Je ne puis te tuer. — SHAKSPEARE.

Née au grenier, élevée à la cuisine, ensuite promue en grade et appelée à orner la tête de sa maîtresse; puis — pour je ne sais quel service qu'on ne nomme pas, et qu'on ne peut deviner qu'au salaire, — élevée de la toilette à la table de ses maîtres, où s'émerveillent de la servir des gens qui valent mieux qu'elle; d'un œil impassible, d'un front qui ne sait pas rougir, elle dîne dans l'assiette qu'autrefois elle lavait; ayant toujours un conte à ses ordres et un mensonge sur les lèvres, — confidente de droit, espion universel, et — qui pourrait, grands dieux ! deviner son autre emploi? — gouvernante d'un enfant unique! Elle enseigna à lire à l'enfant, et l'enseigna si bien, que, par la même occasion, elle apprit elle-même à épeler. Elle fit ensuite de grands progrès dans l'écriture, comme l'atteste mainte calomnie anonyme fort proprement écrite. Ce que ses artifices eussent fini par faire de son élève, Dieu le sait! — Mais heureusement qu'une âme haute sauva le cœur, cette âme dont la droiture ne pouvait être égarée, et qui cherchait, haletante, la vérité qu'elle ne pouvait entendre. La perversité fut déjouée dans ses calculs par cette jeune âme; elle ne se laissa pas hébéter par la flatterie, — aveugler par la bassesse, — infecter par le mensonge, — souiller par la contagion, — énerver par la faiblesse, — gâter par l'exemple. — Maîtresse de la science, elle ne fut point tentée de regarder en pitié des talents plus humbles, elle que le génie a laissée modeste, — que la beauté n'a point rendue vaine, — que l'envie n'a pu porter à infliger douleur pour douleur, — que la fortune n'a pu changer, — ni l'orgueil exalter, — ni la passion courber, ni la vertu armer d'austérité—jusqu'à ce jour. Dans sa noble sérénité, la plus pure de son sexe, il ne lui manque qu'une douce faiblesse : — celle de pardonner. Trop vivement irritée contre des fautes que son âme ne peut jamais connaître, elle croit que tout le monde ici-bas doit lui ressembler; ennemie de tous les vices, on ne peut dire qu'elle soit l'amie de la vertu, car la vertu pardonne à ceux qu'elle voudrait corriger.

Mais revenons à mon sujet : — j'ai quitté trop longtemps le funeste refrain de ce chant véridique. — Quoique toutes ses fonctions antérieures aient cessé, elle gouverne maintenant le cercle qu'elle servait naguère. Si les mères, — on ne sait pourquoi, — tremblent devant elle; si les filles la redoutent dans l'intérêt de leurs mères; si d'anciennes habitudes, — ces faux liens qui enchaînent parfois les esprits les plus élevés aux esprits les plus bas, — si tout cela lui a conféré le pouvoir d'infiltrer trop profondément l'essence mortelle de ses ressentiments; si, comme un serpent, elle se glisse dans votre demeure jusqu'à ce que la noire bave qu'elle laisse après elle dévoile sa marche rampante; si, comme une vipère, elle s'enlace à votre cœur, et y laisse un venin qu'elle n'y a pas trouvé, pourquoi s'étonner que cette sorcière haineuse, toujours aux aguets pour nuire, travaille à faire un pandœmonium du lieu qu'elle habite, et à régner, nouvelle Hécate d'un enfer domestique? Elle est habile à faire ressortir les teintes de la calomnie avec tout le bienveillant mensonge des demi-mots, en mêlant le vrai au faux, — l'ironie au sourire, — un fil de candeur à une trame d'imposture; elle a un air de brusquerie et de franchise affectée pour cacher les projets de son âme dure, de son cœur glacé; des lèvres qui mentent, — un visage formé pour la dissimulation, d'où le sentiment est exilé, et où est peinte la moquerie pour tous ceux qui sentent. Joignez à cela un masque que désavouerait la Gorgone, une peau de parchemin — et des yeux de pierre. Voyez comme les canaux de son sang jaunâtre montent jusqu'à sa joue pour s'y épaissir en boue stagnante, encaissés dans un lit semblable à la cuirasse jaune du centipède ou à la verte écaille du scorpion — (car nous ne pouvons trouver que dans les reptiles des couleurs qui conviennent à cette âme ou à ce visage). — Voyez ses traits : c'est un miroir fidèle où son âme se reflète. Ce portrait n'est pas chargé : — pas un coup de pinceau auquel on ne puisse ajouter encore. Ainsi la fit la nature, ou plutôt ses manœuvres, qui ont créé ce monstre après que leur maîtresse eut abandonné la partie ; — constellation femelle, canicule de ce petit ciel où tout, sous son influence, se flétrit ou meurt.

O misérable! qui n'as point de larmes,— point de pensée, si ce n'est de joie sur la ruine que tu as consommée, un temps viendra, qui n'est pas loin, où tu ressentiras plus de souffrances que tu n'en infliges maintenant, où tu t'apitoieras en vain sur ton égoïste individu et hurleras de douleur sans que personne te plaigne. Puisse l'énergique malédiction des affections brisées retomber sur ton cœur, et la foudre que tu allumas te consumer toi-même! puisse la lèpre de ton âme te rendre aussi infecte pour toi-même que tu l'es pour le genre humain, jusqu'à ce que ton égoïsme se tourne en haine noire,— telle que ta volonté la créerait pour autrui; jusqu'à ce que ton cœur dur se calcine et devienne cendre, que ton âme se vautre dans sa hideuse enveloppe! Oh! puisse ta tombe être sans sommeil comme le lit, — la couche veuve et brûlante que tu as dressée pour nous! Alors, quand tu voudras fatiguer le ciel de tes prières, regarde tes victimes terrestres, — et désespère, désespère, jusque dans la mort!—Et lorsque tu pourriras, ton argile empoisonnée fera périr les vers. Sans l'amour que j'ai porté et que je dois porter encore à celle dont ta perversité voudrait briser tous les liens, — ton nom, — ton nom parmi les hommes — serait attaché par moi au poteau de la honte, et, t'exaltant au-dessus de tes pareilles, moins abhorrées que toi, je t'enverrais pourrir dans une infamie éternelle.

29 mars 1816.

STANCES A AUGUSTA[3].
QUAND TOUT ÉTAIT LUGUBRE ET SOMBRE.

I.

Quand tout était lugubre et sombre autour de moi, que la raison voilait à demi sa lueur, — que l'espérance laissait percer à peine une étincelle mourante qui ne faisait que m'égarer davantage dans ma route solitaire ;

II.

Dans cette nuit profonde de l'esprit, dans cette lutte intérieure de l'âme, alors que, craignant d'être accusés d'un excès de bienveillance, les faibles désespèrent, — les cœurs froids s'éloignent ;

III.

Quand ma fortune changea, — que l'amour s'envola, et que la haine décocha contre moi tous ses traits, tu fus l'étoile solitaire qui continua jusqu'à la fin à briller pour moi.

IV.

Oh ! bénie soit ta constante lumière qui veilla sur moi comme eût fait le regard d'un séraphin, et, s'interposant entre moi et la nuit, ne cessa de luire doucement sur ma tête !

V.

Et quand vint le nuage qui tenta de voiler tes rayons, — doux astre, tu redoublas l'éclat de ta pure flamme et chassas bien loin les ténèbres !

VI.

Que ton génie continue à planer sur le mien, et lui apprenne ce qu'il doit braver et ce qu'il lui faut souffrir. Il y a plus de puissance dans une seule de tes douces paroles que dans le blâme du monde entier, ce blâme que j'affronte.

VII.

Tu fus pour moi comme un arbre chéri que les vents courbent sans le briser, et qui, avec une affectueuse fidélité, balance son feuillage sur un tombeau.

VIII.

Les autans peuvent mugir, — les cieux épancher leurs

torrents, là on t'a vu, — là on te verra encore, inébranlable au milieu de l'orage, répandre sur moi tes feuilles pleurantes.

IX.

Mais toi et les tiens vous ne vous flétrirez pas, quel que soit le destin qui me tombe en partage : car le ciel récompensera par un beau soleil ceux qui furent bienveillants, — et toi plus qu'eux tous.

X.

Qu'ils se brisent donc, les liens de l'amour déçu! — les tiens ne se briseront jamais : ton cœur peut sentir, — mais il ne peut changer ; ton âme, quoique douce, ne saurait être ébranlée.

XI.

Quand tout se détachait de moi, tu restas et tu es encore la même ; et, après toutes les épreuves que mon cœur a subies, la terre n'est pas un désert, même pour moi.

STANCES A AUGUSTA.
EN VAIN IL S'EST COUCHÉ LE SOLEIL DE MON SORT.

I.

En vain il s'est couché le soleil de mon sort, en vain l'étoile de ma destinée a pâli, ton cœur indulgent refusa de voir les torts que tant d'autres découvraient en moi. Tu connaissais ma douleur, et pourtant tu n'hésitas pas à la partager; et l'amour que peignit mon âme, je ne l'ai jamais trouvé qu'en *toi*.

II.

Lorsque autour de moi sourit la nature, dernier sourire qui réponde au mien, j'y ai foi, à celui-là, parce qu'il me rappelle le tien; et quand les vents sont en guerre avec l'Océan, comme le sont avec moi les cœurs auxquels je croyais, si les vagues me font éprouver une émotion, c'est parce qu'elles m'entraînent loin de *toi*.

III.

Bien que j'aie vu briser le rocher où s'abritait mon dernier espoir, et que ses débris aient disparu sous les flots, bien que je sente que mon cœur est une proie livrée à la souffrance, — il ne sera pas son esclave. Plus d'une douleur me poursuit : on pourra m'écraser, non me mépriser; — ils peuvent me torturer, ils ne me dompteront pas. — C'est à toi que je pense, non à eux.

IV.

Mortelle, tu ne m'as point trompé ; — femme, tu ne m'as point abandonné ; aimée, tu ne m'as point affligé ; calomniée, tu n'as point chancelé ; estimée, tu ne m'as point désavoué. Quand tu me quittais, tu ne me fuyais pas ; quand tes regards me surveillaient, ce n'était pas pour me diffamer, et tu ne te taisais pas pour laisser parler l'imposture.

V.

Cependant je n'ai ni mépris ni blâme pour le monde, pour cette guerre du grand nombre contre un seul ; — mon âme n'était pas faite pour l'apprécier, et ce fut folie à moi de ne pas m'en éloigner plus tôt. Si cette erreur m'a coûté cher, plus cher que je ne pouvais le prévoir, j'ai vu que, malgré tout ce qu'elle m'a fait perdre, elle n'a pas pu me priver de *toi*.

VI.

Dans ce naufrage où mon passé a péri, il est une leçon du moins que j'ai pu recueillir. J'y ai appris que ce qui m'était le plus cher méritait le plus d'être aimé. Il est pour moi une source au désert : dans mon domaine inculte un arbre reste ; un oiseau chante dans ma solitude, et son chant me parle de *toi*.

24 juillet 1816.

ÉPITRE A AUGUSTA[4].
MA SOEUR! MA BIEN-AIMÉE SOEUR!

I.

Ma sœur, ma bien-aimée sœur! s'il est un nom plus cher et plus pur, que ce nom soit le tien! Des montagnes et des mers nous séparent; mais ce ne sont pas des pleurs que je demande, c'est une affection qui réponde à la mienne. En quelque lieu que je sois, pour moi tu es toujours la même:

Il reste encore deux buts à ma destinée : un monde à parcourir et un foyer avec toi.

II.

Le premier est peu de chose ; — l'autre, si je l'avais, serait le port de ma félicité ; mais tu as d'autres devoirs et d'autres liens, et je ne veux rien leur enlever. Un sort étrange est échu en partage au fils de ton père, sort irrévocable, et dont rien ne peut adoucir la rigueur. L'opposé du destin de notre aïeul m'a été infligé[5] : il n'eut point de repos sur l'Océan, ni moi sur le rivage.

III.

Si j'ai recueilli sur un autre élément que lui mon héritage de tempêtes ; si, sur des écueils périlleux que je n'avais pas vus ou n'avais pu prévoir, j'ai soutenu ma part des bourrasques mondaines, la faute en fut à moi : je n'essaierai pas de me justifier et d'abriter mes erreurs derrière des paradoxes ; j'ai moi-même été complice de ma chute, et le pilote zélé de mes propres malheurs.

IV.

A moi la faute, à moi la peine ! Toute ma vie n'a été qu'un combat, depuis le jour qui, en me donnant l'être, me donna en même temps ce qui empoisonna ce don, une destinée,— une volonté d'égarement ; et parfois j'ai trouvé dure cette lutte, et la pensée m'est venue de briser mes liens d'argile. Mais maintenant je me résigne à vivre quelque temps, ne fût-ce que pour voir ce qui peut me survenir encore.

V.

Dans ma courte existence, j'ai vu périr des royaumes et des empires, et pourtant je ne suis pas vieux ; et quand je considère cela, je vois se dissoudre la chétive écume de mes propres tempêtes, de ces années orageuses, agitées comme les vagues de la vaste mer. Quelque chose, — je ne sais quoi, — communique à mon âme une sorte de résignation. — La douleur, dussions-nous ne l'acheter que pour elle-même, ce n'est jamais en vain que nous l'achetons.

VI.

Peut-être s'agite au dedans de moi le sentiment de la fierté blessée, — ou ce froid désespoir que produit à la longue l'habitude du malheur; — peut-être un climat plus clément, un air plus pur (car les changements de l'âme peuvent quelquefois être assignés à cette cause, et le corps s'accoutume à porter une armure légère), m'ont communiqué un calme étrange qui ne serait point le partage d'une destinée plus paisible que la mienne.

VII.

Parfois je sens presque comme je sentais dans mon heureuse enfance : les arbres, les fleurs, les ruisseaux qui me rappellent les lieux que j'habitais avant que ma jeune âme eût été sacrifiée aux livres, m'apparaissent comme autrefois. Ce sont des amis que mon cœur ne peut revoir sans attendrissement; et même, par moments, il me semble que je pourrais trouver quelque objet vivant à aimer, — mais aucun comme toi.

VIII.

Ici les paysages des Alpes fournissent un aliment à la contemplation. — L'admiration est un sentiment bientôt épuisé, mais ces tableaux inspirent quelque chose de plus digne. Ici, être seul, ce n'est point être malheureux : car j'y vois beaucoup de choses que je désire le plus de voir, et surtout je puis contempler ici un lac plus charmant, non plus cher que le nôtre d'autrefois.

IX.

Oh! si tu étais seulement avec moi! — Mais je suis dupe de mes propres désirs, et j'oublie que la solitude que j'ai tant exaltée perd tout son prix dans ce regret unique. Peut-être en est-il d'autres que je ne manifeste point. — Je ne suis pas de ceux qui se plaignent, et néanmoins je sens s'émouvoir ma philosophie et des larmes mouiller mes yeux émus.

X.

J'ai rappelé à ta mémoire notre lac chéri auprès du vieux manoir, qui peut-être un jour ne m'appartiendra plus. Le Léman est beau; mais ne crois pas que j'oublie le doux souvenir d'un rivage plus cher. Il faudra que le temps fasse bien des ravages dans ma mémoire avant que, *lui ou toi*, mes yeux cessent de vous voir; et néanmoins, comme tout ce que j'ai aimé, ces objets, ou sont loin de moi, ou je leur ai dit un éternel adieu.

XI.

Le monde entier se déroule devant moi; je ne demande à la nature que ce qu'elle ne me refusera pas,— de me réchauffer au soleil de son été, de participer au calme de son ciel, de voir sans masque son bienveillant visage, et de ne jamais le contempler avec apathie. Elle fut ma première amie, et maintenant elle sera ma sœur — jusqu'à ce que je te revoie.

XII.

Je peux étouffer tous mes sentiments, sauf celui-ci que je ne voudrais pas éteindre en moi; — car je vois enfin des sites pareils à ceux où commença ma vie, — les premières scènes de mon existence, les seules qui me conviennent. Si j'avais appris plus tôt à fuir la foule, je serais meilleur que je ne puis être aujourd'hui; les passions qui m'ont déchiré auraient dormi; je n'aurais pas souffert, et toi, tu n'aurais pas pleuré.

XIII.

Qu'avais-je à démêler avec une fausse ambition? Peu avec l'amour, et bien moins encore avec la gloire; et cependant tous trois sont venus à moi à mon insu; ils ont grandi avec moi, et ils ont fait de moi tout ce qu'il est en leur pouvoir de faire, — un nom. Pourtant ce n'était pas là ce que je cherchais; certainement j'avais un but plus noble. Mais tout est fini, — je suis une unité de plus à ajouter aux millions de dupes qui ont existé avant moi.

XIV.

Pour ce qui est de l'avenir, l'avenir de ce monde m'importe peu; je me suis survécu à moi-même de plus d'un jour, ayant survécu à tant de choses qui ne sont plus; mes années n'ont point été un sommeil, mais des veilles incessantes les ont occupées; ma vie aurait pu remplir un siècle avant d'avoir vu s'écouler un quart de cet espace.

XV.

Quant à ce qui me reste encore à vivre, je m'y résigne

volontiers ; et pour le passé je ne suis pas sans reconnaissance, — car au milieu de mes innombrables agitations, il s'est glissé parfois des moments de bonheur; quant au présent, je ne veux pas étouffer davantage mes sentiments. — Et je ne cacherai pas qu'avec tout cela je puis encore, en jetant les yeux autour de moi, adorer la nature avec un cœur fervent.

XVI.

Pour toi, ma sœur unique et bien-aimée, je sais que je suis en sûreté dans ton cœur, comme toi dans le mien; toi et moi — nous avons été et sommes encore — des êtres qui ne peuvent renoncer l'un à l'autre; peu importe que nous soyons réunis ou séparés; depuis le commencement de la vie jusqu'à son lent déclin, nous sommes enlacés; —vienne la mort lentement ou vite, notre premier lien est aussi le plus durable !

VERS COMPOSÉS EN APPRENANT QUE LADY BYRON ÉTAIT MALADE[6].

Et tu as été triste, — et je n'étais pas avec toi! et tu as été malade, et je n'étais pas là! pourtant je croyais que la santé et la joie seules pouvaient être où je n'étais pas, — et ici la souffrance et l'affliction ! En est-il donc ainsi ? — Il en est comme je l'avais prédit, et l'avenir sera pire encore; car l'âme se replie sur elle-même, et le cœur, après son naufrage, reste froid et glacé, rassemblant péniblement les débris épars. Ce n'est pas dans la lutte de l'orage que nous sommes accablés et que nous souhaitons de ne plus être, c'est dans le silence qui le suit, c'est sur le rivage, quand tout est perdu, sauf une vie courte et chétive.

Je suis trop bien vengé ! — mais c'était mon droit : quelles que fussent mes fautes, *tu* n'étais pas la Némésis chargée de me punir, — et le ciel n'avait pas fait choix d'un instrument si proche. Miséricorde est faite aux miséricordieux ! — si tu l'as été, elle te sera accordée aujourd'hui. Tes nuits sont bannies des domaines du Sommeil ! —Oui, on peut te flatter, mais tu sentiras une intime agonie qui ne guérira pas, car tu as pour oreiller une malédiction trop profonde. Tu as semé dans ma douleur; il te faut recueillir une moisson amère de maux aussi réels! J'ai eu bien des ennemis, mais aucun comme toi ; car contre les autres je pouvais me défendre et me venger, ou changer leur haine en amitié; mais toi, dans ton implacabilité inviolable, tu n'avais rien à craindre, — protégée par ta propre faiblesse et par mon amour, qui n'a fait que trop de concessions, et a épargné, en considération de toi, ceux qu'il n'eût pas dû épargner. — C'est ainsi que, sur la créance que t'accordait le monde, — sur la folle renommée de ma jeunesse orageuse, — sur des choses qui n'étaient pas, et des choses qui sont, sur cette base tu as construit un monument auquel le crime a servi de ciment! Clytemnestre morale de ton époux, tu as immolé, d'un glaive dont je ne me défiais pas, réputation, paix, espérance, et jusqu'à cette vie meilleure qui, sans la froide trahison de ton cœur, eût pu renaître encore de ce tombeau de nos démêlés, et trouver un plus noble devoir que celui de nous séparer. Mais tu as fait un vice de tes vertus; tu en as froidement fait trafic, en vue de la colère présente et de la fortune à venir, — et tu as acheté à tout prix la sympathie d'autrui. Ainsi entrée dans des voies tortueuses, cette sincérité qui distinguait ta jeunesse cessa de t'accompagner, — et parfois avec un cœur ignorant de ses propres crimes, l'imposture, les allégations inconciliables, les équivoques, les pensées qui habitent dans les esprits à double face, — le coup d'œil d'intelligence, qui sait mentir silencieusement, — les prétextes tirés de la prudence, avec leurs avantages concomitants, — l'acquiescement à tout ce qui, de manière ou d'autre, conduit au terme désiré, — tout trouva place dans ta philosophie. Les moyens étaient dignes du but, et le but est atteint. — Je n'aurais pas voulu te faire ce que tu m'as fait. Septembre 1816.

NOTES DES POÉSIES DOMESTIQUES.

¹ Sur ces six pièces, les trois premières furent composées quelque temps avant le départ de lord Byron; les trois autres, pendant les premiers mois de son séjour à Genève; elles se rapportent au malheureux

événement qui fut la crise décisive de la vie orageuse du poëte, je veux dire sa séparation d'avec lady Byron, dont, après tout ce qui a été supposé et écrit, on ignore encore les véritables motifs.

C'est seulement par rapport au rôle de lord Byron dans cette affaire, que le public peut se croire en droit d'y porter ses regards ; mais aussi longtemps que l'autre partie gardera le silence pour des motifs de haute convenance *que nous respectons*, il sera impossible de porter un jugement équitable et définitif sur ce débat domestique. Chaque lecteur peut décider selon ses sympathies, d'après les renseignements que l'on possède.

Il y a cependant deux points importants à établir : c'est que, premièrement, lord Byron n'a jamais connu le motif positif qui provoqua cette séparation de lady Byron, en 1816 ; et secondement, que jusqu'à sa mort il ne renonça jamais à l'espoir de se réconcilier avec elle. Ces faits sont établis de la manière la plus évidente par le récit de M. Moore, la correspondance et les conversations subséquentes du poëte. M. Kennedy, dans sa relation du voyage de lord Byron à Céphalonie, rapporte les paroles suivantes : — « Lady Byron conserve tout mon respect ; je n'ai jamais connu la cause de sa séparation ; je suis prêt et serai toujours prêt à une réconciliation, quelles que soient les avances qu'il me faille faire. » M. Moore a conservé les détails d'une démarche que fit lord Byron avant son départ de la Suisse, pour avoir une explication avec lady Byron. Cette démarche fut-elle renouvelée ? on l'ignore ; mais ce qui est positif, c'est qu'elle n'eut point de résultat, et peut-être le comprendra-t-on en lisant quelques-unes des pièces suivantes. Voir les *Mémoires de M. Moore*, t. III, p. 289.

² « Je vous envoie le rêve de ma dernière nuit, et je vous prie d'en faire tirer cinquante exemplaires pour être distribués à des amis. Je désire que M. Gifford les examine ; c'est un sujet pris dans la vie réelle. »

(*Lettres à M. Murray, 30 mars 1816.*)

³ La sœur du poëte, l'honorable miss Leigh. Ces strophes, — dernier remerciement à celle dont la bonté inaltérable fut le seul soutien de l'auteur pendant ses chagrins de famille, sont les derniers vers qui aient été écrits par lord Byron en Angleterre. Dans un billet à M. Rogers, daté du 16 avril, le poëte dit : — « Ma sœur est dans ce moment près de moi ; elle quitte Londres demain. Nous ne nous reverrons plus jamais. Veuillez donc, en conséquence, m'excuser de ne pouvoir passer la soirée avec vous et M. Shéridan. » Lord Byron s'embarqua le 25.

⁴ La *Quarterly Review* s'exprimait ainsi sur ces strophes : — « Nous ne connaissons peut-être rien d'aussi profondément triste et beau dans tous les ouvrages de lord Byron. » Ces vers furent également composés à Diodati, et envoyés pour être publiés s'ils obtenaient l'approbation de M. Leigh. — « Il y a, » dit Byron, « dans mon manuscrit une épître à ma sœur sur laquelle je désire vous consulter avant la publication ; si vous ne l'approuvez pas, retranchez-la. » Le 5 octobre, il écrivait : — « Ma sœur a opté pour la suppression ; son avis doit être suivi. Comme je

n'en ai pas gardé copie, faites-m'en faire une sur le manuscrit, car il m'est impossible de me rappeler un seul vers de ce que j'ai écrit. Dieu me garde, si je continue à écrivailler, j'aurai épuisé mon cerveau avant trente ans ; mais dans ce moment, la poésie est ma seule consolation. Demain, je pars pour l'Italie. » Cette épitre fut publiée pour la première fois en 1830.

⁵ L'amiral Byron n'avait jamais fait de voyage sans essuyer une tempête. Il était connu des matelots sous le sobriquet de Jack Mauvais-Temps. Mais malgré tous ces assauts, il revint toujours sain et sauf. Il échappa lors du naufrage du *Wager*, qui faisait partie de l'expédition d'Anson. Lui-même fit le tour du monde quelques années après.

⁶ Cette pièce, dont le début a été publié dans les *Mémoires de M. Moore*, fut écrite immédiatement après la rupture de cette démarche de réconciliation dont nous avons parlé ; elle n'était point destinée à être publiée ; ce n'est qu'à regret que nous l'insérons ici. M.

POÉSIES DIVERSES,
COMPOSÉES EN 1814-15-16.

LA TOURNÉE DU DIABLE.
RAPSODIE INCOMPLÈTE.

Le diable fut de retour en enfer à deux heures ; il y resta jusqu'à cinq ; à cinq il dîna, mangea quelques homicides en ragoût, un ou deux rebelles accommodés à la sauce d'Irlande, des saucisses de juif suicidé ;—après quoi il songea à ce qu'il ferait. « Parbleu, » dit-il, « je ferai une promenade en voiture. J'ai été à pied ce matin, j'irai en carrosse ce soir ; mes enfants se plaisent beaucoup dans les ténèbres, et je verrai un peu comment vont les affaires de mes favoris.

« Et quelle sorte de voiture prendrai-je ? » se demanda ensuite Lucifer ; — « si je suivais mon goût, je monterais dans un chariot de blessés, et je sourirais à la vue de leur sang. Mais ils doivent être encombrés, et maintenant c'est de la célérité qu'il me faut ; je veux parcourir mes domaines dans le rayon le plus étendu possible, et voir si l'on ne m'escamote pas quelques âmes.

« J'ai une voiture de cérémonie à *Carlton House*, une

berline à *Seymour Place*; mais je les ai prêtées à deux de mes amis qui, en retour, font prendre à leurs chevaux mon pas favori ; et puis ils tiennent les rênes avec tant de grâce ! A la fin de leur promenade je leur réserve à tous deux quelque chose.

« Allons toujours sur la terre, et nous verrons. » Ce disant, il s'élança sur notre globe, et d'un saut, passant de Moscou en France, il enjamba le détroit et posa son pied fourchu sur une route à péage, non loin du domicile d'un évêque.

Mais j'oubliais de dire qu'il s'arrêta un moment en chemin pour jeter les yeux sur la plaine de Leipsick ; et si douce à sa vue fut la clarté sulfureuse qui l'éclairait, si mélodieuse à son oreille la clameur du désespoir, qu'il se percha sur une montagne de cadavres, et de là contempla avec délices ce spectacle. Il y avait longtemps qu'il ne s'était trouvé à pareille fête, et qu'il n'avait vu faire aussi bien son œuvre ; car les flots de sang avaient tellement rougi la campagne, qu'elle avait la couleur des vagues de l'enfer ! Alors il laissa éclater un rire immodéré et bruyant, et s'écria : « Il me semble qu'ici on n'a pas besoin de *moi !* »

. . . .

Mais le son le plus doux qui vint caresser son oreille, ce fut la voix d'une veuve éplorée ; et l'aspect le plus délicieux à ses regards, ce fut la larme glacée que l'horreur avait gelée dans l'œil d'azur d'une vierge assise auprès du cadavre de son amant. — Ses longs cheveux blonds retombaient en désordre autour d'elle, et elle regardait le ciel d'un air égaré qui semblait demander s'il y avait là un Dieu. Et couché près du mur d'une cabane en ruine, les joues creuses, les yeux demi-fermés, un enfant expirait de besoin ; et déjà avait commencé le carnage qui succède au combat, et le massacre de ceux qui cherchent vainement à fuir.

. . . .

Mais le diable a atteint nos blancs rochers. Je vous prie de me dire ce qu'il y fit. Si ses yeux étaient bons, il ne vit la nuit que ce que nous voyons tous les jours ; mais il fit sa tournée, tint un journal où il consigna toutes les merveilles nocturnes dont il était témoin, et en vendit les actions à des libraires de Pater-Noster-Row, qui lui en offrirent un bon prix, — et partant le dupèrent.

Le diable vit venir une voiture qu'il prit pour la malle, à la couleur de l'habit du cocher ; il présenta donc à ce dernier sa queue en guise de pistolet, et le saisit à la gorge : « Ah ! ah ! » dit-il, « qu'avons-nous là ? c'est une barouche neuve et un pair antique ! » Sur quoi il remit le cocher sur son siége, lui disant de ne rien craindre, mais de rester fidèle à son fouet, à ses rênes, à sa catin et à sa bière, ajoutant : « Après le plaisir de contempler un lord au conseil, c'est ici que j'aime à le voir. »

. . . .

Le diable se rendit ensuite à Westminster, et se dirigea vers la Chambre des communes ; mais, chemin faisant, il apprit que les lords étaient convoqués ; et pensant, comme un ci-devant aristocrate, qu'il était bon de jeter un coup d'œil sur les pairs, quoiqu'il fût fort ennuyeux de les entendre, il entra dans la noble Chambre comme s'il eût fait lui-même partie de l'assemblée, et alla se placer, dit-on, fort près du trône.

Il vit lord Liverpool, sage en apparence, et lord Westmoreland, très certainement imbécile ; et Jean de Norfolk, — homme de belle taille, ma foi ! — et Chatam, si semblable à son ami William ; et il vit des larmes dans les yeux de lord Eldon, parce que les catholiques ne voulaient pas se révolter, en dépit de ses prières et de ses prophéties ; et il entendit, — ce qui étonna un peu Satan lui-même, — un certain président de cour articuler quelque chose qui ressemblait beaucoup à un *jurement*. Et le diable fort choqué se dit : « Partons, car je vois que nous avons là-bas de bien meilleures manières : si, lorsqu'il passera ma frontière, ce gaillard se hasarde à haranguer ainsi, je prierai l'ami Moloch de le rappeler à l'ordre. »

POÉSIE DE WINDSOR.

VERS COMPOSÉS EN VOYANT SON ALTESSE ROYALE LE PRINCE RÉGENT ENTRE LES CERCUEILS DE HENRI VIII ET DE CHARLES Ier, DANS LE CAVEAU ROYAL DE WINDSOR.

Des plus sacrés liens renommé contempteur,
Près de Charles sans tête est ce Henri sans cœur;
Entre eux, cet autre objet que le sceptre décore
Quel est-il? — C'est un roi. — Le nom seul manque encore.
Vrai Charles pour son peuple, Henri pour sa moitié,
En lui les deux tyrans ont revu la lumière.
La justice ou la mort mêle en vain leur poussière;
Les vampires royaux, farouches, sans pitié,
Revivent. A quoi sert un tombeau — s'il dégorge
Cette cendre et ce sang pour en former un George?

STANCES[1].

JE N'OSE PRONONCER TON NOM.

I.

Je n'ose prononcer ton nom, je n'ose le transcrire; il y a là un son douloureux, une renommée coupable; mais la larme brûlante qui maintenant sillonne ma joue, révèle les pensées profondes qui habitent dans ce silence du cœur.

II.

Trop courtes pour notre passion, trop longues pour notre repos, ont été ces heures; — comment pourra cesser leur amertume ou leur joie? Nous nous repentons, — nous rétractons nos serments, nous voulons briser notre chaîne, — nous voulons nous séparer, — nous ne savons que revoler l'un vers l'autre.

III.

Oh! à toi la joie, à moi le crime! Pardonne-moi, beauté adorée! Oublie-moi si tu veux; — mais ce cœur qui t'appartient expirera sans souillure, et, soumis à ton seul pouvoir, — il ne sera pas brisé par la main de l'homme.

IV.

Et mon âme, dans sa plus sombre amertume, farouche avec les superbes, sera humble avec toi : et nos jours couleront aussi rapides et nos moments plus doux avec toi à mon côté qu'avec le monde à nos pieds.

V.

Un soupir de ta douleur, un regard de ton amour, va me changer ou me fixer, me récompenser ou me punir ; — les cœurs égoïstes s'étonneront de tout ce que je sacrifie ; — les lèvres répondront, non à eux, mais aux *miennes!*

Mai 1814.

ADRESSE DESTINÉE A ÊTRE PRONONCÉE A LA RÉUNION CALÉDONIENNE.

Qui ne s'est point senti ému d'un noble enthousiasme à la lecture des annales où la Gloire a gravé le nom invaincu des fiers Calédoniens, ces montagnards qui bravèrent les chaînes de Rome et repoussèrent le Danois à l'ardente chevelure ; ces hommes au bras fort, à la claymore brillante, qu'aucun ennemi n'a pu intimider, aucun tyran asservir ? Ils ne sont plus ; — mais leurs fils vivent encore, et la Gloire les couronne d'un double laurier. Les bannières du Gaël et du Saxon se confondent. Angleterre, réunis leur mâle vigueur à la tienne. Le sang qui coulait dans les veines de Wallace coule encore avec la même chaleur, mais il n'est versé maintenant que pour la Gloire et toi ! Oh ! n'oublie pas les droits du vétéran du Nord, donne-lui des secours, — le monde lui a donné la gloire !

Les guerriers subalternes, les braves obscurs qui ont sans hésiter prodigué leur vie sur les pas des puissants, qui dorment sous le gazon sans gloire, foulés par leurs camarades vainqueurs et plus heureux, nous ont légué, — c'est tout ce qu'ils pouvaient nous léguer, — l'enfant orphelin et l'épouse solitaire : voyez-la sur les collines nébuleuses d'Albyn lever douloureusement vers le ciel ses yeux humides de pleurs ; évoquant dans ses présages sombres les maux de l'avenir, elle voit les fantômes sanglants des guerriers lui apparaître dans les nuages et les ténèbres de la tempête ; et cependant sa voix attristée entonne le chant solitaire, la douce et mélancolique lamentation pour celui qui tarde à revenir, celui dont les reliques lointaines implorent vainement le *Coronach*, la sauvage harmonie qui résonne en l'honneur du brave.

C'est au ciel, — et non à l'homme, — à adoucir l'explosion récente de ces douleurs de la nature ; pourtant l'affection et le temps peuvent enlever aux pleurs versés pour un objet chéri une moitié de leur amertume ; la reconnaissance nationale peut donner à la veuve un oreiller sans épines pour appuyer sa tête, peut alléger la sollicitude de son cœur maternel, et sauver de l'indigence la postérité du soldat.

Mai 1814.

FRAGMENT D'UNE ÉPITRE A THOMAS MOORE.

« Que disais-je ? » — Mais je n'ajouterai pas une syllabe de plus en prose ; je suis votre homme « sur tous les tons, » cher Tom ; — en avant donc ! aventurons-nous à la nage, sur le fleuve du vieux Temps, soutenus par ces vessies boursouflées qu'on appelle rimes. Si notre poids les fait crever, et si nous allons à fond, nous nous noierons du moins dans un bourbier respectable, où avant nous se sont noyés en foule les plongeurs du Pathos, où dort le dernier poëme de Southey ; véritable suicide de cet insensé, qui, à moitié ivre de son vin muscat, s'avisa de sortir de son trou, et fit naufrage en eau calme, chantant « gloire à Dieu » en stances lourdes et tout à fait neuves, telles que depuis Sternhold on n'en a jamais vu.

Les journaux vous ont sans doute appris tout le tapage, les fêtes et le fracas qu'on a fait pour l'arrivée de ces Russes ; ils vous ont dit la suite de sa majesté, depuis le cocher jusqu'à l'hetman. La semaine dernière, je l'ai vu à deux bals et à une soirée ; pour un prince, je l'ai trouvé un peu trop gaillard. Vous savez qu'on nous a habitués à des grâces tout à fait différentes.

. . . .

J'avoue que l'air du czar m'a semblé avoir plus de vivacité et d'éclat ; mais en fait de favoris il est pauvrement partagé. Il était en habit bleu, sans crachat, en culotte de casimir, et valsait avec la Jersey qui, plus ravissante que jamais, paraissait, comme toutes les personnes invitées, charmée de la présence de sa majesté.

. . . .

. . . .

Juin 1814.

ÉPITRE DE CONDOLÉANCE A SARA, COMTESSE DE JERSEY, SUR CE QUE LE PRINCE RÉGENT AVAIT RENVOYÉ SON PORTRAIT A MISTRISS MEE[2].

Quand l'orgueilleux triomphe du maître impérial à qui Rome esclave obéissait tout en l'abhorrant, offrit aux regards de la foule les bustes glorieux des sages et des héros, pendant que passait le cortége, dans toute cette pompe qu'admirait-on de plus? Qui imprimait l'admiration sur tous les visages? La pensée de Brutus, — car son image n'était pas là! son absence faisait sa gloire; — cette absence gravait sans mélange son souvenir dans les regrets de tous, et consacrait son nom d'une manière plus durable que n'eût pu faire une statue colossale d'or massif.

De même, belle Jersey, si notre avide regard, dans un étonnement muet et vain, cherche tes traits au milieu de tous ces charmes reproduits par le pinceau et dont ta beauté eût effacé l'éclat; si ce présomptueux vieillard, digne héritier du trône et de l'esprit de son père, si ses yeux corrompus et son cœur flétri ont pu consentir à se séparer de ta douce image, à lui la honte de cette absence de goût! à nous la douleur de contempler cette phalange de beautés sans son chef! Toutefois, une pensée égoïste nous console : nous perdons le portrait, mais nous gardons nos cœurs.

Que nous offriront maintenant les voûtes de sa galerie? un jardin où se trouvent toutes les fleurs, — hormis la rose; — une fontaine à laquelle il ne manque que son onde limpide; une nuit où brillent toutes les étoiles, excepté l'astre de Diane; toutes ces beautés présentes, nous ne les verrons pas; nos regards s'en détourneront pour rêver à toi, et s'arrêteront plus longtemps sur cette image évoquée par la mémoire, que sur tous ces portraits qu'il présente vainement à notre suffrage.

Puisse l'éclat de ton midi briller longtemps encore, et puisses-tu conserver tout ce que la vertu demande d'hommages : les belles formes de la jeunesse, — la grâce du visage, — les yeux qui portent la vie et la joie, — le regard empreint de sérénité, les tresses brillantes de ces cheveux noirs qui ombragent sans le cacher un front plus que beau, ce coup d'œil qui nous subjugue, et cette animation magique répandue sur toi, qui ne permet pas à nos yeux de se reposer, mais les oblige à regarder de nouveau, et les récompense sans cesse par la découverte de nouveaux charmes! Ils n'ont point diminué, ils sont toujours aussi brillants, bien que leur éclat soit trop éblouissant pour la vue d'un vieil insensé; il te faut attendre que tous tes charmes soient partis si tu veux plaire au cœur vil qui ne plaît à personne, — à ce froid libertin dont le regard envieux et blasé a passé devant ton portrait sans paraître le voir, qui a cherché dans son étroite cervelle le moyen de manifester tout à la fois sa haine pour la beauté de la Liberté et pour la *tienne*.

Août 1814.

A BALTHAZAR.

I.

Balthazar! quitte la table du festin, et ne meurs pas dans la satiété des plaisirs; regarde, pendant que devant toi brûlent encore les paroles écrites, le mur étincelant. Les hommes saluent plus d'un despote du titre mensonger d'oint du Seigneur; mais toi, ô le plus débile et le pire des tyrans, n'est-il pas écrit que tu dois mourir?

II.

Va! arrache les roses qui couronnent ta tête, — cette parure sied mal à des cheveux blancs; les guirlandes de la jeunesse sont maintenant déplacées pour toi plus encore que ton diadème, dont tu as terni tous les joyaux; rejette donc loin de toi ce colifichet sans valeur, qui, porté par toi, est l'objet du mépris même de tes esclaves, et apprends à mourir comme meurent des hommes meilleurs!

III.

Oh! tu fus de bonne heure pesé dans la balance, et tu as été trouvé léger de parole et de mérite; avant que finît pour toi la jeunesse, ton âme était déjà morte, et il ne restait de toi qu'une masse d'argile. Ta vue excite le rire du mépris; mais l'Espérance, détournant de toi ses regards baignés de larmes, déplore que le ciel t'ait fait naître, indigne que tu es de régner, de vivre, ou de mourir.

STANCES ÉLÉGIAQUES SUR LA MORT DE SIR PETER PARKER [3].

I.

Il y a des larmes pour tous ceux qui meurent, du deuil sur le plus humble tombeau; mais quand les braves succombent, les nations font entendre le cri funèbre, et la Victoire pleure.

II.

Pour eux les soupirs les plus purs de la douleur traversent le sein ému de l'Océan : en vain leurs ossements gisent sans sépulture, toute la terre devient leur mausolée!

III.

Ils trouvent un monument dans toutes les pages de l'histoire, une épitaphe dans toutes les langues : l'heure présente, le siècle à venir les pleurent et leur appartiennent.

IV.

Pour eux se tait la joie des festins; *leur nom* est le seul mot prononcé, pendant qu'en leur honneur, et en mémoire de leurs hauts faits, la coupe circule silencieuse.

V.

Célébrés par la foule qui ne les a pas connus, regrettés par leurs ennemis qui les admirent, qui ne voudrait partager leur destinée glorieuse? qui ne voudrait mourir de la mort qu'ils ont choisie?

VI.

C'est ainsi, valeureux Parker, que seront consacrées ta vie, ta mort, ta gloire; les jeunes courages t'admireront et trouveront un modèle dans ta mémoire.

VII.

Mais il est des cœurs que ta mort a fait saigner, que ta gloire ne peut consoler, et qui n'entendent qu'en frémissant parler d'une victoire où succomba un guerrier si cher, si intrépide.

VIII.

Où fuiront-ils pour te pleurer moins? Quant cesseront-ils d'entendre prononcer ton nom chéri? Le temps ne peut amener l'oubli quand la douleur est entretenue par la gloire.

IX.

Hélas! c'est sur eux, et non sur toi, qu'ils ne peuvent s'empêcher de pleurer. Elle ne peut qu'être profonde l'affliction qu'inspirent les morts, quand cette douleur est la première qu'ils aient jamais causée.

Octobre 1814.

STANCES.
PARMI LES JOIES QUE LE MONDE NOUS DONNE.

> « O lacrymarum fons, tenero sacros
> Ducentium ortus ex animo, quater
> Felix in imo qui scatentem
> Pectore te, pia nympha, sensit! »
> GRAY, *Poemata*.

I.

Parmi les joies que le monde nous donne, il n'en est point de comparable à celle qu'il nous ôte quand l'éclat de la pensée jeune s'efface dans le triste déclin du sentiment; au bel âge, ce n'est pas seulement la fraîcheur de la joue qui passe vite, mais le tendre incarnat du cœur est déjà parti que la jeunesse dure encore.

II.

Alors ce petit nombre d'âmes qui flottent encore après le naufrage du bonheur, sont poussées sur les écueils du crime ou entraînées dans l'océan des déréglements : leur boussole est perdue, ou son aiguille leur montre vainement le rivage que leur barque fracassée n'abordera jamais.

III.

Alors vient le froid mortel de l'âme, semblable à la mort elle-même; elle ne peut ressentir les maux d'autrui, elle n'ose songer aux siens; cette torpeur glaciale a gelé la source de nos larmes, et dans le regard c'est la glace seule qui brille.

IV.

En vain des lèvres s'échappent abondamment les éclairs de l'esprit ; en vain la gaieté cherche à distraire le cœur dans ces heures de la nuit qui ne donnent plus le repos d'autrefois ; c'est comme la guirlande dont le lierre environne la tourelle en ruine : à l'extérieur elle est verdoyante et fraîche, mais par-dessous détériorée et grisâtre.

V.

Oh ! si je pouvais sentir ce que j'ai senti, — ou être ce que j'ai été, ou pleurer sur ce qui n'est plus comme je pleurais autrefois ! de même qu'au désert la source la plus saumâtre paraît douce, ainsi couleraient pour moi ces larmes au milieu du champ flétri et inculte de la vie.

Mars 1815.

STANCES.
NULLE D'ENTRE LES FILLES DE LA BEAUTÉ.

I.

Nulle d'entre les filles de la Beauté n'a une magie comme la tienne ; et ta voix est douce à mon oreille comme la musique sur l'eau, alors que l'Océan charmé semble se taire pour l'entendre, que les vagues brillantes restent silencieuses et immobiles, et que les vents enchaînés paraissent rêver.

II.

Et l'astre des nuits file sa chaîne brillante au-dessus du liquide abîme, dont le sein se soulève doucement comme celui d'un enfant endormi : ainsi l'âme s'incline devant toi pour t'entendre et t'adorer, pleine d'une émotion suave et profonde comme celle qui, par une nuit d'été, gonfle l'Océan.

LE TOMBEAU DE CHURCHILL[5].
FAIT LITTÉRAL.

J'étais près de la tombe d'un homme qui, comète passagère, n'a brillé qu'une saison ; je vis la plus humble des sépultures, et néanmoins je contemplai avec un sentiment de douleur et de respect ce gazon négligé, cette pierre silencieuse, où était gravé un nom confondu avec les noms inconnus épars autour de lui ; et je demandai au jardinier de ce lieu pourquoi les étrangers venaient, à l'occasion de cette plante, mettre à contribution sa mémoire, et l'obliger à remonter à travers l'épaisse nuit d'un demi-siècle ; et il me répondit : — « Ma foi, je ne sais pas comment il arrive si souvent que les voyageurs se font pèlerins ; il est mort avant mon entrée en fonctions, et ce n'est pas moi qui ai creusé sa tombe. » Est-ce donc là tout ? me dis-je. Et nous déchirons le voile de l'immortalité ; et nous ambitionnons je ne sais quel honneur et quel éclat dans les âges à venir pour essuyer cet affront, et si tôt encore ! et voilà tout le succès qui attend nos efforts ! Pendant que je parlais, l'architecte de tout ce que foulent nos pas, car la terre n'est autre chose qu'un marbre funéraire, essaya d'extraire quelque souvenir de cette argile dont le mélange pourrait embarrasser la pensée d'un Newton, n'était que toute vie doit aboutir à une vie unique, dont celle-ci n'est qu'un rêve ; — soudain, comme si le crépuscule d'un ancien soleil eût lui dans sa mémoire, il parla ainsi : — « Je crois que l'homme dont vous parlez, et qui repose dans cette tombe à part, fut dans son temps un écrivain fameux ; c'est pourquoi les voyageurs se détournent de leur route pour lui rendre honneur, — et me donner, à moi, ce qu'il plaira à votre seigneurie. » Sur quoi, on ne peut plus satisfait, je tirai d'un coin avare de ma poche certaines pièces d'argent que, malgré moi, je donnai à cet homme, quoique cette dépense me gênât. — Je vous vois sourire, ô profanes ! parce que je vous dis tout simplement la vérité. Riez de vous-mêmes, et non de moi, — car j'écoutai avec un intérêt profond, et les larmes aux yeux, cette homélie naturelle du vieux fossoyeur, dans laquelle se trouvaient réunies l'obscurité et la renommée, la gloire et le néant d'un nom.

Diodati, 1816.

FRAGMENT.
SI JE POUVAIS REMONTER LE FLEUVE DE MES ANS.

Si je pouvais remonter le fleuve de mes ans jusqu'à la première source de nos sourires et de nos larmes, je ne voudrais pas recommencer le cours des heures, et voguer de nouveau entre des rives minées par les eaux et des fleurs desséchées; je le laisserais couler comme il fait maintenant, et se perdre dans la foule des ondes inconnues.

. . . .

Qu'est-ce que la mort? — le repos du cœur? le tout dont nous faisons partie? car la vie n'est qu'une vision, — il n'y a de vie pour moi que ce que je vois des êtres vivants; et cela étant, — les absents sont les morts qui viennent troubler notre tranquillité, étendre autour de nous un lugubre linceul, et mêler de douloureux souvenirs à nos heures de repos.

Les absents sont les morts, — car eux, ils sont froids, et ne peuvent plus redevenir ce que nous les avons vus; et ils sont changés et tristes, — ou si ceux qu'on n'oublie point n'ont pas tout oublié, puisqu'ils sont séparés de nous, — qu'importe qu'il y ait entre nous une barrière de terre ou d'eau? c'est peut-être l'une et l'autre, mais cette séparation doit un jour cesser dans l'union sombre de l'insensible poussière.

Les habitants souterrains de notre globe ne sont-ils que la décomposition informe de millions d'hommes redevenus argile, que les cendres de milliers de siècles semées partout où l'homme a porté ou portera ses pas? ou bien habitent-ils leurs cités silencieuses, chacun dans sa cellule solitaire? ont-ils leur langue à eux, et le sentiment d'une existence dépourvue de souffle, — sombre et intense, comme Minuit dans sa solitude? — O terre! où sont ceux qui ne sont plus? — Et pourquoi sont-ils nés? Les morts sont tes héritiers, — et nous, nous ne sommes que des bulles d'air à ta surface; et la clef de tes profondeurs est dans la tombe, cette porte d'ébène de ta caverne peuplée, où je voudrais errer en esprit, et contempler nos éléments transformés en des choses sans nom, et pénétrer de mystérieuses merveilles, et explorer l'essence des grandes âmes qui ne sont plus [6].

. . . .

Diodati, juillet 1816.

SONNET.

AU LAC LÉMAN.

Rousseau, — Voltaire, — notre Gibbon — et de Staël, ces noms, ô Léman [7] ! sont dignes de tes rivages, et tes rivages dignes de tels noms ! Si tu n'existais plus, leur mémoire rappellerait ton souvenir. Pour eux tes rives ont été charmantes, comme pour tout le monde ; mais ils les ont rendues plus charmantes encore, car c'est le privilége des esprits puissants de sanctifier dans le cœur des hommes les ruines de la demeure qu'ont habitée la Sagesse et le Génie ; mais auprès de *toi*, ô lac de beauté ! en glissant doucement sur ta mer de cristal, combien nous sentons mieux encore la flamme de ce généreux enthousiasme qui nous rend fiers des fils de l'immortalité, et donne de la réalité au souffle de la gloire !

Diodati, juillet 1816.

STANCES.

I.

Brillant est le séjour qu'habite ton âme ; jamais esprit plus aimable n'a brisé son enveloppe mortelle pour occuper une place éclatante dans les rangs des bienheureux. Sur la terre, tout déjà en toi était divin comme le sera éternellement ton âme, et nos regrets doivent s'apaiser en songeant que ton Dieu est avec toi.

II.

Léger sera le gazon de ta tombe ! que sa verdure soit comme une émeraude ; que pas un nuage n'obscurcisse les souvenirs que nous conservons de toi ; que de jeunes fleurs et des arbres toujours verts croissent sur le lieu de ta sépulture ; que l'on n'y aperçoive point de cyprès ni d'ifs : à quoi bon plaindre les bienheureux ?

STANCES.

ILS DISENT QUE LE BONHEUR C'EST L'ESPÉRANCE.

Ils disent que le bonheur c'est l'espérance ; mais le véritable Amour attache au passé plus de prix encore, et la Mémoire réveille les pensées qui nous sont chères; venues les premières, elles seront les dernières à s'éteindre.

Et tout ce que la Mémoire aime le plus, c'est ce que l'Espérance appelait de ses vœux; et tout ce qu'adora et perdit l'Espérance s'est fondu dans le domaine de la Mémoire.

Hélas! tout cela n'est qu'illusion; l'avenir nous trompe longtemps à l'avance; nous ne pouvons redevenir ce que nous regrettons, et n'osons réfléchir à ce que nous sommes.

A THOMAS MOORE.

Mon bateau touche au rivage, et mon navire est en mer; mais avant que je parte, Tom Moore, voici une double santé pour toi!

J'envoie un soupir à ceux qui m'aiment, un sourire à ceux qui me haïssent; et que le ciel sur ma tête soit serein ou sombre, j'ai un cœur préparé à tout.

Quoique l'Océan mugisse autour de moi, il me portera sur ses vagues; quand je n'aurais autour de moi qu'un désert, il s'y trouve des sources qu'on peut découvrir.

Quand il ne resterait qu'une goutte dans la citerne, quand je serais mourant sur ses bords, avant de tomber de faiblesse, c'est à toi que je boirais.

Avec cette eau, comme maintenant avec ce vin, le vœu qui accompagnerait ma libation serait : — Paix aux tiens et aux miens! je bois à toi, Tom Moore.

LE ROI DES TISSERANDS.

CHANT DES LUDDISTES [8].

1.

Comme nos frères de là-bas [9],
Payons avec du sang; c'est le sang qui délivre;
Sachons mourir dans les combats
Si libres nous ne pouvons vivre.
Faisons tomber tous les tyrans
Devant le roi des tisserands.

2.

Quand la trame sera complète,
Enfants, contre le glaive échangeons la navette;

Jetons sur le despote à nos pieds renversé
Un linceul teint du sang que lui-même a versé.

3.

Aussi noir que la boue en ses veines stagnante,
Ce sang est la rosée utile et bienfaisante
Qui doit faire fleurir l'arbre par nous planté,
L'arbre des tisserands et de la Liberté.

STANCES.

I.

Nos nocturnes promenades, nous ne les prolongerons plus si tard, quoique le cœur soit toujours aussi aimant, et la lune aussi brillante.

II.

Car le glaive use le fourreau, et l'âme use la poitrine; et il faut que le cœur s'arrête pour reprendre haleine, et l'amour lui-même a besoin de repos.

III.

Quoique la nuit ait été faite pour l'amour, et que le jour revienne trop tôt, nous ne les prolongerons plus si tard, nos nocturnes promenades.

SUR LE BUSTE D'HÉLÈNE, PAR CANOVA.

Dans ce marbre charmant, supérieur aux œuvres et à la pensée de l'homme, tu vois ce que la nature *pouvait*, mais n'a pas *voulu* faire, et ce que *peuvent* le génie du beau et Canova! La puissance de l'imagination est dépassée, l'art du poëte est vaincu; voilà l'*Hélène* du *cœur,* avec l'immortalité pour douaire.

NOTES DES POÉSIES DIVERSES,

COMPOSÉES EN 1814-15-16.

[1] Vous m'avez demandé une chanson, et je vous envoie un essai qui m'a coûté beaucoup de peine et qui est loin cependant de faire votre affaire; s'il en est ainsi, jetez-le au feu sans *phrase*. B.

[2] Les journaux se sont procuré, je ne sais comment, l'*Adresse de condoléance a lady Jersey* sur le renvoi de son portrait par le régent, et l'ont publiée avec mon nom sans même me le demander ou s'infor-

mer si la pièce était authentique. Maudite soit leur impudence ! elle a mis à bout ma patience, tellement que je ne veux rien ajouter sur ce sujet. B.

³ Ce brave officier mourut en août 1814, dans sa vingt-neuvième année, à la tête d'une brigade de gens de son vaisseau (*le Ménélas*), au moment où il les excitait à s'emparer du camp américain, près de Baltimore. Il était cousin germain de lord Byron, mais ils ne s'étaient jamais rencontrés depuis leur enfance.

⁴ Ces vers furent donnés par lord Byron à M. Power du Strand, qui les publia avec une fort belle musique par sir John Stewenson.

« Je suis plaisant, en vérité, de vous envoyer une chanson mélancolique ; mais un événement malheureux, la mort du pauvre Dorset, et le souvenir de l'amitié que j'ai eue pour lui, ne me laissaient guère en état d'écrire ce qui vous aurait convenu. J'ai composé ces vers pour vous, et comme un cadeau pour Power, s'il veut les accepter. Ne vous croyez pas déshonoré en les mariant avec la musique. Je ne m'inquiète pas de ce que dira Power, il est généralement peu complimenteur à mon égard et ne fait pas de concession au *noble* auteur lorsque les phrases sont *viles*, comme dit Polonius. » B.

⁵ Sur le manuscrit de ces vers, lord Byron a écrit : « Le poëme suivant, comme toutes mes compositions en général, est fondé sur un événement réel. J'ai cherché à imiter le style d'un grand poëte dans ses beautés et dans ses défauts ; je dis le style, car je n'ai pas la prétention d'égaler ses idées. Si l'on y trouve quelque ridicule, il faut me l'attribuer au moins autant qu'à M. Wordsworth, qui n'a pas de plus grand admirateur que moi. J'ai mélangé ce que j'appelle les défauts et les beautés de son style, et on peut dire que, dans pareille occasion, quelles que soient la part de l'éloge et celle du blâme, il y a toujours quelque chose de flatteur pour l'écrivain original. »

⁶ Dans ce morceau, comme dans beaucoup d'autres, on peut voir combien Byron imite les livres saints, et quelle perfection il atteint dans ce qu'on appelle le style biblique. Ce fragment, entre autres, ressemble à une leçon de Job.

⁷ Genève, Ferney, Copet, Lausanne. — « J'ai traversé, » dit lord Byron, « tout le pays que décrit Rousseau, l'*Héloïse* à la main, et je suis frappé au-delà de tout ce que l'on peut dire de la beauté et de l'exactitude des descriptions. Je vous envoie une branche de l'acacia de Gibbon, et quelques feuilles des roses de son jardin que je viens de visiter ainsi que sa maison. Vous trouverez dans sa vie une mention honorable de cet acacia, sous lequel il se promenait la nuit qu'il acheva son histoire. Madame de Staël a rassemblé à Copet la plus agréable société de toute l'Europe. » B.

⁸ Les Luddistes, ou briseurs de métiers, ainsi appelés du nom de *Ludd*, leur chef.

⁹ Les Américains.

POÉSIES DIVERSES

COMPOSÉES DE 1817 A 1821.

VERSICULES.

J'ai lu *Christabel* tout d'un trait.
— Parfait.
Et *le Missionnaire* aussi.
— Merci.
J'ai feuilleté *Marguerite* un moment.
— Vraiment?
D'*Ilderim* une page ou deux.
— Grands dieux!
Puis j'ai lu ce que Scott a fait sur Waterloo.
— Oh! oh!
J'ai fini par Wordsworth, poëte au petit lait.
— Laid! laid!
Etc., etc., etc.

A M. MURRAY.

Pour allécher le lecteur, John Murray, vous avez publié *Marguerite d'Anjou*, qui ne se vendra pas de sitôt (du moins vous n'en avez pas vendu encore); et puis, pour ajouter à nos étonnements, vous avez, sans remords, imprimé *Ilderim*; or, prenez garde de faire de mauvaises affaires, parce que, voyez-vous, s'il vous arrivait de faillir, ces livres-là seraient pour vous une fort mauvaise caution.

Surtout ne communiquez pas ces vers au *Morning-Post* ou à Perry; ce serait une trahison qui me mettrait dans une situation critique : car, d'abord, il me faudrait, dans mon batelet, soutenir l'abordage d'une galère[1]; et, supposé que je fusse vainqueur du champion d'Assyrie, j'aurais ensuite à rompre une lance avec le chevalier femelle[2].

25 mars 1817.

ÉPITRE DE M. MURRAY AU DOCTEUR POLIDORI [3].

J'ai lu, sans perdre temps, votre pièce, docteur,
Et vraiment, dans son genre, elle vous fait honneur ;
Elle humecte les yeux ; son artifice habile
Donne des pâmoisons et purge de la bile.

J'en aime la morale ainsi que l'action ;
Le nœud n'est pas trop mal, le dialogue est bon ;
Votre héros mugit, votre héroïne pleure ;
Sur la fin tout le monde expire. A la bonne heure.
En un mot, votre drame est, je crois, ce qu'il faut.
Quant à le publier, si je vous fais défaut,
Ce n'est pas, croyez-moi, que je ne sois sensible
A tout ce qu'il contient de mérite ostensible ;
Mais — c'est que, — voyez-vous, — dans ce siècle maudit,
Les drames imprimés sont de mauvais débit :
Manuel m'a fait perdre un argent fou ; l'*Oreste*
de Sotheby (ce drame est son meilleur, au reste,)
Est demeuré chez moi si longtemps invendu
Que maintenant, ma foi, c'est de l'argent perdu.
J'ai fait plus d'une annonce habile, décevante ;
Mais voyez mon commis et mon livre de vente ;
Ivan, *Ina*, parmi cent autres brimborions,
De l'arrière-boutique encombrent les rayons.

Et puis, voilà-t-il pas Byron qui m'expédie,
Plié dans une lettre, un bout de tragédie
Qui n'en est pas plus une, ainsi qu'on le verra,
Que *Darnley*, *Kehama*, qu'*Ivan* et cætera !
Depuis un an il baisse, et son talent s'épuise :
Il faut qu'il ait perdu son esprit à Venise.
Enfin, Monsieur, s'il faut nettement m'expliquer,
Dans de nouveaux périls je n'ose m'embarquer.
Je vous écris en hâte, excusez les ratures :
Cette lettre est tracée au fracas des voitures.
Ma chambre est pleine : ici le critique Gifford
Discute d'un article et le faible et le fort,
Et, glosant sur les noms et sur les particules,
Corrige doctement des points et des virgules.

Le *Quarterly*. — Peut-être auriez-vous ce talent !
Faites pour la *Revue* un article excellent :
Par exemple, prenez pour sujet Sainte-Hélène ;

Ou bien, si vous vouliez, Monsieur, prendre la peine,
Aussi brièvement qu'on pourra l'exprimer,
De nous dire comment... — Mais, pour me résumer,
Je disais — que ma chambre en beaux esprits abonde,
Crabbe, Campbell, Croker, Frère, Ward, tout le monde;
Tout homme comme il faut, pourvu qu'il soit bien mis,
Dans mon humble retraite est poliment admis.

Je reçois aujourd'hui plus d'un auteur notable;
Crabbe, Hamilton, Chantrey, paraîtront à ma table;
Ils sont là, maintenant, parlant du coup fatal
Qui vient de nous ravir cette pauvre de Staël.
Son livre sur la France avançait; quel dommage!
Puisse la vérité briller dans cet ouvrage!
Ainsi notre temps passe; ainsi nous caquetons. —
Mais revenons un peu, docteur, à nos moutons.
J'en suis vraiment fâché, mais, d'honneur, sur mon âme,
Voyez-vous, je ne puis imprimer votre drame,
A moins qu'O'Neill n'y joue; alors on pourrait voir.
Je ne respire pas du matin jusqu'au soir;
Je suis mort, ma cervelle est pleine jusqu'au faîte,
Et je ne sais vraiment où donner de la tête.
Sur ce, docteur, je suis, d'un cœur sincère et vrai,
Votre humble et très pressé serviteur,
                                    JOHN MURRAY.

ÉPITRE A M. MURRAY.

1

Cher Murray, qui diable vous presse
De mettre incontinent mon dernier chant sous presse?
Hobhouse vous l'apporte en toute sûreté,
Dans son porte-manteau fort bien empaqueté;
Et si nul en chemin d'ici là ne le vole,
Vous l'allez recevoir bientôt, sur ma parole.

2

Quant au journal que vous nous promettez,
  Et que déjà vous nous vantez,
C'est bien; pour moi, maintenant je termine
    Mon *Beppo*, que je vous destine.
    Pour vous au net je le mettrai,
    Et puis je vous l'expédîrai.

3

De Galt vous avez le voyage ;
C'est peu de chose, assurément,
Et vous ne pouviez décemment
Commencer par un moindre ouvrage.
L'auteur, emphatique vaurien,
Ignorant le français comme l'italien,
   Pour écrire son sot grimoire,
Sans doute possédait le don divinatoire.

4

Quelles pertes, d'ailleurs, ne répareraient pas
Spence et son commérage! on le lira, je pense.
Puis, vous avez *Marie* et sa correspondance :
Cela, joint à *Beppo*, pourra faire fracas
   Et du public vaincre l'indifférence.

5

Puis vous avez, par-dessus le marché,
   Gordon, général émérite,
   Aidant son maître moscovite
A décrasser son peuple, ours du Nord mal léché,
Pour qui faire sa barbe est un affreux péché.

6

   Quant à l'écrivain, pauvre diable,
Au personnage habile et sans argent
Avec qui vous voulez conclure au préalable,
   En fait de mérite indigent,
Venise pourrait bien vous présenter votre homme ;
Mais veuillez, s'il vous plaît, me préciser la somme.

Venise, 8 janvier 1818.

A M. MURRAY.

I.

Strahan, Tonson, Lintot de notre époque, patron et publicateur des rimes, pour toi le poëte gravit péniblement le Pinde, mon Murray.

II.

A toi, son manuscrit en main, se présente, muet d'espoir et de crainte, l'auteur qui demande à prendre son essor; tu imprimes tout, — tu vends quelquefois, — mon Murray.

III.

Sur le tapis vert de ta table je vois le dernier numéro du *Quarterly*; — mais où est ton nouveau *Magazin*, mon Murray?

IV.

Sur les rayons les plus élégants brillent les livres que tu estimes les plus divins, l'*Art de la Cuisine*, et mes ouvrages, mon Murray.

V.

Excursions, voyages, essais, sermons, tout cela, je pense, amène de la farine à ton moulin; et puis tu as encore l'*Almanach de la Marine royale*, mon Murray.

VI.

Et Dieu me garde de terminer sans mentionner le *Bureau des longitudes*, quoiqu'il me reste à peine de la place sur cet étroit papier, mon Murray.

Venise, 25 mars 1818.

A THOMAS MOORE.

I.

Que fais-tu maintenant, ô Thomas Moore? Que fais-tu maintenant, ô Thomas Moore? Es-tu occupé à soupirer ou à faire ta cour? Fais-tu des vers ou l'amour? Es-tu dans les baisers ou dans les roucoulements, dis, Thomas Moore?

II.

Mais voici venir le carnaval, ô Thomas Moore! Voici venir le carnaval, ô Thomas Moore! Voici venir le masque et la chanson, le fifre et le tambourin, la guitare et le plaisir, ô Thomas Moore!

ÉPITAPHE DE WILLIAM PITT.

Celui dont la dépouille est sous ce marbre enfouie
Mentit dans la chapelle et dort dans l'abbaye [5].

ÉPIGRAMME.

Cobbett a fort bien fait, chacun en conviendra,
    D'exhumer tes os, Thomas Payne;
Si de venir le voir ici tu prends la peine,
  En enfer, à son tour, il te visitera.

SUR L'ANNIVERSAIRE DE MON MARIAGE.

Voici venir le jour qui commence l'année :
J'accepte, mes amis, vos vœux et votre espoir ;
Souhaitez-moi pourtant, s'il vous plaît, de revoir
Cette époque souvent, jamais cette journée.

SUR LA NAISSANCE DE JOHN WILLIAM RIZZO HOPNER.

Cet enfant unira, j'espère,
Au bon sens paternel la grâce de sa mère,
Et, pour qu'aucun bonheur ne lui manque ici-bas,
L'appétit de Rizzo charmera ses repas.

SONNET A GEORGES IV, SUR LE RETRAIT DE LA CONDAMNATION DE LORD ÉDOUARD FITZGERALD.

Être le père de l'orphelin, tendre la main du haut du trône, et relever le fils de celui qui expira autrefois pour soustraire un royaume au sceptre de ton père, c'est être véritablement roi, c'est transformer l'envie en louanges ineffables. Renvoie tes gardes, confie-toi à de tels actes, car quelles mains se lèveront, sinon pour te bénir? Sire, n'était-il pas facile et n'est-il pas doux de te faire aimer et d'être tout-puissant par la clémence? Maintenant ta souveraineté est plus absolue que jamais; tu règnes en despote sur un peuple libre, et ce ne sont pas nos bras, mais nos cœurs que tu enchaînes [6]. Bologne, 12 août 1819.

L'AVATAR IRLANDAIS.

I.

Avant que la fille de Brunswick soit refroidie dans son cercueil, et pendant que les vagues portent ses cendres vers sa patrie, Georges le Triomphant s'avance sur les flots vers l'île bien-aimée qu'il chérit — comme son épouse.

II.

Il est vrai qu'ils ne sont plus, les grands hommes qui ont signalé cette ère de gloire si brillante et si courte, arc-en-ciel de la Liberté, ce petit nombre d'années dérobées à des siècles d'esclavage et pendant lesquelles l'Irlande n'eut point à pleurer sa cause trahie ou écrasée.

III.

Il est vrai que les chaînes du catholique résonnent sur ses haillons; le château est encore debout; mais le sénat n'est plus, et la famine, qui habitait ses montagnes esclaves, étend son empire jusqu'à son rivage désolé.

IV.

Jusqu'à son rivage désolé, — où l'émigrant s'arrête un moment pour contempler encore sa terre natale avant de la quitter pour toujours; ses larmes tombent sur sa chaîne qu'il vient de briser, car la prison qu'il quitte est le lieu de sa naissance.

V.

Mais il vient! il vient, le Messie de la royauté, semblable à un énorme Léviathan poussé par les vagues! Recevez-le donc comme il convient d'accueillir un tel hôte, avec une légion de cuisiniers et une armée d'esclaves!

VI.

Il vient, dans la verte primeur de la soixantaine, jouer son rôle de roi au milieu de la cérémonie qui se prépare. — Vive à jamais le trèfle dont il est couvert! si le vert qu'il porte à son *chapeau* pouvait passer à son *cœur!*

VII.

Si ce cœur depuis longtemps flétri pouvait reverdir, et si une source nouvelle de nobles affections pouvait y naître, la Liberté pourrait te pardonner, ô Érin, ces danses sous le poids de tes chaînes et ces cris de ton esclavage, qui attristent le ciel.

VIII.

Est-ce démence ou bassesse de ta part? Fût-il Dieu lui-même, — au lieu d'être, comme il l'est, fait de la plus grossière argile, avec plus de vices au cœur qu'il n'a de rides au front, ton dévouement servile lui ferait honte, et il s'éloignerait.

IX.

Oui, hurle à sa suite! Que tes orateurs torturent leur imagination pour caresser son orgueil! — Ce n'était pas ainsi que sur la Liberté implorée en vain l'âme indignée de ton Grattan faisait luire les foudres de sa parole.

X.

Grattan à jamais glorieux! le meilleur entre les bons! si simple de cœur, si sublime dans tout le reste! doué de tout ce qui manquait à Démosthènes, son rival ou son vainqueur dans tout ce que possédait l'Athénien.

XI.

Lorsque Tullius s'éleva à l'apogée de Rome, quoiqu'il n'eût point d'égaux, d'autres l'avaient précédé; l'œuvre était commencée; — mais Grattan sortit comme un Dieu de la tombe des âges, le premier, le dernier, le sauveur, l'*unique*.

XII.

Il eut le talent d'Orphée pour toucher les brutes, et le feu de Prométhée pour embraser le genre humain; la Tyrannie elle-même, en l'écoutant, se sentit émue ou resta muette, et la Corruption recula terrifiée devant le regard de son génie.

XIII.

Mais revenons à notre sujet! revenons aux despotes et aux esclaves! aux banquets fournis par la famine! aux réjouissances dont la douleur fait les frais! L'accueil de la vraie Liberté est simple; mais l'Esclavage extravague dans ses démonstrations quand une semaine de saturnales vient à relâcher sa chaîne.

XIV.

Que l'indigente splendeur que t'a laissée ton naufrage, décore le palais (comme le banqueroutier cherche à cacher sa ruine sous un étalage de luxe), Erin, voici ton maître. Dépose les bénédictions aux pieds de celui qui te refuse les siennes!

XV.

Ou si en désespoir de cause la liberté est obtenue de force, si l'idole de bronze s'aperçoit que ses pieds sont d'argile, ce sera parce que la terreur ou la politique auront arraché ce que les rois ne donnent jamais qu'à la manière des loups quand ils abandonnent leur proie.

XVI.

Chaque animal a sa nature, celle d'un roi est de *régner;* — *régner!* ce seul mot comprend la cause de toutes les malédictions consignées dans les annales des siècles, depuis César le redouté jusqu'à Georges le méprisé!

XVII.

Mets ton uniforme, ô Fingal! O'Connell, proclame ses perfections! *ses* perfections à *lui!!!* et persuade à ta patrie qu'un demi-siècle de mépris fut une erreur de l'opinion, et que « Henri [7] est bien le plus mauvais sujet et le plus charmant jeune prince qui soit au monde. »

XVIII.

Ton aune de ruban bleu, ô Fingal! fera-t-elle tomber les fers de plusieurs millions de catholiques? ou plutôt n'est-ce pas pour toi une chaîne plus étroite encore que celle de tous les esclaves qui maintenant saluent de leurs hymnes celui qui les a trahis?

XIX.

Oui! « bâtissez-lui une demeure! » que chacun apporte son obole! jusqu'à ce que, comme une autre Babel, s'élève le royal édifice! Que tes mendiants et tes ilotes réunissent leur pitance — et donnent un palais en retour d'un dépôt de mendicité et d'une prison!

XX.

Servez, — servez, pour Vitellius, le royal banquet, jusqu'à ce que le despote glouton en ait jusqu'à la gorge! et que les hurlements de ses ivrognes le proclament le quatrième des imbéciles et des oppresseurs du nom de « Georges! »

XXI.

Que les tables gémissent sous le poids des mets! Qu'elles gémissent comme ton peuple pendant des siècles de malheur! Que le vin coule à flots autour du trône de ce vieux Silène, comme le sang irlandais a coulé et doit couler encore!

XXII.

Mais que *son* nom ne soit pas ta seule idole. — Contemple à sa droite le moderne Séjan! Ton Castlereagh! Ah! qu'il soit tien encore! misérable dont le nom n'a jamais été prononcé qu'accompagné de malédictions et de railleries,

XXIII.

Jusqu'à ce jour où l'île qui devait rougir de lui avoir donné naissance, comme le sang qu'elle a versé a rougi ses sillons, semble fière du reptile sorti de ses entrailles, et pour prix de ses assassinats lui prodigue les acclamations et les sourires!

XXIV.

Sans un seul rayon du génie de sa patrie, sans l'imagination, le courage, l'enthousiasme de ses fils, — le lâche peut faire douter Erin qu'elle ait donné le jour à un être aussi vil.

XXV.

Sinon — qu'elle cesse de s'enorgueillir de ce proverbe qui proclame que sur le sol d'Erin aucun reptile ne peut naître; voyez-vous le serpent, avec son sang de glace et le venin qui le gonfle, réchauffer ses anneaux dans le sein d'un roi!

XXVI.

Crie, bois, mange et adule, ô Erin! Le malheur et la tyrannie t'avaient déjà mise bien bas; mais l'accueil que tu fais aux tyrans t'a fait descendre plus bas encore.

XXVII.

Mon humble voix s'éleva pour défendre tes droits; mon vote d'homme libre fut donné à ton affranchissement; ce bras, quoique faible, se fût armé pour ta querelle, et dans ce cœur, bien qu'usé, il y avait encore un battement pour toi.

XXVIII.

Oui, je t'aimais, toi et les tiens, bien que tu ne sois pas ma terre natale; j'ai connu parmi tes fils de nobles cœurs et de grandes âmes, et j'ai pleuré avec le monde entier sur la tombe de tes patriotes; mais maintenant je ne les pleure plus.

XXIX.

Car ils dorment heureux dans leurs sépultures lointaines, tes Grattan, tes Curran, tes Shéridan, tous ces chefs longtemps illustrés dans la guerre de l'éloquence, qui, s'ils n'ont pas retardé ta chute, l'ont du moins honorée.

XXX.

Oui, ils sont heureux sous la froide pierre de leurs tombeaux anglais! Leurs ombres ne s'éveilleront pas aux clameurs qu'aujourd'hui tu exhales, et le gazon qui recouvre leur libre argile, ne sera pas foulé par des oppresseurs et des esclaves qui baisent leurs chaînes.

XXXI.

Jusqu'à ce jour j'avais porté envie à tes fils et à ton rivage, bien que leurs vertus fussent proscrites, leurs libertés en fuite : il y avait je ne sais quoi de si chaleureux et de si sublime dans un cœur irlandais, que je porte envie — à tes *morts!*

XXXII.

Ou, si quelque chose peut faire taire un instant mon mépris pour une nation si servile malgré ses blessures encore saignantes, une nation qui, foulée aux pieds comme le ver, ne se retourne pas contre le Pouvoir, c'est la gloire de Grattan et le génie de Moore!

STANCES A L'ÉRIDAN[8].

I.

Fleuve qui baignes de tes flots l'antique cité[9] où habite la dame de mon amour, pendant qu'elle se promène sur tes bords, et que peut-être elle reporte vers moi un souvenir faible et passager;

II.

Que ton onde vaste et profonde n'est-elle le miroir de mon cœur où ses yeux puissent lire les mille pensées que maintenant je te confie, agitées comme tes vagues, impétueuses comme ton cours!

III.

Que dis-je! — le miroir de mon cœur! Ton onde n'est-elle

pas forte, rapide et sombre? Tu es ce que furent et ce que sont mes sentiments; et ce que tu es, mes passions l'ont été longtemps.

IV.

Peut-être le temps les a-t-il un peu calmées, — mais non pour toujours; tu franchis tes rives, fleuve sympathique! et pendant quelque temps les flots en ébullition débordent, puis rentrent dans leur lit; les miens se sont affaissés et ont disparu,

V.

Laissant après eux des ruines; et maintenant nous avons repris notre ancien cours; toi, pour aller te réunir à l'Océan; — moi, pour aimer *celle* que je ne devrais pas aimer.

VI.

Ces flots que je contemple couleront sous les murs de sa cité natale, et murmureront à ses pieds; ses yeux te regarderont quand, fuyant les chaleurs de l'été, elle viendra respirer l'air du crépuscule.

VII.

Elle te regardera, — et, plein de cette pensée, je t'ai regardé; et depuis ce moment, ne séparant plus son souvenir de toi, je n'ai pu penser à tes ondes, je n'ai pu les nommer ni les voir sans un soupir pour elle!

VIII.

Ses yeux brillants se réfléchiront dans tes flots; — oui! ils verront cette même vague que je fixe en ce moment : vague fortunée! les miens ne la reverront plus, même en rêve!

IX.

Le flot qui emporte mes larmes ne reviendra plus; reviendra-t-elle, celle que le flot va rejoindre? — Eridan! tous deux nous foulons tes rives, tous deux nous errons sur tes bords, moi près de ta source, elle près de l'Océan au flot bleu.

X.

Mais ce qui nous sépare, ce n'est ni l'éloignement, ni la profondeur des vagues, ni de vastes territoires; c'est la barrière d'une destinée différente, aussi différente que les climats qui nous ont donné le jour.

XI.

Un étranger s'est pris d'amour pour la dame de ces bords; il est né bien loin par delà les montagnes; mais son sang est tout méridional, comme s'il n'avait jamais ressenti le souffle des sombres autans qui glacent les mers du pôle.

XII.

Mon sang est tout méridional, sans quoi je n'aurais pas quitté ma patrie, et je ne serais pas, en dépit de douleurs que l'oubli n'effacera jamais, redevenu l'esclave de l'amour, — ou tout au moins de toi.

XIII.

C'est en vain que j'essaierais de lutter; — je consens à mourir jeune. — Que je vive comme j'ai vécu; que j'aime comme j'ai aimé; si je redeviens poussière, c'est de la poussière que je suis sorti, et alors, du moins, rien ne pourra plus émouvoir mon cœur.

STANCES COMPOSÉES SUR LA ROUTE DE FLORENCE A PISE[10].

I.

Oh! ne me parlez plus d'un grand nom dans l'histoire; les jours de notre jeunesse sont les jours de notre gloire; le myrte et le lierre sur un front de vingt-deux ans valent tous vos lauriers, quel qu'en soit le nombre.

II.

Que sont des guirlandes et des couronnes pour un front sillonné de rides? c'est la rosée printanière sur une fleur morte. Loin d'une tête blanchie de pareils ornements! que m'importent des lauriers qui ne peuvent donner que la gloire?

III.

O renommée [11]! si jamais j'ai pris plaisir à tes louanges, c'est moins à cause de tes phrases sonores que pour lire dans les yeux brillants de celle qui m'est chère qu'elle ne me jugeait pas indigne de l'aimer.

IV.

C'est *là* surtout que je te cherchais, c'est *là* seulement que je te trouvais; le plus beau des rayons de ton auréole, c'était son regard; quand quelque chose brillait en moi dont l'éclat se reflétait dans ses yeux, alors je connaissais l'amour, et je sentais la gloire.

STANCES [12].
SI LE FLEUVE DE L'AMOUR.

I.

Si le fleuve de l'Amour pouvait couler toujours, si le temps ne pouvait rien sur lui, — nul autre plaisir ne vaudrait celui-là, et nous chéririons notre chaîne comme un trésor. Mais puisque nous cessons de soupirer avant de cesser de vivre, puisque, fait pour voler, l'Amour a des ailes, eh bien, aimons pendant une saison, et que cette saison soit le printemps.

II.

Quand des amants se quittent, leur cœur se brise de douleur; tout espoir est perdu pour eux; ils croient n'avoir plus qu'à mourir. Quelques années plus tard, oh! comme ils verraient d'un œil plus froid celle pour laquelle ils soupirent! Enchaînés l'un à l'autre dans toutes les saisons, ils dépouillent plume à plume les ailes de l'Amour; — dès lors il ne s'envole plus; mais, privé de son plumage, il grelotte tristement après que le printemps est passé.

III.

Comme un chef de faction, le mouvement est sa vie. — Tout pacte obligatoire qui contrôle sa puissance obscurcit sa gloire; il quitte dédaigneusement un territoire où il ne règne plus en despote. Il ne peut rester stationnaire; il faut qu'enseignes déployées, ajoutant chaque jour à son pouvoir, il marche sans cesse en avant; — le repos l'accable, la retraite le tue : l'Amour ne souffre point un trône dégradé.

IV.

Amant passionné, n'attends pas que les années s'écoulent pour t'éveiller ensuite comme d'un songe, alors que, vous reprochant avec des paroles de raillerie et de colère vos imperfections mutuelles, vous serez hideux aux yeux l'un de l'autre. — Quand la passion commence à décliner, mais subsiste encore, n'attends pas que les contrariétés aient achevé de la flétrir : dès que l'Amour décroît, son règne est terminé. — Séparez-vous donc de bonne amitié, — et dites-vous adieu.

v.

C'est ainsi que votre affection aura laissé en vous des souvenirs pleins de charmes : vous n'aurez point attendu que, fatigués ou aigris, vos passions se soient émoussées dans la satiété. Vos derniers baisers n'auront pas laissé de froides traces ; — les traits auront conservé leur expression affectueuse, et les yeux, miroir de vos douces erreurs, réfléchiront un bonheur qui, pour avoir été le dernier, n'en fut pas moins suave.

vi.

Il est vrai que les séparations demandent plus que de la patience ; quels désespoirs n'ont-elles point fait naître ! Mais, en s'obstinant à rester, que fait-on, sinon enchaîner des cœurs qui, une fois refroidis, se heurtent contre les barreaux de leur prison ? Le temps engourdit l'Amour, la continuité le détruit ; l'Amour, enfant ailé, veut des cœurs jeunes comme lui ; il y a pour nous une douleur plus cuisante, mais plus courte, à sevrer nos joies qu'à les user.

LE BAL DE CHARITÉ.

Qu'importent les angoisses d'un époux et d'un père? qu'importe que dans l'exil ses douleurs soient grandes ou petites, pourvu qu'ELLE s'entoure de la gloire du pharisien, et que les dévots patronisent son « bal de charité? » Qu'importe qu'un cœur sensible, bien que coupable, soit entraîné à des excès devant lesquels il eût reculé autrefois ? — Les souffrances du pécheur ne sont que justice, et la dévote réserve sa charité pour le bal [13].

ENDOSMIS A L'ACTE DE SÉPARATION EN AVRIL 1816.

L'an passé, femme aimable et tendre,
Tu me jurais — « amour, respect, » — et cœtera;
Ce que vaut ce serment que ta voix fit entendre,
　　Ce papier le dira.

ÉPIGRAMME SUR L'ANNIVERSAIRE DE MON MARIAGE.
A PÉNÉLOPE.

Ce jour, dont je maudis l'aurore,
De tous nos jours fut le plus malheureux;
Voilà *six* ans nous n'étions qu'*un* encore,
　　Depuis cinq ans nous sommes *deux*.

SUR LE TRENTE-TROISIÈME ANNIVERSAIRE DE MA NAISSANCE.
(22 JANVIER 1821 [14].)

Parcourant cette vie et ses ennuis cuisants,
A travers ce sentier fangeux, pénible et sombre,
De trente-trois mes ans ont donc atteint le nombre!
Que m'en reste-t-il? Rien; mais j'ai trente-trois ans.

ÉPIGRAMME.
SUR CE QUE LA COMPAGNIE DES CHAUDRONNIERS AVAIT RÉSOLU DE PRÉSENTER UNE ADRESSE A LA REINE CAROLINE [15].

Les chaudronniers avec force métal
Doivent, dit-on, aller trouver la reine.
　Ils peuvent s'épargner la peine
D'une procession digne du carnaval,
Car de bronze et d'airain là-bas on n'a que faire,
Et c'est vraiment de l'eau qu'on porte à la rivière [16].

A M. MURRAY.

Pour Oxfort [17] et pour Waldegrave [18]
Vous donnez plus que pour moi, c'est très grave.
　Mon cher Murray, vous avez tort;
Un chien vivant vaut bien un lion mort;
Le proverbe le dit. Un lord vivant, j'espère,
　Vaut pour le moins deux lords en terre;
Puis le vers se vend mieux que la prose, entre nous;
Mais le papier me manque; au fait, décidez-vous.

Si vous l'avez pour agréable,
C'est bien ; sinon, mon cher, allez au diable.

STANCES.

Quand un homme n'a point dans sa patrie de liberté pour laquelle il puisse combattre, qu'il aille combattre pour celle de ses voisins. Qu'il pense à la gloire de la Grèce et de Rome, et qu'il se fasse casser la tête pour sa peine.

Faire du bien au genre humain est un plan chevaleresque qui est toujours noblement récompensé ; battez-vous donc pour la liberté partout où vous pourrez, et si vous n'êtes ni fusillé ni pendu, vous avez la chance d'être fait baron.

SUR LE SUICIDE DE LORD CASTLEREAGH.

Honneur à toi, patriote sublime !
Tu suivis de Caton l'exemple magnanime :
Il aima mieux, de Rome inflexible soutien,
Mourir pour son pays, comme toi pour le tien,
Que voir la tyrannie assise aux bords du Tibre ;
Toi, tu t'es immolé pour qu'Albion fût libre.

SUR LE MÊME.

Il s'est donné la mort ! — Si c'était, l'insensé !
Le premier sang qu'il eût jamais versé !

SUR LE MÊME.

Qui s'est tué ? — Celui dont le bras détesté
Avait, depuis longtemps, tué la liberté.

NOTES DES POÉSIES DIVERSES DE 1817 A 1821.

[1] Jeu de mots sur M. Gally Knight, auteur d'*Ilderim*.
[2] Miss Holford, auteur de *Marguerite d'Anjou*.
[3] Pour ce qui a rapport au docteur Polidori et à ses tragédies, voyez les *Mémoires de Moore*, t. III. — « Rien ne m'a jamais autant déplu, » dit lord Byron, « que les tracasseries, la mauvaise humeur de ce jeune homme ; mais il a quelque talent, et c'est un homme d'honneur, qui se

corrigera. Intéressez-vous à lui, car il le mérite. Vous n'avez pas encore essayé des tragédies médicales, prenez celle-là. » *B.*

4 Le quatrième chant de *Childe-Harold.*

5 On sait que le parlement tient ses séances dans la chapelle de Saint-Stephen, contiguë à l'abbaye de Westminster. Cette épigramme n'est qu'un calembour, le même mot exprimant en anglais *mentir* et *être couché.*

6 Ainsi le prince a annulé la condamnation de Fitzgerald. *Ecco un sonetto,* voilà un sonnet pour vous autres; Fitzgerald de longtemps ne vous en donnera un pareil. Vous pouvez y mettre mon nom si cela vous plaît. Le prince mérite toute louange, bonne ou mauvaise; c'est un véritable trait de prince. *B.*

7 Henri V. — Shakspeare met cette phrase dans la bouche de *Falstaff* parlant de son royal compagnon de débauche. *N. du Trad.*

8 Vers le milieu d'avril 1819, lord Byron alla de Venise à Ravenne, où il devait trouver la comtesse Guiccioli. Les vers suivants, qui ont été admirés autant qu'aucun autre de ses ouvrages, furent écrits, suivant le témoignage de madame Guiccioli, pendant son voyage, lorsqu'il naviguait sur l'*Éridan.* En les envoyant en Angleterre, en mai 1820, il disait : — « Ces vers ne doivent pas être publiés; regardez-les, je vous prie, comme des vers de société, écrits d'après des sentiments tout personnels. » Ils ont paru pour la première fois en 1824.

9 Ravenne, ville que lord Byron avouait aimer plus qu'aucun autre endroit après la Grèce. — « Il résida dans cette ville, » dit madame Guiccioli, « un peu plus de deux ans, et la quitta avec le plus grand regret et avec le pressentiment que son départ serait le signal de mille maux. Il était continuellement occupé à faire du bien; plusieurs familles lui doivent le peu de jours heureux qu'elles ont jamais connus. Son arrivée fut regardée comme une bonne fortune, et son départ comme une calamité publique. »

Dans le troisième chant de *Don Juan,* lord Byron a décrit la vie tranquille qu'il menait dans cette ville.

10 J'ai composé ces stances, excepté la quatrième (que je viens d'achever), sur la route de Florence.

11 Dans le même journal on trouve le passage suivant: « N'est-ce pas une chose bizarre, que de recevoir de quelqu'un que l'on ne connaît pas une invitation pour passer *l'été* dans le Holstein lorsqu'on est en Italie? La lettre était adressée à Venise. M. Jacobson me parlait des roses sauvages qui croissent l'été dans le Holstein; pourquoi alors les Cimbres et les Teutons émigrèrent-ils? Quelle étrange chose c'est que la vie de l'homme! Si je me présentais moi-même à la porte de la maison où est ma fille, la porte me serait fermée au nez, à moins, ce qui n'est pas impossible, que je ne tuasse le portier; et si j'étais allé cette année-là et peut-être aujourd'hui à Drontheim, la ville la plus éloignée de la Norwège, ou dans le Holstein, je serais reçu à bras ouverts chez des étrangers qui ne me sont unis par aucun lien de parenté. Aussi loin

que peut s'étendre la réputation d'un homme, mon nom s'est répandu ; mais en vérité, cela a été bien compensé par d'autres misères, et telles que je ne crois pas que jamais homme littéraire ait eu autant à souffrir. Je regarde ces compensations comme des conditions de notre pauvre nature. »

12 Un ami de lord Byron, qui était avec lui à Ravenne lorsqu'il écrivit ces stances, dit qu'elles furent composées, comme beaucoup d'autres pièces, non pas avec l'intention de les publier, mais uniquement pour se soulager dans un moment de souffrance. Il avait été douloureusement frappé de plusieurs événements qui le forçaient à quitter subitement l'Italie, et au moment où il écrivait ces vers, il était malade d'un accès de fièvre.

13 Ces vers furent écrits en lisant dans les journaux que lady Byron avait été patronesse dans un bal pour les pauvres.

14 Dans le journal de lord Byron, à la date du 21 janvier 1821, on lit : — « Diné ; — fait des visites ; — rentré chez moi ; — lu ; — remarqué une anecdote dans la correspondance de Grimm : il dit que Regnard et la plupart des poëtes comiques étaient gens bilieux et mélancoliques, et que M. de Voltaire, qui est très gai, n'a jamais fait que des tragédies, et que la comédie gaie est le seul genre où il n'ait point réussi. C'est que celui qui rit et celui qui fait rire sont deux hommes fort différents. Dans ce moment, je me sens aussi bilieux qu'a jamais pu l'être le plus grand auteur comique, autant que Regnard lui-même, qui, après Molière, passe pour avoir écrit la meilleure comédie, et que l'on dit s'être suicidé. Je ne suis guère en train de continuer ma tragédie. Demain est mon jour de naissance, c'est-à-dire à minuit..... Dans douze minutes, j'aurai complété mes trente-trois ans, et je vais me coucher, affligé d'avoir vécu si longtemps et d'avoir fait si peu de choses..... Voilà trois minutes que minuit est sonné, et j'ai maintenant trente-trois ans.

« Heu ! fugaces, Posthume, labuntur anni.

« Je ne les regrette pas tant pour ce que j'ai fait, que pour ce que j'aurais pu faire. »

15 La procession des chaudronniers au palais de Brandebourg fut une des plus absurdes niaiseries du bizarre procès de la reine.

16 Voilà une épigramme pour vous ; elle n'est pas indigne de Wordsworth, homme d'un vaste mérite, quoique peu connu. Je dois en grande partie sa lecture, comme je vous l'ai dit à Mestri, à ma passion pour la pâtisserie. *B.*

17 *Mémoires d'Horace Walpole sur les neuf dernières années du règne de George II.*

18 *Mémoires de James*, comte Waldegrave, gouverneur de George III, lorsqu'il n'était que prince de Galles.

LE PÈLERINAGE
DE CHILDE-HAROLD.

> L'univers est une espèce de livre dont on n'a lu que la première page quand on n'a vu que son pays. J'en ai feuilleté un assez grand nombre que j'ai trouvées également mauvaises. Cet examen ne m'a point été infructueux. Je haïssais ma patrie. Toutes les impertinences des peuples divers parmi lesquels j'ai vécu m'ont réconcilié avec elle. Quand je n'aurais tiré d'autre bénéfice de mes voyages que celui-là, je n'en regretterais ni les frais ni les fatigues.
> Le Cosmopolite.

PRÉFACE DES DEUX PREMIERS CHANTS.

Ce poëme a été en grande partie composé sur les lieux que l'auteur s'est proposé de décrire. Il l'a commencé en Albanie, et ce qui est relatif à l'Espagne et au Portugal est le résultat de ses observations personnelles dans ces pays. Cet avertissement préalable était nécessaire pour établir l'exactitude des descriptions. Les sites qu'on a voulu esquisser appartiennent à l'Espagne, au Portugal, à l'Épire, à l'Acarnanie et à la Grèce. C'est là que pour le moment s'arrête le poëme. Selon l'accueil qui lui sera fait, l'auteur verra s'il doit s'aventurer à conduire ses lecteurs jusqu'à la capitale de l'Orient, en passant par l'Ionie et la Phrygie. Ces deux chants ne sont que des ballons d'essai.

On a introduit dans le poëme un personnage imaginaire pour servir de lien commun à toutes les parties. Toutefois on ne doit pas s'attendre à y trouver beaucoup de régularité. Des amis à l'opinion desquels j'attache le plus haut prix, m'ont fait entendre qu'on pourrait me soupçonner d'avoir eu en vue un caractère réel dans le personnage fictif de Childe-Harold ; je proteste formellement et une fois pour toutes contre cette supposition. Harold est l'enfant de l'imagination, créé pour le motif que je viens de dire. Cette idée pourrait avoir jusqu'à un certain point quelque fondement dans certains détails peu importants et d'une nature purement locale ; mais dans les points principaux elle n'en a aucun.

Il est presque superflu de dire que j'ai employé l'appellation de Childe dans le sens de Childe Waters, Childe Childers, et comme plus appropriée au rhythme ancien que j'ai adopté. L'adieu qui se trouve au commencement du premier chant m'a été inspiré par l'adieu de lord Maxwel, dans *les Poésies écossaises*, publiées par M. Scott.

On trouvera peut-être dans la première partie, où il est question de la Péninsule, quelques légers points de coïncidence avec les différents poëmes qu'on a publiés au sujet de l'Espagne ; mais ces rapports ne peuvent être qu'accidentels : car, à l'exception de quelques-unes des dernières stances, la totalité de ce poëme a été écrite dans le Levant.

La stance de Spencer, si nous devons en croire l'un de nos poëtes les plus estimés, comporte une très grande variété de tons. Voici comment s'exprime à cet égard le docteur Beattie : — « Il n'y a pas longtemps que j'ai commencé un poëme dans le style et le rhythme de Spencer ; je me propose d'y donner libre carrière à ma fantaisie, et d'y être tour à tour plaisant ou pathétique, descriptif ou sentimental, tendre ou satirique, selon que l'envie m'en prendra ; car, si je ne me trompe, le rhythme que j'ai adopté admet également tous ces genres de composition. » — Fortifié dans mon opinion par une telle autorité et par l'exemple de quelques-uns des premiers poëtes de l'Italie, je n'essaierai pas de justifier la variété de tons que j'ai cherché à introduire dans mon poëme, convaincu que si je ne réussis pas, la faute en sera à l'exécution plutôt qu'à un plan sanctionné par la mise en pratique de l'Arioste, de Thomson et de Beattie.

Londres, février 1812.

ADDITION A LA PRÉFACE.

J'ai attendu que la plupart de nos journaux eussent distribué leur portion habituelle de critique. Je n'ai rien à dire contre la justice de la plupart de leurs observations; il me conviendrait mal de me regimber contre leur très légère censure, considérant qu'avec moins d'indulgence ils eussent peut-être été plus vrais ; je ne puis donc que leur faire à tous mes remerciements pour leur générosité. Néanmoins il est un point sur lequel je hasarderai une observation. Parmi les objections nombreuses qu'on a élevées avec justice contre la physionomie assez faible du *Childe voyageur*, que, malgré beaucoup d'insinuations à ce contraires, je soutiens encore être un personnage fictif, on a dit que, outre l'anachronisme, il est très peu chevalier, vu que les temps de la chevalerie étaient une époque d'amour, d'honneur, etc. Or, la vérité est que le bon vieux temps où florissait l'amour antique était l'époque de la plus grande corruption. Ceux qui auraient quelques doutes à cet égard peuvent consulter Sainte-Palaye en divers endroits de son ouvrage, et surtout à la page 69 du deuxième volume. Les vœux de la chevalerie n'étaient pas mieux gardés que d'autres ; les chants des troubadours, beaucoup moins spirituels que ceux d'Ovide, n'étaient guère plus décents. Dans les cours d'amour, parlements d'amour ou de courtoisie et de gentillesse, il y avait beaucoup plus d'amour que de gentillesse ou de courtoisie. Voyez Roland sur le même sujet que Sainte-Palaye. Quels que soient les autres reproches adressés au personnage très peu aimable de Childe-Harold, en ce sens du moins, on peut le considérer comme un parfait chevalier, non pas un chevalier servant, mais un véritable templier. Pour le dire en passant, je crains bien que sir Tristram et sir Lancelot n'aient pas été meilleurs qu'il ne fallait, quoique très poétiques personnages, et vrais chevaliers, sans peur, sinon sans reproches. Si l'histoire de l'institution de la Jarretière n'est pas une fable, les chevaliers de cet ordre ont, pendant plusieurs siècles, porté les couleurs de la comtesse de Salisbury, de peu édifiante mémoire. Voilà pour la chevalerie. Burke a eu tort de regretter que les jours de cette institution fussent passés, bien que Marie-Antoinette fût tout aussi chaste que la plupart de celles en l'honneur desquelles des lances ont été brisées et des chevaliers désarçonnés.

Avant l'époque de Bayard et jusqu'à celle de sir Joseph Banks, les plus chastes et les plus célèbres chevaliers des temps anciens et modernes, peu d'exceptions contredisent cette assertion ; et je crois qu'il suffirait de bien peu de recherches pour ne pas regretter les monstrueuses momeries du moyen âge.

Je laisse maintenant Childe-Harold vivre son temps tel qu'il est. Il eût été plus agréable et certainement plus facile de tracer un caractère aimable ; il eût été aisé de colorer ses fautes, de le faire moins parler, et agir davantage ; mais tout ce que je m'étais proposé, c'était de montrer, dans sa personne, que la perversion précoce de l'esprit et des mœurs conduit à la satiété des plaisirs passés et au désillusionnement dans les nouveaux, et que, si on en excepte l'ambition, le plus puissant de tous, les stimulants les plus forts, et même le spectacle des beautés de la nature, ne peuvent rien sur une âme ainsi constituée ou plutôt ainsi égarée. Si j'avais continué ce poëme, j'aurais de plus en plus assombri les couleurs de mon personnage, car en me conformant au cadre dans lequel je voulais originairement le faire entrer, j'en aurais fait, à quelques exceptions près, un *Timon* moderne, ou peut-être un *Zéluco* poétique.

Londres, 1815.

A IANTHE[1].

Ni dans ces climats, patrie privilégiée de la beauté, où j'ai depuis peu porté mes pas errants, ni dans ces visions qui offrent au cœur des charmes qu'il regrette, en soupirant, de n'avoir vus qu'en songe, jamais rien d'aussi beau que toi n'apparut en réalité ou en imagination. Moi, qui t'ai vue, je n'essaierai pas vainement de peindre l'éclat mobile et changeant de tes charmes; mes paroles seraient faibles pour ceux qui ne te voient pas; à ceux qui te contemplent, que diraient-elles?

Ah! puisses-tu être toujours ce que tu es maintenant, et ne point démentir les promesses de ton printemps; conserver, avec des formes aussi belles, un cœur aussi aimant et aussi pur tout ensemble, image sur la terre de l'Amour sans ses ailes, et naïve au-delà de ce que peut imaginer l'Espérance! Ah! sans doute, celle qui maintenant élève avec tant d'amour ta jeunesse, en te regardant briller chaque jour d'un nouvel éclat, voit dans toi l'arc-en-ciel de son avenir, dont les célestes couleurs dissipent toutes les afflictions.

Jeune Péri de l'Occident! c'est un bonheur pour moi que mes années soient le double des tiennes; tranquille, mon regard sans amour peut se fixer sur toi, et contempler sans danger la florissante splendeur de tes beautés. Heureux de ne pas voir un jour leur déclin! plus heureux, lorsque tant de jeunes cœurs saigneront à cause de toi, le mien échappera au destin que réservent tes yeux à ceux qui doivent, plus tard, voir mêler à leur admiration pour toi ces angoisses inséparables des plus doux moments de l'amour!

Oh! ces yeux qui, vifs comme ceux de la gazelle, tour à tour brillants de fierté et beaux de modestie, nous subjuguent par un rapide regard, nous éblouissent en se fixant sur nous, laisse-les parcourir ces pages, et ne refuse pas à mes vers ce sourire pour lequel mon cœur soupirerait en vain si jamais je devenais pour toi plus qu'un ami. Accorde-moi cela, jeune fille; ne me demande pas pourquoi, si jeune encore, je t'adresse mes chants; mais permets-moi de joindre un lis sans tache aux fleurs de ma couronne.

C'est ainsi que ton nom se trouve uni à mes vers; et aussi longtemps que des yeux amis accorderont un regard au poëme d'Harold, le nom d'Ianthe, ici consacré, sera lu le premier, le dernier oublié. Quand je ne serai plus, si au souvenir de cet ancien hommage tes doigts de fée s'approchent de la lyre de celui qui salua ta beauté naissante, ce sera pour ma mémoire un prix assez doux : c'est plus sans doute que n'ose réclamer l'Espérance; mais l'Amitié pourrait-elle demander moins?

LE PÈLERINAGE DE CHILDE-HAROLD.

CHANT PREMIER.

I.

O toi dont la Grèce divinisa la naissance, Muse, fille de l'imagination capricieuse du poëte, tant de lyres maladroites ont depuis peu déshonoré ton nom sur la terre, que la mienne n'ose pas t'invoquer sur ta sainte colline; et cependant j'ai erré sur les bords de ta source vantée; j'ai soupiré sur les antiques ruines de Delphes et son autel désert, où l'on n'entend d'autre bruit que le faible murmure de ton onde; ma lyre n'ira point réveiller les neuf Sœurs pour orner un poëme aussi simple, un chant aussi humble que le mien.

II.

Jadis en Albion vivait un jeune homme pour qui la vertu était sans attrait; il passait le jour dans les désordres les plus honteux, et affligeait les oreilles de la Nuit des éclats de sa gaieté scandaleuse. S'il faut le dire, c'était un effronté libertin, s'adonnant outre mesure aux orgies et aux profanes joies; peu d'objets ici-bas avaient le don de lui plaire, à l'exception des concubines, des compagnies charnelles, des mauvais sujets de haut et bas étage.

III.

Il avait nom Childe-Harold; mais d'où venait ce nom, quel était son lignage, c'est ce qu'il ne me convient pas de dire; il suffit qu'on sache qu'il était d'illustre race, et que ses ancêtres lui avaient légué plus d'un souvenir glorieux; mais il ne faut qu'une tache pour souiller un nom, quelle que soit son illustration antique : ni tout ce que l'art héraldique évoque de la poussière du cercueil, ni la prose fleurie, ni les mensonges d'un vers adulateur, ne peuvent décorer des actions coupables ou sanctifier un crime.

IV.

Childe-Harold tourbillonnait gaiement au soleil du jeune âge, comme toute autre mouche aurait pu faire, ne soupçonnant même pas qu'avant la fin de sa courte journée il suffirait d'un souffle de l'adversité pour glacer toute sa joie. Mais longtemps avant d'avoir parcouru le tiers de sa course, Childe éprouva pire que l'adversité; il ressentit le dégoût de la satiété : dès lors le séjour de son pays natal lui devint insupportable, et plus solitaire que la triste cellule d'un ermite.

V.

Car il avait parcouru le long labyrinthe du péché, et n'avait point réparé les maux qu'il avait causés; ses soupirs avaient été adressés à plusieurs, bien qu'il n'en aimât qu'une seule; et cette bien-aimée, hélas! ne pouvait jamais lui appartenir! heureuse d'échapper à celui dont les embrassements eussent souillé la chasteté même, qui bientôt eût abandonné ses charmes pour des plaisirs vulgaires, eût gaspillé sa fortune pour soutenir sa prodigalité, et n'eût jamais daigné goûter le calme de la paix domestique.

VI.

Or, Childe-Harold se sentait le cœur affadi, et ne demandait qu'à s'éloigner de ses compagnons de débauche; on dit que parfois une larme était près de lui échapper, mais l'orgueil venait soudain la glacer dans ses yeux. Il se promenait solitaire, triste et rêveur, résolu de quitter son pays natal et de visiter les climats brûlants par delà les mers. Rassasié de plaisirs, il invoquait presque l'infortune, et pour changer de théâtre, il fût volontiers descendu au séjour des ombres.

VII.

Childe-Harold partit du manoir de ses pères; c'était un vaste et vénérable édifice, si vieux qu'il semblait près de s'écrouler; mais ses voûtes massives étaient solides encore. Monastique retraite condamnée aux plus vils usages! dans ce lieu dont la superstition avait fait son repaire, on voyait chanter et sourire des filles de Paphos; les moines eussent pu croire que leur temps était revenu, si les vieilles traditions disent vrai et ne calomnient pas ces saints personnages.

VIII.

Parfois, néanmoins, au milieu des plus bruyants transports de sa gaieté, d'étranges angoisses se trahissaient sur le front d'Harold, comme si sa conscience eût été troublée du souvenir de quelque mortelle haine ou de quelque passion déçue; mais c'est ce que tout le monde ignorait, ce que personne ne se souciait de savoir; car son âme n'était pas de celles qui, naïves et sans art, se soulagent en épanchant leur douleur; et, quels que fussent les chagrins qui l'oppressaient, il ne demandait des consolations ni à l'amitié ni aux conseils de personne.

IX.

Et nul ne l'aimait de ceux qu'il faisait venir de près et de loin pour les débauches de sa table et de son boudoir, flatteurs au milieu des fêtes, parasites sans cœur à la table du festin. Non, personne ne l'aimait, pas même ses maîtresses; mais la Femme n'a souci que de la pompe et de la puissance, et l'Amour ne se plaît qu'aux lieux où ces biens se rencontrent. L'éclat attire les femmes comme les papillons, et Plutus réussit où échoueraient des séraphins.

X.

Childe-Harold avait une mère; il ne l'avait point oubliée, mais il évita de lui faire ses adieux; il avait une sœur qu'il aimait, mais il ne la vit point avant d'entreprendre son douloureux pèlerinage; s'il avait des amis, il ne prit congé d'aucun d'eux. N'allez pas croire toutefois que son cœur fût d'acier; vous qui savez ce que c'est que d'affectionner un petit nombre d'objets chéris, vous comprenez que ces adieux-là ne font que briser les cœurs qu'ils voudraient soulager.

XI.

Sa maison, ses foyers, son héritage, ses domaines, les beautés souriantes qui faisaient ses délices, dont les grands yeux bleus, la blonde chevelure, les mains de neige auraient ébranlé la sainteté d'un anachorète, et avaient longtemps nourri l'appétit de ses jeunes désirs; sa coupe pleine jusqu'aux bords des vins les plus rares, et tout ce que le luxe peut offrir d'attrayant, il quitta tout cela sans regret, pour franchir l'Océan, parcourir les rives musulmanes et passer l'équateur [2].

XII.

Un vent favorable vint enfler les voiles, comme charmé de l'emporter loin de sa terre natale; il vit les blancs rochers décroître rapidement à ses regards et se confondre bientôt avec leur ceinture d'écume; et alors peut-être il se repentit d'avoir voulu voyager; mais cette pensée silencieuse resta renfermée dans son sein, et pas une plainte n'échappa à ses lèvres pendant qu'autour de lui d'autres se prenaient à gémir et exhalaient aux vents de lâches douleurs.

XIII.

Mais au moment où le soleil se plongeait dans l'Océan, il saisit sa harpe, dont il savait parfois tirer des mélodies que nul ne lui avait apprises, quand il croyait n'être écouté d'aucune oreille étrangère. Il promena donc ses doigts sur ses cordes sonores pour préluder à ses chants au milieu du sombre crépuscule. Pendant que fuyait le navire aux blanches ailes, et que le rivage s'éloignait à sa vue, il fit entendre aux vagues ce chant d'adieu :

> Adieu donc, mon pays natal!
> Ton rivage à ma vue expire...
> Le flot mugit, le vent soupire;
> J'entends la mouette au cri fatal.
> Ce soleil aux clartés fécondes,
> Nous suivons sa trace de feu;
> Son char disparaît sous les ondes;
> O mon pays natal, adieu!
>
> Demain ses rayons immortels
> Rallumeront une autre aurore;
> Cieux et mers me riront encore,
> Mais non plus les champs paternels.
> Solitaire est ma salle antique;
> A mon foyer s'assied le deuil;
> L'herbe croît sur le mur gothique,
> Et mes chiens hurlent sur le seuil.
>
> Mon petit page, approche-toi [3]!
> Pourquoi ces pleurs sur ton visage?
> De ces vagues crains-tu la rage?
> Le vent cause-t-il ton effroi?
> Bannis des terreurs inutiles;
> Le navire est rapide et sûr,
> Et nos faucons sont moins agiles
> Quand des cieux ils fendent l'azur.
>
> —Non, ces flots ne me font point peur,
> Que me fait le vent qui résonne?
> Mais que mon seigneur ne s'étonne
> Si j'ai de la tristesse au cœur [4];
> Pour vous j'ai quitté mon vieux père,
> Et ma mère que j'aime tant.
> Je n'ai d'amis que vous sur terre,
> Et celui qui là-haut m'entend.
>
> Pour mon père quel triste jour!
> Il m'a béni sans plainte amère;
> Mais combien va gémir ma mère
> Jusqu'au moment de mon retour!
> —Mon petit page, allons, silence!
> La douleur te sied bien; et moi,
> Moi, si j'avais ton innocence,
> Va, je pleurerais comme toi [5].

Approche, mon bon serviteur [6] ;
Quelle pâleur est sur ta face !
Est-ce la brise qui te glace ?
Ou l'ennemi te fait-il peur ?
— Non, non, ce n'est pas l'épouvante,
Sir Childe, qui me fait pâlir ;
Mais je songe à ma femme absente,
Et je sens mon cœur défaillir.

Au bord du lac, près du manoir,
Habitent mes fils et leur mère.
Quand ils demanderont leur père
Que répondra-t-elle ce soir ?
— Bon serviteur, allons, silence !
Je ne blâme point tes ennuis ;
Moi, je vis dans l'indifférence,
Et c'est en riant que je fuis.

Maîtresse ou femme, qui voudra
En croire des soupirs perfides ?
Ces beaux yeux bleus de pleurs humides,
Une autre main les séchera.
Nul bien que je regrette au monde.
Quels périls peuvent m'entourer ?
Las ! ma douleur la plus profonde,
C'est de n'avoir rien à pleurer.

Me voilà seul et sans effroi,
Océan, sur tes vastes plaines.
Vous, humains, que me font vos peines
Quand nul ne s'attendrit sur moi ?
Mon chien qui hurle pour son maître,
Un étranger le nourrira ;
Alors, que je vienne à paraître,
Et mon chien me dévorera [7].

Vogue, mon rapide vaisseau !
Fends l'onde ! vogue à pleine voile !
Où tu veux porte mon étoile !
Hors le mien, tout pays m'est beau.
Salut, mer ! quand loin de tes plages
Je ne verrai plus ton flot bleu,
Recevez-moi, déserts sauvages !
O mon pays natal, adieu !... [8]

XIV.

Le vaisseau continue à voler sur les ondes, la terre a disparu ; les vents sont violents et les nuits sans sommeil dans la baie de Biscaye. Quatre jours s'écoulent, et le cinquième, voilà qu'on aperçoit de nouveaux rivages, et la joie renaît dans tous les cœurs; voilà la montagne de Cintra qui se déploie aux regards, voilà le Tage qui se précipite dans l'Océan et lui porte le tribut de ses flots dorés; bientôt les pilotes lusitaniens nous abordent, et le navire s'avance entre des rives fertiles où quelques paysans achèvent la moisson.

XV.

O Christ! c'est plaisir que de voir combien le ciel a fait pour cette terre de délices! Que de fruits embaumés couvrent les arbres! Que d'admirables points de vue se prolongent sur les collines! Mais la main impie de l'homme gâte tous ces dons; et quand le Tout-Puissant saisira son fouet vengeur contre les transgresseurs de ses lois souveraines, son tonnerre allumé par une triple vengeance frappera les hordes dévastatrices du Gaulois, et purgera la terre de ses plus cruels ennemis.

XVI.

A la première vue, quelles beautés Lisbonne déploie! Son image se réfléchit dans ce noble fleuve que les poëtes gratifient inutilement d'un sable d'or. Aujourd'hui ses flots sont sillonnés par mille navires puissants depuis que l'alliance d'Albion prête son appui protecteur à la Lusitanie; nation gonflée d'ignorance et d'orgueil, qui baise et maudit la main qui s'est armée pour elle afin de la mettre à l'abri de la colère du chef impitoyable des Gaules.

XVII.

Mais lorsqu'on pénètre dans l'intérieur de cette ville, qui brille de loin d'un céleste éclat, on erre plein de douleur au milieu des objets les plus repoussants aux yeux d'un étranger; cabanes et palais sont également malpropres; les habitants croupissent dans la saleté. Nul personnage de haut ou bas étage qui s'occupe de la propreté de ses vêtements ou de son linge; et, fussent-ils attaqués de la plaie d'Égypte, ils n'en donneraient pas pour cela plus de soins à leurs personnes, et n'en seraient pas plus émus.

XVIII.

Pauvres et vils esclaves! nés pourtant au milieu des plus nobles spectacles! — O nature! pourquoi gaspiller tes merveilles en faveur de tels hommes? Mais voici Cintra qui vous offre son magnifique Éden, suite variée de monts et de vallées! Ah! quelle est la plume, quel est le pinceau capable de retracer la moitié seulement de ce que l'œil découvre dans ces sites plus éblouissants pour des regards mortels, que ceux qu'a décrits le poëte qui le premier ouvrit au monde étonné les portes de l'Élysée?

XIX.

Les rochers affreux que surmonte un couvent suspendu en l'air, les liéges blancs qui garnissent les pentes escarpées, la mousse des montagnes brunie par un ciel dévorant, la profonde vallée dont les arbrisseaux pleurent l'absence du soleil, le tendre azur de la mer sans rides, l'orange dont l'or brille au milieu du plus beau vert, les torrents qui bondissent du haut des rocs dans les vallons, là-haut des vignes, là-bas des saules, tout cela réuni forme un spectacle plein de magnificence et de variété.

XX.

Puis, gravissez lentement le sentier sinueux ; tournez fréquemment la tête pour jeter un coup d'œil derrière vous et découvrir d'un point de vue plus élevé de nouvelles beautés dans le paysage ; arrêtez-vous au couvent de « Notre-Dame-des-Douleurs, » où des moines sobres montrent à l'étranger leurs petites reliques et lui content des légendes : ici ont été châtiés des impies ; dans cette profonde caverne Honorius habita longtemps, dans l'espoir de mériter le ciel, en se faisant ici-bas un enfer.

XXI.

Çà et là, en franchissant des précipices, remarquez ces grossières croix de bois qui bordent le sentier ; ne croyez pas que ce soit la dévotion qui les ait mises là, ce sont les monuments fragiles de quelque assassinat ; car là où une victime est tombée en poussant un cri sous le poignard d'un meurtrier, on élève une croix formée de deux lattes vermoulues ;

les bosquets et les vallons en offrent des milliers sur cette terre sanguinaire, où la vie de l'homme n'est pas assurée par les lois [10].

XXII.

Sur le penchant des collines ou dans le sein des vallées, on voit des châteaux où des rois ont fait autrefois leur demeure; mais aujourd'hui ces solitudes n'ont d'habitants que les fleurs sauvages qui croissent alentour. Pourtant on y découvre encore des traces d'une antique splendeur. Là s'élève le beau « palais du prince: » c'est là aussi, Vatheck [11], fils opulent de l'Angleterre, que tu te bâtis un paradis, oubliant que lorsque la richesse capricieuse a épuisé tous les efforts de sa puissance, la douce paix fuit toujours les piéges de la volupté.

XXIII.

C'est ici que tu habitais, c'est là que tu projetais tes plaisirs, sous la crête toujours belle de cette montagne; mais aujourd'hui, comme si c'était un séjour fatal, ton palais enchanté est aussi solitaire que toi! C'est à travers de grandes herbes parasites qu'on arrive à tes salles désertes, à tes portiques ouverts; leçon nouvelle, pour le cœur de celui qui pense, de la vanité des terrestres plaisirs, dont il ne reste bientôt que des débris quand les flots inexorables du Temps ont passé par là!

XXIV.

Voilà ce palais où des chefs se sont assemblés [12] naguère! Oh! que sa vue est déplaisante aux regards d'un Anglais! Là siége, en robe de parchemin, un petit démon moqueur, coiffé du chapeau de la Folie en guise de diadème; il porte pendus à son côté un sceau et un noir rouleau où brillent des noms connus dans la chevalerie, et un grand nombre de signatures que le scélérat montre du doigt en riant à cœur joie.

XXV.

Ce nain d'enfer s'appelle Convention; c'est lui qui dupa les chevaliers réunis dans le palais de Marialva: il les priva de leur cervelle, si toutefois ils en avaient une, et changea en tristesse la fausse joie d'une nation. Ici, la Sottise foula aux pieds le panache du vainqueur, et la Politique reconquit ce que les armes avaient perdu. Que les lauriers croissent en vain pour des chefs tels que les nôtres ! Malheur, non aux vaincus, mais aux vainqueurs, depuis que la victoire, prise pour dupe, laisse flétrir ses palmes sur les côtes de la Lusitanie !

XXVI.

Depuis la réunion de ce belliqueux synode, ô Cintra! ton nom fait pâlir la Bretagne ; en l'entendant, nos ministres se dépitent, et rougiraient même de honte, s'ils pouvaient rougir. Que dira la postérité d'un pareil acte ? Les nations ne se moqueront-elles pas de nous, en voyant nos guerriers dépouillés de leur gloire par des ennemis battus sur le champ de bataille, et diplomatiquement vainqueurs ? Le mépris ne nous montrera-t-il pas au doigt dans l'avenir ?

XXVII.

Ainsi pensait Harold, tout en gravissant silencieusement les montagnes. Ces sites étaient beaux, et pourtant il lui tardait de fuir, plus mobile que l'hirondelle dans les airs : toutefois il y apprit à faire quelques réflexions morales, car il se livrait parfois à la méditation, et la voix intérieure de sa raison lui disait tout bas de mépriser son jeune âge, consumé en caprices insensés ; mais en regardant la vérité, ses yeux blessés s'obscurcissaient.

XXVIII.

A cheval ! à cheval [13] ! Il quitte, il quitte pour jamais un séjour de paix déjà doux à son âme ; il sort de sa rêverie, mais ce n'est ni la femme ni le vin qu'il recherche maintenant. Il va, sans savoir encore où il terminera son pèlerinage ; bien des tableaux variés devront passer sous ses yeux avant que sa soif de voyages soit étanchée, avant qu'il ait calmé son cœur, ou que l'expérience l'ait rendu sage.

XXIX.

Cependant Mafra l'arrêtera un instant. C'est là qu'habitait autrefois la malheureuse reine des Lusitaniens [14] ; on y voyait réunies et l'église et la cour ; la messe et les festins se succédaient à tour de rôle : des courtisans et des moines, singulier mélange! — Mais ici la prostituée de Babylone [15] s'est bâti un palais où elle brille d'une telle splendeur, que les hommes oublient le sang qu'elle a versé, et s'inclinent devant la pompe dont le Crime se décore.

XXX.

A travers des vallons fertiles, des collines pittoresques (ah! que ne sont-elles habitées par une race d'hommes libres!), parmi des sites délicieux, où partout la vue est charmée, Childe-Harold dirige ses pas. Que les hommes amis d'un lâche repos regardent les voyages comme une folie, et s'étonnent qu'on déserte son fauteuil pour faire une route fatigante et parcourir de longues, bien longues distances, n'importe! il est doux de respirer l'air des montagnes; il y a là une source de vie que ne connaîtra jamais l'Indolence.

XXXI.

Les collines blanchissent et décroissent dans le lointain, et des vallées moins riches, moins accidentées, se déroulent aux regards. Aussi loin que la vue peut s'étendre, apparaissent à l'horizon les domaines de l'Espagne, où les bergers font paître ces troupeaux dont la riche toison est si connue de nos commerçants. Ici, il faut que le pasteur s'arme pour défendre ses agneaux. L'Espagne est envahie par un ennemi redoutable; chacun doit se protéger soi-même, ou subir les maux de la conquête.

XXXII.

Sur la frontière de la Lusitanie et de l'Espagne, sa sœur, que pensez-vous qui sépare les deux Etats rivaux? Est-ce le Tage qui interpose son onde puissante entre ces deux nations jalouses? ou de sombres montagnes élèvent-elles leurs barrières menaçantes? ou bien y a-t-il un mur de séparation semblable à la célèbre muraille de la Chine? Point de mur de séparation, point de rochers sourcilleux, point de sierras hautes et sombres semblables à celles qui séparent l'Espagne de la Gaule;

XXXIII.

Mais, entre les deux pays, un ruisseau à l'onde argentée se glisse en silence ; c'est à peine s'il a un nom, et cependant ses rives verdoyantes servent de barrière à deux royaumes rivaux. Là, le berger, tranquillement appuyé sur sa houlette, regarde d'un œil indifférent cette onde qui coule paisible entre des ennemis acharnés : car ici le paysan est aussi fier que le duc le plus noble, et le laboureur espagnol sait toute la distance qui le sépare de l'esclave lusitanien, vil entre les plus vils [16].

XXXIV.

Non loin de cette limite imperceptible, la sombre Guadiana, si renommée dans les anciens romanceros, roule, en murmurant, ses tristes et vastes ondes. Autrefois elle vit s'accumuler sur ses rives d'innombrables légions de Maures et de chevaliers couverts d'éclatantes armures ; là s'arrêtèrent les guerriers les plus agiles ; là succombèrent les forts ; là roulèrent, confondus dans les flots ensanglantés, le turban du musulman et le casque du chrétien.

XXXV.

O belle Espagne ! sol glorieux et romantique ! où est cet étendard que déploya Pélage alors que le perfide père de Cava [17] appela dans sa patrie les bandes qui teignirent du sang des Goths les eaux de ses montagnes ? Où sont ces bannières sanglantes qui, au temps jadis, déployées sur la tête de tes enfants, flottaient victorieuses au souffle des vents, et refoulèrent enfin les dévastateurs sur leurs propres rives ? Oh ! combien dut briller la croix, et le croissant pâlir ! de quels gémissements les mères de la Mauritanie durent faire retentir les échos de l'Afrique !

XXXVI.

Tes chants populaires ne sont-ils pas remplis de ces glorieux récits ? Et voilà, en effet, la plus grande récompense que peut espérer le héros. Quand le granit tombe en poudre, que les témoignages de l'histoire viennent à manquer, la complainte d'un paysan supplée aux annales douteuses. Orgueil ! détache tes regards du ciel pour les reporter sur ton propre domaine! vois comme la renommée des puissants va se réfugier dans une chanson! Les livres, les colonnes, les monuments ne peuvent-ils immortaliser ta grandeur? faut-il donc que tu te confies au langage naïf de la tradition quand la flatterie est morte avec toi et que l'histoire te calomnie?

XXXVII.

Éveillez-vous, fils de l'Espagne! éveillez-vous! aux armes! c'est la Chevalerie, votre ancienne divinité, qui vous appelle; elle ne porte point, comme autrefois, sa lance altérée; elle n'agite pas dans l'air son panache rouge; elle vole aujourd'hui à travers la fumée des tubes enflammés, et tonne par la voix de l'airain mugissant; à chaque détonation elle s'écrie : « Éveillez-vous! aux armes! » Répondez! sa voix trouvera-t-elle moins d'échos que jadis, quand son chant de guerre retentissait sur les rivages de l'Andalousie?

XXXVIII.

Silence! n'entendez-vous pas résonner la terre sous les pas des coursiers? n'est-ce pas le bruit du combat qui arrive à votre oreille? ne voyez-vous pas ceux que frappe le sabre ensanglanté? Courez! courez sauver vos frères avant qu'ils tombent sous les coups des tyrans et de leurs esclaves. L'air est sillonné des feux redoutables du trépas; chaque décharge, répercutée de roc en roc, annonce que des milliers d'hommes ont cessé de vivre. La mort vole sur les ailes d'un aquilon de soufre; le Génie des batailles, rouge de sang, frappe du pied la terre, et les peuples ont ressenti la commotion.

XXXIX.

Voyez-vous le Géant debout sur la montagne, étalant au soleil sa sanglante chevelure? Les foudres de la mort étincellent dans ses mains ardentes : son regard brûle tout ce qu'il fixe; ses yeux, tantôt roulant dans leur orbite, tantôt immobiles, lancent au loin des éclairs; et à ses pieds d'airain est couchée la Destruction, observant les calamités qui s'accomplissent : car cette matinée verra le choc de trois nations puissantes, et le sang qui va couler sur ses autels réjouira sa vue.

XL.

Par le ciel! c'est un beau spectacle pour celui qui n'a là ni ami, ni frère, de voir se mêler toutes ces écharpes brillantes, et l'éclat des armes étinceler dans l'air! Voyez ces limiers de la guerre qui ont quitté leur tanière, allongeant leurs griffes et hurlant pour leur proie; tous prennent part à la chasse; mais bien peu au triomphe. La part la plus belle sera pour la tombe, et le Carnage, dans sa joie, peut à peine compter le nombre des combattants.

XLI.

Trois nations se réunissent pour offrir ce sanglant sacrifice; trois langues élèvent vers Dieu d'étranges prières; trois brillants étendards se déroulent sur le fond azuré du ciel; les cris sont: France! Espagne! Albion! victoire! L'ennemi, la victime, l'allié généreux qui combat pour tous et combat toujours en vain, se sont donné là rendez-vous — comme s'ils ne pouvaient attendre la mort dans leurs foyers — pour nourrir les corbeaux sur la plaine de Talavera, et fertiliser la terre que chacun d'eux veut conquérir.

XLII.

C'est là qu'ils pourriront, jouets glorieux de l'Ambition! Oui, la Gloire élève le gazon qui recouvre leur argile! Vain sophisme! voyez en eux des instruments brisés, que les tyrans sacrifient par myriades quand ils osent paver de cœurs humains leur criminelle voie pour arriver — à quoi? — à un rêve. Les despotes connaissent-ils un seul lieu où leur domination soit volontairement consentie? Y a-t-il un coin de terre qu'ils puissent dire à eux, sauf celui où leurs os tombent enfin pièce à pièce?

XLIII.

O Albuera! glorieux champ de douleur! pendant qu'en parcourant ta plaine le pèlerin pressait les flancs de son cheval, qui eût pu prévoir que bientôt tu servirais de théâtre à la lutte sanglante des deux armées rivales? Paix aux morts! puissent la palme du guerrier, les pleurs de la victoire, immortaliser leur récompense! Jusqu'à ce que d'autres lieux soient témoins d'autres funérailles, ton nom, Albion, retennira en cercle la foule attentive, et les chants du peuple te décerneront une renommée passagère [18].

XLIV.

C'est assez parler des favoris de Bellone; qu'ils s'amusent à jouer aux hommes et échangent la vie contre la gloire, cette gloire ne ranimera pas leur cendre, bien que des milliers d'hommes périssent pour illustrer le nom d'un seul. Ce serait vraiment dommage de leur dénier l'objet de leur noble ambition, à ces heureux mercenaires qui croient servir par leur mort la patrie dont leur vie eût peut-être fait la honte, qui auraient succombé dans quelque sédition domestique, ou, brigands obscurs, auraient suivi une carrière de vol et de rapines.

XLV.

Harold continua rapidement sa route solitaire jusqu'aux lieux où Séville élève fièrement son front indompté [19]. Elle est libre encore, cette proie convoitée des envahisseurs! Hélas! le temps approche où la conquête posera dans son enceinte son pied farouche, et souillera de son passage ses élégants édifices. Heure fatale! il faut subir sa destinée quand la destruction triomphe et que tout cède à ses hordes affamées; autrement Ilion et Tyr seraient debout encore, la vertu serait toujours victorieuse, et le meurtre cesserait de prospérer.

XLVI.

Mais, insouciante de l'heure qui s'approche, Séville ne s'occupe que de chants, de banquets et de fêtes; le temps s'écoule au milieu des joies les plus étranges, et le cœur de ces patriotes ne saigne pas des blessures de la patrie. Ce n'est pas le clairon de la guerre qu'on entend, mais la guitare de l'amour. La Folie y domine en souveraine; le Libertinage, aux yeux jeunes, poursuit ses promenades nocturnes; et au milieu des crimes silencieux des capitales, le vice s'attache jusqu'au dernier moment à ces murs près de s'écrouler.

XLVII.

Il n'en est pas de même de l'hôte des champs; il se cache

avec sa tremblante compagne et n'ose aventurer trop loin ses regards, de peur de voir sa vigne ravagée et flétrie sous le souffle brûlant de la guerre. On n'entend plus, à la clarté propice d'un beau soir, le joyeux fandango agiter ses castagnettes. O monarques! si vous pouviez goûter les plaisirs que vous troublez, vous n'iriez pas affronter les fatigues de la gloire; la voix triste et discordante du tambour se tairait, et il y aurait encore, pour l'homme, du bonheur ici-bas.

XLVIII.

Quels sont maintenant les chants du robuste muletier? Est-ce, comme autrefois, la romance d'amour ou le cantique pieux qui charme les ennuis de la route, pendant que les clochettes de la mule font entendre leur pittoresque tintement? Non, il ne chante plus que *Viva el rey*[20]! et ne s'interrompt que pour maudire Godoy, l'imbécile roi Charles, et le jour où la reine d'Espagne vit pour la première fois le jeune homme aux yeux noirs, et où la trahison sortit rouge de sang de son lit adultère.

XLIX.

Sur cette plaine longue et unie, bordée de rocs sourcilleux où vous voyez s'élever ces tours mauresques, l'empreinte du fer des coursiers a déchiré le sein de la terre, et le gazon noirci par les flammes annonce la présence de l'ennemi sur le sol de l'Andalousie. Ici étaient le camp, les feux du bivouac et les postes avancés; ici le paysan intrépide a pris d'assaut le nid du dragon; il vous fait remarquer ce lieu d'un air triomphant, et vous montre ces rochers tant de fois perdus et repris.

L.

Tous ceux que vous rencontrez sur la route portent à leur chapeau la cocarde rouge [21]; vous reconnaissez à ce signe qui vous devez accueillir et qui éviter. Malheur à quiconque se montre en public sans cet infaillible signe de loyauté! Le couteau est effilé, le coup est prompt; et triste serait la destinée des soldats gaulois, si le poignard perfide caché sous le manteau, pouvait émousser le tranchant du sabre ou dissiper la fumée du canon.

LI.

A chaque détour dans les morénas sombres, les rochers supportent des batteries meurtrières, et aussi loin que la vue peut s'étendre, l'obusier des montagnes, les chemins coupés, les palissades hérissées, les fossés inondés, les postes militaires occupés, la sentinelle vigilante, les magasins cachés sous le roc, le coursier abrité sous le chaume, les boulets amoncelés en pyramide, la mèche toujours allumée [22],

LII.

Tout annonce ce qui va se passer. Mais celui qui, d'un signe de tête, a jeté bas de leur trône des despotes moins forts que lui, s'arrête un instant avant de lever le bras; il daigne accorder un moment de répit : bientôt ses légions vont s'ébranler et balayer ces obstacles; il faut que l'Occident reconnaisse le Fléau du monde. Espagne, oh! malheur, malheur à toi quand le vautour gaulois, déployant ses ailes, prendra son essor, et que tu verras tes fils précipités en foule au séjour du trépas!

LIII.

Et faut-il donc qu'ils périssent? que la jeunesse, le courage, l'honneur, succombent pour assouvir la fatale ambition d'un chef orgueilleux! Eh quoi! point de milieu entre la soumission et la tombe? entre le triomphe du brigandage et la chute de l'Espagne? La Puissance Suprême que l'homme adore l'a-t-elle donc ordonné ainsi? est-elle sourde aux supplications des victimes? tout sera-t-il donc inutile : l'héroïsme des vaillants, les conseils des sages, le dévouement des patriotes, l'habileté des vieux guerriers, l'ardeur de la jeunesse, le cœur d'acier de l'âge mûr?

LIV.

Est-ce donc pour cela que la jeune Espagnole a saisi le glaive, alors que, suspendant aux saules sa guitare muette, dépouillant son sexe et s'armant d'audace, elle a entonné le chant des batailles, et pris place dans les rangs des guerriers ? Elle qui pâlissait à la vue de la moindre blessure, que le cri de la chouette faisait tressaillir d'effroi, elle contemple d'un œil tranquille les baïonnettes hérissées, l'épée flamboyante; et sur les cadavres encore chauds elle s'avance, Minerve intrépide, où Mars lui-même craindrait de la suivre.

LV.

Vous qu'émerveillera le récit de son histoire, oh! si vous l'aviez connue en des temps plus doux, si vous aviez vu son œil noir briller à travers le noir tissu de son voile, si vous aviez entendu dans le boudoir sa voix joyeuse et légère, contemplé ses longs cheveux qui défient l'art du peintre, ses formes enchanteresses, sa grâce plus que féminine, vous n'eussiez pu croire qu'un jour les tours de Sarragosse la verraient regarder en face le Danger à la tête de Méduse, et lui sourire, éclaircir les rangs de l'ennemi, et guider les guerriers au chemin périlleux de la gloire.

LVI.

Son amant tombe; — elle ne verse point d'inopportunes larmes. Son chef est tué; — elle le remplace au poste fatal. Ses concitoyens fuient; — elle arrête leur lâche retraite. L'ennemi recule; — elle marche à la tête de ceux qui le poursuivent. Qui mieux qu'elle apaisera les mânes d'un amant? qui mieux qu'elle vengera le trépas d'un chef? Voyez-vous la jeune fille relever le courage abattu des guerriers? la voyez-vous fondre sur l'ennemi fuyant, vaincu par la main d'une femme, à l'aspect des remparts qu'il assiége[23]?

LVII.

Pourtant elles ne sont point des Amazones, les jeunes filles de l'Espagne; elles furent créées pour l'amour et ses enchantements. Si, aujourd'hui armées, elles rivalisent avec ses fils et se mêlent à l'horrible phalange, c'est le tendre courroux de la colombe qui frappe de son bec la main étendue pour saisir son époux. En douceur comme en énergie, l'Espagnole surpasse de beaucoup les femmes de certains pays renommées pour leur babil fastidieux; elle a une âme plus noble, et ses charmes égalent peut-être les leurs.

LVIII.

Elle doit être douce la joue dont la fossette indique l'empreinte qu'y laissa le doigt de l'Amour! ces lèvres qui recèlent une nichée de baisers prêts à s'envoler, disent à l'homme que pour les mériter il faut qu'il soit vaillant. Comme son regard est énergiquement beau! Les rayons de Phébus, en caressant sa joue, ne l'ont point fanée; elle est sortie plus fraîche encore de ses baisers amoureux. Qui pourrait, après l'avoir vue, rechercher les fades beautés du Nord? que leurs formes sont pauvres, frêles, pâles et languissantes!

LIX.

Climats que les poëtes se plaisent à vanter, harems de cette contrée lointaine où je fais maintenant [24] entendre ces chants à la gloire des beautés espagnoles qu'un cynique lui-même ne pourrait s'empêcher d'admirer, pourriez-vous comparer ces houris à qui vous permettez à peine de prendre l'air, de peur que le vent ne serve de conducteur à l'amour, avec l'Espagnole aux yeux noirs et brillants [25]? Sachez que c'est dans leur patrie que nous trouvons le Paradis de votre prophète, avec ses vierges célestes aux yeux noirs, et leur angélique bonté.

LX.

O Parnasse [26]! maintenant je te contemple, non avec les yeux insensés d'un rêveur, non dans le fabuleux paysage d'un poëme; mais je te vois, avec ton manteau de neige et sous ton ciel natal, t'élever dans toute la pompe sauvage de la majesté des montagnes. Ne t'étonne pas que j'essaie de chanter en ta présence; et moi aussi, moi le plus humble des pèlerins qui t'ont visité, je voudrais en passant éveiller tes échos, quoique nulle Muse sur ta cime ne déploie aujourd'hui ses ailes.

LXI

Que de fois j'ai rêvé de toi! car qui ignore ton nom glorieux, celui-là est étranger à ce que l'homme a de plus divin. Et maintenant que tu es là sous mes yeux, je rougis de l'offrir en hommage d'aussi faibles accents. Quand je rappelle à ma mémoire le cortége illustre de tes anciens adorateurs, je tremble et n'ai plus que la force de fléchir le genou. Au lieu d'élever ma voix, et de tenter un inutile essor, je te contemple sous ton pavillon de nuages, dans l'extase d'une joie silencieuse, en pensant qu'à la fin je te vois [27].

LXII.

Plus heureux que tant de poëtes illustres que le destin enchaîna dans leur lointaine patrie, foulerais-je sans émotion cette terre sacrée que d'autres idolâtrent sans la connaître? Quoique Apollon ne visite plus sa grotte, et que le séjour des Muses en soit aujourd'hui le tombeau, je ne sais quel doux génie règne encore en ces lieux, soupire dans la brise, habite le silence des cavernes, et glisse d'un pied léger sur cette onde mélodieuse.

LXIII.

Un jour, ô Parnasse! je reviendrai à toi. J'ai interrompu mes chants pour te payer mon tribut; j'ai oublié un moment pour toi, et la terre d'Espagne, et ses fils et ses filles, et son destin, cher à toute âme libre, et je t'ai salué, non peut-être sans verser une larme. Je reprends maintenant mon sujet. — Mais que j'emporte de mon pieux séjour auprès de toi un gage, un souvenir; laisse-moi cueillir une feuille de l'arbre immortel de Daphné, et ne permets pas que, dans l'espérance de celui qui t'implore, les hommes ne voient qu'une vanterie impuissante.

LXIV.

Mais jamais, mont sublime, jamais, quand la Grèce était jeune encore, tu ne vis à ta base gigantesque un chœur de beautés plus brillantes; jamais quand la prêtresse, embrasée d'un feu divin, faisait entendre l'hymne pythique, Delphes ne contempla un cortége de vierges plus dignes d'inspirer les chants d'une lyre amoureuse que ces filles de l'Andalousie, élevées dans la chaude atmosphère des tendres désirs. Oh! que n'ont-elles ces paisibles ombrages dont jouit encore la Grèce, bien que la gloire ait déserté ses rives!

LXV.

Elle est belle l'orgueilleuse Séville! qu'elle soit fière de sa force, de sa richesse, de son antiquité! mais Cadix, qui s'élève plus loin sur la côte, réclame des éloges moins glorieux, mais plus doux. O Vice! que tes voluptueux sentiers ont de charmes! Comment le cœur où bouillonne un sang adolescent, fera-t-il pour échapper aux fascinations de ton regard magique? Serpent à tête d'ange, tu nous magnétises, et les formes séduisantes se plient à tous les goûts.

LXVI.

Quand le Temps eut détruit Paphos, — Temps maudit, la reine qui soumet tout à son empire doit se soumettre à toi, — les plaisirs exilés cherchèrent pour s'y fixer un climat aussi doux, et Vénus, fidèle seulement à la mer qui fut son berceau, inconstante dans tout le reste, daigna se réfugier dans Cadix et transporter le siége de sa puissance dans l'enceinte de ses blanches murailles. Néanmoins elle n'a pas voulu circonscrire son culte à un seul temple, mais on lui a élevé des milliers d'autels où brille sans cesse la flamme des sacrifices [28].

LXVII.

De l'aube jusqu'à la nuit, depuis le soir jusqu'au moment où l'Aurore étonnée éclaire en rougissant l'orgie de la bande joyeuse, on chante, on se couronne de guirlandes de rose; de nouveaux amusements, des folies toujours nouvelles se succèdent sans interruption. Celui qui séjourne en ce lieu doit dire un long adieu aux sages plaisirs. Rien n'interrompt les fêtes; à défaut de dévotion véritable, l'encens monacal monte seul vers le ciel; l'amour et la prière marchent ensemble, ou règnent à tour de rôle.

LXVIII.

Le dimanche arrive, jour de recueillement et de repos. Comment l'honore-t-on sur ce rivage chrétien? On le consacre à une réjouissance solennelle. Silence! entendez-vous mugir le monarque des forêts? Il brise les lances; ses naseaux aspirent le sang qui jaillit de l'homme et du coursier terrassés par ses cornes redoutables; la foule qui remplit l'arène appelle à grands cris d'autres combattants; la vue des entrailles palpitantes provoque les hurlements d'une frénétique joie : les yeux de la beauté ne se détournent pas, et ne témoignent même point une feinte tristesse.

LXIX.

C'est là le septième jour, le jubilé de l'homme. Londres, tu célèbres autrement le jour de la prière : tes bourgeois s'habillent proprement, tes artisans lavent leur figure, tes apprentis s'endimanchent, et tous vont respirer l'air hebdomadaire. Le fiacre, le whisky, le cabriolet, et jusqu'au modeste gig, sillonnent les faubourgs; on se rend à Hampstead, à Brentford, à Harrow, jusqu'à ce que le rossinante s'arrête épuisé au milieu des brocards des piétons jaloux.

LXX.

Les bateaux de la Tamise promènent les belles attifées de rubans; d'autres préfèrent comme plus sûre la route semée de barrières; ceux-ci gravissent la colline de Richemont; ceux-là partent pour Ware, et il en est beaucoup qui montent jusqu'à Highgate. Ombrages de la Béotie [29], vous dirai-je pourquoi? C'est pour assister au culte de la corne solennelle qui, présentée avec respect par la main du mystère, reçoit les serments redoutables des garçons et des filles; ces serments sont arrosés par d'amples libations, et l'on danse jusqu'à l'aube [30].

LXXI.

Tout pays a ses folies. — Ce ne sont pas là les tiennes, belle Cadix, assise sur le bord de la mer aux flots bleus. A peine la cloche du matin a sonné neuf heures, tes saints adorateurs disent leur rosaire. Leurs prières importunent la Vierge (c'est, je crois, la seule qu'il y ait dans le pays), lui demandant le pardon d'autant de crimes qu'il y a de fidèles qui l'implorent; cela fait, on se rend en foule au cirque; jeunes et vieux, pauvres et riches, chacun prend sa part du divertissement.

LXXII.

La lice est ouverte, l'arène spacieuse est libre; tout

autour sont entassés des milliers de spectateurs; longtemps avant que la première fanfare se fasse entendre, toutes les places sont occupées. C'est là qu'abondent les don, les grands d'Espagne, et surtout les dames, savantes dans la coquetterie du regard, mais toujours humainement disposées à guérir les blessures qu'ont faites leurs beaux yeux. Nul ne peut se plaindre, comme fait maint poëte lunatique, que leur froide indifférence l'ait condamné à mourir des traits cruels de l'amour.

LXXIII.

Le bruit des conversations a cessé; la tête surmontée d'un blanc panache, portant des éperons d'or, armés d'une lance légère, montés sur de fiers coursiers, quatre cavaliers s'avancent en s'inclinant devant les spectateurs, et se préparent à jouter dans cette lice périlleuse; ils portent de riches écharpes; leurs coursiers caracolent avec grâce. S'ils peuvent se signaler dans ce jeu redoutable, les applaudissements de la foule, les regards approbateurs des dames, tout ce qui récompense les actions les plus nobles deviendra leur partage; les fatigues des rois et des héros ne sont pas payées d'un plus haut prix.

LXXIV.

Revêtu d'un costume splendide et d'un éclatant manteau, mais toujours à pied, l'agile matador est au centre de l'arène, brûlant de se mesurer avec le roi des troupeaux mugissants; mais auparavant il parcourt lentement l'enceinte dans toute son étendue, pour s'assurer qu'aucun obstacle n'entravera sa course. Il n'a pour toute arme qu'un dard; il ne combat que de loin; l'homme n'en saurait tenter davantage sans l'aide du coursier fidèle, trop souvent condamné, hélas! à recevoir pour lui les blessures et la mort!

LXXV.

Le clairon a retenti trois fois; le signal est donné; l'antre s'ouvre béant; la foule regarde dans une muette attente. Le puissant animal s'élance d'un bond dans l'arène, promène autour de lui de sauvages regards, frappe la terre d'un pied sonore, mais il ne s'élance pas aveuglément sur son ennemi.

Il tourne à droite et à gauche son front menaçant, comme pour préluder à sa première attaque; il agite au loin sa queue irritée; ses yeux enflammés roulent et se dilatent dans leur orbite.

LXXVI.

Tout à coup il s'arrête; son regard s'est fixé : fuis, fuis, jeune imprudent! prépare ta lance; le moment est venu de mourir ou de déployer cette adresse qui peut encore tromper la fureur de ton ennemi. Les coursiers agiles se détournent à propos; le taureau court en écumant, mais il n'échappe point aux coups qu'on lui porte; le sang ruisselle à flots sur ses flancs. Il fuit, il tourne sur lui-même; la douleur le rend furieux. Le dard succède au dard, la lance suit la lance; ses souffrances s'exhalent en longs mugissements.

LXXVII.

Il revient sur ses pas; rien ne l'arrête, ni les dards, ni les lances, ni les bonds rapides du coursier hors d'haleine. Que peuvent contre lui et l'homme et ses armes vengeresses? Vaines sont ses armes, plus vaine encore sa force. Déjà un courageux coursier est étendu sans vie; un autre est éventré (ô spectacle d'horreur!), et à travers son poitrail sanglant apparaissent les organes palpitants de la vie. Blessé à mort, il se soutient encore malgré sa faiblesse, et, continuant sa course d'un pas chancelant, arrache son maître au péril.

LXXVIII.

Vaincu, sanglant, haletant, la rage du taureau est montée à son comble. Au centre de l'arène, au milieu de ses blessures, des dards attachés à son flanc, des fers de lances brisées, des ennemis hors de combat, il s'arrête immobile. C'est alors que les matadors voltigent autour de lui, agitent le manteau rouge et brandissent le fer fatal; une fois encore il s'élance avec la rapidité de la foudre! Inutile fureur! le manteau se détache de la main perfide, couvre ses yeux farouches. — C'en est fait, — il va tomber sur le sable.

LXXIX.

A l'endroit où son large cou se joint à l'épine dorsale, le

glaive mortel s'enfonce tout entier. Il s'arrête. — Il tressaille, — dédaignant de reculer. Lentement il tombe au milieu des cris de triomphe. Il meurt sans gémissement, sans agonie. Un char décoré avec pompe s'avance ; on y place le cadavre, spectacle délicieux aux regards de la foule ; quatre coursiers qui dédaignent les rênes, aussi agiles que bien dressés, entraînent cette lourde masse avec la rapidité de l'éclair.

LXXX.

Tels sont les jeux cruels qui, en Espagne, plaisent à la jeune fille et charment le jeune homme. Habitué de bonne heure au spectacle du sang, il se délecte dans la vengeance, il jouit des souffrances d'autrui ! Combien d'inimitiés privées ensanglantent le village ! Quoique les Espagnols ne forment aujourd'hui qu'une phalange contre l'ennemi commun, il en reste encore assez dans leurs humbles foyers qui, pour les motifs les plus frivoles, aiguisent en secret contre un ami le poignard homicide.

LXXXI.

Mais la Jalousie a fui ; ses grilles, ses verroux, la sage duègne sa sentinelle décharnée, tout ce qui révolte les âmes généreuses, toutes ces précautions d'un jaloux ridicule, tout cela a disparu avec la génération qui n'est plus. Avant l'éruption du volcan de la guerre, quelle femme pouvait se flatter d'être plus libre que la jeune Espagnole, alors que, déroulant les longues tresses de sa chevelure, elle bondissait sur la verte pelouse, pendant qu'à la danse joyeuse souriait l'astre cher aux amants ?

LXXXII.

Oh ! plus d'une fois Harold avait aimé ou rêvé qu'il aimait, puisque le bonheur n'est qu'un rêve ; mais maintenant son cœur capricieux était insensible, car il n'avait pas encore bu au fleuve de l'Oubli ; et récemment il avait appris que ce que l'Amour a de plus doux, ce sont ses ailes. Quelque beau, jeune et charmant qu'il paraisse, il y a au fond de ses jouissances les plus délicieuses une amertume qui en corrompt la source, et répand son venin sur les plus belles fleurs.

LXXXIII.

Cependant il n'était point aveugle aux charmes de la beauté. Elle faisait sur lui l'impression qu'elle fait sur le sage. Non que sur un esprit comme le sien la philosophie eût daigné jeter son chaste et imposant regard; mais, ou la passion prend la fuite, ou elle s'affaisse sous ses propres fureurs; et le Vice, qui creuse de ses propres mains sa tombe voluptueuse, avait depuis longtemps et pour toujours enseveli ses espérances. Victime de la satiété, une sombre haine de la vie avait, sur son front livide, écrit la sentence fatale de Caïn le maudit.

LXXXIV.

Il se contentait de regarder, sans se mêler à la foule. Pourtant il ne voyait pas les hommes avec la haine d'un misanthrope. Il eût désiré parfois prendre part à la danse et aux chants. Mais comment sourire quand on succombe sous le poids de sa destinée? Rien de ce qui s'offrait à ses regards ne pouvait alléger sa tristesse. Un jour pourtant il essaya de secouer le démon qui l'oppressait; et rêveur, assis pensif dans le boudoir d'une jeune beauté, il improvisa ce chant, adressé à des attraits non moins beaux que ceux qui l'avaient charmé en des jours plus heureux :

A INES.

1

Ne souris point à mon front sombre et blême!
Ma bouche, à l'avenir, jamais ne sourira.
Te préserve le ciel, en sa bonté suprême,
De répandre des pleurs que nul ne séchera!

2

Tu veux savoir d'où vient cette douleur qui ronge
    Tout, jeunesse, joie, avenir?
Laisse-moi les tourments où mon âme se plonge;
    Tu ne peux rien pour les guérir.

3

    Ce n'est ni l'amour, ni la haine,
Ni de l'ambition les vains honneurs perdus,
    Qui me font maudire ma chaîne,
Et fuir loin des objets que je prisais le plus;

4

    C'est cet ennui qui désenchante,
Et tout ce que j'entends, et tout ce que je vois;

La beauté sur mon cœur, hélas! est impuissante :
A peine si tes yeux ont des attraits pour moi;

5

C'est cette tristesse fatale
Qui du Juif voyageur accompagnait les pas;
Qui, sans voir au-delà de la nuit sépulcrale,
N'espère de repos qu'à l'ombre du trépas.

6

Ah! de son propre cœur nul mortel ne s'exile.
En vain, pour échapper au fléau qui me suit,
Aux plus lointains climats je demande un asile;
L'infernale pensée en tous lieux me poursuit.

7

Aux doux plaisirs chacun se livre,
Ces plaisirs pour moi sans appas.
Dure l'enchantement dont leur âme s'enivre!
Et comme moi, du moins, qu'ils ne s'éveillent pas!

8

A moi l'exil de rive en rive,
A moi les souvenirs d'un passé de douleur!
Le seul soulagement à mon âme plaintive,
C'est d'avoir épuisé la coupe du malheur.

9

Ce qu'on rencontre au fond de cette coupe amère,
Ne le demande pas. Ne cherche pas à voir
Ce qu'un cœur d'homme peut contenir de misère,
Et l'enfer qui bouillonne en cet abime noir[31].

LXXXV.

Belle Cadix, adieu, et un long adieu! Qui pourrait oublier la glorieuse défense qu'ont faite tes remparts? Quand tout changeait, toi seul restas fidèle; la première à devenir libre, la dernière à être vaincue. Et si, au milieu d'aussi grands événements, de chocs si violents, le sang espagnol a coulé dans tes murs, le meurtre du moins n'a choisi qu'un traître pour victime[32]; ici tous ont agi noblement, hormis la noblesse; nul n'est allé au-devant des chaînes du vainqueur, si ce n'est la chevalerie dégénérée.

LXXXVI.

Espagne! tels sont tes enfants! Oh! qu'il est étrange ton destin! Des hommes qui ne furent jamais libres luttent pour la liberté; un peuple privé de son roi combat pour un pouvoir sans force; pendant que leurs seigneurs fuient, les vassaux prennent le glaive et demeurent fidèles aux esclaves de la Trahison; ils se dévouent à un pays qui ne leur a donné que la vie; l'orgueil leur montre le chemin de la liberté; vaincus, ils retournent au combat; leur cri de ralliement est : « La guerre! la guerre; même aux couteaux [33]! »

LXXXVII.

Vous qui désirez connaître l'Espagne et les Espagnols, lisez l'histoire de leur lutte sanglante; tout ce que peut la vengeance la plus implacable contre un ennemi étranger, est mis là en pratique contre la vie de l'homme. Depuis le cimeterre étincelant jusqu'au couteau perfide, l'Espagnol se fait des armes de tout; que lui importe, pourvu qu'il protége sa sœur ou sa femme, et qu'il fasse couler le sang des oppresseurs maudits? Puissent tous les envahisseurs recevoir un aussi terrible châtiment!

LXXXVIII.

Seriez-vous tentés de donner une larme à ceux qui succombent? Jetez les yeux sur la plaine ravagée et sanglante; regardez ces mains rouges encore du meurtre des femmes; puis abandonnez aux chiens les morts sans sépulture; que les cadavres servent de proie au vautour, qui les dédaignera peut-être; que leurs ossements blanchis et la marque ineffaçable du sang indiquent à l'œil épouvanté la place du champ de bataille! C'est ainsi seulement que nos enfants pourront concevoir les spectacles que nous avons eus sous les yeux.

LXXXIX.

Hélas! l'œuvre terrible n'est pas encore terminée : les Pyrénées vomissent de nouvelles légions; l'horizon se rembrunit encore; la lutte est à peine commencée; qui peut en prévoir la fin? Les nations abattues fixent leurs regards sur l'Espagne; si elle devient libre, elle affranchira plus de pays que ses cruels Pizarres n'en ont jamais enchaîné. Etrange rétribution! maintenant le bonheur de Colombie répare les calamités infligées aux enfants de Quito, pendant que le carnage promène ses fureurs sur la mère patrie!

XC.

Ni tout le sang versé à Talavera, ni tous les prodiges du

combat de Barossa, ni les cadavres dont Albuera fut jonché, n'ont pu assurer à l'Espagne la conquête de ses droits. Quand verra-t-elle dans ses champs l'olivier refleurir? quand respirera-t-elle de ses longues épreuves? combien de jours douteux feront place à la nuit avant que le spoliateur franc abandonne sa proie, et que l'arbre exotique de la liberté s'acclimate dans le sol ibérique?

XCI.

Et toi, mon ami[34], puisque mon inutile douleur s'échappe de mon cœur malgré moi et se mêle à mes chants, si tu étais tombé sous l'épée avec le cortége des braves, l'orgueil pourrait arrêter les pleurs, même de l'Amitié. Mais mourir ainsi sans gloire et sans utilité, oublié de tous, si ce n'est de mon cœur solitaire, et mêler ta cendre paisible à celle des guerriers tombés sur le champ de bataille, quand la gloire couronne tant de fronts moins nobles! Qu'as-tu fait pour descendre si paisiblement dans la tombe?

XCII.

O le plus ancien de mes amis et le plus estimé! cher à un cœur où ton affection avait survécu à toutes les autres, bien qu'à jamais perdu pour ma vie désolée, laisse-moi te voir encore dans mes rêves. Le matin renouvellera mes larmes en me rendant le sentiment de ma douleur, et mon imagination planera sur ton pacifique cercueil, jusqu'à ce que ma frêle dépouille soit rendue à la poussière d'où elle est sortie, et que le repos de la mort réunisse l'ami pleuré et celui qui le pleure.

XCIII.

Voici la première partie du pèlerinage d'Harold. Ceux qui désireraient entendre encore parler de lui auront prochainement de ses nouvelles, si toutefois celui qui écrit ces rimes peut encore en griffonner d'autres. En est-ce déjà trop comme cela? Critiques impitoyables, c'est peut-être là votre avis. Mais patience, et vous apprendrez ce qu'Harold a vu dans d'autres contrées où sa destinée l'a conduit, contrées qui renferment les monuments des temps antiques, alors que des mains barbares n'étaient point encore venues opprimer la Grèce et y étouffer les beaux-arts.

NOTES

DU CHANT PREMIER DU PÈLERINAGE DE CHILDE-HAROLD.

1 Lady Charlotte Harley, seconde fille d'Edouard, cinquième comte d'Oxford (maintenant lady Charlotte Bacon), dans l'automne de 1812, époque à laquelle ces vers lui furent adressés, n'avait pas encore complété sa onzième année.

2 Lord Byron se proposait primitivement de visiter l'Inde.

3 Ce petit page était Robert Rushton, fils de l'un des fermiers de lord Byron. « J'emmène Robert avec moi, » dit le poëte dans une lettre à sa mère; « je l'aime parce que, de même que moi, il paraît être un animal abandonné et sans amis. »

4 Voyant que cet enfant était tout triste de se voir séparé de ses parents, lord Byron, à son arrivée à Gibraltar, le renvoya en Angleterre sous la conduite de son vieux domestique Murray. « Je vous en prie, » écrit-il à sa mère, « traitez cet enfant avec bonté; il s'est extrêmement bien comporté, et je l'aime beaucoup. » Il écrivit aussi une lettre au père du jeune homme; elle prouve de sa part beaucoup de bienveillance et d'attention : « J'ai, » dit-il, « renvoyé Robert en Angleterre, parce que le pays que j'ai à traverser n'est pas sûr, surtout pour un enfant de son âge. Je vous permets de déduire de votre fermage 25 liv. sterl. par an pour son éducation pendant trois ans, pourvu que je ne sois pas de retour avant cette époque, et je veux qu'il soit considéré comme étant à mon service. »

5 Ici on trouve dans le manuscrit original la strophe suivante :

« Ma mère est une dame du haut parage; elle me désapprouve fort; elle dit que mes débauches déshonorent ma race. Il me semble aussi que j'avais une sœur, dont peut-être les pleurs vont couler; mais voilà trois ans et plus que je n'ai pas vu son visage. »

6 William Fletcher, le fidèle serviteur qui, après vingt-deux ans de service, « pendant lesquels, » dit-il, « sa seigneurie fut pour moi plus qu'un père, » recueillit les derniers soupirs du *Pèlerin* à Missolonghi, et ne quitta sa dépouille qu'après l'avoir vu déposer dans le caveau de sa famille à Hucknell. Ce serviteur, plein de simplesse, était pour son maître une source constante de plaisanteries. « Fletcher, » dit-il dans une lettre à sa mère, « est loin d'être vaillant : il a besoin de beaucoup de choses dont je puis me passer. Il soupire après sa bière, son bœuf, son thé et sa femme, et le diable sait quoi encore. Une nuit, nous nous perdîmes dans un orage; une autre fois nous faillîmes faire naufrage. Dans ces deux occurrences, il tremblait de tous ses membres : dans la première, c'était la famine et les voleurs qu'il craignait; dans la seconde, c'était d'aller au fond de l'eau. Les éclairs ou les larmes, je ne sais laquelle de ces deux causes lui avait rendu les yeux tout rouges. Je fis ce que je pus pour le consoler, je le trouvai incorrigible. Il envoie six soupirs à Sara. Je lui donnerai une ferme, car il m'a servi fidèlement, et Sara est une bonne femme. » Après toutes ses aventures par terre ou par mer, tant petites que

grandes, cet humble Achate de notre poëte a ouvert une boutique de comestibles dans Charles Street, Berkeley Square. S'il n'y fait pas ses affaires, ce ne sera pas faute du bon vouloir de tous ceux qui le connaissent. *M.*

[7] Ici on lit la strophe suivante dans le manuscrit original :

« Il me semble que je me trouverais heureux de renoncer à mon superbe domaine, et de redevenir enfant joyeux avec un camarade chéri. Depuis ma jeunesse, c'est à peine si j'ai passé une heure sans dégoût ou sans douleur, à moins que ce ne soit dans le boudoir de la beauté, ou en vidant la coupe écumante. »

[8] Dans le manuscrit de l'auteur, voici comment le petit page et le bon serviteur étaient introduits :

« Parmi les gens de sa suite était un page, un jeune paysan qui servait bien son maitre. Son babil amusait Childe-Harold quand son âme fière était gonflée de sombres pensées qu'il dédaignait d'exprimer. Il lui souriait alors : Alwin souriait à son tour, et les paroles du jeune page éclaircissaient le nuage qui voilait les yeux de Childe-Harold, et suspendaient un moment ses douleurs.

« Il n'emmenait que lui et un autre serviteur en partant pour les rives lointaines de l'Orient ; et quoique l'enfant fût affligé de quitter le lac dont les bords charmants avaient vu croître son enfance, sa gaîté ne tarda pas à renaître à l'idée de voir des nations étrangères et beaucoup de choses merveilleuses dont parlent les voyageurs dans des volumes aussi véridiques que ceux de Mandeville. »

[9] Pour dédommager de la saleté de Lisbonne et de ses habitants plus sales encore, le village de Cintra, à quinze milles environ de la capitale, est peut-être sous tous les rapports le plus délicieux qu'il y ait en Europe. Il contient des beautés de toute espèce, tant naturelles qu'artificielles : des palais et des jardins s'élevant au milieu des rochers, des cataractes et des précipices, des couvents bâtis à des hauteurs prodigieuses, une vue lointaine de la mer et du Tage. Ce lieu unit tout le pittoresque de l'Écosse occidentale à la verdure du midi de la France.

[10] On sait qu'en 1809 les assassinats commis par les Portugais à Lisbonne et aux environs ne se bornèrent pas à leurs compatriotes, et que des Anglais étaient égorgés chaque jour. Loin d'exiger réparation de ces attentats, on nous défendait d'intervenir quand nous apercevions quelqu'un de nos compatriotes attaqué par nos alliés. Un soir, en me rendant au théâtre, je fus attaqué à une heure où les rues ne sont pas encore désertes, et en face d'une boutique ouverte. J'étais en carrosse avec un ami : heureusement que nous étions armés, sans quoi nous aurions fait le sujet d'une histoire au lieu d'avoir à en raconter une. Le crime d'assassinat n'est pas limité au Portugal ; en Sicile et à Malte, chaque nuit on vous casse la tête de la belle manière, et il n'y a pas un Sicilien ni un Maltais de puni. *B.*

[11] *Vatheck* est l'un des livres que j'ai le plus admirés dans ma jeunesse. *B.*

¹² La convention de Cintra fut signée dans le palais du marquis de Marialva.

¹³ Après être restés huit jours à Lisbonne, nous envoyâmes par mer à Gibraltar nos bagages et une partie de nos gens, et nous nous rendîmes à cheval à Séville. C'est une distance d'environ quatre cents milles; les chevaux étaient excellents; nous faisions soixante-dix milles par jour. Des œufs, du vin et des lits durs, c'était tout le comfort que nous trouvions, et dans ces climats brûlants c'en était bien assez.

¹⁴ Subséquemment sa majesté devint folle, et le docteur Willis, si habile à traiter le péricrâne des rois, ne put rien faire du sien. *B.*

[La reine, atteinte d'aliénation mentale, ne s'est jamais rétablie. Elle mourut au Brésil en 1816.]

¹⁵ L'étendue de Mafra est prodigieuse; cette ville renferme un palais, un couvent et une église magnifique. Ses six orgues sont les plus belles que j'aie jamais vues; nous ne les entendîmes point, mais on nous dit que leurs sons étaient dignes de leur richesse.

[« A dix milles à droite de Cintra, » dit lord Byron dans une lettre à sa mère, « est le palais de Mafra, l'orgueil du Portugal sous le point de vue de la magnificence, mais sans aucune espèce d'élégance. Un couvent y est annexé; les moines, qui possèdent de gros revenus, sont fort polis et entendent le latin. J'eus avec eux une longue conversation. » — Mafra fut bâtie par Jean V, par suite du vœu qu'il avait fait, pendant une maladie dangereuse, de fonder un couvent pour l'usage de la plus pauvre confrérie du royaume. Les recherches faites, on trouva cette condition remplie à Mafra, où douze franciscains vivaient ensemble dans une hutte.]

¹⁶ Tels j'ai trouvé les Portugais, tels je les ai dépeints. Depuis, ils ont fait des progrès, du moins en courage. Les derniers exploits du duc de Wellington ont effacé les sottises de Cintra. Il a véritablement fait des miracles : il a peut-être changé le caractère d'une nation, réconcilié des superstitions rivales, et vaincu un ennemi qui n'avait jamais reculé devant ses prédécesseurs.

¹⁷ La fille du comte Julien, l'Hélène de l'Espagne. Pélage conserva son indépendance dans les montagnes des Asturies; et quelques siècles plus tard, les descendants de ses compagnons d'armes terminèrent la lutte par la conquête de Grenade.

¹⁸ Cette stance ne se trouve pas dans le manuscrit original. Elle fut écrite à Newstead, en août 1811, peu de temps après la bataille d'Albuera, qui fut livrée en mai.

¹⁹ « A Séville, nous logeâmes chez deux dames espagnoles non mariées, jouissant d'une bonne réputation; l'aînée fort belle femme, la plus jeune très jolie. La liberté de mœurs, qui est ici générale, m'étonna un peu ; et à la suite de mes observations ultérieures, je trouve que la réserve n'est pas le caractère distinctif des belles Espagnoles. L'aînée honora votre indigne fils d'attentions particulières, l'embrassant avec beaucoup de tendresse à son départ (je n'étais resté là que trois jours), après avoir coupé une boucle de ses cheveux à lui, et lui en avoir offert

une des siens à elle, d'une longueur d'environ trois pieds ; je vous les envoie, et vous prie de les garder jusqu'à mon retour. Ses dernières paroles furent : *Adios, tú, hermoso, me gustas mucho.* — Adieu, mon joli garçon ; tu me plais beaucoup. » *B.*

20 *Viva el rey Fernando!* Vive le roi Ferdinand! C'est le refrain de la plupart des chansons patriotiques des Espagnols. Elles sont presque toutes dirigées contre l'ancien roi Charles, la reine et le prince de la Paix.

21 La cocarde rouge, avec le nom de Fernando VII écrit au milieu.

22 Tous ceux qui ont vu une batterie doivent se rappeler que les boulets et les bombes sont disposés en pyramides. La Sierra-Morena était fortifiée dans tous les défilés que je traversai pour me rendre à Séville.

23 Tels furent les exploits de la fille de Sarragosse, que sa valeur a élevée au premier rang entre les héroïnes. Pendant le séjour de l'auteur à Séville, elle se promenait journellement au Prado, décorée des médailles et des ordres que la junte lui avait décernés.

[Les exploits d'Augustine, la célèbre héroïne des deux siéges de Sarragosse, sont rappelés amplement dans l'un des plus beaux chapitres de l'*Histoire de la guerre de la Péninsule*, par Southey. A l'époque où elle fixa l'attention pour la première fois, en s'élançant dans une batterie où son amant avait été tué, et en servant un canon à sa place, elle avait vingt-deux ans, était fort jolie, avec un caractère de beauté tout-à-fait féminine. Wilkie a peint son portrait ; Woerdsworth en parle dans sa dissertation sur *la Convention*, mal à propos nommée *de Cintra*, dont un passage se termine ainsi : — « Sarragosse a prouvé une vérité douloureuse, mais chère et consolante, à savoir, que lorsque les populations sont attaquées dans ce qu'elles ont de plus précieux, et obligées de combattre pour leur liberté, le meilleur champ de bataille, c'est le plancher théâtre des jeux de leurs enfants, les chambres où la famille a dormi, les toits qui l'ont abritée, les jardins, les rues et les places publiques, les autels de leurs temples et les ruines de leurs maisons en flammes. »]

24 Cette stance a été écrite en Turquie.

25 De longs cheveux noirs, des yeux noirs langoureux, un teint olive clair, des mouvements gracieux que ne peut concevoir un Anglais accoutumé à l'air nonchalant et indifférent des femmes de son pays, joints au costume le plus avenant et le plus décent tout à la fois, rendent le pouvoir d'une beauté espagnole tout à fait irrésistible. *B.*

26 Ces stances ont été écrites à Castri (l'ancienne Delphes), au pied du mont Parnasse, appelé maintenant Ατακυρα (Liakura).

27 Sur le Parnasse, en me rendant à la fontaine de Delphes (Castri), je vis une volée de douze aigles. Hobhouse prétend que c'étaient des vautours ; je saisis ce présage. La veille, j'avais composé l'apostrophe au Parnasse dans *Childe-Harold*, et en voyant ces oiseaux, j'espérai qu'Apollon avait accepté mon hommage. J'ai du moins obtenu le nom et la gloire du poëte pendant la période poétique de la vie, de vingt à trente. — Savoir si cette gloire durera, c'est une autre question ; mais j'ai adoré la décsse du lieu qui lui est consacré, et je suis reconnaissant de ce qu'elle a fait pour moi, laissant l'avenir entre ses mains comme j'ai laissé le passé. *B.*

²⁸ Cadix, la charmante Cadix, est le lieu le plus agréable du monde. La beauté de ses rues et de ses édifices n'est surpassée que par l'amabilité de ses habitants : c'est une Cythère complète, où se trouvent les plus belles femmes de l'Espagne. Les belles de Cadix sont pour la Péninsule ce que sont pour l'Angleterre les magiciennes du Lancashire. *B.*

²⁹ J'ai écrit ceci à Thèbes, et par conséquent je ne pouvais être mieux placé pour faire cette question et en obtenir la réponse. Ici, Thèbes n'est pas considérée par moi comme la patrie de Pindare, mais comme la capitale de la Béotie, où la première énigme fut proposée et expliquée. *B.*

³⁰ Lord Byron fait ici allusion à un usage ridicule en vigueur autrefois dans les auberges et les cabarets d'Highgate : cet usage consistait à faire prêter un serment burlesque à tous les voyageurs de la classe moyenne. L'individu devait jurer sur une paire de cornes : « de ne jamais embrasser la servante quand il pourrait embrasser la maîtresse de la maison, de ne jamais manger du pain bis quand il pourrait en manger du blanc, de ne jamais boire de la petite bière quand il pourrait boire de la bière forte ; » et autres injonctions du même genre, auxquelles était toujours annexée la clause résiliatoire suivante : « à moins que vous ne le préfériez. »

³¹ A la place de ces stances, qui furent composées à Athènes le 25 janvier 1810, et qui, selon M. Moore, contiennent les plus sombres touches de tristesse qui soient jamais sorties de la plume de lord Byron, nous trouvons celles-ci dans le premier brouillon de ce chant :

1

Oh! ne parlez plus des climats du Nord et des dames anglaises! vous n'avez pas vu comme moi la jolie fille de Cadix. Si elle n'a pas les yeux bleus et les blonds cheveux de la jeune Anglaise, combien son regard expressif l'emporte sur l'azur d'un œil languissant!

2

Comme Prométhée, elle ravit au ciel la flamme qui, à travers ses longs cils soyeux, brille dans les noires prunelles de ses yeux, qui ne peuvent contenir leurs éclairs ; à voir sur son sein de neige retomber en tresses ondoyantes sa noire chevelure, vous diriez que ces boucles sont douées de sentiment, et caressent ce cou sur lequel elles serpentent.

3

Nos jeunes Anglaises sont longtemps à se rendre, et froides jusque dans la possession ; et si leurs charmes plaisent à la vue, leurs lèvres sont lentes à confesser l'amour ; mais, née sous un plus chaud soleil, la jeune Espagnole fut créée pour aimer, et lorsqu'elle vous a donné son cœur, quelle est celle qui vous enchante comme la jolie fille de Cadix?

4

La jeune Espagnole n'est point coquette; elle ne prend pas plaisir à voir trembler son amant ; soit qu'elle aime, soit qu'elle haïsse, elle ne sait pas dissimuler. Elle ne trafique pas de son cœur; lorsqu'il bat, c'est en toute sincérité, et bien qu'on ne puisse l'acheter à prix d'or, il vous aimera longtemps et tendrement.

5

La jeune Espagnole qui accueille votre amour ne vous désole jamais par des refus affectés; car toutes ses pensées ont pour but de vous prouver son dévouement dans les moments d'épreuve. Quand les soldats de l'étranger menacent l'Espagne, elle s'arme et prend sa part du péril; et si son amant vient à mordre la poussière, elle saisit la lance et le venge.

6

Soit qu'à la clarté d'un beau soir elle se mêle au joyeux boléro, ou chante sur sa guitare le chevalier chrétien et le guerrier maure; soit qu'à l'heure du crépuscule sa blanche main compte les grains de son rosaire, et que sa voix se joigne au chœur pieux des jeunes filles qui chantent les saintes vêpres;

7

Il est impossible de la voir sans que le cœur soit ému. Que des femmes moins belles ne la blâment donc pas si son cœur n'a pas plus de froideur! J'ai parcouru de nombreux climats : j'y ai vu bien des beautés charmantes, mais nulle à l'étranger, et bien peu dans ma patrie, qu'on puisse comparer à la jolie brune de Cadix.

[32] Allusion à la conduite et à la mort de Solano, gouverneur de Cadix, en mai 1809.

[33] « Guerre jusqu'aux couteaux! » Réponse de Palafox à un général français au siége de Sarragosse.

[34] L'honorable John Wingfield, officier aux gardes, qui mourut de la fièvre à Coïmbre. Je l'avais connu dix ans, la meilleure moitié de sa vie et la plus heureuse portion de la mienne. Dans le court espace d'un mois j'ai perdu celle qui m'avait donné l'existence, et la plupart de ceux qui me la rendaient supportable. Pour moi ces vers d'Young se sont vérifiés :

« Insatiable archer, n'était-ce pas assez d'une victime? Trois fois ta flèche est partie, et trois fois tu as immolé la paix de mon cœur avant que la lune eût trois fois rempli son croissant! »

LE PÈLERINAGE DE CHILDE-HAROLD.

CHANT SECOND.

I.

Viens, fille du ciel aux yeux bleus! — Mais, hélas! jamais tu n'inspiras les chants d'aucun mortel. — Déesse de la sagesse, ici fut ton temple, ici il est encore malgré la guerre et ses ravages[1], malgré le temps qui a fait disparaître ton culte. Mais pires que le fer, la flamme et le lent travail des siècles, sont le sceptre redoutable et la domination cruelle de ces hommes qui n'ont jamais ressenti l'enthousiasme sacré qu'éprouvent les âmes civilisées en pensant à toi et au peuple que tu protégeais.

II.

Athènes, cité auguste et antique! où sont tes hommes forts, tes hommes à l'âme grande? Ils ne sont plus, faible lueur qu'on distingue à peine à travers les rêves du passé. Les premiers entrés dans la carrière de la gloire, ils ont vaincu, puis ils ont disparu. Est-ce donc là tout : servir de thème à l'écolier, nous donner une heure d'étonnement et d'émotion? Ici on cherche vainement le glaive du guerrier, la robe du sophiste ; et sur les débris des tours écroulées, humides encore du brouillard des ans, la Puissance perd jusqu'à son ombre.

III

Homme d'un jour, lève-toi! approche! viens! — mais respecte cette urne sans défense. Regarde ce lieu, sépulcre d'une nation! séjour de ces dieux qui n'ont plus d'autels! Les dieux eux-mêmes succombent. — Chaque religion a son tour : — hier Jupiter ; aujourd'hui Mahomet. — D'autres siècles amèneront d'autres cultes, jusqu'à ce que l'homme sache que c'est en vain qu'il fait fumer l'encens et couler le sang des victimes ; faible enfant du doute et de la mort, de qui l'espérance s'appuie sur des roseaux [2].

IV.

Enchaîné à la terre, il lève les yeux vers le ciel. Être malheureux, ne te suffit-il pas de savoir que tu es? l'existence est-elle donc un don si précieux qu'il t'en faille une autre après celle-ci, et que tu veuilles aller tu ne sais où, n'importe dans quelle région, impatient de fuir la terre et de te perdre dans les cieux? Rêveras-tu donc toujours des douleurs et des joies à venir? Regarde cette cendre, pèse-la dans ta main avant qu'elle se mêle au souffle des vents : cette urne chétive est plus éloquente que des milliers d'homélies.

V.

Ou bien ouvre la tombe majestueuse du héros évanoui; il repose là-bas sur la rive solitaire [3]. Il succomba, et les nations dont il était l'appui accoururent en deuil autour de son cercueil. Mais de ces milliers d'hommes attristés, il n'en reste pas un seul pour le pleurer; nul guerrier fidèle à sa mémoire ne veille ici où, d'après la tradition, apparurent des demi-dieux. Au milieu de ces débris amoncelés prends ce crâne. Est-ce là un temple digne d'être habité par un Dieu? Mais il n'est pas jusqu'au ver qui ne finisse par dédaigner ce séjour.

VI.

Vois sa voûte brisée, ses parois en ruines, ses appartements déserts, son portique défiguré : c'était là pourtant la demeure aérienne de l'ambition, le dôme de la pensée, le palais de l'âme; cet espace que tu découvres à travers ces trous vides d'où les yeux ont disparu, c'était le séjour animé de la sagesse, de l'esprit, et de cette foule de passions qui ne souffrirent jamais de contrôle. Tout ce qu'ont écrit les saints, les sophistes et les sages, pourrait-il repeupler cette tour solitaire, restaurer cette résidence?

VII.

Sage Athénien, tu disais vrai : « Tout ce que nous savons, c'est que nous ne savons rien. » Pourquoi reculer devant ce que nous ne pouvons éviter? Chacun a sa souffrance; mais il est des âmes faibles qui gémissent de maux imaginaires et qui sont leur ouvrage. Cherchons ce que le hasard ou le destin nous dit être le meilleur. Le repos nous attend sur les rives de l'Achéron; là le convive rassasié ne s'assied pas à un banquet forcé, mais le Silence prépare la couche où l'on dort éternellement d'un paisible sommeil.

VIII.

Si pourtant, ainsi que l'ont pensé les hommes les plus vertueux, il est par delà le noir rivage une patrie des âmes, démentant ainsi la doctrine des sadducéens et de ces sophistes follement fiers de leur scepticisme, combien il serait doux d'adorer de concert avec ceux qui ont allégé nos mortels labeurs, d'entendre encore les voix qu'on craignait de ne plus entendre, de revoir les ombres révérées du sage de Bactriane, du philosophe de Samos, et de tous ceux qui ont enseigné la vérité!

IX.

Là je te reverrais, ô toi dont la vie et l'affection ensemble disparues, m'ont laissé ici-bas aimer et vivre en vain! Frère jumeau de mon cœur, puis-je croire que tu n'es plus quand tu revis dans ma mémoire? Eh bien, oui, je rêverai qu'un jour nous serons réunis; cette illusion remplira le vide de mon cœur. Pourvu qu'en nous survive quelque chose de nos jeunes souvenirs, que l'avenir soit ce qu'il voudra; ce sera assez de bonheur pour moi que de savoir ton âme heureuse [4].

X.

Asseyons-nous sur cette pierre massive [5], base non encore ébranlée d'une colonne de marbre: c'est ici, fils de Saturne, qu'était ton trône favori; tu n'en comptais nulle part un plus imposant. Je cherche à reconnaître les vestiges de ton temple et de sa magnificence. Peut-être sont-ce les débris d'un autre édifice. L'Imagination elle-même est impuissante à rétablir ce que le Temps a travaillé à défigurer. Sans doute, ces colonnes orgueilleuses méritent plus qu'un regard distrait et un soupir fugitif; et cependant auprès d'elles le musulman s'assied impassible, le Grec frivole passe et chante.

XI.

Mais de tous les spoliateurs de ce temple qui domine là-haut, où Pallas avait prolongé son séjour, comme si elle n'eût pu se résoudre à quitter cette relique dernière de son antique pouvoir, quel fut le dernier et le pire? Rougis, ô Calédonie, de lui avoir donné naissance! Angleterre, je me réjouis de ce qu'il n'est pas l'un de tes enfants. Tes hommes libres devraient respecter ce qui fut jadis libre; comment donc ont-ils pu profaner le temple attristé et entraîner ses autels sur les flots qui ne les ont portés qu'à regret [6]?

XII.

Le moderne Picte se fait lâchement gloire d'avoir brisé ce que les Goths, les Turcs et le Temps ont épargné ; il est froid comme les rochers de ses côtes natales, il a l'esprit aussi stérile, le cœur aussi dur, celui dont la tête a pu concevoir et la main préparer l'enlèvement des lamentables restes d'Athènes. Ses fils, trop faibles pour défendre ses sacrés autels, éprouvèrent cependant une portion des douleurs de leur mère [7], et sentirent alors pour la première fois le poids des chaînes du despotisme.

XIII.

Eh quoi ! sera-t-il dit par des bouches britanniques qu'Albion fut heureuse des larmes d'Athènes ? Albion, bien que ce soit en ton nom que ces misérables lui ont déchiré le sein, crains d'avouer à l'Europe un attentat qui la ferait rougir ! La reine de l'Océan, la libre Angleterre, enlever à une terre encore saignante sa dernière et chétive dépouille ! celle dont l'opprimé n'a jamais en vain réclamé l'appui, arracher d'une main de harpie ces malheureux débris que le Temps avait respectés, que les tyrans avaient laissés debout !

XIV.

Pallas, où était ton égide qui arrêta dans leur marche [8] le farouche Alaric et la dévastation ? où était le fils de Pélée, que dans ce jour de périls les enfers ne purent retenir, et dont l'ombre s'élança terrible au séjour des vivants ? Quoi donc ! Pluton ne pouvait-il laisser une fois encore partir ce héros pour qu'il chassât, par sa présence, cet autre spoliateur ? Hélas ! Achille oisif continua à errer sur les rives du Styx, et ne vint pas défendre ces murs qu'il aimait jadis à protéger.

XV.

Belle Grèce, il est de glace le cœur qui te regarde sans ressentir ce qu'éprouve un amant penché sur la cendre de celle qu'il aima ; ils sont de marbre les yeux qui peuvent voir sans pleurs tes murs dégradés, tes temples antiques emportés par des mains anglaises, quand leur devoir eût été plutôt de protéger ces reliques, dont la perte est irréparable. Maudite soit l'heure où ils quittèrent leur île pour faire de nouveau saigner ton sein malheureux et entraîner tes dieux désolés vers le nord et son climat abhorré !

XVI.

Mais où est Harold ? oublierai-je de suivre sur les flots ce sombre voyageur ? Il partit sans rien regretter de ce que regrettent les autres hommes ; nulle amante ne vint étaler devant lui sa feinte douleur ; nul ami ne lui fit ses adieux et ne tendit la main à ce froid étranger qui allait parcourir d'autres climats. Il est dur le cœur sur lequel la beauté est sans pouvoir ; mais Harold ne sentait plus comme autrefois, et il quitta sans pousser un soupir cette terre, théâtre de carnage et de crimes.

XVII.

Celui qui a navigué sur le sein azuré des mers a été quelquefois témoin d'un beau spectacle : alors qu'au souffle d'une fraîche brise la blanche voile s'arrondit, la charmante frégate prend sa course légère ; à droite une forêt de mâts, des clochers et la rive que l'on quitte ; à gauche, le vaste Océan qui se déploie ; les navires du convoi, qu'on prendrait de loin dans leur vol pour une troupe de cygnes sauvages ; le plus mauvais voilier marche alors avec agilité, et la vague semble se courber devant chaque proue écumante.

XVIII.

Et puis le navire est comme une citadelle flottante : les canons en bon ordre, le filet tendu [9], la voix rauque du commandement, le bourdonnement de la manœuvre, lorsqu'au signal donné les matelots montent dans les hunes. Entendez-vous le sifflet du contre-maître et le cri que les marins se renvoient pendant que les cordages glissent dans leurs mains ? Voyez cet aspirant imberbe qui force sa voix d'enfant pour approuver ou blâmer, écolier qui dirige déjà l'équipage docile !

XIX.

Sur le tillac, propre et luisant comme une glace, le lieutenant gravement se promène. Voyez aussi cet espace exclusivement réservé au capitaine qui s'avance avec majesté; silencieux et craint de tous, il daigne rarement adresser la parole à ses subalternes s'il veut conserver intacte cette subordination sévère, condition essentielle du triomphe et de la gloire; mais des Bretons se soumettent aux lois les plus dures qui ont pour résultat d'ajouter à leur force.

XX.

Souffle, souffle, brise propice; pousse devant toi nos navires jusqu'à ce que le soleil cesse de nous éclairer de ses rayons; alors il faut que le vaisseau-amiral ralentisse sa marche afin que les bâtiments retardataires puissent le rejoindre. Ah! cuisant ennui! insupportable délai! perdre pour ces traînards l'occasion de profiter d'une aussi belle brise! que de chemin on eût fait jusqu'au retour de l'aube! Mais non, il faut s'arrêter, les voiles en panne, sur une mer propice, en attendant ces lourds navires.

XXI.

La lune se lève; par le ciel! voilà un beau soir; de longs sillons de lumière s'étendent au loin sur les vagues mobiles; voici l'heure où sur le rivage les jeunes hommes soupirent, où les jeunes filles ajoutent foi à leurs serments. Autant nous en advienne quand nous reverrons la terre! Cependant la main impatiente de quelque robuste Arion éveille sur l'instrument la vive harmonie aimée des matelots; un cercle de joyeux auditeurs se forme autour de lui, ou bien ils dansent aux sons de quelque air connu, aussi gais que s'ils étaient à terre, libres de tous leurs mouvements.

XXII.

A travers le détroit de Calpé, contemplez ces âpres rives: l'Europe et l'Afrique se regardent; la patrie de la vierge aux yeux noirs et celle du Maure basané sont à la fois éclairées par les rayons de la pâle Hécate. Comme ils se jouent délicieusement sur la rive espagnole! Aux clartés de son disque décroissant, on distingue parfaitement le rocher, le coteau, la forêt sombre; en face, la Mauritanie projette, des montagnes à la côte, ses ombres gigantesques.

XXIII.

Il est nuit; c'est l'heure de la méditation, l'heure où nous sentons que nous avons autrefois aimé, bien que notre amour ne soit plus; où le cœur, portant le deuil de ses affections déçues, sans ami maintenant, rêve qu'il eut un ami. Qui voudrait courber la tête sous le fardeau des années alors que la jeunesse elle-même survit à ses jeunes amours et à ses joies? Hélas! quand l'hymen de deux âmes est rompu, il reste à la mort peu de chose à détruire. O bonheur de notre premier âge! qui ne voudrait redevenir enfant?

XXIV.

Ainsi penché sur le bord du navire que lavent les flots, l'œil fixé sur l'astre de Diane réfléchi par les ondes, l'âme oublie ses projets d'espérance et d'orgueil, et se reporte insensiblement vers les souvenirs des années qui ont fui. Il n'est pas d'âme, si désolée qu'elle soit, où quelque chose de cher, de plus cher qu'elle-même, n'ait possédé ou ne possède encore une pensée, et ne réclame le tribut d'une larme; éclair de douleur qui luit à notre cœur attristé et dont il voudrait vainement s'affranchir.

XXV.

S'asseoir au sommet des rocs, rêver sur les flots ou au bord des abîmes, parcourir lentement la solitude ombreuse des forêts, où vivent des êtres étrangers à la domination de l'homme, et où il n'a jamais, ou que rarement, laissé l'empreinte de ses pas; gravir inaperçu le mont inaccessible avec des troupeaux sauvages qui n'ont pas besoin de bercail; seul se courber au-dessus des précipices et des cataractes écumantes : ce n'est pas là vivre dans la solitude, c'est converser avec la Nature, c'est voir se dérouler devant soi ses charmes et ses trésors.

XXVI.

Mais au milieu de la foule, du bruit et du contact des hommes, entendre, voir, sentir et posséder; poursuivre sa route, citoyen ennuyé du monde, sans personne qui nous bénisse, personne que nous puissions bénir; n'avoir autour de soi que des courtisans de la Fortune, qui fuient à l'aspect du malheur; et de tant d'êtres qui nous ont cherchés, suivis, flattés, adulés, pas un qui ait pour nous des sentiments amis, pas un qui, si nous n'étions plus, laissât voir sur ses lèvres un sourire de moins : voilà ce que j'appelle être seul! voilà la solitude!

XXVII.

Plus heureux ces pieux ermites qu'on rencontre dans les solitudes de l'Athos, lorsqu'on erre le soir au sommet du mont gigantesque d'où l'on découvre des flots si bleus, un ciel si serein, que celui qui a été là à une telle heure voudrait ne jamais quitter ce lieu sacré! puis s'arrachant lentement à ce spectacle enchanteur, il regrette que tel n'ait pas été son destin, et rentre, pour le haïr, dans un monde qu'il avait presque oublié [10].

XXVIII.

Passons sous silence la route longue et monotone, si souvent sillonnée sans que nul y ait laissé de trace; passons le calme, la brise, les changements atmosphériques, le louvoiement et tous les caprices si connus et des vagues et des vents; passons les alternatives de joies et de douleurs que les matelots éprouvent dans leur citadelle ailée, ceinte par les flots; le temps, bon ou mauvais, propice ou contraire, selon que la brise souffle ou s'abat et que les vagues se soulèvent, jusqu'à ce qu'un joyeux matin : « Terre! terre! terre! » et tout est bien.

XXIX.

Mais saluons en passant les îles de Calypso, dont le groupe fraternel s'élève au sein de l'Océan. Au voyageur fatigué, là sourit un havre propice; et cependant la belle déesse a depuis longtemps cessé de pleurer et d'attendre en vain, du haut de ses rochers, celui qui avait eu l'audace de lui préférer une mortelle. C'est ici que le fils d'Ulysse s'élança dans les flots à la voix du sévère Mentor, laissant à la nymphe-reine une double perte à déplorer.

XXX.

Son règne est passé, sa douce puissance est évanouie; mais ne t'y fie pas, imprudent jeune homme! Mets-toi sur tes gardes : ici une mortelle a placé le siége de son dangereux empire ; crains d'y trouver une nouvelle Calypso ! Aimable Florence ! si ce cœur capricieux et vide d'amour pouvait se donner encore, il se donnerait à toi ; mais trop de liens t'enchaînent, et moi je n'ose porter à tes autels une offrande indigne de toi, ni demander à un cœur aussi cher d'endurer pour moi une seule douleur.

XXXI.

Ainsi pensa Harold quand ses yeux rencontrèrent sans s'émouvoir les yeux de cette beauté, et ne lui parlèrent d'autre langage que celui d'une admiration innocente. L'Amour se tint à l'écart, à proximité pourtant : il savait que le cœur d'Harold avait été fréquemment conquis et perdu, mais il ne le comptait plus parmi ses adorateurs, et avait renoncé à lui inspirer de nouvelles flammes. Voyant qu'en cette occasion ses efforts n'avaient pu le déterminer à aimer, le petit dieu jugea avec raison qu'il avait pour jamais perdu sur lui son ancien empire.

XXXII.

Elle dut s'étonner, la belle Florence [11], de voir cet homme, qu'on disait soupirer pour toutes celles qu'il voyait, soutenir, impassible, l'éclat de ce regard où d'autres lisaient ou affectaient de lire leur espoir, leur destin, leur arrêt, leur loi, rendant à la beauté tous les hommages qu'elle commande à ses esclaves ! Et certes elle dut s'émerveiller qu'un mortel aussi jeune n'éprouvât pas, ou ne feignît pas du moins pour elle, ces sentiments d'amour que les femmes peuvent repousser, mais qui n'excitent jamais leur courroux.

XXXIII.

Ce cœur, qui lui semblait de marbre, abrité à l'ombre du silence ou retranché dans son orgueil, elle ne savait pas qu'il était habile dans l'art de la séduction [12], qu'il savait étendre au loin les piéges de la volupté, et n'avait renoncé à de faciles conquêtes que lorsqu'il n'avait plus rien trouvé qui méritât ses attaques. Mais ces moyens de triomphe, Harold les néglige aujourd'hui ; et, lors même que l'azur de ces beaux yeux eût attiré ses hommages, jamais il ne se fût confondu dans la foule des adorateurs.

XXXIV.

Celui-là, je le crois, connaît bien peu le cœur de la femme, qui s'imagine que des soupirs peuvent conquérir un objet aussi inconstant! Que lui importe un cœur, alors qu'elle le possède? Rendez à l'idole de vos yeux l'hommage qui lui est dû, mais n'y mettez pas trop d'humilité, si vous ne voulez qu'elle vous méprise, vous et votre hommage, quelles que soient les métaphores dont vous en revêtiez l'expression; dissimulez jusqu'à la tendresse, si vous êtes sage; une confiance hardie est encore ce qui réussit le mieux auprès de la femme; excitez tour à tour et calmez son dépit, et vous ne tarderez pas à voir couronner tous vos vœux.

XXXV.

C'est une vérité bien ancienne, que l'expérience confirme, et ceux qui en sont le plus convaincus sont ceux qui en gémissent davantage : quand on a conquis ce que tous désirent, le prix obtenu ne paraît pas valoir ce qu'il a coûté. La perte de la jeunesse, la dégradation de l'âme, la perte de l'honneur, voilà ce qui reste après la passion satisfaite. Si, par un bienfait cruel, le destin trompe nos jeunes espérances, c'est une blessure qui s'envenime, et dont le cœur ne guérit pas, alors même que l'Amour ne songe plus à plaire.

XXXVI.

Marchons! ne laissons point mon Pégase ralentir son pas; car nous avons encore plus d'un mont à franchir, plus d'un rivage pittoresque à côtoyer, guidés non par la fiction, mais par la mélancolie pensive. Nous avons à parcourir des climats plus beaux que n'en rêva jamais l'imagination d'un mortel, ou qu'on n'en a décrit dans ces utopies où l'on enseigne à l'homme ce qu'il devrait ou pourrait être si cette créature corrompue pouvait profiter de pareilles leçons.

XXXVII.

La Nature est, après tout, la meilleure des mères : bien

que toujours changeant, son aspect n'en est pas moins doux. Puissé-je m'abreuver à sa mamelle nue, moi qui ne suis point son enfant gâté, quoiqu'elle ne m'ait jamais sevré ! Oh ! elle n'est jamais plus attrayante que dans sa sauvage beauté, alors que l'Art n'a point encore souillé ses œuvres ! Et la nuit et le jour elle n'a cessé de me sourire, et pourtant mes regards l'ont observée dans ses moments les plus intimes. Plus je l'ai connue, plus je l'ai recherchée, et c'est dans ses rigueurs que je l'ai aimée davantage.

XXXVIII.

Terre d'Albanie, où naquit cet Iskander, la leçon des jeunes et l'exemple des sages, et cet autre héros du même nom, dont les chevaleresques exploits frappèrent tant de fois l'ennemi de terreur ! terre d'Albanie, laisse-moi te contempler, toi, âpre nourrice d'une nation farouche. La croix disparaît, les minarets s'élèvent, et le pâle croissant brille dans la vallée, à travers les bosquets de cyprès qui forment la ceinture de tes villes.

XXXIX.

Childe-Harold continua à faire voile, et passa devant le rivage stérile d'où la triste Pénélope contemplait les vagues ; plus loin, il aperçut le promontoire non encore oublié qui offrit un refuge aux amants, une tombe à la muse de Lesbos. Brune Sapho, des vers immortels n'ont-ils donc pu sauver ce cœur qu'embrasait une immortelle flamme ? N'a-t-elle donc pu vivre, celle qui dispensait une vie immortelle, si toutefois l'immortalité attend les œuvres de la lyre, l'unique ciel auquel les fils de la terre puissent aspirer ?

XL.

Ce fut par un beau soir d'automne, d'un automne de la Grèce, que Childe-Harold salua de loin ce cap de Leucade [13], qu'il brûlait de voir, et qu'il ne quitta qu'à regret. Il avait plus d'une fois arrêté ses regards sur les lieux que la guerre a rendus mémorables : Actium, Lépante, Trafalgar [14]. Il les avait vus sans émotion, car il n'était pas né sous une étoile héroïque ; il ne se plaisait point au récit des sanglants exploits, des combats courageux ; il n'avait que des mépris pour le guerrier mercenaire, et se moquait de ses airs belliqueux.

XLI.

Mais lorsqu'il vit l'étoile du soir se lever au-dessus du fatal rocher de Leucade, projeté sur les ondes, et qu'il salua cette dernière ressource d'un amour sans espoir, il ressentit ou crut ressentir une émotion puissante. Pendant que le majestueux navire glissait lentement sous l'ombre de cet antique mont, il suivait de l'œil le mouvement mélancolique des flots, et, bien que plongé dans sa rêverie accoutumée, on voyait son regard devenir plus calme et son front pâle s'éclaircir.

XLII.

L'aurore paraît, et avec elle surgissent les collines de la farouche Albanie; les rochers sombres de Souli, la cime lointaine du Pinde, à demi caché sous un voile de vapeurs, sillonné par les blanches eaux des ruisseaux qui le baignent, sous son vêtement rayé de brun et de pourpre, s'élèvent; peu à peu les brouillards se dissipent, et on aperçoit la demeure du montagnard. C'est là que rôde le loup, que l'aigle aiguise son bec; là vivent des oiseaux de proie, des bêtes sauvages, des hommes plus sauvages encore, et sous un ciel orageux se forment les tempêtes qui agitent la dernière saison de l'année.

XLIII.

Alors enfin Harold se sentit seul, et dit aux langues chrétiennes un long adieu; il se voyait enfin sur un rivage inconnu que tous admirent, mais que beaucoup craignent de visiter. Son âme était armée contre le destin; il avait peu de besoins; les périls, il ne les cherchait pas, mais il ne les fuyait pas non plus. Il avait sous les yeux un spectacle sauvage, mais neuf : voilà ce qui lui rendait douces les fatigues continues du voyage, ce qui lui faisait oublier et le souffle glacial de l'hiver, et les chaleurs brûlantes de l'été.

XLIV.

Ici la croix rouge, car on l'y rencontre encore, bien que cruellement en butte aux outrages du circoncis, la croix a dépouillé cet orgueil si cher au sacerdoce opulent; ici prêtres et laïques sont également méprisés. Superstition impure, sous quelque vêtement que tu te déguises, idole, saint, vierge, prophète, croissant ou croix, quel que soit le symbole que tu adoptes, bénéfice individuel pour le sacerdoce, perte générale pour le genre humain, oh! qui pourra de l'or pur de la vraie religion séparer ton alliage?

XLV.

Voilà le golfe d'Ambracie, où l'on vit autrefois un monde perdu pour une femme, être charmant, inoffensif. C'est dans cette baie tranquille que plus d'un patricien de Rome, plus d'un roi d'Asie [15] conduisit ses forces navales à un conflit douteux, à un carnage certain; c'est ici que le second César érigea ses trophées, aujourd'hui flétris comme la main qui les éleva [16]; impériaux anarchistes, qui doublaient la somme des calamités humaines! O Dieu! est-ce donc pour qu'il serve d'enjeu à de pareils joueurs que tu as créé ce globe?

XLVI.

Depuis les montagnes, sombres barrières de cette terre inégale, jusqu'au centre des vallées de l'Illyrie, Childe-Harold, franchissant plus d'un mont sublime, traverse des contrées à peine connues dans l'histoire; et pourtant l'Attique si renommée a vu rarement des vallées aussi charmantes; Tempé elle-même, la belle Tempé, ne saurait les égaler, et la terre classique et sainte du Parnasse ne peut rivaliser avec quelques-uns des sites que recèle cette côte basse et sombre.

XLVII.

Il franchit les froides hauteurs du Pinde, le lac d'Achéruse [17]; et, quittant la capitale du pays, il poursuivit sa route pour saluer le chef de l'Albanie, dont les ordres redoutés sont des lois absolues [18]. D'une main sanglante il gouverne une nation turbulente et fière. Cependant çà et là une bande de hardis montagnards dédaigne sa puissance, et à l'abri de ses rochers, dans sa fière indépendance, ne cède qu'au pouvoir de l'or [19].

XLVIII.

Monastique Zitza[20], sur ta colline ombreuse, petit coin de terre favorisée et sainte! Partout où s'étend la vue, en haut, en bas, autour, quelles teintes de l'arc-en-ciel! quel tableau magique! Rochers, rivières, forêts, montagnes, ici tout abonde, et un ciel du plus beau bleu vient harmoniser le tout. Au-dessous, la voix mugissante du torrent m'indique le lieu où roule l'immense cataracte, entre ces rocs menaçants dont la vue effraie et charme à la fois.

XLIX.

A travers les arbres qui couronnent cette colline touffue, qui paraîtrait élevée sans les montagnes voisines dont la chaîne s'élève graduellement plus haut encore, on voit briller les blanches murailles du monastère. C'est là qu'habite le caloyer; il n'a rien de farouche, et sa table est au service de l'étranger. Le voyageur accueilli par lui emporte de ces lieux un souvenir durable, pour peu que son âme s'ouvre aux charmes de la belle nature.

L.

Au milieu des chaleurs de l'été, qu'il se repose sous le frais ombrage de ces arbres séculaires; là les plus doux zéphyrs agiteront autour de lui l'éventail de leurs ailes, et son haleine aspirera la brise du ciel; la plaine est bien loin au-dessous de lui. — Oh! pendant qu'il le peut, qu'il goûte une volupté pure; ici ne pénètrent pas les rayons brûlants d'un soleil pestilentiel; qu'ici l'insouciant pèlerin étende en liberté ses membres nonchalants, et laisse couler sans fatigue les matins, les jours et les soirs.

LI.

De gauche à droite s'étendent les Alpes de la Chimère, amphithéâtre volcanique[21] dont la masse sombre et gigantesque semble grandir à la vue. Au-dessous se déploie une vallée vivante dont les mille bruits arrivent jusqu'à vous; les troupeaux bondissent, les arbres se balancent, les ondes coulent; le pin des montagnes incline sa tête. Voilà, voilà le noir Achéron[22], jadis consacré à la tombe! O Pluton, si ce que je vois est l'enfer, tu peux fermer les portes de ton pâle Elysée; mon ombre n'en demandera point l'entrée.

LII.

Ni cités, ni remparts ne viennent gâter ce charmant coup d'œil; Janina est à peu de distance, mais on ne la voit pas, cachée qu'elle est derrière un rideau de collines : ici les hommes sont en petit nombre, les hameaux clair-semés, et les cabanes rares; mais la chèvre broute sur le penchant du précipice; et le petit berger, vêtu de sa blanche capote[23], appuyé contre un roc, surveille, tout pensif, son troupeau au loin éparpillé, ou attend dans la caverne la fin de l'orage passager.

LIII.

Dodone! où sont ton bois antique, ta fontaine sacrée, tes divins oracles? Quelle vallée redit encore les paroles du maître des dieux? Où sont les traces du temple de Jupiter Tonnant? Tout, tout est oublié! et l'homme se plaindrait de voir rompre les liens qui l'attachent à une fugitive existence! Insensé, tais-toi! La destinée des dieux peut bien être la tienne : voudrais-tu donc vivre plus que le marbre ou le chêne, et te soustraire à la loi qui frappe les nations, les langues et les mondes?

LIV.

Les frontières de l'Épire s'éloignent; les montagnes décroissent; fatigué de mesurer leur hauteur, l'œil se repose avec joie sur une vallée, la plus belle que jamais le printemps ait couverte de ses teintes verdoyantes. Même dans une plaine, les beautés de la nature ne sont pas sans grandeur, alors qu'une rivière majestueuse en coupe la monotonie, que de hauts arbres se balancent sur ses rives, dont l'ombre se joue dans le miroir des eaux, ou dort, à la clarté de la lune, à l'heure solennelle de minuit.

LV.

Le soleil venait de disparaître derrière le vaste Tomerit[24]; près de là mugissait le Laos[25] au cours large et rapide; déjà l'ombre de la nuit commençait à descendre; Childe-Harold marchait avec précaution le long de la rive escarpée, lorsque soudain il aperçut, comme des météores lumineux, les minarets resplendissants de Tépalen, dont les murs dominaient le fleuve. A mesure qu'il s'approchait, la brise qui soufflait dans la vallée apporta à son oreille un bruit confus d'armes et de guerriers [26].

LVI.

Il passa devant la tour silencieuse du harem sacré; et, arrivé sous les vastes arceaux de la porte, il contempla l'habitation de ce chef redouté, dont tout ce qu'il voyait proclamait la puissance. Une pompe extraordinaire entourait le despote; la cour retentissait de préparatifs empressés; esclaves, eunuques, soldats, convives et santons y attendaient ses ordres. En dedans c'est un palais, à l'extérieur c'est un fort; là se trouvent réunis des hommes de tous les climats.

LVII.

En bas, des coursiers richement harnachés, des faisceaux d'armes, s'étendaient tout autour de la vaste cour. En haut, des groupes bizarres ornaient le corridor, et de temps à autre un cavalier tartare, couvert de sa haute coiffure, s'élançait au galop de la porte sonore. Là, le Turc, le Grec, l'Albanais, le Maure, avec leurs costumes bigarrés, se mêlent et se confondent, tandis que les sons graves du tambour annoncent la fin de la journée;

LVIII.

L'Albanais farouche, si beau à voir, avec son court vêtement qui vient jusqu'au genou, la tête enveloppée d'un schall, un fusil ciselé à la main, et dans son costume pittoresque bordé d'or; le Macédonien, ceint d'une écharpe rouge; le Delhi, avec son bonnet redoutable et son glaive recourbé; le Grec, vif et souple; l'enfant mutilé de l'aride Nubie, et le Turc barbu, qui daigne à peine parler, maître de tout ce qui l'entoure, trop puissant pour être affable;

LIX.

Sont confondus pêle-mêle : quelques-uns assis en groupe s'occupent à contempler la scène changeante et variée qui les entoure. Ici un grave Musulman fait sa prière. Les uns fument, les autres jouent. L'Albanais foule orgueilleusement la terre. Le Grec cause à demi-voix. Silence!... Entendez-

vous dans la mosquée ces accents solennels et nocturnes ?
C'est la voix tonnante du muezzin, qui fait retentir le minaret : « Il n'y a d'autre Dieu que Dieu ! Priez ! Dieu est grand ! »

LX.

C'était précisément l'époque du ramazan ; la journée entière s'écoulait dans le jeûne et la pénitence ; mais dès que l'heure du crépuscule était passée, la joie et les festins régnaient de nouveau sans partage. Alors, tout était en mouvement, et la foule des domestiques s'occupait à préparer et à servir le repas abondant ; la galerie était déserte, mais des chambres intérieures s'élevait un bourdonnement confus, et on voyait entrer et sortir les pages et les esclaves.

LXI.

Ici la voix de la femme ne s'entend jamais ; reléguée à part, c'est à peine si on lui permet de sortir gardée et voilée ; elle livre à un maître sa personne et son cœur, s'accoutume à sa prison, et ne désire point la quitter. Heureuse de l'affection de son époux, elle met sa joie à remplir les doux devoirs de mère, devoirs délicieux, bien au-dessus de tous les autres sentiments ! L'enfant que ses flancs ont porté ne quitte pas son sein, et, absorbée par l'amour maternel, elle reste étrangère à des passions moins nobles.

LXII.

Dans un pavillon de marbre, du centre duquel s'élance un jet d'eau vive et pure dont le murmure répand tout autour une délicieuse fraîcheur, sur une couche voluptueuse qui invite au repos, est étendu Ali [27], homme de guerre et de calamités. Dans les traits de ce vieillard, sur ce visage vénérable que la douceur tempère de ses rayons, vous chercheriez vainement la trace des crimes que son âme recèle, ces crimes qui ont laissé sur sa vie une tache ineffaçable.

LXIII.

Ce n'est pas que cette barbe longue et blanche s'allie mal aux passions de la jeunesse [28] ; l'amour triomphe de l'âge ; Hafiz nous l'assure ; le sage de Téos nous le dit dans des chants bien doux. Mais des crimes sourds à la voix plaintive de la pitié, des crimes condamnables dans tout homme, mais surtout dans un vieillard, l'ont marqué avec la dent d'un tigre. Le sang appelle le sang, et c'est par une fin sanglante que termineront leur carrière ceux qui l'ont commencée dans le sang [29].

LXIV.

Le pèlerin fatigué s'arrêta quelque temps en ce lieu, au milieu de tous ces objets qui frappaient pour la première fois ses yeux et ses oreilles, et se mit à contempler le luxe musulman; mais il se lassa bientôt de voir ce spacieux séjour de l'opulence et de la mollesse, cette retraite choisie où la grandeur blasée fuyait le tumulte de la ville; avec moins d'éclat, ces lieux auraient plus de charmes; la paix de l'âme abhorre les joies factices, et quand le plaisir et la pompe sont réunis, tous deux perdent leur saveur.

LXV.

Farouches sont les enfants de l'Albanie; toutefois, ils ont des vertus qui ne demanderaient qu'à être cultivées. Quel ennemi leur a jamais vu tourner le dos? Qui mieux qu'eux sait endurer les fatigues de la guerre? Leurs montagnes natales ne sont pas un asile plus inviolable que ne l'est leur fidélité alors qu'on l'invoque dans des temps difficiles. Elle est mortelle leur colère! mais leur amitié est sûre; et quand la reconnaissance ou la valeur réclame leur sang, ils s'élancent intrépides partout où leur chef les conduit.

LXVI.

Childe-Harold les vit dans le palais de leur pacha, accourus pour marcher au combat, et brillants de la splendeur d'un triomphe prochain; plus tard il les revit, alors que lui-même était en leur pouvoir, victime passagère du malheur, dans ces moments douloureux dont profitent les lâches pour vous accabler; mais eux, ils l'abritèrent sous leur toit; des hommes plus civilisés l'eussent moins bien accueilli; ses compatriotes eussent évité sa présence. Combien peu sortent purs de cette épreuve, pierre de touche des cœurs!

LXVII.

Il arriva un jour que des vents contraires poussèrent son

navire sur la côte escarpée de Souli. Il n'y avait tout autour que solitude et ténèbres. Il était dangereux de débarquer, plus encore de rester là ; pendant quelque temps les marins hésitèrent, redoutant quelque trahison ; enfin, ils se hasardèrent à prendre terre, non sans craindre que des hommes également ennemis et des Francs et des Turcs, ne renouvelassent les scènes sanglantes du passé.

LXVIII.

Crainte vaine ! Les Souliotes nous tendirent une main amie, nous aidèrent à franchir les rochers et les marais périlleux ; moins polis, mais plus humains que les esclaves de la civilisation, ils rallumèrent la flamme du foyer, firent sécher nos vêtements humides, remplirent la coupe, allumèrent la lampe joyeuse, présentèrent un repas frugal, il est vrai, mais c'était tout ce qu'ils pouvaient offrir. Une telle conduite sans doute était philanthropique : donner le repos au voyageur fatigué, des consolations à l'affligé, il y a là une leçon pour des hommes mieux partagés du sort, et de quoi faire rougir l'égoïsme inhumain.

LXIX.

Il advint aussi que lorsqu'il se préparait enfin à quitter ces montagnes, le pays était infesté de brigands qui portaient au loin le fer et la flamme ; il prit une escorte fidèle d'hommes vaillants au combat et endurcis aux fatigues, pour l'accompagner à travers les vastes forêts de l'Acarnanie, jusqu'à l'endroit où l'Achéloüs roule ses blanches ondes, et d'où le regard découvre les plaines de l'Étolie.

LXX.

Au lieu où Utraikey forme son anse arrondie, dans laquelle les vagues se retirent pour briller en repos, comme il est sombre le feuillage de ces arbres qui couronnent la verte colline, et se balancent, à minuit, sur le sein de la baie tranquille, pendant que la brise légère qui souffle du nord baise sans le rider le cristal poli d'une mer d'azur! Ici Harold reçut un accueil hospitalier : il ne put contempler sans émotion ce gracieux tableau ; car dans la nuit et sa douce présence son cœur trouvait une ineffable joie.

LXXI.

Les feux de la nuit étaient allumés sur le rivage, le repas était terminé ; la coupe pleine de vin pourpré circulait rapidement, et celui que le hasard eût amené en ce lieu eût été émerveillé. Avant que l'heure silencieuse de minuit fût passée, les palikares commencèrent la danse de leur pays. Chacun déposa son sabre, et, se tenant tous par la main, la troupe se mit en branle en hurlant un chant barbare.

LXXII.

Childe-Harold, se tenant à l'écart, contempla, non sans plaisir, leurs ébats et leur joie rude, mais inoffensive. Et, en effet, il faisait beau voir leur gaieté barbare, mais décente, leurs visages où se reflétait la flamme, leurs gestes pleins de vivacité, leurs yeux noirs et brillants, leurs longs cheveux retombant en boucles jusqu'à la ceinture, tandis qu'ils entonnaient en chœur ces paroles, moitié chantées, moitié hurlées :

1

Tambourgi ! Tambourgi [30] ! vos sons chers à la gloire
Promettent aux vaillants la guerre et la victoire ;
Ils vont porter la joie à Chimère, à Souli.
Les fils des montagnards au loin ont tressailli [31].

2

Sous sa capote à poils et sa blanche tunique,
Qui plus qu'un Souliote est fort et courageux ?
Abandonnant au loup son troupeau pacifique,
Dans la plaine il descend comme un fleuve orageux.

3

D'un ami déloyal quand je punis l'offense,
Mon ennemi vivrait ! Non, de par tous les dieux !
Mon fidèle fusil servira ma vengeance ;
Le cœur d'un ennemi, quel but plus glorieux ?

4

La Macédoine envoie une race vaillante ;
Du sein de leurs forêts ils ont pris leur essor :
Des écharpes de feu la couleur éclatante
A la fin du combat sera plus rouge encor.

5

Parga, fille des eaux ! tes enfants intrépides,
Dont les mains au Franc pâle ont su donner des fers,
Abandonnant la rame et leurs barques rapides,
Conduiront le captif au bord des flots amers.

6

Je ne demande pas du plaisir, des richesses ;
Ce qu'achète le faible est conquis par le fort.
Mon sabre me vaudra la vierge aux longues tresses,
En dépit d'une mère et de son vain effort.

7

En sa verte saison j'aime la jeune fille ;
Ses baisers et ses chants ont pour moi des appas.
Qu'elle apporte sa lyre, et que sa voix gentille
De son père immolé nous chante le trépas.

8

Le jour où succomba Prévesa saccagée,
Rappelez-vous les cris des vaincus, des vainqueurs ;
Les toits furent brûlés, la richesse égorgée,
Mais le fer épargna la jeune fille en pleurs.

9

A qui sert le visir ne parlez pas de crainte ;
Son cœur par la pitié ne peut être amolli.
Depuis que Mahomet a donné sa loi sainte,
Le croissant n'a point vu de chef plus grand qu'Ali.

10

Il est parti, Mouctar [32], et ses coursiers sont vites.
Devant son étendard le giaour a pâli.
Combien vivront encor dans les rangs moscovites
Après qu'aura brillé le sabre du delhi [33] ?

11

Sélictar [34] ! du fourreau tire le cimeterre !
Tambourgi ! donnez-nous le signal de la guerre !
Montagnes ! vos enfants partent pour les combats.
Ils reviendront vainqueurs, ou ne reviendront pas !

LXXIII.

Belle Grèce, triste reste d'une gloire qui n'est plus ! disparue et pourtant immortelle, déchue et grande encore ! qui maintenant guidera tes enfants épars ? qui brisera leur esclavage qu'un long temps a consacré ? Ah ! qu'ils ressemblent peu, ces Grecs, à tes fils d'autrefois, qui, victimes sans espoir, marchèrent à un trépas volontaire dans le défilé sépulcral des froides Thermopyles ! Oh ! qui rallumera ce généreux courage, et, s'élançant des rives de l'Eurotas, l'éveillera dans ton cercueil ?

LXXIV.

O Génie de la Liberté, lorsqu'aux remparts de Phylé tu étais avec Thrasybule et sa troupe d'immortels conjurés, pouvais-tu prévoir les temps douloureux qui détruisent le charme et fanent la verdure de cette plaine de l'Attique, ton glorieux domaine? Ce n'est pas à trente tyrans qu'est asservie aujourd'hui la Grèce; à chaque pas on y rencontre un brutal oppresseur. Ses fils ne se révoltent point; ils se bornent à de vaines railleries, tremblants sous la main musulmane qui les châtie; naissant, mourant esclaves. Leurs paroles, leurs actes n'ont plus rien de l'homme.

LXXV.

Combien ils sont changés en tout, sauf la forme extérieure! En voyant le feu qui étincelle dans leur regard, qui ne croirait que leur cœur brûle de nouveau de ta flamme non éteinte, ô liberté perdue? Beaucoup d'entre eux rêvent encore que l'heure approche qui doit leur rendre l'héritage de leurs pères. Ils soupirent après les armes et les secours de l'étranger; et ils n'ont pas le courage de combattre leurs féroces ennemis, et d'effacer leur nom déshonoré du livre funèbre de l'esclavage.

LXXVI.

Esclaves héréditaires! ne savez-vous donc pas que ceux qui veulent être libres doivent s'affranchir de leurs propres mains? C'est une conquête qu'ils ne doivent attendre que de leurs bras. Votre délivrance sera-t-elle l'ouvrage du Gaulois ou du Moscovite? Non! ils triompheront peut-être de vos oppresseurs, mais les autels de la liberté ne s'allumeront pas pour vous! Ombres des Hilotes, triomphez de vos tyrans! Grèce, tu as beau changer de maîtres, ta destinée reste la même; c'en est fait des jours de ta gloire, mais non de tes jours de honte.

LXXVII.

La ville enlevée au giaour par les sectateurs d'Allah, le giaour peut encore l'arracher à la race d'Othman; et l'impénétrable tour du sérail peut recevoir encore le Franc belliqueux, son premier hôte; la nation rebelle des Wahabites, qui eut naguère l'audace de dépouiller la tombe du prophète de ses pieux trésors, peut se frayer jusque dans l'Occident une route sanglante; mais jamais la Liberté ne visitera ce sol maudit, et, à travers des siècles d'un labeur sans repos, l'esclave y succédera à l'esclave.

LXXVIII.

Observez cependant leur gaieté, à l'approche de ces jours de pénitence pendant lesquels la religion prépare l'homme à se décharger du poids de ses fautes mortelles par l'abstinence du jour et les prières de la nuit; avant que le repentir revête le cilice, des réjouissances publiques sont proclamées; alors, libre à chacun de se livrer à tous les amusement qu'il préfère, de prendre le masque, de se mêler à la danse, et d'aller grossir le cortége bouffon du joyeux Carnaval.

LXXIX.

Et où cette époque est-elle signalée par plus de divertissements que dans tes murs, ô Stamboul[35]! toi, l'ancienne métropole de leur empire, bien que la présence des turbans souille aujourd'hui la nef de Sainte-Sophie, et que la Grèce contemple en vain ses propres autels (hélas! ses douleurs viennent encore attrister mes chants)? Ils étaient gais jadis ses ménestrels, quand son peuple était libre; tous éprouvaient alors sincèrement la joie qu'ils sont obligés de feindre aujourd'hui. Jamais spectacle pareil n'avait frappé et séduit mes regards; jamais je n'avais entendu des chants semblables à ceux qui firent alors tressaillir les rives du Bosphore.

LXXX.

Une joie bruyante résonnait sur la plage; la musique variait, mais sans jamais cesser de se faire entendre, accompagnée par le bruit cadencé des rames et le doux murmure des flots. La Reine des Marées souriait du haut des cieux; lorsqu'une brise passagère venait à souffler sur la plaine liquide, un rayon plus brillant, échappé de son trône, se réfléchissait dans l'onde, et la mer étincelante semblait éclairer les rives que baignaient ses flots.

LXXXI.

Les caïques effleuraient légèrement la vague écumeuse; les filles de la contrée dansaient sur la rive; jeunes hommes et vierges avaient également oublié le sommeil et le toit paternel; des yeux languissants échangeaient ces regards auxquels il est peu de cœurs qui résistent, et la main frémissante répondait à la main qui la pressait doucement. O Amour, jeune Amour! le front ceint d'un diadème de roses, quoi que puissent dire les cyniques et les sages, de telles heures, et de telles heures seulement, rachètent dans la vie bien des années de douleur!

LXXXII.

Mais au milieu de cette foule en masque, n'y a-t-il pas des cœurs battant d'une peine secrète, à moitié trahie à travers les traits composés du visage? A ceux-là le doux murmure des vagues semble l'écho de leurs inutiles gémissements. La gaieté de la foule joyeuse les importune et soulève leurs mépris! Comme ces rires bruyants leur sont odieux! Qu'il leur tarde d'échanger leurs habits de fête contre un linceul!

LXXXIII.

C'est ce que doit éprouver un véritable fils de la Grèce, si toutefois la Grèce peut s'honorer encore d'un patriote sincère; non pas de ceux qui parlent de guerre tout en se réfugiant dans la paix, la paix de l'esclave qui soupire après ce qu'il a perdu, et aborde son tyran, le sourire sur les lèvres, et manie la faucille servile au lieu du glaive. Ah! Grèce! ceux-là t'aiment le moins qui te doivent le plus, qui te doivent leur naissance, leur sang, et cette sublime généalogie d'héroïques aïeux qui fait rougir la horde de tes fils maintenant dégénérés.

LXXXIV.

Quand ressuscitera l'austérité de Lacédémone, quand Thèbes produira de nouveaux Épaminondas, que les enfants d'Athènes auront des cœurs vaillants, que les mères grecques donneront le jour à des hommes; alors, mais seulement alors, pourra sonner l'heure de ta délivrance. Il faut mille ans et plus pour former un empire, une heure suffit pour le réduire en poudre. Combien de temps faudra-t-il aux hommes pour ranimer sa splendeur éteinte, rappeler ses vertus, et triompher du temps et de la destinée?

LXXXV.

Et pourtant, combien tu es belle encore dans ta vieillesse douloureuse, patrie déshéritée des dieux et des héros! La verdure de tes vallons, la neige de tes montagnes annoncent la variété d'un sol favorisé de la nature. Tes autels, tes temples, s'inclinent vers la surface, et, brisés par le soc de la charrue, se mêlent lentement à une terre héroïque. Ainsi périssent les monuments, ouvrages de l'homme; tous disparaissent successivement, tous, excepté le souvenir des grandes actions retracées dans les œuvres du génie;

LXXXVI.

Excepté çà et là une colonne solitaire qui pleure sur les débris de ses sœurs nées de la même carrière, et maintenant gisantes à ses pieds; excepté ce temple aérien de Tritonie, qui orne encore le rocher de Colonne, et brille au-dessus des flots; excepté la tombe obscure d'un guerrier, dont les pierres grises et la mousse touffue bravent faiblement encore, non l'oubli, mais les siècles, attirant tout au plus l'attention de quelque étranger qui, comme moi peut-être, s'arrête un moment, regarde et soupire.

LXXXVII.

Et cependant ton ciel est toujours aussi bleu, tes rocs aussi sauvages; tes bosquets sont doux; vertes sont tes campagnes; tes olives mûrissent comme au temps où tu voyais Minerve te sourire; un miel pur coule encore sur l'Hymette, et, libre voyageuse dans l'air de la montagne, l'abeille joyeuse y bâtit encore sa citadelle odorante; Apollon dore toujours tes longs étés, et les marbres de Mendéli resplendissent encore au feu de ses rayons. Les arts, la gloire, la liberté ont disparu; mais la nature est belle encore.

LXXXVIII.

Partout où l'on marche, la terre est consacrée et sainte! Nulle portion de ton sol n'offre un aspect vulgaire; on est partout entouré de merveilles; toutes les fictions de la Muse semblent des vérités, jusqu'à ce que l'œil se fatigue à contempler cette patrie de nos premiers rêves. Là, il n'est pas de colline, de vallon, de forêt ou de plaine qui ne brave la puissance qui a couché les temples dans la poudre : le Temps a ébranlé les tours d'Athènes, il a épargné le vieux Marathon.

LXXXIX.

C'est le même soleil, le même sol, mais non le même esclave qui le cultive; il n'a changé que de maître étranger le champ de bataille où la horde des Persans courba la tête pour la première fois devant le glaive des Hellènes; il a conservé ses limites et sa gloire impérissable, comme en ce jour cher à la gloire où le nom de Marathon devint une parole magique [36], qu'on ne peut prononcer sans évoquer aux regards de celui qui l'entend, le camp, les deux armées, le combat, la victoire.

XC.

Ici fuyait le Mède, dépouillé de ses flèches, et emportant son arc brisé. Là, le Grec menaçant le poursuivait de sa lance sanglante et victorieuse; en haut les montagnes, en bas la plaine et l'Océan! la Mort en tête! la Destruction à l'arrière-garde! c'était là le tableau. Qu'en reste-t-il maintenant? Quel trophée signale cette terre consacrée qui vit sourire la liberté et pleurer l'Asie? Des urnes spoliées, des tombes violées, et la poussière que fait jaillir sous ses pas le coursier d'un Barbare.

XCI.

Et pourtant aux débris de ta splendeur passée les pèlerins pensifs ne se lasseront pas d'accourir; longtemps encore le voyageur, poussé par le vent d'Ionie, saluera la patrie brillante des poëtes et des guerriers. Longtemps, et sur plus d'un rivage, dans tes annales et ta langue immortelle, la jeunesse s'enivrera de ta gloire! orgueil des vieillards, leçon des jeunes hommes, toi que le sage vénère et le poëte adore quand Pallas et la Muse nous ouvrent leurs trésors sacrés.

XCII.

Aux rives étrangères le cœur soupire après la patrie, pour peu que des liens amis l'attachent à ses foyers; qu'il y retourne, celui à qui son exil pèse, et qu'il repose ses regards charmés sur la terre paternelle. La Grèce n'est point le séjour de la gaieté et des joies légères ; mais ceux pour qui la tristesse a des charmes pourront s'y plaire, et ils ne regretteront point le sol natal alors qu'ils promèneront lentement leurs regards sur les rives sacrées de Delphes, ou contempleront les plaines qui ont vu mourir le Grec et le Persan.

XCIII.

Que ceux-là visitent cette terre consacrée, et traversent en paix ce magique désert ; mais respectez ses débris ; — qu'une main imprudente ne défigure pas un tableau qui ne l'est déjà que trop ! Ce n'est pas dans ce but que furent élevés ces autels : révérez des ruines que des nations ont révérées ; que cette honte soit épargnée au nom de ma patrie ; et puissiez-vous, en retour, prospérer aux lieux qui ont vu croître vos jeunes ans, et y goûter toutes les joies vertueuses de l'amour et de la vie !

XCIV.

Pour toi, qui, dans ce chant déjà trop prolongé, as voulu par des vers sans gloire amuser tes loisirs, ta voix sera bientôt étouffée au milieu de la foule des bardes de nos jours ; ne leur dispute point un laurier périssable ; cette lutte ne saurait intéresser l'homme qui voit d'un œil indifférent et le blâme amer et la louange partiale ; car ils ne sont plus les cœurs amis dont il eût ambitionné le suffrage ; et à qui cherchera-t-il à plaire celui qui n'a plus rien à aimer ?

XCV.

Et toi aussi, tu n'es plus, femme charmante et qui me fus si chère ! toi que la jeunesse et ses affections unissaient à moi, qui fis pour moi ce que nul autre n'a fait, et ne dédaignas pas un cœur indigne de toi. Que suis-je maintenant ? Tu as cessé de vivre, tu n'as point attendu le retour de celui qui errait loin de toi, et qui pleure maintenant sur des jours que nous ne reverrons plus ! Oh ! pourquoi ont-ils existé ? que ne sont-ils encore dans l'avenir ! Ne suis-je donc revenu que pour trouver de nouveaux motifs de fuir encore !

XCVI.

O femme aimante autant qu'aimable, et tendrement aimée ! comme la douleur égoïste s'absorbe dans le passé, et presse contre son cœur des pensées qu'elle ferait mieux d'écarter! mais ton image est la dernière que le temps effacera de mon âme. O Mort impitoyable! tout ce que tu pouvais avoir de moi, tu l'as aujourd'hui : une mère d'abord, puis un ami, et maintenant plus qu'un ami; jamais tes traits ne se sont succédé aussi rapidement, et les coups, accumulant sur moi douleur sur douleur, m'ont retiré le peu de joie que la vie me gardait encore.

XCVII.

Irai-je donc me plonger de nouveau dans la foule, et y chercher tout ce que dédaigne un cœur paisible? En ces lieux où préside l'orgie, où le rire hausse vainement la voix, et, interprète mensonger du cœur, fait grimacer la joue livide et creuse, pour ne laisser après lui qu'un surcroît d'abattement et de faiblesse, c'est en vain que les traits empreints d'une allégresse forcée s'exercent à feindre le plaisir, à dissimuler le dépit; le sourire y forme le sillon d'une larme à venir, et dissimule mal le dédain sur la lèvre convulsive.

XCVIII.

Quel est le pire des maux qui accompagnent la vieillesse? qu'est-ce qui imprime au front la ride la plus profonde? C'est de voir tous ceux que nous aimons effacés successivement du livre de vie, et de rester seul sur la terre comme je suis maintenant [37]. Je m'incline humblement devant le Dieu qui châtie, sur les ruines de cœurs brisés, d'espérances détruites. Jours inutiles, coulez! insouciant, je verrai votre fuite, puisque le Temps a ravi à mon âme tout ce qui faisait sa joie, et mêlé à mes jeunes années les douleurs du vieil âge.

NOTES

DU CHANT SECOND DU PÈLERINAGE DE CHILDE-HAROLD.

[1] Une partie de l'Acropolis fut détruite par l'explosion d'un magasin à poudre pendant le siége d'Athènes par les Vénitiens. *B.*

[2] Dans le manuscrit original, nous trouvons, à propos de cette stance, la note suivante. L'auteur la retrancha, dans la crainte, dit-il, qu'on ne

la considérât moins comme une défense que comme une attaque à la religion. — « Dans ce siècle de bigoterie, où le puritain et le prêtre ont changé de place, et où le malheureux catholique est puni des fautes de ses pères pendant un nombre de générations beaucoup plus considérable que ne l'exige le commandement, les opinions exprimées dans ces stances seront sans doute l'objet de plus d'un anathème dédaigneux; mais qu'on se rappelle que leur caractère est celui d'un scepticisme de découragement et non d'ironie. »

3 Les Grecs n'ont pas toujours été dans l'usage de brûler leurs morts; Ajax, fils de Télamon, fut enterré. La plupart des héros devenaient dieux après leur décès : il fallait être bien peu de chose pour n'avoir pas des jeux annuels célébrés sur sa tombe, ou des fêtes instituées en sa mémoire, comme on fit pour Achille, Brasidas et même Antinoüs, dont la mort fut aussi héroïque que sa vie avait été infâme.

4 Lord Byron composa cette stance à Newstead, en octobre 1811, en apprenant la mort de son ami de Cambridge, le jeune Eddlestone.

5 « La pensée et l'expression de ce passage, » dit le professeur Clarke dans une lettre adressée à Byron, « rappellent le style et la manière de Pétrarque. »

6 Le temple de Jupiter Olympien, dont il existe encore seize colonnes toutes de marbre. Il y en avait primitivement cent cinquante. Il en est qui ont prétendu qu'elles avaient appartenu au Parthénon.

7 Je ne puis résister au désir de profiter de la permission que m'a donnée mon ami le docteur Clarke, dont le nom rend tout éloge inutile, mais dont l'autorité ajoutera un grand poids à mon témoignage. Voici ce qu'il m'écrit dans une lettre obligeante, en m'autorisant à l'ajouter comme note aux vers qu'on vient de lire : — « Lorsqu'on enleva du Parthénon la dernière des métopes, les ouvriers employés par lord Elgin dans ce déplacement, laissèrent tomber une grande partie des bas-reliefs, ainsi que l'un des triglyphes; le disdar, voyant le dommage causé à l'édifice, ôta sa pipe de sa bouche, versa une larme, et d'un ton de voix suppliant, dit à Lusiéri : Τέλος! — J'étais présent. » Le disdar dont il est ici question était le père du disdar actuel. *B.*

8 Selon Zosime, Minerve et Achille éloignèrent par leur présence Alaric de l'Acropolis; mais d'autres rapportent que le roi goth fit presque autant de mal que le pair d'Écosse. Voir Chandler.

9 Pour empêcher les blocs ou les éclats de bois de tomber sur le pont du vaisseau pendant le combat.

10 L'un des délices de lord Byron, comme il le dit lui-même dans l'un de ses journaux, était, après s'être baigné dans un endroit écarté, de s'asseoir au sommet d'un roc, au bord de la mer, et de rester là des heures entières occupé à contempler le ciel et les flots. « Sa vie, » dit sir Egerton Brydges, « était comme ses vers, d'un véritable poëte. Il pouvait dormir, et dormit fréquemment, en effet, dans sa redingote de voyage, sur le pont du navire, entouré du mugissement des vents et des vagues; une croûte de pain et un verre d'eau suffisaient à sa subsistance. On me

11 Dans un homme d'imagination tel que lord Byron, qui, tout en mêlant une si grande portion de sa vie à sa poésie, mêlait aussi un peu de poésie à son existence, dit M. Moore, il est difficile, en déroulant le tissu de ses sentiments, de distinguer toujours entre le fictif et le réel. Ainsi, par exemple, ce qu'il nous dit ici de l'insensibilité de cœur avec laquelle il contempla les charmes de cette dame attrayante, est en contradiction directe avec la teneur de plusieurs de ses lettres, et entre autres de l'une de ses plus gracieuses pièces de vers, adressée à la même personne pendant un orage sur la route de Zitza.

12 Il suffit d'opposer à ce passage la déclaration qui se trouve dans l'une des lettres du poëte, en 1821 : — « Je ne suis ni un Joseph, ni un Scipion, mais j'affirme sur mon honneur que je n'ai jamais séduit aucune femme. »

13 Leucade, aujourd'hui Sainte-Maure. C'est du haut de son promontoire, le rocher de l'Amour, qu'on dit que Sapho se jeta à la mer.

14 Il suffit de nommer Actium et Trafalgar. La bataille de Lépante, aussi importante et aussi meurtrière, mais moins connue, fut livrée dans le golfe de Patras. L'auteur de *Don Quichotte* y perdit la main gauche.

15 On dit que la veille de la bataille d'Actium, Antoine avait treize rois à son lever. — « Aujourd'hui, 12 novembre, j'ai vu les restes de la ville d'Actium, près de laquelle Antoine perdit l'empire du monde, dans une petite baie où deux frégates auraient peine à manœuvrer. Dans une autre partie du golfe, on trouve les ruines de Nicopolis, bâtie par Auguste en l'honneur de sa victoire. » *B*.

16 Nicopolis, dont les ruines sont très vastes, est situé à quelque distance d'Actium. Il reste encore quelques fragments du mur de l'hippodrome. Ces ruines se composent de grands ouvrages de briques réunies entre elles par des interstices de ciment aussi larges que les briques elles-mêmes, et également durables.

17 Selon Pouqueville, c'est le lac de Janina. Mais Pouqueville est souvent en défaut.

18 Le célèbre Ali-Pacha. On trouve sur ce personnage extraordinaire des détails erronés dans Pouqueville. — « Je quittai Malte sur le brick de guerre *le Spider*, le 21 septembre, et arrivai en huit jours à Prévésa. De là je traversai l'intérieur de la province d'Albanie pour visiter le pacha à Tépalen, maison de campagne de son altesse, où je restai trois jours. Le pacha s'appelle Ali; on le regarde comme un homme d'un grand talent; il gouverne toute l'Albanie (l'ancienne Illyrie), l'Épire, et une partie de la Macédoine. *B*.

19 Au milieu des rochers, et dans le château de Souli, cinq mille Souliotes tinrent tête pendant dix-huit ans à trente mille Albanais. Le château, à la fin, fut pris par trahison. Cette lutte présenta un grand nombre d'actes dignes des beaux jours de la Grèce.

20 Le couvent et le village de Zitza sont situés à quatre heures de marche de Joannina ou Janina, capitale du pachalick. Dans la vallée coule la rivière Calamas, autrefois l'Achéron, qui, non loin de Zitza, forme une belle cataracte. Ce site est peut-être le plus beau de la Grèce ; cependant les environs de Delvinachi et certaines parties de l'Acarnanie et de l'Étolie peuvent lui disputer la palme. Delphes, le Parnasse, et dans l'Attique le cap Colonne lui-même et le port Raphti, ne sauraient lui être comparés, non plus que l'Ionie et la Troade. Je serais tenté d'y ajouter les environs de Constantinople, mais le caractère des deux sites est si différent qu'il n'y a aucune comparaison à établir entre eux. » *B.*

21 Les montagnes Chimariotes paraissent avoir été anciennement volcaniques.

22 Appelée maintenant Kalamas.

23 Manteau albanais.

24 Anciennement le mont Tomarus.

25 La rivière Laos était haute quand l'auteur la traversa ; un peu au-dessus de Tépalen, elle semble avoir à peu près la largeur de la Tamise à Westminster ; du moins ce fut là l'opinion de l'auteur et de son compagnon de voyage. Dans l'été, elle doit être beaucoup plus étroite. C'est sans contredit la plus belle rivière du Levant ; l'Achéloüs, l'Alphée, l'Achéron, le Scamandre, le Caïstre, n'en approchent ni pour la largeur, ni pour la beauté.

26 « Ali-Pacha, apprenant qu'un Anglais de distinction était arrivé dans ses États, donna ordre au commandant de Janina de mettre à ma disposition une maison, et de me fournir gratis tout ce qui me serait nécessaire. Je montai les chevaux du visir, et visitai ses palais et ceux de ses petits-fils. Je n'oublierai jamais le spectacle singulier qui frappa ma vue en entrant à Tépalen à cinq heures de l'après-midi (11 octobre), au moment du coucher du soleil. Cette vue me rappela (sauf le costume toutefois) le système féodal ainsi que la description que donne Scott du château de Branksome dans *le Lai du Dernier Ménestrel*. Les Albanais dans leur costume (le plus magnifique du monde, consistant en une longue tunique blanche, un manteau brodé d'or, veste et gilet de velours galonnés d'or, pistolets et poignard montés en argent), les Tartares avec leur haut bonnet, les Turcs avec leur ample pelisse et leur turban, les soldats et les esclaves noirs avec les chevaux, les premiers réunis en groupe dans une immense galerie donnant sur la façade du palais, les derniers placés dans une espèce de cloître au-dessous ; deux cents coursiers tout harnachés et prêts à recevoir leurs cavaliers ; des courriers entrant et sortant avec leurs dépêches ; le bruit des timbales, la voix du muezzin annonçant l'heure du haut du minaret de la mosquée ; — si l'on y ajoute l'aspect singulier de l'édifice lui-même, tout cela formait pour un étranger un spectacle neuf, délicieux. On me conduisit dans un fort bel appartement, et le secrétaire du visir vint s'informer de ma santé à la mode turque. » *B.*

²⁷ « Le 12, je fus présenté à Ali-Pacha. Le visir me reçut dans une grande pièce pavée de marbre ; il y avait au centre un jet d'eau. Il me reçut debout, compliment extraordinaire de la part d'un musulman, et me fit asseoir à sa droite. La première question qu'il m'adressa fut pourquoi, si jeune encore, j'avais quitté mon pays. Il me dit alors que le résident anglais lui avait appris que j'appartenais à une grande famille, et me pria de présenter ses respects à ma mère, ce que je fais maintenant au nom d'Ali-Pacha. Il me dit qu'il avait la certitude que j'étais d'une illustre naissance, parce que j'avais les oreilles petites, les cheveux bouclés et de petites mains blanches. Il me dit de le considérer comme un père tant que je resterais en Turquie, ajoutant qu'il me regardait comme son propre fils. Et, en effet, il me traita tout à fait comme un enfant, m'envoyant des amandes, des sorbets sucrés et des bonbons vingt fois par jour. Après le café et les pipes, je me retirai. » B.

²⁸ M. Hobhouse représente le visir comme un homme trapu, d'environ cinq pieds cinq pouces, très gras, la mine fort agréable, teint clair, visage rond, yeux bleus et vifs, fort éloignés de la gravité turque. Le docteur Holland compare la vivacité qui perçait à travers l'extérieur habituel d'Ali au feu d'un poêle brûlant avec force sous une surface unie et polie. Quand le docteur revint d'Albanie, en 1813, il apporta à lord Byron une lettre du pacha. « Elle est en latin, » dit le poëte, « et commence par *Excellentissime nec non carissime*, et se termine par la demande d'un fusil qu'il désire qu'on lui fasse faire. Il me dit que le printemps dernier il a pris une ville ennemie où, il y a quarante ans, on avait traité sa mère et ses sœurs comme miss Cunégonde fut traitée par la cavalerie bulgare. Il prend la ville, choisit tous les survivants des enfants, petits-enfants, etc., de cet exploit, formant en tout environ six cents, et les fait fusiller devant lui. Voilà pour le très cher ami. »

²⁹ Le sort d'Ali fut précisément tel que le poëte l'avait prédit. Sa tête fut envoyée à Constantinople et exposée aux portes du sérail. Comme le nom d'Ali avait fait beaucoup de bruit en Angleterre, en conséquence de ses négociations avec sir Thomas Maitland et peut-être aussi de ces stances de lord Byron, un marchand de Constantinople crut faire une excellente spéculation en achetant sa tête pour la faire exposer à Londres. Mais ce projet fut déjoué par la piété d'un vieux serviteur du pacha, qui offrit au bourreau une somme plus forte, et donna à cette dépouille de son maître une sépulture décente.

³⁰ Tambours.

³¹ Ces stances sont tirées en partie de diverses chansons albanaises, autant du moins que j'ai pu les comprendre dans le romaïque et l'italien des Albanais.

³² Nom de l'un des fils d'Ali-Pacha.

³³ Cavalier musulman.

³⁴ Porte-glaive.

³⁵ Byron dit en parlant de Constantinople : « J'ai vu les ruines d'Athènes, d'Éphèse et de Delphes ; j'ai traversé une grande portion de la Tur-

quie, plusieurs autres parties de l'Europe et quelques-unes de l'Asie, mais jamais aucune œuvre de la nature ou de l'art n'a produit sur moi autant d'impression que le tableau qu'on découvre à gauche et à droite depuis les Sept-Tours jusqu'à l'extrémité de la Corne-d'Or.

36 « *Siste, viator, heroa calcas.* » C'était l'épitaphe écrite sur la tombe du fameux comte Merci. Quels ne doivent pas être nos sentiments quand nous foulons le *tumulus* des deux cents qui tombèrent à Marathon ! Le principal monticule a été récemment ouvert par Fauvel ; cette excavation ne fit découvrir que peu de reliques, à l'exception de quelques vases, etc. On a offert de me vendre la plaine de Marathon pour la somme de 16,000 piastres, environ 900 l. st. (22,500 fr.). Hélas ! — « — *Expende quot libras in duce summo — invenies !* » Est-ce donc là tout ce que valait la cendre de Miltiade ? Vendue au poids, elle eût rapporté davantage. *B.*

37 Cette stance fut composée le 11 octobre 1811. Ce jour-là le poëte écrivait à un ami : — « Il semble que je sois destiné à éprouver dans ma jeunesse tous les malheurs de la vieillesse ; mes amis tombent de toutes parts autour de moi, et je resterai arbre solitaire avant d'avoir été flétri. Les autres hommes peuvent se réfugier dans leurs familles ; moi je n'ai de ressource que dans mes réflexions, et elles ne m'offrent dans le présent et l'avenir d'autre perspective que la satisfaction égoïste de survivre à mes amis. Je suis bien malheureux. » — « Sans doute, » dit à propos de cette stance le professeur Clarke à l'auteur des *Loisirs littéraires*, « lord Byron n'a point ressenti les douleurs poignantes que semblent indiquer ces admirables allusions à ce qu'ont éprouvé des hommes plus avancés en âge. » — « Je crains qu'il ne les ait ressenties, ces peines, » répondit Mathias ; « sans quoi il n'eût jamais écrit un pareil poëme. »

LE PÈLERINAGE DE CHILDE-HAROLD.
CHANT TROISIÈME.

« Afin que cette application vous forçât à penser à autre chose ; il n'y a, en vérité, de remède que celui-là et le temps. »
Lettre du roi de Prusse à d'Alembert, 7 sept. 1776.

I.

Tes traits ressemblent-ils à ceux de ta mère, ma belle enfant! Ada [1]! fille unique de ma maison et de mon cœur! La dernière fois que j'ai vu l'azur de tes jeunes yeux, ils m'ont souri, et alors nous nous sommes quittés, — non comme nous nous quittons maintenant, mais avec une espérance. —

. . . . Je m'éveille en tressaillant; autour de moi les vagues se gonflent; au-dessus de ma tête les vents élèvent leurs voix; je pars; où je vais, je l'ignore; mais le temps n'est plus où, à la vue des rives d'Albion fuyant devant moi, mes yeux étaient émus de douleur ou de joie [2].

II.

Une fois encore sur les flots! Oui, une fois encore! et les vagues bondissent sous moi comme un coursier qui connaît son cavalier. Salut, vagues mugissantes! Que rapide soit votre course, peu importe le but! dût le mât près de rompre trembler comme un roseau, et la voile déchirée flotter à tous les vents, il faut que j'aille, que j'aille toujours; car je suis comme l'herbe marine jetée du haut d'un roc sur l'écume de l'Océan, pour voguer partout où l'entraînera le flot, partout où la poussera le souffle de la tempête.

III.

Dans l'été de ma jeunesse, j'ai pris pour sujet de mes chants un exilé volontaire fuyant les ténèbres de son propre cœur. Je reprends cette histoire à peine commencée, et je l'emporte avec moi, comme le vent impétueux pousse devant lui le nuage; j'y retrouve la trace de mes longues pensées, de mes larmes taries dont le reflux a laissé sur son passage un sillon stérile que parcourent les années dans leur marche pesante, dernier désert de la vie, où ne croît aucune fleur.

IV.

Depuis mes jours de jeunesse et de passion, il est possible que mon cœur et ma harpe aient perdu une corde, soit pour la joie, soit pour la douleur. Il en résulte peut-être pour tous deux une dissonnance; peut-être essaierai-je en vain de chanter comme autrefois, et pourtant, quelque amer que me soit ce sujet, je m'y affectionne; — pourvu qu'il m'arrache au rêve fatigant de mes douleurs et de mes joies égoïstes, pourvu qu'il jette autour de moi l'oubli, je lui trouverai des charmes, dût-il n'en avoir que pour moi.

V.

Celui qui, dans ce monde de misères, a vieilli par ses actes et non par ses années, qui a pénétré les profondeurs de la vie, en sorte que rien ne peut l'étonner, dont le cœur est à l'épreuve des blessures profondes, silencieuses, qu'inflige le poignard acéré de l'amour, de la douleur, de la gloire, de l'ambition, de la discorde; celui-là peut dire pourquoi la pensée cherche un refuge dans les antres solitaires, mais peuplés d'images aériennes, de ces formes que rien n'altère, et qui habitent, toujours jeunes, la retraite enchantée de l'âme.

VI.

C'est pour créer, et par là vivre d'une vie plus intense, que nous donnons une forme à nos pensées, nous appropriant en la donnant cette existence que nous inventons, comme je l'éprouve en ce moment. Que suis-je? Rien; mais il n'en est pas de même de toi, âme de ma pensée! Avec toi je parcours la terre, spectateur invisible; je m'unis à ton souffle, m'associe à ton origine, et retrouve en toi une sensibilité nouvelle après que la mienne s'est éteinte.

VII.

Mais je dois penser avec plus de calme. — Je me suis trop longtemps livré à mes sombres pensées, jusqu'à ce que j'ai senti bouillonner dans mon cerveau épuisé, comme dans un gouffre, un tourbillon de visions et de flammes; c'est ainsi que, n'ayant point appris dans ma jeunesse à calmer mon propre cœur, les sources de ma vie ont été empoisonnées. Il est trop tard! et pourtant je suis changé, quoiqu'il me reste encore assez de force pour supporter ce que le temps ne peut guérir, et pour me nourrir de fruits amers sans accuser le destin.

VIII.

Mais en voilà assez sur ce sujet. — Tout cela est passé aujourd'hui : le charme a cessé, et le sceau du silence y est apposé. Harold, après sa longue absence, reparaît enfin; Harold dont le cœur voudrait ne plus rien sentir, déchiré par des blessures qui ne tuent pas, mais ne se guérissent jamais. Cependant le temps, qui change tout, avait modifié son âme et ses traits en même temps que son âge [3]; les années diminuent le feu de l'âme, non moins que la vigueur des membres, et la coupe enchantée de la vie ne mousse que sur les bords.

IX.

Il avait trop rapidement vidé la sienne, et au fond il avait trouvé une lie d'absinthe; il la remplit de nouveau en puisant à une source plus pure, sur un sol plus sain, et il la crut intarissable, mais en vain! Il continua à sentir une invisible chaîne s'appesantir sur lui; bien qu'on ne pût la voir, son contact n'en était pas moins douloureux; ses lourds anneaux ne résonnaient pas, mais son poids était pénible; c'était une souffrance sans bruit qui accompagnait partout Harold et devenait plus vive à chaque pas qu'il faisait.

X.

S'armant d'une froide réserve, il avait cru pouvoir sans danger renouer commerce avec les hommes; jugeant son caractère assez irrévocablement fixé, et comme défendu par un esprit invulnérable, s'il n'avait aucune joie à espérer, il croyait aussi n'avoir aucune douleur à redouter, et, ignoré au milieu de la foule, pouvoir y trouver un aliment à sa pensée, comme il en avait trouvé sur la terre étrangère dans les œuvres de Dieu et les merveilles de la nature.

XI.

Mais qui peut voir la rose épanouie et n'être pas tenté de la cueillir? Qui peut considérer d'un regard curieux le velouté et l'incarnat d'une belle joue et ne pas sentir que le cœur ne vieillit jamais? Qui peut contempler, sans essayer de le gravir, le mont escarpé au-dessus duquel brille, à travers les nuages, l'étoile de la gloire? Harold s'abandonna donc une fois encore au torrent, tourbillonnant avec lui, chassant le temps devant lui, mais avec un but plus noble qu'aux jours de sa belle jeunesse.

XII.

Mais il ne tarda pas à reconnaître que nul n'était moins propre que lui à se mêler au troupeau des hommes, avec lequel il n'avait presque rien de commun. Il n'avait point appris à soumettre ses pensées à celles des autres; sa jeune âme n'obéissait qu'à elle-même, et il ne pouvait consentir à céder l'empire de son intelligence à des créatures contre lesquelles elle était en révolte. Fier dans son désespoir, il se sentait en lui-même assez de vie pour vivre seul et sans communion avec le reste des hommes.

XIII.

Où s'élevaient des montagnes, là étaient pour lui des amis; où mugissait l'Océan, là était sa patrie; où s'étend un ciel bleu, où luit un chaud soleil, là il aimait à errer; le désert, la forêt, la caverne, le flot écumeux formaient sa société. Leur langage était pour lui plus intelligible que sa langue maternelle, qu'il lui arrivait souvent d'oublier pour le livre de la Nature, lu à la clarté d'un beau soir, sur la surface d'un lac limpide.

XIV.

Comme les Chaldéens, il suivait dans les cieux la marche des étoiles, et les peuplait d'êtres aussi brillants que leurs rayons; alors la terre et ses intérêts discordants, et les fragilités humaines, étaient complétement oubliés; et s'il eût pu soutenir à cette hauteur le vol de sa pensée, il eût été heureux; mais notre argile étouffe cette étincelle d'immortalité, lui enviant les clartés vers lesquelles elle aspire comme pour briser le lien qui nous retient loin de ce ciel dont le sourire nous appelle.

XV.

Mais dans les habitations de l'homme, il était inquiet, fatigué, sombre, à charge à lui-même et aux autres, semblable au faucon dont on a coupé les ailes, et qui ne peut vivre qu'au vaste sein de l'air; alors ses accès sauvages le reprenaient; il essayait de les vaincre, mais, de même que l'oiseau prisonnier heurte sa poitrine et son bec contre les barreaux de sa cage jusqu'à ce que le sang souille son plumage, de même l'ardeur de son âme captive cherchait à se faire jour à travers sa poitrine oppressée.

XVI.

Harold, exilé volontaire, recommençait son pèlerinage sans un reste d'espérance, mais avec moins de tristesse. La certitude qu'il vivait en vain, que tout était fini pour lui de ce côté de la tombe, avait donné à son désespoir je ne sais quel sourire qui, tout vague qu'il était, lui inspirait une espèce de gaieté qu'il s'abstenait de réprimer : ainsi, quand le navire est menacé du naufrage, les matelots cherchent dans l'ivresse le courage insensé de subir leur destin.

XVII.

Arrête ! — Tu foules la cendre d'un empire ! Ici sont ensevelis les débris d'un tremblement de terre. Aucune statue colossale, aucune colonne triomphale ne décorent-elles ce lieu ? Aucune ! Mais la leçon morale n'en est que plus simple et plus vraie : Que cette terre demeure ce qu'elle fut. Comme cette pluie de sang a fait croître les moissons ! Est-ce donc là tout l'avantage que tu as valu au monde, ô le premier et le dernier des champs de bataille, ô victoire créatrice de rois ?

XVIII.

Et Harold est debout au milieu de cette plaine d'ossements, le tombeau de la France, le terrible Waterloo ! Ainsi donc une heure suffit à la Fortune pour reprendre ce qu'elle a donné ; et la gloire, aussi inconstante qu'elle, passe de main en main ! Ici l'aigle prit dans les cieux son dernier et plus vigoureux essor ; mais, percé par la flèche des nations coalisées, il mordit la poussière, déchirant la plaine de ses serres sanglantes, et traînant encore après lui quelques anneaux brisés de la chaîne du monde ! Ce jour-là une vie d'ambition vit anéantir le fruit de ses travaux.

XIX.

Juste châtiment ! la Gaule peut mordre son frein et écumer dans les fers ; mais la terre en est-elle plus libre ? Les nations n'ont-elles combattu que pour vaincre *un seul homme* ? ou se sont-elles liguées pour apprendre aux rois où réside la véritable souveraineté ? Eh quoi ! verra-t-on revivre l'Esclavage, idole replâtrée d'un siècle de lumières ? Nous qui avons terrassé le lion, courberons-nous la tête devant le loup, et baissant humblement le regard, fléchirons-nous devant les trônes un genou servile ? Non, non ; *prouvez avant de louer !*

XX.

Sinon, cessez de vous enorgueillir de la chute d'un despote ! En vain les joues de la beauté ont été sillonnées de larmes brûlantes ; en vain la fleur de l'Europe est tombée foulée aux pieds d'un conquérant ; en vain des années de mort, de dépopulation, d'esclavage et de crainte ont pesé sur nous ; en vain pour briser ce joug des millions d'hommes se sont levés dans un accord unanime : ce qui donne du prix à la gloire, c'est lorsque le myrte couronne un glaive, comme celui qu'Harmodius leva sur le tyran d'Athènes.

XXI.

Il était nuit, l'air résonnait du bruit d'une fête joyeuse ; l'élite de la beauté et de la chevalerie était réunie dans la capitale de la Belgique. L'éclat des bougies éclairait de belles femmes et des hommes vaillants ; mille cœurs palpitaient de bonheur et de joie ; et aux sons d'une musique voluptueuse, des yeux humides d'amour échangeaient de tendres regards, et tout était gai comme la cloche qui sonne un mariage ; mais silence ! écoutez ! Un bruit sinistre s'entend, pareil au glas des funérailles !

XXII.

L'avez-vous entendu ? — Non ; ce n'était que le souffle du vent, ou le bruit d'un char dans la rue sonore. Continuons la danse ! Que rien n'interrompe la joie ; point de sommeil jusqu'au matin, quand la Jeunesse et le Plaisir se réunissent pour accélérer la fuite des Heures. — Mais écoutez ! — Ce son redoutable se fait entendre encore ; on dirait que les nuages lui servent d'écho ; il semble s'approcher, et, de moment en moment, devient plus distinct et plus terrible ! Aux armes ! aux armes ! C'est — c'est — c'est la canonnade qui commence à mugir !

XXIII.

Dans une des embrasures de la vaste salle était assis le chef malheureux de Brunswick ; le premier il avait, au milieu de la fête, entendu ce son fatal, et il l'avait saisi avec l'ouïe prophétique de la Mort ; en vain autour de lui régnait un sourire d'incrédulité, son cœur avait trop bien reconnu la voix du bronze redoutable qui avait étendu son père sur une bière sanglante[4], et allumé une vengeance qui ne pouvait s'éteindre que dans le sang. Il s'élança sur le champ de bataille, et tomba aux premiers rangs.

XXIV.

Et il y eut alors une étrange confusion, et des pleurs versés, et de tendres alarmes, et des joues toutes pâles qui tout à l'heure rougissaient à l'éloge de leur beauté, et des séparations soudaines qui arrachent aux jeunes cœurs tout ce qu'ils ont de vie, et des soupirs étouffants qui seront peut-être les derniers. Qui peut dire si ces yeux se reverront jamais, alors que sur une nuit si douce va se lever une si formidable aurore?

XXV.

On monte à cheval à la hâte; les escadrons se forment, l'artillerie fait rouler ses chars bruyants; tout se précipite, tout va prendre place sur le champ de bataille; le canon se fait entendre dans le lointain; dans la ville, le tambour d'alarme éveille le soldat avant qu'ait brillé l'étoile du matin, et cependant les citoyens s'assemblent, muets de terreur, et se disent tout bas, la pâleur sur les lèvres: « C'est l'ennemi! Il arrive! il arrive! »

XXVI.

L'air des Camérons fait retentir sa sauvage harmonie; c'est le chant de guerre de Lochiel qu'ont souvent entendu les collines d'Albyn, ainsi que les Saxons ses ennemis. Comme dans les ténèbres de la nuit les sons de ce Pibroch sont aigus et terribles! Mais le même souffle qui enfle la cornemuse, jette au cœur des montagnards une belliqueuse ardeur, leur rappelle la mémoire d'un passé glorieux, et fait résonner à leurs oreilles les exploits d'Évan et de Donald[5].

XXVII.

La forêt des Ardennes[6] les ombrage, en passant, de son vert feuillage, humide encore des larmes de la nuit; on dirait qu'elle pleure, si les objets inanimés sont capables de douleur, sur tant de braves qui ne reviendront pas. Hélas! ils seront foulés avant le soir, comme le gazon qui croît maintenant sous leurs pieds, mais qui les couvrira de sa prochaine verdure alors que cette ardente masse de courage vivant qui, brûlante d'espoir, précipite ses flots vers l'ennemi, pourrira étendue sur sa couche glacée.

XXVIII.

Hier, le milieu du jour les vit pleins de force et d'ardeur; le soir les trouva orgueilleusement joyeux au milieu d'un cercle de beautés; minuit apporta à leurs oreilles le signal du combat. Aujourd'hui, l'aube les a vus se ranger en bataille, et midi, déployer leurs rangs magnifiques et terribles; un nuage tonnant les enveloppe, et chaque fois que les éclairs de la foudre le déchirent, l'argile de la plaine est jonchée d'une autre argile qu'elle recouvrira demain, entassant dans une fosse sanglante cavalier et coursier, ami et ennemi, mêlés et confondus.

XXIX.

Des harpes plus sonores que la mienne ont chanté leur gloire; pourtant il est un nom que je voudrais choisir dans cette foule de morts illustres, parce que c'est celui d'un guerrier dont j'ai à me reprocher d'avoir offensé le père; ensuite parce que les liens du sang m'unissaient à lui; et puis les noms glorieux consacrent noblement les chants du poëte. Celui-là brillait entre les plus braves; au fort de la tempête, alors que les boulets de la mort tombaient plus rapides et plus multipliés, ils n'atteignirent point de cœur plus noble que le tien, jeune et vaillant Howard!

XXX.

Pour toi des cœurs ont été brisés, des larmes ont coulé: que seraient les miennes, lors même que j'en aurais à l'offrir? Mais quand je fus sous l'arbre verdoyant qui, plein de vie, se balance sur le lieu où tu as cessé de vivre; quand je vis autour de moi la vaste campagne couverte de fruits et d'espérances de fertilité, et le Printemps, reprenant son œuvre de joie, rapporter sur ses ailes ses oiseaux exilés, je détournai les regards de tout ce qu'il ramenait vers ceux qu'il ne pouvait pas ramener.

XXXI.

Je les reportai vers toi et vers des milliers d'autres, dont la perte a laissé une lacune douloureuse dans des cœurs pour qui l'oubli serait un bienfait du ciel. La trompette de l'archange, et non celle de la gloire, réveillera seule ceux que pleure leur tendresse. Le doux bruit de la gloire peut charmer un moment la fièvre des vains regrets, mais ne saurait l'éteindre; et le nom ainsi honoré ne fait qu'acquérir à nos pleurs des droits plus sacrés et plus douloureux.

XXXII.

On pleure, mais on finit par mêler un sourire à ses larmes. L'arbre se flétrit longtemps avant que de tomber; le vaisseau dérive après avoir perdu ses mâts et ses voiles; la poutre s'affaisse et pourrit dans sa longue vieillesse; le mur en ruine s'élève encore debout à côté de ses créneaux écroulés; les barreaux survivent aux captifs qu'ils emprisonnaient; il fait encore jour malgré la nue orageuse qui cache le soleil : de même le cœur se brise, mais tout brisé qu'il est, il continue à vivre.

XXXIII.

Comme un miroir brisé qui se multiplie dans chacun de ses fragments, et reproduit mille et mille fois la même image, ainsi fait le cœur qui se souvient; existence pulvérisée, silencieuse, froide; point de sang dans les veines, des douleurs sans sommeil; on arrive enfin à la vieillesse sans aucun signe visible de souffrances, car ces choses ne se disent pas.

XXXIV.

Il y a de la vie dans notre désespoir, vitalité de poison, racine vivace qui nourrit les branches mortes; car ce ne serait rien que de mourir; mais la vie féconde la douleur et son fruit détesté, semblable à ces pommes des bords de la mer Morte, qui ne laissent que des cendres dans la bouche de celui qui les goûte [7]. Si l'homme supputait les années de son existence par ses jours de jouissances, en compterait-il soixante?

XXXV.

Le Psalmiste a fait le compte des années de l'homme. Elles sont suffisamment nombreuses; elles le sont même trop, si nous devons t'en croire, toi qui lui as même envié cette durée fugitive, ô fatal Waterloo! Ton nom est dans des milliers de bouches; nos enfants le répéteront et diront: « C'est ici que les nations réunies tirèrent le glaive! C'est dans cette journée que nos compatriotes combattirent! » Et de ce grand événement, c'est là tout ce qui survivra.

XXXVI.

Là tomba des hommes le plus grand, et non le pire, esprit formé de contrastes, s'appliquant avec une égale persévérance, un moment aux plus grandes conceptions, et l'instant d'après aux plus petits objets; extrême en toute chose! Si tu avais su te tenir dans une ligne plus égale, tu n'aurais jamais régné, ou tu régnerais encore; car l'audace fit ton élévation comme ta chute; et même en ce moment tu voudrais reprendre ton rôle impérial, et, Jupiter tonnant, ébranler de nouveau le monde.

XXXVII.

Vainqueur de la terre, te voilà son captif! Tu la fais trembler encore, et ton nom redouté ne fut jamais plus présent à la pensée du genre humain que maintenant que tu n'es rien, rien que le jouet de la Renommée. Elle fut autrefois ta vassale, te courtisa, flatta ton farouche génie, te fit un dieu à tes propres yeux ainsi qu'aux yeux des nations étonnées, qui, dans leur stupeur, te crurent longtemps ce que tu voulais être pour elles.

XXXVIII.

Oh! plus ou moins qu'un homme, — ou plus haut ou plus bas, livrant bataille aux nations, et désertant le champ du carnage; tantôt prenant la tête des rois pour marchepied, tantôt plus prompt à fléchir que le dernier de tes soldats, tu pouvais régner, abattre ou relever un empire, et tu ne pouvais pas gouverner la moindre de tes passions; habile à sonder l'esprit des autres, tu ne savais pas voir dans le tien, ni réprimer ta convoitise de guerre, et tu ignorais que, lorsqu'on ose tenter le Destin, il abandonne la plus haute étoile.

XXXIX.

Et cependant ton âme a supporté les revers avec cette philosophie naturelle et innée qui, fruit de la sagesse, de l'indifférence ou de l'orgueil, est une absinthe amère au cœur d'un ennemi. Quand la haine, accourant en foule, venait insulter à ta chute, toi, tu te pris à sourire; ton œil resta calme et serein. Enfant gâté de la Fortune, abandonné par ta mère, tu n'as pas courbé le front sous le poids du malheur.

XL.

Plus sage qu'aux jours de tes prospérités, car alors l'ambition te fit porter trop loin ton juste mépris des hommes et de leurs pensées; ce dédain, il était sage de l'avoir, mais il ne l'était pas de le porter sans cesse sur tes lèvres et sur ton front; il ne l'était pas d'humilier les instruments dont tu étais obligé de te servir, et qui se sont enfin tournés contre toi pour te renverser. Qu'on le perde ou qu'on le gagne, c'est un triste enjeu que ce monde; tu l'as éprouvé, comme tous ceux qui ont choisi la même destinée.

XLI.

Si, comme une tour bâtie au sommet d'un roc escarpé, tu avais été destiné à régner ou à tomber seul, ce mépris des hommes eût pu t'aider à résister au choc; mais les pensées des hommes servaient de degrés à ton trône; leur admiration était ton arme la plus puissante; ton rôle était celui du fils de Philippe, et, à moins d'abdiquer la pourpre, il ne t'appartenait pas de faire le Diogène et de railler l'humanité. Pour des cyniques couronnés, la terre est un tonneau trop vaste [8].

XLII.

Mais pour les âmes actives, le repos c'est l'enfer; et ce fut là ce qui causa ta perte. Il est un feu de l'âme qui ne peut se restreindre à ses étroites limites, mais aspire sans cesse à franchir le seuil de la modération : une fois allumé, il ne peut plus s'éteindre; il lui faut d'aventureuses destinées; il ne se lasse que du repos; fièvre intérieure fatale à tous ceux qu'elle dévore.

XLIII

C'est lui qui crée les insensés qui ont embrasé les hommes de leur folie contagieuse, conquérants et rois, fondateurs de sectes et de systèmes; il faut y ajouter les sophistes, les poëtes, les hommes d'état : êtres inquiets, ils font vibrer trop fortement les cordes secrètes de l'âme, et sont eux-mêmes les dupes de ceux qu'ils abusent. Le monde les envie : combien c'est à tort! quels aiguillons les transpercent! Le cœur de l'un d'eux, mis à nu, enseignerait le mépris de la gloire et de la puissance.

XLIV.

L'agitation est leur élément; leur vie est un orage qui les emporte pour les laisser retomber ensuite; et néanmoins, nourris dans ces luttes, ils s'y attachent tellement, que, s'il leur advient de survivre aux périls passés et de jouir d'un crépuscule tranquille, ils se sentent saisis d'ennui et de tristesse; et c'est ainsi qu'ils meurent : semblables à une flamme sans aliment, qui vacille et s'éteint, ou à un glaive oisif qui se corrode lui-même et se rouille sans gloire.

XLV.

Celui qui gravit la cime des montagnes reconnaît que ce sont les pics les plus élevés qu'enveloppent le plus la neige et les nuages. Celui qui s'élève au-dessus des autres hommes par le talent ou la puissance doit s'attendre à la haine de la foule qu'il domine. Bien loin *au-dessus* de lui brille le soleil de la Gloire; bien loin *au-dessous* s'étendent la terre et l'Océan; mais autour de lui sont des rochers de glace; des tempêtes déchaînées assiégent de toutes parts sa tête nue, et voilà la récompense des fatigues qui l'ont conduit si haut.

XLVI.

Loin de moi tout cela! le monde de la vraie Sagesse est dans ses propres créations, ou dans les tiennes, ô Nature, notre commune mère! Que peut-on comparer au tableau que tu étales sur les rives de ton Rhin majestueux? Là les yeux d'Harold se promènent sur des œuvres divines, assemblage de toutes les beautés : ondes, vallées, fruits, feuillage, rochers, bois, moissons, montagnes, pampres, et castels solitaires qui semblent dire tristement adieu du haut de leurs créneaux grisâtres où la Ruine habite au sein de la verdure.

XLVII.

Ils sont là debout, comme un esprit altier miné par le malheur, mais qui dédaigne d'abaisser sa fierté devant la foule qu'il méprise ; ils n'ont d'habitants que les vents qui circulent dans leurs crevasses, et les nuages forment seuls leur société sombre. Il fut un temps où ils étaient pleins de jeunesse et de fierté ; des bannières flottaient sur leur tête ; des batailles se livraient à leurs pieds ; mais les combattants sont dans leur sanglant linceul ; les bannières en lambeaux ne sont plus que poussière, et les créneaux vieillis ne soutiendront plus de siéges.

XLVIII.

Sous ces créneaux, dans l'enceinte de ces murailles, habitaient le Pouvoir et les Passions qui l'accompagnent ; des chefs de brigands y tenaient leurs cours de guerriers, et faisaient tout courber devant leur audace, aussi fiers que des héros plus puissants et de plus longue date. Que manquait-il à ces bandits hors la loi, pour en faire des conquérants ? des historiens gagés qui les eussent appelés grands, un théâtre plus vaste, des trophées sur leurs tombes. Ils étaient tout aussi braves et non moins ambitieux.

XLIX.

Dans leurs luttes féodales et leur étroits champs de batailles, que d'actes de prouesse sont restés dans l'oubli ! L'amour, qui prêta ses armoiries à leurs écussons, et leur inspira maint emblème d'une tendre fierté, l'amour se faisait jour jusqu'à ces cœurs d'airain à travers leurs cottes de mailles ; mais c'étaient des flammes farouches, sources de combats et de destruction ; et plus d'une tour, ensanglantée pour quelque beauté fatale, a vu à ses pieds rougir les flots du Rhin.

L.

Mais toi, fleuve puissant et orgueilleux, tes vagues bénies fertilisent tout ce qu'elles arrosent, et tes rives brilleraient d'une éternelle beauté si l'homme respectait ton ouvrage, et si les belles promesses n'étaient pas moissonnées par la faux tranchante des batailles : c'est alors que la vallée aux douces ondes offrirait sur la terre une image du ciel; et maintenant même encore, que manque-t-il à tes flots pour me paraître tels? — la vertu du Léthé.

LI.

Mille batailles ont assailli tes rives; mais l'oubli a couvert la moitié de leur gloire. Le carnage y a entassé des monceaux de cadavres sanglants : que sont devenus ces guerriers? Leurs tombeaux mêmes ont disparu. Le sang d'hier, la vague d'aujourd'hui l'a effacé, et il n'en est plus resté de trace, et dans ton onde limpide le soleil a réfléchi ses rayons d'or; mais quand tu réunirais tous les flots, ils ne pourraient effacer de ma mémoire les rêves douloureux qui l'assombrissent.

LII.

Ainsi pensait Harold, et il continuait sa marche. Toutefois son âme ne restait point insensible au charme qui éveillait le chant matinal et joyeux des oiseaux dans ces vallons où l'exil lui-même eût semblé doux. Bien que les soucis austères eussent sillonné son front, et qu'une calme insensibilité y eût succédé à des sentiments d'une nature plus ardente, mais moins sévère, la joie n'était pas toujours bannie de ses traits; mais au milieu de tels tableaux, un rayon passager venait éclairer son visage.

LIII.

Toute affection n'était pas non plus éteinte dans son cœur, bien que ses passions brûlantes se fussent d'elles-mêmes consumées. C'est en vain que nous voudrions regarder froidement ceux qui nous sourient; le cœur dégoûté des amitiés terrestres n'en bat pas moins affectueusement sous une main amie : c'est ce qu'éprouvait Harold; car il y avait un cœur où vivait son souvenir, un cœur qui répondait au sien et sur lequel il pouvait s'appuyer avec confiance; et dans ses heures d'attendrissement, c'est là qu'il aimait à reporter sa pensée.

LIV.

Et il avait appris à aimer, — je ne sais pourquoi, dans un homme tel que lui, cela me paraît étrange, — à aimer l'aspect innocent de l'enfance, même au berceau. Ce qui avait pu modifier ainsi un esprit si profondément imprégné du mépris des hommes, c'est ce qu'il importe peu de savoir; mais cela était ainsi. La solitude n'est pas favorable aux passions éteintes; pourtant celle-ci avait survécu dans son cœur à la ruine de toutes les autres.

LV.

Ainsi que nous l'avons dit, il y avait un cœur aimant uni au sien par des liens plus forts que ceux qu'un prêtre a consacrés. Libre du joug de l'hymen, cet amour était pur et sincère; il avait résisté à des inimitiés mortelles; et des périls redoutables, surtout aux yeux d'une femme, l'avaient cimenté. Il était resté ferme, et un tel cœur méritait bien ce chant de regret qu'Harold exhala vers son amie absente :

1

Voyez là haut, sur la montagne,
Le Drakenfels et ses créneaux [9] !
A ses pieds, baignant la campagne,
Coule le Rhin aux vastes eaux.
D'opulentes cités rayonnent
Sur ses rives qu'au loin couronnent
Pampres, moissons, double trésor ;
Tout charme ici l'âme ravie ;
Mais près de toi, ma douce amie,
J'en jouirais bien mieux encor !

2

Voilà que des beautés charmantes,
Anges de ce nouvel Eden,
Viennent, fraîches et souriantes,
M'offrir les fleurs de leur jardin.
Ici plus d'une tour antique
Lève sa tête fantastique,
Et plus d'un rocher sourcilleux
Recourbe sa voûte élancée ;
Mais ta main dans ma main pressée
Manque au charme de ces beaux lieux.

3

Ces lis qu'aujourd'hui je t'adresse,
Demain les verra se flétrir ;

Que ce gage de ma tendresse
Me rappelle à ton souvenir.
En voyant leur tête affaissée,
Vers moi volera ta pensée ;
Leur aspect te fera du bien ;
Et tu diras : « Fleurs fugitives,
Au bord du Rhin croissaient vos tiges,
Et son cœur les offrit au mien ! »

4.

Le noble fleuve écume et coule,
Charme de ces lieux enchantés ;
Et son cours sinueux déroule
Toujours de nouvelles beautés.
Dans cette retraite fleurie
Qui ne voudrait passer sa vie ?
Sur ces bords quel doux avenir
Sourirait à ma destinée,
Si ta présence fortunée
Venait encor les embellir !

LVI.

Près de Coblentz, sur un terrain qui s'élève en pente douce, est une pyramide petite et simple qui couronne le sommet de la colline verdoyante. Sa base recouvre les cendres d'un héros, notre ennemi ; mais que cela ne nous empêche pas d'honorer la mémoire de Marceau. Sur sa jeune tombe, plus d'un soldat farouche versa de grosses larmes en déplorant ce trépas qu'il enviait ; car celui-là est mort pour la France, il est tombé en combattant pour reconquérir ses droits.

LVII.

Elle fut courte, vaillante et glorieuse sa jeune carrière. Deux armées le pleurèrent : ses amis et ses ennemis prirent le deuil. L'étranger arrêté dans ce lieu doit prier pour le glorieux repos de son âme intrépide ; car il fut le champion de la Liberté, et du petit nombre de ceux qui n'ont pas dépassé la mission de rigueur qu'elle impose à ceux qui portent son glaive ; il conserva la pureté de son âme, et c'est pourquoi les hommes l'ont pleuré[10].

LVIII.

Voilà Ehrenbreitstein [11] avec ses remparts écroulés, noirs encore de l'éruption de la mine ; du haut de sa colline, elle montre encore ce qu'elle était alors que les bombes et les boulets rebondissaient autour d'elle sans l'entamer; tour de victoire d'où l'œil suivait dans la plaine la fuite de l'ennemi vaincu. Mais ce que la guerre n'avait pu faire, la paix l'a consommé: elle a ouvert aux pluies d'été ces voûtes superbes qui pendant des siècles avaient bravé une pluie d'airain.

LIX.

Adieu, Rhin! adieu, beau fleuve! Avec quelle peine l'étranger ravi s'arrache de tes bords! Ce séjour convient également et à deux âmes unies et à la contemplation solitaire; et si les vautours du remords pouvaient cesser de s'acharner sur le cœur devenu leur proie, ce serait ici, où la Nature, ni trop sombre, ni trop gaie, sauvage sans rudesse, imposante, mais non sévère, est à la terre féconde ce que l'automne est à l'année.

LX.

Adieu encore! mais c'est en vain: on ne peut dire adieu à un semblable séjour! L'esprit se colore de tes teintes, et les yeux se détachent de toi avec peine, ô fleuve enchanteur, te jetant un dernier regard d'amour. Il est peut-être des contrées plus puissantes et plus brillantes; mais nul ne réunit comme toi, dans une ravissante variété, l'éclat, la beauté, la douceur et les glorieux souvenirs;

LXI.

La simplicité unie à la grandeur, une végétation luxuriante, indice d'une prochaine fécondité, les cités aux blanches murailles, le fleuve majestueux, le précipice sombre, la forêt verdoyante, les châteaux gothiques semés çà et là, les rocs sauvages taillés ainsi que des tourelles, comme pour imiter en les surpassant les ouvrages de l'homme; et, au milieu de ce tableau, une population au visage riant comme la Nature qui l'environne, et dont les bienfaits répandus sur tous semblent jaillir de tes rives, à côté des empires écroulés.

LXII.

Mais tout cela est déjà loin de moi. Au-dessus de ma tête s'élèvent les Alpes, palais de la nature, dont les vastes murs cachent dans les nuages leurs têtes neigeuses; là trône l'Éternité sous des lambris de glace, séjour sublime et froid où se forme l'avalanche, cette foudre de neige. Tout ce qui agrandit l'âme et l'effraie tout ensemble est réuni autour de ces sommets, comme si la Terre voulait montrer qu'elle peut s'approcher du ciel et laisser en bas l'homme superbe.

LXIII.

Mais avant d'oser mesurer ces hauteurs sans égales, il est un lieu qui mérite notre attention : c'est Morat, le noble et patriotique champ de bataille! Là l'homme peut contempler les horribles trophées du carnage, sans avoir à rougir pour ceux qui ont vaincu dans cette plaine. Ici la Bourgogne laissa une armée sans sépulture, monceau d'ossements qui vivront d'âge en âge, se servant à eux-mêmes de monument ; les ombres de ces guerriers, privés des honneurs de la tombe, errent sur les bords du Styx, qu'elles font retentir de leurs gémissements [12].

LXIV.

De même que Waterloo rivalisera avec la sanglante défaite de Cannes, Morat et Marathon verront réunir leurs noms jumeaux ; victoires sans tache, avouées par la véritable Gloire, remportées par des cœurs et des bras sans ambition, par une vaillante légion de citoyens et de frères, et non par des soldats mercenaires, esclaves de la Corruption, vendant leurs épées au service des princes ; ceux-là n'obligèrent aucun peuple à gémir sur ces lois blasphématoires et draconiennes qui proclament le droit divin des rois.

LXV.

Près d'un humble mur, une colonne plus modeste encore s'élève, grisâtre, antique, et usée par la douleur ; c'est le dernier vestige du naufrage des ans. On croirait voir l'attitude égarée d'une personne que l'étonnement a pétrifiée, mais qui a conservé encore l'usage de ses sens : elle est là, debout, qui résiste à l'outrage des ans, tandis qu'Aventicum [13], l'orgueil d'une civilisation contemporaine, est abattue, et jonche de ses débris les campagnes où jadis elle régnait.

LXVI.

C'est ici que Julia, — oh! béni soit ce doux nom! — c'est

ici que, victime de la religion et de l'amour filial, Julia donna sa jeunesse au ciel; son cœur, cédant à l'affection la plus sacrée après celle du ciel, son cœur se brisa sur la tombe d'un père. Les larmes ne peuvent rien sur la Justice; les siennes demandaient la conservation d'une vie dans laquelle elle-même vivait; mais le juge fut juste, et alors elle mourut sur le cadavre de celui qu'elle n'avait pu sauver. Une tombe simple et sans sculptures les réunit tous deux, et renferma dans la même urne une volonté, un cœur, une poussière [14].

LXVII.

Ce sont là des actes dont la mémoire ne devrait pas périr, des noms qui ne devraient pas s'éteindre dans l'oubli qui dévore justement les empires, les enchaîneurs et les enchaînés, leur naissance et leur mort; la haute et colossale majesté de la Vertu devrait survivre et survivra à ses malheurs, rayonnant dans son immortalité à la face du soleil, comme cette neige des Alpes [15] dont l'éternelle blancheur efface par son éclat tout ce qui est au-dessous d'elle.

LXVIII.

J'aime le lac Léman et sa nappe de cristal [16], miroir où les étoiles et les montagnes voient reproduire leur image tranquille dans la profondeur de cette eau limpide qui reflète les formes et les couleurs. Il y a trop de l'homme ici pour contempler comme je le voudrais ces grands spectacles; mais bientôt la solitude réveillera en moi des pensées cachées, mais non moins chères qu'autrefois, alors que je ne m'étais pas encore mêlé aux hommes et ne faisais point partie de leur bercail.

LXIX.

Fuir les hommes, ce n'est pas les haïr; tout mortel n'est pas propre à partager leur activité et leurs travaux. Il n'y a point de misanthropie à retenir l'âme au fond de sa source, de peur que son ébullition ne la consume dans la foule brûlante où nous devenons les victimes de notre corruption, pour nous repentir trop tard et longtemps, et user nos forces dans une lutte déplorable, rendant le mal pour le mal, livrés à des contentions sans nombre où tous les efforts ne sont que faiblesse.

LXX.

Là nous pouvons en un moment nous préparer de longues années de funestes repentirs, et, frappant notre âme de stérilité, changer tout notre sang en larmes et teindre notre avenir des couleurs de la nuit. A ceux qui marchent dans les ténèbres, la course de la vie devient une fuite désespérée. Sur mer, les plus hardis ne tournent leur voile que vers le port qui les attend; mais il est des navigateurs égarés sur les flots de l'Éternité, dont le navire avance toujours, toujours, sans jamais jeter l'ancre nulle part.

LXXI.

Dès lors ne vaut-il pas mieux être seul et aimer la terre pour elle-même, auprès des flots d'azur du Rhône rapide [17], ou du paisible sein de son lac maternel, qui le nourrit comme une mère qui, trop indulgente pour son unique enfant, apaise ses cris par ses baisers? ne vaut-il pas mieux ainsi couler ses jours que d'aller, oppresseur ou victime, se mêler à la foule tumultueuse!

LXXII.

Je ne vis point en moi, mais je m'identifie avec ce qui m'entoure; il y a du sentiment pour moi dans les hautes montagnes, mais le tumulte des villes m'est un supplice. Je ne vois rien de haïssable dans la nature, sinon la nécessité de former malgré moi l'un des anneaux d'une chaîne charnelle, classé parmi les créatures, tandis que l'âme peut prendre son vol et s'incorporer d'une manière réelle au firmament, à la montagne, à la plaine ondoyante de l'Océan, ou au cortége des étoiles.

LXXIII.

Voilà ce qui m'absorbe, voilà quelle est ma vie; je considère le désert peuplé que j'ai laissé derrière moi comme un lieu d'agonie et de tourments, un exil de douleur, où, pour quelques péchés, j'avais été condamné à agir et à souffrir; je remonte enfin et prends un nouvel essor; je sens que mes ailes, jeunes encore, mais déjà vigoureuses, sont capables de lutter contre les vents qu'elles doivent fendre, méprisant les liens d'argile qui retiennent notre être captif.

LXXIV.

Et lorsqu'enfin l'esprit sera affranchi de tout ce qu'il abhorre sous cette enveloppe dégradée, dépouillé de sa vie charnelle, sauf cette portion plus heureuse qui revivra dans les mouches et les vers; — lorsque les éléments se réuniront aux éléments semblables, et que la poussière ne sera plus que poussière, ne verrai-je pas alors d'une manière plus intime tout ce qui aujourd'hui éblouit ma vue, la pensée incorporelle, le Génie de chaque lieu, dont maintenant même je partage quelquefois les immortels attributs?

LXXV.

Les montagnes, les flots, le firmament, ces choses ne font-elles pas partie de moi et de mon âme, comme moi d'elles? Mon cœur ne les aime-t-il pas d'une passion pure et profonde? Ne mépriserais-je pas tout autre objet comparé à ceux-là? N'endurerais-je pas mille tourments plutôt que d'échanger de tels sentiments contre la dure et mondaine indifférence de ces hommes dont les regards sont attachés à la terre et dont la pensée redoute le grand jour?

LXXVI.

Mais je me suis écarté de mon sujet; je me hâte d'y revenir. Que maintenant ceux qui se plaisent à rêver sur un tombeau, contemplent avec moi la poussière d'un homme qui fut jadis tout de flamme, né dans le pays dont je respire un moment l'air pur, hôte passager de la terre qui lui donna le jour. Il eut la folie d'ambitionner la gloire, et sacrifia son repos à la conquête et à la conservation de cette idole.

LXXVII.

C'est ici que Rousseau commença une vie de malheurs, Rousseau, sophiste sauvage, auteur de ses propres tourments, apôtre de l'affection, qui revêtit la passion d'un charme magique, et puisa dans ses douleurs une irrésistible éloquence; il sut embellir jusqu'à la folie, et répandit sur des actes et des pensées coupables un céleste coloris; ses paroles éblouissaient comme les rayons du soleil, et arrachaient des larmes d'attendrissement.

LXXVIII.

Son amour était l'essence de la passion : comme l'arbre embrasé par la foudre, qui, après avoir brûlé d'une flamme céleste, reste flétri et consumé ; ainsi fut son amour. Mais ce n'était pas l'amour des femmes vivantes, ni des morts qu'évoquent nos songes ; c'était l'amour d'une beauté idéale ; ce sentiment était devenu sa vie ; il déborde dans ses pages brûlantes, quelque insensé qu'il puisse paraître.

LXXIX.

Ce sentiment anima Julie de son souffle et la revêtit d'un charme romanesque et doux. Il sanctifia ce mémorable baiser [18] que déposait chaque matin sur sa lèvre tremblante celle qui ne répondait à son amour que par l'amitié ; mais à ce doux contact, une flamme dévorante allait embraser son cerveau et son cœur, et tout son être était absorbé dans une ineffable jouissance que ne donne point aux amants vulgaires la possession de l'objet aimé.

LXXX.

Sa vie fut une longue guerre contre des ennemis que lui-même s'était créés, ou des amis que lui-même avait repoussés ; car son âme était devenue le sanctuaire de la défiance. Ceux qui l'aimaient étaient les victimes que choisissait de préférence son étrange et aveugle fureur. Mais il était en démence. Pourquoi ? nul ne peut le dire ; la cause en était peut-être impénétrable. Sa frénésie, qu'elle fût l'ouvrage de la maladie ou du malheur, était arrivée à ce point funeste où le délire revêt les apparences de la raison.

LXXXI.

Car alors il était inspiré, et de lui, comme jadis de l'antre mystérieux de la pythonisse, partaient ces oracles qui mirent le monde en flammes, et ne cessèrent de brûler que lorsque des empires eurent cessé d'exister. La France s'en souvient, la France, abattue aux pieds d'une tyrannie consacrée par les siècles, tremblante sous le joug qui pesait sur elle, jusqu'au jour où, à sa voix et à la voix de ses élèves, elle se leva tout à coup et passa d'un excès de servilité pusillanime à un excès de colère.

LXXXII.

Ils s'élevèrent un effroyable monument des débris des vieilles opinions, des abus dont la naissance était contemporaine de celle du monde; ils déchirèrent le voile, et exposèrent aux regards du monde entier les secrets qu'il cachait. Mais ils détruisirent le bien en même temps que le mal, et ne laissèrent que des ruines, avec lesquelles on a rebâti sur les mêmes fondements; ainsi, à la voix de l'Ambition, cachots et trônes se relevèrent et furent simultanément occupés.

LXXXIII.

Mais cela ne saurait durer, ni longtemps se souffrir! Le genre humain a compris sa force et l'a fait comprendre. Les peuples auraient pu mieux en user. Enivrés de leur nouvelle puissance, ils en ont fait les uns contre les autres un terrible essai; ils ont étouffé la douce voix de la pitié. Mais élevés dans l'antre ténébreux de l'Oppression, ils n'avaient point, comme des aiglons, grandi à la face du jour : comment donc s'étonner qu'ils se soient mépris quelquefois sur le choix de leur proie?

LXXXIV.

Quelles blessures profondes se ferment sans cicatrices? Le cœur est le plus longtemps à saigner; sa guérison laisse des traces qui le défigurent. Trompés dans leurs espérances, les vaincus se taisent, mais ce silence n'est pas la soumission : l'implacable Ressentiment retient son souffle dans sa tanière jusqu'à l'heure qui doit lui payer des années d'attente. Nul ne doit désespérer : il est venu, il vient et viendra encore, le pouvoir de punir ou de pardonner; nous serons plus lents à exercer le premier.

LXXXV.

Limpide et pacifique Léman! ton lac tranquille, qui contraste avec le monde orageux où j'ai vécu, m'avertit par son silence d'échanger les eaux troublées de la terre contre un cristal plus pur. Cette barque paisible est comme une aile silencieuse sur laquelle je vais fuir le désespoir. Il fut un temps où j'aimais les mugissements de la mer agitée; mais ton suave murmure est doux à mon oreille comme la voix d'une sœur qui me reprocherait mes sombres plaisirs.

LXXXVI.

Voici venir la nuit silencieuse; depuis tes bords jusqu'aux montagnes, le crépuscule jette le voile de ses molles ombres; pourtant tous les objets se détachent encore distinctement à l'horizon, à l'exception du sombre Jura, dont on découvre à peine les flancs escarpés; en approchant du rivage, on aspire le vivant parfum qui s'exhale des fleurs à peine écloses; l'oreille attentive suit le bruit léger de la rame, ou écoute les derniers chants du grillon.

LXXXVII.

Il aime à s'égayer le soir, fait de sa vie une enfance et la passe à chanter; par intervalle un oiseau fait entendre un moment sa voix dans les buissons, puis il se tait. Je ne sais quel murmure semble flotter sur la colline; mais ce n'est qu'une illusion; car les rosées de la nuit brillante distillent silencieusement leurs larmes d'amour, qu'elles s'épuisent à pleurer, jusqu'à ce qu'elles aient imprégné le sein de la nature de l'essence où elle puise ses couleurs.

LXXXVIII.

Étoiles! poésies du ciel! si nous cherchons à lire dans vos pages étincelantes la destinée des hommes et des empires, nous sommes pardonnables, alors que dans notre désir de grandeur nous osons franchir notre sphère mortelle, et aspirer à nous unir à vous; car vous êtes une beauté et un mystère, et vous nous inspirez de loin tant d'amour et de respect, que nous avons donné une étoile pour emblème à la fortune, à la gloire, à la puissance, à la vie.

LXXXIX.

Le ciel et la terre se taisent. Ils ne dorment pas, mais ils retiennent leur haleine comme nous faisons dans un moment d'émotion vive; ils sont muets, comme nous quand une pensée nous préoccupe profondément. Le ciel et la terre se taisent : du cortége lointain des étoiles jusqu'au lac assoupi et à la rive montagneuse, tout est concentré dans une vie intense, où il n'est pas un rayon, pas un souffle, pas une feuille qui n'ait sa part d'existence et ne sente la présence de l'Être créateur et conservateur de toute chose.

XC.

Alors s'éveille ce sentiment de l'infini que nous éprouvons dans la solitude, là où nous sommes *le moins* seuls ; c'est la Vérité qui s'infuse dans notre être et le purifie du moi personnel ; c'est une vibration, âme et source de la musique, qui nous initie à l'éternelle harmonie, répand autour de nous un charme pareil à la ceinture fabuleuse de Cythérée, unissant toutes choses dans les liens de la beauté, et qui désarmerait jusqu'au spectre de la Mort, si sa fatale puissance était matérielle.

XCI.

Ils eurent raison, les anciens Persans, de lui donner pour autels les hauts lieux et le sommet des monts sourcilleux, et de ne point emprisonner dans des murailles le culte de l'Esprit qui n'est honoré qu'imparfaitement dans des sanctuaires élevés par la main des hommes. Venez donc comparer vos colonnes, vos temples grecs ou gothiques, destinés à abriter des idoles, avec l'air et la terre, ces temples de la nature, et gardez-vous de circonscrire la prière dans une étroite enceinte.

XCII.

L'aspect du ciel est changé ! — Et quel changement ! O nuit, orages, ténèbres ! vous êtes admirablement forts, et néanmoins attrayants dans votre force, comme l'éclat d'un œil noir dans la femme. Au loin, de roc en roc et d'écho en écho, bondit le tonnerre animé ! Ce n'est plus d'un seul nuage que partent les détonations ; mais chaque montagne a trouvé une voix ; et, à travers son linceul de vapeurs, le Jura répond aux Alpes joyeuses qui l'appellent.

XCIII.

Et la nuit règne ; — nuit glorieuse ! tu n'as pas été faite pour le sommeil ! Laisse-moi partager tes sauvages et ineffables délices, et m'identifier à la tempête et à toi[19]. Le lac étincelle comme une mer phosphorique, et la pluie ruisselle à grands flots sur la terre ! Pendant quelque temps tout redevient ténèbres; puis les montagnes font retentir les éclats de leur bruyante allégresse, comme si elles se réjouissaient de la naissance d'un jeune Tremblement de terre.

XCIV.

Il est un endroit où le Rhône rapide s'ouvre un passage entre deux rochers semblables à deux amants que le ressentiment a séparés : bien que leur cœur soit brisé par cette séparation, ils ne peuvent plus se réunir, tant est profond l'abîme ouvert entre eux ! Et cependant, lorsque leurs âmes se sont ainsi mutuellement blessées, l'amour était au fond de la fureur cruelle et tendre qui est venue flétrir leur vie dans sa fleur; puis ils se sont quittés : l'amour lui-même s'est éteint, ne leur laissant plus que des hivers à vivre et des combats intérieurs à se livrer.

XCV.

C'est là, c'est à l'endroit où le Rhône se fraie une issue, que les ouragans les plus furieux se sont donné rendez-vous. Ils sont plusieurs qui ont pris ce lieu pour théâtre de leurs ébats; ils se lancent de main en main des tonnerres qui flamboient et éclatent au loin; le plus brillant de tous a dardé ses éclairs entre ces rocs séparés, comme s'il comprenait que là où les ravages de la destruction ont fait un tel vide, la foudre dévorante ne doit rien laisser debout.

XCVI.

Cieux, montagnes, fleuves, vents, lacs, éclairs ! seul avec la nuit, les nuages, le tonnerre, et une âme capable de vous comprendre, vous méritiez bien que je veillasse pour vous contempler. Le roulement lointain de vos voix expirantes est l'écho de ce qui ne dort jamais en moi, — si toutefois je dors. Mais où allez-vous, ô tempêtes ? Êtes-vous comme celles qui grondent dans le cœur de l'homme ? ou bien, semblables aux aigles, y a-t-il là-haut un nid qui vous attende ?

XCVII.

Oh ! si je pouvais maintenant produire en dehors ce qu'il y a en moi de plus intime, et lui donner une forme ! — si je pouvais trouver une expression à mes pensées, et jeter ainsi âme, cœur, esprit, passions, sentiments faibles ou forts, tout ce que je voudrais avoir recherché, tout ce que je recherche, souffre, connais, éprouve, sans en mourir : — si je pouvais jeter tout cela dans un mot unique, et que ce mot fût une foudre, je parlerais ; mais cela n'étant pas, je vis et meurs avec mon secret, et je refoule ma pensée silencieuse comme l'épée dans le fourreau.

XCVIII.

L'Aurore a reparu, avec sa rosée matinale, son haleine embaumée, ses joues rougissantes ; son sourire écarte les nuages ; joyeuse comme si la terre ne contenait pas un seul tombeau, elle ramène le jour : nous pouvons reprendre la marche de notre existence ; et moi, ô Léman ! je puis continuer à méditer sur tes rives, où tant d'objets réclament mon attention.

XCIX.

Clarens ! doux Clarens ! berceau de l'amour sincère ! on respire dans ton air le souffle de la pensée jeune et passionnée ; tes arbres ont leur racine dans le sol de l'Amour, ses couleurs se reflètent sur les neiges de tes glaciers, et les derniers rayons du soleil couchant y déposent affectueusement une teinte de rose. L'Amour nous parle encore jusque dans ces rochers immuables où il chercha un asile contre les agitations du monde, ses soucis, ses cuisantes douleurs, ses décevantes espérances.

C.

Clarens ! les sentiers sont foulés par des pas célestes, — les pas de l'Amour immortel. Là s'élève pour lui un trône dont tes montagnes sont le marchepied ; là le dieu est une vie et une lumière qui pénètrent tout, et ce ne sont pas seulement les sommets sourcilleux, les antres, les forêts, qui sont pleins de sa présence : la fleur s'épanouit sous son regard ; l'air est échauffé de son souffle, plus puissant que celui des tempêtes dans leur moment le plus terrible.

CI.

Ici tout est plein de *lui* ; depuis ces noirs sapins qui sont là haut son ombre, depuis les torrents dont il écoute la voix mugissante, jusqu'aux pampres verdoyants semés sur la douce pente qui le conduit au rivage; là les flots obéissants viennent l'adorer et baiser ses pieds avec un doux murmure. La forêt, avec ses vieux arbres dont le tronc est blanchi par l'âge, mais dont les feuilles sont jeunes comme le Plaisir, la forêt est encore à la même place qu'autrefois, et lui offre, à lui et aux siens, une solitude peuplée;

CII.

Une solitude peuplée d'abeilles et d'oiseaux, et de mille objets aux formes enchanteresses, aux couleurs variées, qui, libres et pleins de vie, l'adorent par des sons plus doux que des paroles, et déploient innocemment leurs ailes joyeuses; la source murmurante, la cascade sonore, l'arbre balançant son feuillage, la rose en bouton, vivante image de la Beauté, tout cela, ouvrage de l'Amour, forme un mélange harmonieux et un imposant ensemble.

CIII.

Ici, celui qui n'a jamais aimé s'initie à cette science et fera de son cœur une flamme: celui qui connaît ce tendre mystère aimera davantage, car c'est ici la retraite de l'Amour; c'est ici que l'ont exilé les tourments de la vanité et les dissipations d'un monde imposteur: car il est dans sa nature d'avancer ou de périr: il ne demeure pas stationnaire; ou il décline, ou il devient une félicité immense, qui, dans son éternité, peut rivaliser avec les clartés immortelles.

CIV.

Ce n'est pas dans un but de fiction que Rousseau choisit ce séjour et le peupla d'affections; mais il jugea que la passion ne pouvait assigner de plus digne séjour aux êtres purifiés, enfants de l'imagination. C'est dans ce lieu que le jeune Amour dénoua la ceinture de sa Psyché, et il le sanctifia par un charme ineffable. Séjour de solitude, d'enchantement et de mystère, où tout est suave, les sons, les parfums, les couleurs! ici le Rhône a étendu sa couche; les Alpes se sont élevé un trône.

CV.

Lausanne! et toi, Ferney! vous avez abrité des noms auxquels vous devez le vôtre[20]; mortels qui, par des routes périlleuses, ont cherché et trouvé le chemin d'une gloire immortelle. C'étaient des intelligences gigantesques. Ils voulurent, comme autrefois les Titans, entasser sur des doutes audacieux des pensées capables d'attirer le tonnerre et le feu du ciel assiégé de nouveau, si toutefois l'homme et ses recherches pouvaient provoquer de la part du ciel autre chose qu'un sourire.

CVI.

L'un était tout inconstance et tout feu, versatile comme un enfant dans ses désirs, mais esprit varié : tour à tour gai, grave; sage, insensé; historien, poëte et philosophe, il se multipliait au milieu des hommes, véritable Protée du talent. Mais il excellait surtout à manier l'arme du ridicule qui, à sa voix, allait, plus rapide que le vent, abattre l'ennemi désigné à ses coups, tantôt immolant un fat, tantôt ébranlant un trône.

CVII.

L'autre, profond et réfléchi, creusait laborieusement sa pensée; et, chaque année, de nouvelles études venaient ajouter à sa sagesse. Homme de méditation, riche de science, il donnait à son arme un tranchant acéré, sapant des dogmes solennels par de solennels sarcasmes. Roi de l'ironie, armé de ce puissant talisman, il frappa au cœur de ses ennemis dont la rage, fille de la cruauté, se vengea de lui en le condamnant à l'enfer : réponse éloquente, et qui résout toutes les difficultés.

CVIII.

Cependant, que leurs cendres reposent en paix; car s'ils ont commis des fautes, ils les ont expiées. Il ne nous appartient pas de les juger, encore moins de les condamner. Un jour peut-être ces mystères seront révélés à tous, — ou bien la Crainte et l'Espoir s'endormiront sur le même oreiller; mais alors nous ne serons plus, et notre poussière sera la proie des vers; et quand elle se ranimera, selon notre croyance, ce sera pour être pardonnée ou pour subir le châtiment qu'elle aura mérité.

CIX.

Mais laissons là les ouvrages des hommes pour lire de nouveau dans celui que le Créateur déploie devant moi, et terminons cette page qui s'alimente de mes rêveries, et que j'ai déjà trop prolongée. Les nuages suspendus au-dessus de ma tête se dirigent vers les blanches Alpes; il faut que je les franchisse, et que j'examine tout ce qui sera accessible à mes regards pendant que je gravirai ces immenses et colossales régions, où la Terre soumet à ses embrassements les Puissances de l'air.

CX.

Italie! Italie! quand le regard te contemple, l'âme s'illumine soudain de la lumière des siècles. Depuis le fier Carthaginois qui faillit te conquérir, jusqu'à la dernière auréole de guerriers et de sages qui glorifie tes annales sacrées, tu servis de trône et de tombe aux empires : et aujourd'hui encore c'est de Rome impériale, de la cité aux sept collines, que coule la source éternelle à laquelle vont s'abreuver les âmes dévorées de la soif de connaître.

CXI.

J'interromps ici une tâche reprise sous de funestes auspices : — sentir que nous ne sommes pas ce que nous avons été; estimer que nous ne sommes pas ce que nous devrions être; — armer son cœur contre lui-même; cacher avec un soin superbe l'amour comme la haine, tout ce qui, — passion, sentiment, projet, douleur ou zèle, — constitue notre pensée dominante, c'est là pour l'âme une rude épreuve; n'importe, — elle est faite.

CXII.

Quant à ces paroles, ainsi revêtues de la forme poétique, il se peut que ce ne soit qu'une ruse innocente, qu'un coloris jeté sur les scènes fugitives qui passent devant moi, et que je voudrais saisir pour distraire un instant mon cœur ou celui des autres. La jeunesse est altérée de gloire. — Mais je ne suis pas assez jeune pour considérer le blâme ou le sourire des hommes comme un arrêt définitif d'obscurité ou de gloire; qu'on se souvienne de moi ou qu'on m'oublie; seul je me suis tenu, seul je me tiendrai.

CXIII.

Je n'ai point aimé le monde, ni le monde moi; je n'ai point flatté son souffle fétide, ni ployé un genou patient devant ses idoles, ni façonné mon visage au sourire, ni fait de ma voix un écho adulateur. Dans la foule, les hommes n'ont pu me prendre pour l'un des leurs; j'étais au milieu d'eux, je n'étais point l'un d'eux. Enseveli dans mes pensées, je ne partageais pas leurs pensées; et c'est ainsi que je serais encore si mon âme ne s'était armée de résolution et domptée elle-même.

CXIV.

Je n'ai point aimé le monde, ni le monde moi; mais séparons-nous en amis loyaux. Je crois, bien que mon expérience me dise le contraire, qu'il y a encore des paroles vraies, — des espérances qui ne trompent pas, — des vertus indulgentes, et qui ne tendent pas de piéges aux cœurs fragiles; je crois aussi qu'il en est qui s'apitoient sincèrement sur les douleurs d'autrui; qu'il en est un ou deux ici-bas qui sont presque ce qu'ils paraissent; que la bonté n'est pas un mot, ni le bonheur un rêve.

CXV.

Ma fille! c'est avec ton nom que ce chant a commencé; ma fille, qu'avec ton nom encore il se termine! — Je ne te vois pas, — je ne t'entends pas; — mais nul n'est plus absorbé en toi; tu es l'amie vers laquelle se projettent les ombres de mes années à venir. Peut-être ne verras-tu jamais mon visage, mais ma voix se mêlera à tes rêves; elle pénétrera jusqu'à ton cœur — quand le mien sera glacé, — et ses accents s'élèveront vers toi du fond même de la tombe de ton père.

CXVI.

Aider au développement de ton esprit, épier l'aube de tes joies enfantines, — te regarder croître sous mes yeux, — te voir saisir la connaissance des objets, — qui tous sont encore pour toi des merveilles, — t'asseoir légèrement sur mon genou, imprimer sur la joue charmante le baiser d'un père, — tout cela sans doute ne m'était pas réservé ; et pourtant tout cela était dans ma nature : il y a là quelque chose qui me le dit.

CXVII.

Cependant, dût-on te faire un devoir de me haïr, je sais que tu m'aimeras ; dût-on te cacher mon nom, comme un mot empreint encore de désolation, comme un titre anéanti ; dût la tombe se fermer entre nous, n'importe, — je sais que tu m'aimeras. Quand on essaierait de faire sortir de ton être tout le sang qui est à moi, et qu'on y parviendrait, — tout serait inutile, — tu ne m'en aimerais pas moins, tu conserverais encore ce sentiment plus fort que la vie.

CXVIII.

Enfant de ma tendresse, — quoique née dans l'amertume et nourrie dans les angoisses ; ce furent là les éléments de ton père, — ce sont aussi les tiens: Leur influence t'entoure déjà. — Mais ton feu sera plus modéré et tes espérances plus brillantes. Doux soit le sommeil de ton berceau ! Du sein de l'Océan, et du sommet des monts où maintenant je respire, j'appelle sur toi toute la félicité dont je me dis en soupirant que tu aurais été pour moi la source.

NOTES

DU CHANT TROISIÈME DU PÈLERINAGE DE CHILDE-HAROLD.

[1] Dans une lettre inédite datée de Vérone, 6 novembre 1816, lord Byron dit : « A propos, le nom d'*Ada*, que j'ai trouvé dans notre généalogie sous le règne du roi Jean, était celui de la sœur de Charlemagne, ainsi que je l'ai lu l'autre jour dans un ouvrage sur le Rhin. »

[2] Lord Byron quitta l'Angleterre pour la seconde et dernière fois le 25 avril 1816, accompagné de William Fletcher et de Robert Rushton, le bon serviteur et le page du chant premier, de son médecin le docteur Polidori, et d'un valet suisse.

[3] Le premier et le second chant du *Pèlerinage de Childe-Harold*, lors de leur apparition en 1812, produisirent sur le public au moins autant d'effet qu'aucun ouvrage qui ait été publié dans ce siècle ou dans le siècle dernier, et lord Byron obtint dès son entrée dans la carrière la palme

après laquelle d'autres hommes de génie ont longtemps soupiré et qu'ils n'ont obtenue que très tard. Il fut placé par une acclamation unanime au premier rang des écrivains de son pays. Ce fut au milieu de ces sentiments d'admiration qu'il parut sur la scène publique. Tout, dans ses manières, sa personne et sa conversation, tendait à maintenir le charme que son génie avait jeté autour de lui, et ceux qui étaient admis à sa conversation, loin de trouver que le poëte inspiré était redevenu un homme ordinaire, se sentirent attachés à lui non seulement par un grand nombre de nobles qualités, mais encore par l'intérêt d'une curiosité mystérieuse, indéfinie et presque pénible. Des traits modelés avec un art exquis pour l'expression du sentiment et de la passion, et présentant le singulier contraste de cheveux et de sourcils très bruns avec des yeux clairs et expressifs, offraient à l'art du physionomiste le sujet le plus intéressant. Leur expression prédominante était celle d'une méditation profonde et habituelle qui faisait place à un jeu rapide de la physionomie dès que s'offrait une discussion intéressante, en sorte qu'un de ses confrères en poésie les comparait à la sculpture d'un beau vase d'albâtre, qu'on ne peut voir dans toute sa perfection que lorsqu'il est éclairé dans l'intérieur. Les éclairs de gaieté, de joie, d'indignation ou d'aversion satirique qui animaient fréquemment les traits de lord Byron auraient pu dans la conversation être pris par un étranger pour leur expression habituelle, tant ces sentiments semblaient naturellement appropriés à sa physionomie ; mais ceux qui ont eu l'occasion d'étudier ses traits pendant un certain intervalle et dans les circonstances diverses, soit de repos, soit de mouvement, conviendront avec nous que leur expression propre était celle de la mélancolie. Parfois une ombre de tristesse venait se répandre au milieu de sa gaieté et de sa joie. Sir WALTER SCOTT.

4 Le père du duc de Brunswick, qui fut tué aux *Quatre-Bras*, avait été blessé mortellement à Iéna.

5 Sir Evan Cameron et son descendant Donald, le brave Lochiel de 1745.

6 On pense que le bois de Soignies est un reste de la forêt des Ardennes, célèbre dans l'*Orlando* de Boiardo, et immortalisée dans la pièce de Shakspeare, « Comme il vous plaira. » Tacite en parle aussi comme d'un lieu où les Germains résistèrent avec succès aux envahissements des Romains. J'ai adopté ce nom parce qu'il s'associe à des souvenirs plus nobles que ceux qui ne rappellent que le carnage. *B.*

7 Sur les bords du lac Asphaltite croissaient des arbres dont les fruits n'étaient que de l'air en dehors, et des cendres en dedans. *Voyez* Tacite, *Hist.*, liv. v.

8 La grande erreur de Napoléon, si nos historiens disent vrai, a été de manifester en toute occasion son mépris et son éloignement pour les hommes, sentiment plus offensant peut-être pour la vanité humaine que l'active cruauté d'une tyrannie plus timide et plus soupçonneuse. On en retrouve des traces dans les discours qu'il adressait, soit aux assemblées publiques, soit aux individus. On dit que de retour à Paris, après la des-

truction de son armée par l'hiver de la Russie, il s'écria en se frottant les mains : « Il fait meilleur ici qu'à Moscow. » Ce mot lui a peut-être aliéné plus de cœurs que les revers auxquels il faisait allusion. *B.*

⁹ Le château de Drakenfels domine le pic le plus élevé des « sept montagnes, » sur les bords du Rhin; il est en ruine et se rattache à des traditions singulières. C'est le premier qu'on découvre en venant de Bonn, mais il est situé de l'autre côté de la rivière. Presque en face, sur la rive opposée, se trouvent les restes d'un autre château appelé le château du Juif, et une grande croix plantée à l'occasion de la mort d'un chef assassiné par son frère. Le nombre des châteaux et des villes placés sur les deux rives du Rhin est très grand, et leur situation extrêmement pittoresque. *B.*

⁰ Le monument du jeune et regretté général Marceau, tué par une balle à Altenkirchen, le dernier jour de l'an IV de la république française, existe encore comme je l'ai décrit. Les inscriptions qu'on y a placées sont trop longues et n'étaient pas nécessaires : il suffisait de son nom; les Français l'adoraient, ses ennemis l'admiraient, les uns et les autres le pleurèrent. Des généraux et des détachements des deux armées assistèrent à ses funérailles. Dans le même tombeau est enterré le général Hoche, homme brave dans toute l'acception de ce mot; mais quoiqu'il se fût distingué dans les batailles, il n'eut pas le bonheur d'y être tué. On pense que sa mort fut l'ouvrage du poison. On lui a élevé un monument séparé près d'Andernach, en face du théâtre de l'un de ses plus mémorables exploits, quand il jeta un pont sur le Rhin. Ce monument ne contient point son corps, qui est inhumé auprès de celui de Marceau ; il n'a ni le style, ni la forme du monument de ce dernier ; l'inscription est plus simple et me plaît davantage :

L'ARMÉE DE SAMBRE-ET-MEUSE
A SON GÉNÉRAL EN CHEF
HOCHE.

C'est tout, et c'est assez. Hoche tenait le premier rang parmi les généraux français des premiers temps de la république, avant que Bonaparte eût monopolisé leurs triomphes. Il devait commander l'armée destinée à envahir l'Irlande.

¹¹ Ehrenbreitstein, c'est-à-dire « la large pierre de l'honneur, » était l'une des plus fortes citadelles de l'Europe ; les Français la démantelèrent et la firent sauter à la trêve de Léoben. Elle ne pouvait être prise que par famine ou par trahison. Elle se rendit à la famine secondée par une surprise. Quand on a vu les fortifications de Gibraltar et de Malte, celles d'Ehrenbreitstein n'ont rien qui puisse étonner, mais la position est imposante. Le général Marceau l'assiégea inutilement pendant quelque temps. Dans une chambre où j'ai couché, on m'a montré la fenêtre à laquelle Marceau s'était placé pour observer les progrès du siége à la clarté de la lune, lorsqu'un boulet vint frapper immédiatement au-dessous.

¹² La chapelle est détruite, et la pyramide des ossements a été beaucoup diminuée par la légion bourguignonne au service de France, qui avait à cœur d'effacer ce monument des invasions moins heureuses de ses ancêtres. Il en reste encore, malgré tous les soins des Bourguignons depuis des siècles (tous ceux qui passaient par là en emportaient un dans leur pays), et malgré les larcins moins excusables des postillons suisses, qui en prenaient pour les vendre, ou en faisaient des manches de couteaux ; car la blancheur que leur avaient donnée les siècles les faisait rechercher pour cet usage. Je me suis permis d'en emporter de quoi faire à peu près le quart d'un héros. Ma seule excuse pour ce larcin, c'est que si je ne l'avais pas commis, d'autres l'auraient fait, et auraient consacré ces reliques à des usages profanes, tandis que moi je les conserverai avec soin. *B.*

¹³ Aventicum, près de Morat, était la capitale de l'Helvétie romaine ; c'est là qu'est aujourd'hui Avenches.

¹⁴ Julia Alpinula, jeune prêtresse d'Aventicum, mourut après avoir cherché inutilement à sauver les jours de son père, condamné à mort comme traître par Aulus Cœcina. On a découvert son épitaphe il y a plusieurs années ; la voici :

> JULIA ALPINULA :
> HIC JACEO
> INFELICIS PATRIS INFELIX PROLES.
> DEÆ AVENTIÆ SACERDOS.
> EXORARE PATRIS NECEM NON POTUI :
> MALE MORI IN FATIS ILLI ERAT.
> VIXI ANNOS XXIII.

Je ne connais rien de plus touchant que cette inscription, rien de plus intéressant que cette histoire. Ce sont là des noms et des actes qui ne doivent pas périr. Nous aimons à y porter nos regards avec un plaisir affectueux, en les détournant de ce tableau confus de conquêtes et de batailles dont l'esprit est ébloui, et qui excite en nous une sympathie fausse et fébrile à laquelle succède le dégoût, résultat habituel de cet enivrement passager. *B.*

¹⁵ J'écris ceci en face du Mont-Blanc (3 juin 1816), qui même à cette distance éblouit mes yeux — (20 juillet.) Aujourd'hui, j'ai observé pendant quelque temps, et d'une manière distincte, la réflexion du mont Blanc et du mont d'Argentière dans le calme du lac, pendant que je le traversais dans mon bateau. Soixante milles séparent ces montagnes de leur miroir. *B.*

¹⁶ Parmi les vers adressés à cette époque par le poëte à sa sœur, on lit cette stance :

« J'ai rappelé à ta mémoire notre lac chéri*, auprès du vieux manoir qui peut-être un jour ne m'appartiendra plus. Le Léman est beau, mais crois-tu que j'oublie le doux souvenir d'un rivage plus cher ? Il faudra que

* Le lac de l'abbaye de Newstead.

le temps fasse bien des ravages dans ma mémoire avant que, *lui* ou *toi*, mes yeux cessent de vous voir ; et néanmoins, comme tout ce que j'ai aimé, ces objets ou sont loin de moi, ou je leur ai dit un éternel adieu. »

17 La couleur du Rhône à Genève est bleue, d'une teinte plus foncée que je ne l'ai jamais vue dans une eau douce ou salée, à l'exception de la Méditerranée et de l'Archipel.

18 Ceci fait allusion au passage des *Confessions* de Jean-Jacques Rousseau, dans lequel il parle de sa passion pour la comtesse d'Houdetot, (maîtresse de Saint-Lambert), et de la longue promenade qu'il faisait chaque matin avec elle pour en recevoir le seul baiser qu'elle lui donnait en le saluant. La description de ce qu'il éprouvait en cette occasion peut être considérée comme l'expression de l'amour la plus passionnée, quoique chaste, que des paroles aient jamais pu donner, bien qu'après tout, ce sentiment ne puisse être peint qu'imparfaitement par des paroles. Un tableau ne peut nous donner qu'une idée imparfaite de l'Océan.

19 L'orage auquel ce passage fait allusion eut lieu le 13 juin 1816, à minuit. Dans les montagnes acrocérauniennes de Chimari, j'en ai vu de plus terribles, mais aucun plus véritablement beau. *B.*

20 Voltaire et Gibbon.

LE PÈLERINAGE DE CHILDE-HAROLD.

CHANT QUATRIÈME.

> Visto ho Toscana, Lombardia, Romagna,
> Quel Monte che devide, et quel che serra
> Italia, e un mare e l'altro, che la bagna.
> *Ariosto,* satira III.

A JOHN HOBHOUSE.

Venise, 2 janvier 1818.

Mon cher Hobhouse,

Après un intervalle de huit ans entre la composition des premiers chants de *Childe-Harold* et celle du dernier, la conclusion de ce poëme va être soumise au jugement du public. En me séparant d'un aussi vieil ami, il est naturel que je m'adresse à un autre plus ancien et plus cher encore, qui a vu la naissance et la mort du premier ; à celui dont la société et l'amitié éclairée, je crois pouvoir le dire sans ingratitude, m'ont été plus utiles que toute la faveur publique qu'a pu me valoir *Childe-Harold ;* à celui que j'ai connu longtemps, qui a été le compagnon de mes voyages, qui m'a soigné dans la maladie, consolé dans l'affliction, que j'ai vu heureux de mon bonheur et ferme dans mes adversités, sincère dans ses conseils, intrépide dans le péril ; à un ami souvent éprouvé, et resté toujours fidèle ; à vous, enfin.

Ici, je passe de la fiction à la vérité ; et en vous dédiant, aujourd'hui qu'il est complet, ou du moins terminé, ce poëme, le plus long et le plus fortement pensé de mes ouvrages, je désire me faire honneur de ma longue intimité avec un homme de science, de talent, de caractère et d'honneur. Des âmes telles que les nôtres ne donnent ni ne reçoivent des compliments adulateurs ; mais les louanges de la sincérité ont de tout temps été permises à l'amitié. Ce n'est ni pour vous ni pour les autres, mais pour soulager un cœur trop peu habitué à la bienveillance des hommes pour l'accueillir avec froideur, que j'essaie ici de consigner vos bonnes qualités, ou plutôt les avantages dont je leur suis redevable. Le jour même de la date de cette lettre, qui est l'anniversaire du jour le plus malheureux de ma vie passée, mais qui n'est plus capable d'empoisonner mon existence à Venise tant que j'aurai la ressource de votre amitié et de mes facultés ; ce jour même sera désormais pour vous et pour moi la source d'un plus agréable souvenir ; car il nous rappellera à tous deux cette expression de ma reconnaissance pour un zèle infatigable, tel que peu d'hommes en ont éprouvé, et dont nul ne peut être l'objet sans avoir une idée plus avantageuse de l'espèce humaine et de lui-même.

Il nous a été donné de parcourir ensemble, à diverses époques, les contrées illustrées par la chevalerie, l'histoire et la fable : — l'Espagne, la Grèce, l'Asie-Mineure et l'Italie ; et ce qu'Athènes et Constantinople furent pour nous il y a quelques années, Venise et Rome l'ont été plus récemment. Mon poëme aussi, ou mon pèlerin, ou tous deux, m'ont accompagné partout ; peut-être trouvera-t-on excusable la vanité qui me fait revenir avec complaisance sur une composition qui me rattache en quelque sorte au lieu où elle a été produite, et aux objets que j'ai essayé de décrire ; et quelque indigne qu'elle paraisse de ces contrées magiques et mémorables, et fort au-dessous des anticipations lointaines et des impressions immédiates, cependant, comme gage de mon respect pour ce qui est vénérable, et de mon enthousiasme pour ce qui est glorieux, la composition de ce poëme a été pour moi une source de plaisir, et je ne m'en sépare qu'avec une sorte de regret dont j'étais loin de me croire encore susceptible pour des objets imaginaires.

Quant à la matière du dernier chant, le pèlerin y joue un moindre rôle que dans ceux qui précèdent ; et dans ce rôle, il n'y a qu'une ligne imperceptible, si même il y en a une, qui le sépare de l'auteur parlant en son nom. Le fait est que j'étais fatigué d'établir une ligne de démarcation que chacun était décidé à ne point apercevoir : semblable au Chinois du *Citoyen du Monde* de Goldsmith, que personne ne voulait prendre pour un Chinois, c'est en vain que je soutenais et m'imaginais avoir établi une distinction entre l'auteur et le pèlerin ; le désir même que j'avais de conserver cette différence, et mon désappointement de le trouver inutile, paralysaient tellement mes efforts dans la composition, que je me décidai à l'abandonner entièrement, et c'est ce que j'ai fait. Les opinions qui se sont formées, et pourraient se former encore à ce sujet, sont maintenant chose indifférente ; c'est l'ouvrage qu'il faut juger et non le poëte ; et l'auteur, qui n'a dans son esprit d'autre ressource que la réputation durable ou passagère que ses travaux littéraires lui ont faite, mérite de partager le destin des auteurs.

Dans le cours de ce quatrième chant, j'avais eu l'intention, soit dans le texte, soit dans les notes, de parler de l'état actuel de la littérature italienne, et peut-être aussi des mœurs de cette nation ; mais, resserré par les limites que je m'étais imposées, je vis bientôt que le texte suffirait à peine à contenir le labyrinthe des objets extérieurs et les réflexions qu'ils suggèrent ; quant aux notes, à l'exception d'un petit nombre, et des plus courtes, c'est à vous que j'en suis redevable, et nécessairement elles ont dû se borner à donner l'intelligence du texte.

C'est d'ailleurs une tâche délicate et peu agréable que de disserter sur la littérature et les mœurs d'une nation si dissemblable ; cette tâche exige une attention et une impartialité qui nous feraient un devoir de nous méfier de nos propres jugements, de les différer du moins, et de mûrir davantage nos renseignements ; et néanmoins nous étions des observateurs attentifs, et familiarisés avec la langue et les mœurs du peuple au milieu duquel nous avons dernièrement habité. L'esprit de parti, en littérature comme en politique, paraît être porté ou avoir été porté à un tel état de violence, que l'impartialité serait presque impossible à un étranger. Il me suffira donc, pour le moment, de donner ici une citation dans la belle langue de l'Italie : — « *Mi pare che in un paese tutto poetico, che vantò la lin-*
« *gua la più nobile, ed insieme la più dolce, tutte le vie diverse si*
« *possono tentare, e che sinchè la patria di Alfieri e di Monti non a*
« *perduto l'antico valore, in tutte essa dovrebbe essere la prima.* »
L'Italie possède encore de grands noms : — Canova, Monti, Ugo Foscolo, Pindemonte, Visconti, Morelli, Cigognara, Albrizzi, Mezzophanti, Mai, Mustoxidi, Aglietti et Vacca assureront à la génération actuelle une place honorable dans les diverses branches des arts, des sciences et des belles-lettres ; dans quelques-unes même ce sera

la première place : il n'y a en Europe, dans le monde entier, qu'un Canova.

Alfieri a dit quelque part que « *la pianta uomo nasce più robusta in Italia che in qualunque altra terra — e che gli stessi atroci delitti che vi si commettono ne sono una prova.* » Sans souscrire à la dernière partie de cette proposition, doctrine dangereuse, dont on peut de prime abord contester la justesse par une observation bien simple, c'est que les Italiens ne sont pas plus féroces que leurs voisins, il faudrait être volontairement aveugle ou singulièrement ignorant pour n'être pas frappé de l'extraordinaire capacité de ce peuple, ou, si ce mot est admissible, de ses *capabilités!* Et en effet, quelle facilité d'intelligence! quelle rapidité de conception! quel génie ardent! quel sentiment du beau! et, malgré les révolutions fréquentes, les ravages de la guerre et de longs siècles de découragements, quelle soif insatiable d'immortalité, l'immortalité de l'indépendance! Nous-mêmes, lorsque, faisant à cheval le tour des murs de Rome, nous entendîmes la naïve lamentation du chant du laboureur : « *Roma! Roma! Roma! Roma non è più come era prima,* » il était difficile de ne pas remarquer le contraste de ce chant mélancolique avec le beuglement bachique et les grossiers chants de triomphe dont résonnaient les tavernes de Londres à l'occasion du carnage du Mont-Saint-Jean, de cette victoire qui livra Gênes, l'Italie, la France et le monde à des hommes dont vous avez vous-même exposé la conduite dans un ouvrage digne des beaux jours de l'histoire :

« Non movero mai corda
Ove la turba di sue cianco assorda. »

Ce que l'Italie a gagné à cette dernière vente de nations, il est inutile à des Anglais de s'en informer, jusqu'à ce qu'on sache si l'Angleterre y a gagné quelque chose de plus qu'une armée permanente et la suspension de l'*Habeas corpus.* C'est assez pour eux de s'occuper de leurs propres affaires ; quant à ce qu'ils ont fait à l'étranger, et surtout dans le Midi, « en vérité, je vous le dis, ils en seront récompensés, et cela avant qu'il soit longtemps. »

Vous souhaitant, mon cher Hobhouse, un heureux et agréable retour dans ce pays dont nul ne saurait avoir à cœur plus que vous les véritables intérêts, je vous dédie ce poëme, maintenant complet ; et je me dis encore une fois, pour la vie,

Votre reconnaissant et affectionné ami,

BYRON.

I.

J'étais à Venise, sur le pont des Soupirs; j'avais à ma droite un palais, à ma gauche une prison; je voyais ces édifices s'élever du sein des flots comme au coup de la baguette d'un magicien. Dix siècles étendent autour de moi leurs ailes nébuleuses, et une gloire mourante sourit à ces temps déjà éloignés où plus d'une nation conquise tenait ses regards fixés sur les palais de marbre du lion ailé, où Venise était assise en reine sur le trône de ses cent îles.

II.

On dirait la Cybèle des mers, fraîchement sortie de l'Océan, se dessinant sur l'horizon aérien avec sa tiare d'orgueilleuses tours, sa démarche majestueuse, comme la souveraine des eaux et de leurs divinités. Et elle l'était vraiment : — les dépouilles des nations formaient la dot de ses filles, et les perles de l'inépuisable Orient tombaient dans son giron en pluie étincelante; elle était vêtue de pourpre, et les monarques croyaient grandir leur majesté en s'asseyant à ses banquets.

III.

A Venise, les chants du Tasse n'ont plus d'échos, et le gondolier rame silencieux; ses palais tombent en ruine sur le rivage, et il est rare que la musique s'y fasse entendre; à Venise, ces temps ne sont plus; mais la beauté y est toujours; les empires s'écroulent, les arts s'éteignent, — mais la nature ne meurt pas : elle n'a pas oublié que Venise autrefois lui fut chère, qu'elle était le banquet de l'univers, le bal masqué de l'Italie.

IV.

Mais pour nous, elle a un charme plus puissant encore que sa renommée historique, que son long cortége de puissantes ombres qui, voilées de tristesse, pleurent sur l'empire évanoui de la cité veuve de son doge; notre trophée à nous ne périra pas avec le Rialto : Shylock le Maure et Pierre résisteront aux outrages du temps ! Ce sont les clefs de la voûte ! et tout aurait disparu, qu'ils repeupleraient pour nous la rive solitaire.

V.

Les êtres fils de la pensée ne sont pas ... rgile; immortels par essence, ils créent et multiplient en nous un rayon plus brillant, une existence plus chère. Ce que le destin refuse à notre vie monotone, dans notre esclavage mortel, ces créations du Génie nous l'accordent; elles exilent d'abord, puis remplacent ce que nous haïssons; elles arrosent le cœur qui a vu périr ses premières fleurs, et comblent le vide qu'elles ont laissé en en faisant naître de nouvelles.

VI.

C'est là le recours de la jeunesse et du vieil âge; l'Espérance y conduit la première; l'autre y cherche un refuge contre son isolement. Ce dernier motif a produit bien des pages, et peut-être celle qui est maintenant devant moi; pourtant il est des choses dont la réalité puissante éclipse nos régions de féerie; leurs formes et leurs couleurs surpassent en beauté notre ciel fantastique et ces constellations étranges dont la Muse est habile à peupler son monde imaginaire.

VII.

J'en ai vu ou rêvé de semblables; — mais n'y pensons plus. Ces choses sont venues à moi comme des vérités, et ont disparu comme des songes : quoi qu'elles aient pu être d'abord, elles ne sont maintenant que des rêves; je pourrais les remplacer si je voulais; mon imagination abonde encore en créations comme celles que j'ai cherchées et quelquefois trouvées; renonçons-y également. — La Raison, qui se réveille en moi, repousse comme insensées ces illusions trop chères; d'autres voix me parlent, d'autres objets m'entourent.

VIII.

J'ai appris les langues des autres peuples, et aux yeux des étrangers je n'ai point passé pour un étranger; les changements n'affectent point un esprit qui sait être lui-même; il n'est ni dur de se créer, ni difficile de trouver une patrie dans le genre humain, ou même, hélas! en dehors. Cependant je suis né là où les hommes sont fiers d'avoir vu le jour, et ont raison de l'être; laisserais-je donc derrière moi cette île, inviolable asile du sage et de l'homme libre, pour aller sur des bords lointains chercher un autre foyer?

IX.

Peut-être l'ai-je aimée avec ardeur; et si je dois laisser ma cendre dans un sol qui n'est pas le mien, mon esprit y reviendra, si l'âme, dégagée du corps, peut se choisir un sanctuaire. J'embrasse l'espoir de vivre dans la mémoire de mes descendants, dans la langue de mon pays natal. Si cette espérance, que j'aime à nourrir, est trop présomptueuse; si ma gloire doit, comme ma destinée, grandir d'un jet précoce pour se flétrir ensuite; si les ténèbres de l'oubli

X.

Doivent interdire à mon nom l'entrée de ce temple où les nations honorent la mémoire des morts illustres; eh bien, soit! que les palmes décorent une tête plus haute, et qu'on grave sur ma tombe l'épitaphe du Spartiate : « *Sparte possède un grand nombre de ses fils qui valent mieux que lui*[1]. » En attendant, je ne réclame point de sympathie, je n'en ai pas besoin. Les épines que j'ai recueillies proviennent de l'arbre que j'ai planté. Elles m'ont déchiré, et je saigne. J'aurais dû prévoir quel fruit naîtrait d'une telle semence.

XI.

L'Adriatique, aujourd'hui veuve, pleure son époux. Son hyménée annuel ne se renouvelle plus; et le Bucentaure se moisit, parure oubliée de son veuvage! Saint-Marc voit encore son Lion occuper le lieu qu'il occupait jadis; mais il n'est plus qu'une dérision amère de son pouvoir flétri, sur cette place glorieuse qui vit un empereur paraître en suppliant, et les monarques contempler d'un œil d'envie Venise reine des flots, épouse à la dot sans égale.

XII.

Où s'humiliait le monarque de Suède, règne aujourd'hui le monarque d'Autriche; cette ville où s'agenouillait un empereur, un empereur la foule à ses pieds; des royaumes deviennent de simples provinces, des cités souveraines entre-choquent leurs fers. Les nations arrivées à l'apogée de leur puissance ont à peine senti les rayons du soleil de la Gloire, que soudain elles se dissolvent et roulent en bas, comme l'avalanche détachée du flanc de la montagne! Oh! une heure seulement du vieil aveugle Dandolo, du chef octogénaire, du vainqueur de Byzance!

XIII.

Devant le portique de Saint-Marc brillent encore ses coursiers d'airain, et l'or de leurs colliers réfléchit les rayons du soleil; mais la menace de Doria ne s'est-elle pas accomplie? ne sont-ils pas *bridés?* — Ah! Venise vaincue et conquise, Venise pleure ses treize siècles de liberté, et, comme une plante marine, disparaît sous les flots d'où elle est sortie! Mieux vaudrait pour elle être ensevelie sous les vagues, et fuir dans les profondeurs de sa tombe ces ennemis étrangers de qui sa soumission achète un repos déshonorant.

XIV.

Jeune, elle était brillante de gloire, une nouvelle Tyr; son mot le plus vulgaire lui avait été donné par la victoire, « Le Planteur du Lion[2], » qu'à travers le fer et la flamme elle porta triomphante sur terre et sur mer, faisant de nombreux esclaves sans cesser d'être libre, et formant le boulevard de l'Europe contre les Ottomans; je t'en atteste, Candie, rivale de Troie, et vous, flots immortels qui vîtes la bataille de Lépante! Ce sont là des noms que le temps et la tyrannie ne parviendront pas à effacer.

XV.

Brisées comme des statues de verre, les nombreuses images de ses doges sont réduites en poudre; mais le vaste et somptueux palais qui leur servit de résidence atteste encore leur ancienne splendeur. Leur sceptre rompu et leur glaive rouillé ont passé aux mains de l'étranger. Ces édifices déserts, ces rues solitaires, ces visages du Nord, qui doivent te rappeler fréquemment la nature de ton esclavage et la qualité de tes oppresseurs, jettent comme un nuage de désolation sur ton enceinte charmante, ô Venise.

XVI.

Quand les armées d'Athènes furent vaincues à Syracuse, et que des milliers de soldats enchaînés subirent le sort de la guerre, ils durent leur délivrance à la muse de l'Attique; ses chants furent leur seule rançon loin de la terre natale. Voyez!

pendant que leur voix fait entendre l'hymne tragique, le char du vainqueur subjugué s'arrête; les rênes échappent de sa main, — son cimeterre oisif sort du fourreau, — il coupe les liens de ses captifs, et leur dit de remercier le poëte de ses vers et de leur liberté.

XVII.

C'est ainsi, ô Venise! qu'à défaut de titres plus sacrés, quand même ta glorieuse histoire serait oubliée, le culte sacré que tu rends à la mémoire du barde divin, ton amour pour le Tasse, auraient dû briser les liens qui t'enchaînent à tes tyrans; ta destinée est une honte pour les nations, — et pour toi surtout, Albion! La reine de l'Océan ne devait pas abandonner les enfants de l'Océan; que la chute de Venise te fasse penser à la tienne, en dépit du rempart de tes flots.

XVIII.

Je l'ai aimée dès mon enfance. — Elle était pour moi la cité de mon cœur, la ville enchantée s'élevant du sein de la mer comme un temple aux colonnes liquides, le séjour de la joie, le bazar des richesses. L'art magique d'Otway, de Radcliffe, de Schiller, de Shakspeare[3], avait gravé dans mon esprit son image; et bien que je l'aie trouvée dans son deuil, elle ne m'en est pas moins chère, plus chère, peut-être, aux jours de son affliction qu'alors qu'elle était aux regards du monde un spectacle et une merveille.

XIX.

Je puis la repeupler à l'aide du passé, et son présent a encore de quoi occuper le regard, la pensée et la méditation mélancolique, plus même que je n'en demandais et que je n'espérais en trouver; et parmi les jours les plus heureux qui sont entrés dans la trame de mon existence, il en est, ô Venise! qui se sont teints de tes couleurs. S'il n'était des sentiments que le temps ne peut engourdir, ni la douleur ébranler, tous les miens seraient maintenant muets et glacés.

XX.

Mais les plus hauts sapins des montagnes[4] croissent sur les rocs les plus élevés et les moins abrités; leurs racines poussent dans une pierre stérile, sans que la moindre parcelle du sol les soutienne contre le choc des ouragans; et cependant leur tronc s'élance intrépide et insulte aux hurlements de la tempête, jusqu'à ce que sa hauteur et ses proportions soient dignes des montagnes dont les blocs de sombre granit ont vu naître et grandir l'arbre gigantesque. De la même manière l'âme peut vivre et croître.

XXI.

L'existence peut se prolonger, et la vie et la douleur jeter de profondes et solides racines dans des cœurs nus et désolés : le chameau marche muet sous les plus lourds fardeaux; le loup meurt en silence. Profitons de l'exemple qu'ils nous donnent. Si des animaux d'une nature inférieure et sauvage savent souffrir sans se plaindre, nous qui sommes formés d'une argile plus noble, sachons souffrir comme eux; ce n'est d'ailleurs que pour un jour.

XXII.

Toute souffrance détruit ou est détruite,—ne fût-ce que par le patient; dans les deux cas elle a un terme :—quelques-uns, remis et pleins d'un nouvel espoir, retournent au point d'où ils sont venus; — ayant le même but en vue, ils recommencent à filer la même trame; d'autres, abattus et courbés, les cheveux blanchis, le front hâve, sont flétris avant le temps, et périssent avec le roseau qui leur servait d'appui; d'autres enfin appellent à leur aide la religion, le travail, la guerre, la vertu ou le crime, selon que leur âme fut faite pour s'élever ou pour ramper.

XXIII.

Mais toujours et sans cesse les douleurs comprimées laissent après elles un vestige semblable à la piqûre du scorpion; à peine perceptible, il n'en est pas moins imprégné d'une vive amertume; et la cause la plus légère peut faire retomber sur le cœur le poids qu'il voudrait secouer pour toujours : ce sera un son, — une vibration musicale, — une soirée d'été — ou de printemps, — une fleur, le vent, — l'Océan, qui viendra tout à coup rouvrir nos blessures, et toucher la chaîne électrique dont les sombres anneaux nous enlacent.

XXIV.

Et nous ne savons ni comment ni pourquoi, et nous ne pouvons suivre jusqu'au nuage qui le recèle la trace de cet éclair de l'âme; mais nous sentons la commotion qui se renouvelle, et nous ne pouvons effacer la flétrissure et le noir sillon qu'elle laisse après elle, alors qu'au moment où nous y pensons le moins, et à propos des objets qui nous sont le plus familiers, elle évoque soudain à notre vue les spectres qu'aucun exorcisme ne peut écarter, — les cœurs froids, — les infidèles, — peut-être les morts aimés, ceux que nous avons pleurés, que nous regrettons, trop nombreux encore malgré leur petit nombre.

XXV.

Mais mon âme s'égare; il faut que je la rappelle pour méditer parmi les tombeaux : qu'elle vienne donc, ruine vivante au milieu des ruines, remuer la poussière d'empires écroulés et de grandeurs ensevelies sur une terre qui *fut* la plus puissante de toutes aux vieux jours de sa domination, qui *est* encore et sera éternellement la plus belle; moule admirable où la main céleste de la nature jeta le type des héros et des hommes libres, des belles et des vaillants, — des maîtres de la terre et de l'onde;

XXVI.

République de rois, citoyens de Rome! Et depuis, ô belle Italie! tu fus et tu es encore le jardin du monde, la patrie du Beau dans les arts et la nature. Même dans ta solitude, qui est semblable à toi? Il n'est pas même jusqu'à tes herbes parasites qui ne soient belles; la fertilité des autres climats est moins riche que ton sol inculte. Ta chute même est glorieuse, et ta ruine est empreinte d'un charme pur et ineffaçable.

XXVII.

La lune est levée, pourtant il n'est pas nuit : le soleil, à son déclin, partage avec elle l'empire du firmament. Un océan de gloire inonde les cimes bleuâtres des montagnes du Frioul; le ciel est sans nuage, mais un arc-en-ciel de mille couleurs se déploie à l'occident, où le jour va rejoindre l'éternité du passé, pendant qu'à l'orient l'humble croissant de Diane flotte dans l'air azuré, — île des bienheureux.

XXVIII.

Une seule étoile est auprès d'elle, et règne avec elle sur la moitié du riant empyrée ; cependant cet océan de lumière soulève ses vagues brillantes et en couvre le sommet des monts de la Rhétie. On dirait que le jour et la nuit luttent ensemble, jusqu'à ce que la Nature vienne interposer son autorité ; — la profonde Brenta roule mollement ses flots teints de la couleur pourprée d'une rose naissante dont l'éclat rayonne sur l'onde mobile.

XXIX.

Le miroir liquide réfléchit la face du ciel avec toutes ses nuances variées et magiques, depuis les derniers feux du jour jusqu'aux clartés naissantes des étoiles. Mais la scène change. Une ombre plus pâle jette son manteau sur les montagnes ; le jour qui finit meurt comme le dauphin, à qui chaque convulsion communique une couleur nouvelle : celle qui accompagne son dernier soupir est la plus charmante de toutes ; — puis — tout est fini, — et un gris sombre la remplace.

XXX.

Dans Arqua est une tombe ; — là, dans un sarcophage élevé, reposent les ossements de l'amant de Laure ; là viennent ceux qu'ont charmés ses chants harmonieux, les pèlerins voués au culte de son génie. Il lui fut donné de créer une langue et de relever son pays de la honte imprimée à son nom par le joug stupide de ses barbares ennemis. Les pleurs harmonieux dont il arrosa l'arbre dépositaire du nom de sa maîtresse lui ont assuré à lui-même l'immortalité.

XXXI.

Arqua, un village des montagnes, le vit mourir et a recueilli sa cendre ; c'est là qu'il passa ses derniers jours et descendit la vallée de la vie. Les villageois sont fiers (c'est là une légitime fierté, et qui les honore) de montrer à l'étranger sa maison et sa sépulture, toutes deux empreintes d'une simplicité vénérable, plus en harmonie avec ses chants que ne le serait une pyramide érigée sur sa tombe.

XXXII.

Et le doux et tranquille hameau qu'il habita semble fait tout exprès pour celui qui, déçu dans ses espérances, pénétré du sentiment de sa mortalité, a cherché un refuge à l'ombre de cette verte colline. De là on aperçoit encore de loin les cités bruyantes ; mais leur éclat se déploie en vain aux regards : il ne saurait plus vous tenter ; et puis il y a assez de bonheur et de joie dans les rayons d'un beau soleil,

XXXIII.

Qui dore les montagnes, les feuilles, les fleurs, et brille dans le ruisseau murmurant ; auprès de son onde, les heures fortunées s'écoulent limpides comme elle, dans une calme langueur qui ressemble à la paresse, et pourtant a sa philosophie. Si c'est dans la société que nous apprenons à vivre, c'est la solitude qui nous enseigne à mourir. Là, nous n'avons point de flatteurs ; la vanité ne nous y prête pas son secours illusoire : l'homme est seul à lutter avec son Dieu,

XXXIV.

Et aussi peut-être avec des démons[5] qui énervent la force des meilleures pensées, et choisissent pour leur proie les cœurs mélancoliques ; ceux-ci, marqués dès leur naissance d'un signe de tristesse, se plaisent à vivre au sein du découragement et des ténèbres ; se croyant prédestinés à d'incurables maux, ils voient du sang dans le soleil ; à leurs yeux la terre est une tombe, la tombe un enfer, et pour eux l'enfer est assombri encore.

XXXV.

Ferrare ! l'herbe croît dans tes larges rues, dont la symétrie ne fut pas faite pour la solitude ; on dirait qu'une malédiction pèse sur la résidence de tes souverains, sur cette antique maison d'Este, qui pendant si longtemps maintint sa domination dans tes murs ; sur ces princes, tour à tour, et selon les caprices d'un despotisme étroit, protecteurs ou tyrans des hommes ceints du laurier que le front du Dante seul avait porté avant eux.

XXXVI.

Le Tasse est tout à la fois leur gloire et leur honte! Écoutez ses accents, puis allez visiter sa cellule! Voyez de quel prix Torquato a payé sa gloire! Voyez le séjour qu'Alfonse assigna à son poëte. Le misérable despote ne put réussir à courber le génie outragé dont il voulut éteindre le flambeau; en vain il le plongea dans un enfer où il l'environna de maniaques, son immortelle gloire dissipa les nuages, et aujourd'hui ce nom

XXXVII.

Est entouré des larmes et des hommages des siècles ; pendant que le tien, Alfonse, pourrirait dans l'oubli, et se perdrait dans l'ignoble poussière et le néant où est descendue ta race orgueilleuse, si tu ne formais dans la destinée du poëte un anneau qui nous oblige à penser à ta perversité impuissante. Alfonse! comme nos mépris accompagnent ton nom! comme ils te dépouillent de toute ta magnificence ducale! Né dans un autre rang, c'est à peine si tu aurais été digne de servir d'esclave à celui que tu as fait gémir.

XXXVIII.

Toi! né pour manger, être méprisé, puis mourir comme meurent les brutes, auxquelles tu ressemblais, si ce n'est que ton auge était plus splendide, et plus vaste ton étable; *Lui*! le front ridé par les chagrins, mais ceint d'une gloire qui rayonnait alors et brille encore aujourd'hui à la face de tous ses ennemis, de la bande de la Crusca et de ce Boileau, envieux acharné, s'efforçant d'abaisser tout ce qui faisait honte à la lyre discordante de sa patrie, lyre de laiton aux sons monotones et par qui les dents sont agacées.

XXXIX.

Paix à l'ombre outragée de Torquato! Vivant ou mort, sa destinée fut de servir de but à la haine et à ses flèches empoisonnées, dont aucune ne l'atteignit! O triomphateur! aucun chantre moderne ne t'a surpassé. Chaque année amène à la vie des milliers d'hommes; mais combien de temps l'océan des générations roulera ses vagues, sans que toute cette multitude innombrable réunie nous offre un génie comme le tien ? En condensant tous ces rayons épars, on n'en formera pas un soleil.

XL.

Tout grand que tu es, tu as des égaux dans tes devanciers, dans tes compatriotes, les chantres de l'Enfer et de la Chevalerie : le premier, c'est le barde toscan, l'auteur de la *Divine Comédie* : l'autre est le digne rival du Florentin, le Scott du Midi, le ménestrel dont la baguette magique sut créer un monde nouveau, et, comme l'Arioste du Nord, chanter la guerre et l'amour, la dame et les preux chevaliers.

XLI.

La foudre arracha du front de l'Arioste le laurier de fer dont il était couronné, et la foudre eut raison ; car la couronne tressée par la gloire appartient à l'arbre que respecte le feu du ciel, et cette trompeuse imitation ne faisait que déparer le front du poëte : si toutefois la superstition s'en afflige, qu'elle sache qu'ici-bas la foudre sanctifie tout ce qu'elle a frappé : — cette tête est maintenant doublement sacrée.

XLII.

Italie ! ô Italie ! toi qui as le don fatal de la beauté, devenu pour toi un douaire funèbre dans le présent et le passé, sur ton front charmant la honte a creusé de douloureux sillons, et tes annales sont gravées en caractères de flamme. Hélas ! dans ta nudité que n'es-tu moins belle, ou que n'es-tu assez forte pour revendiquer tes droits, et rejeter de ton sol les brigands qui viennent en foule répandre ton sang et boire les larmes de ta détresse !

XLIII.

Alors, ou tu inspirerais un salutaire effroi, ou, éveillant moins de désirs, tu coulerais des jours humbles et paisibles, et nous n'aurions pas à déplorer tes charmes funestes; alors les Alpes ne vomiraient pas dans tes plaines des torrents armés; les hordes hostiles de vingt nations spoliatrices ne viendraient pas se désaltérer dans les eaux sanglantes du Pô ; le glaive de l'étranger ne serait pas la seule et triste défense, et, victorieuse ou vaincue, tu ne deviendrais pas l'esclave de tes amis ou de tes ennemis [6].

XLIV.

Dans les voyages de ma jeunesse, j'ai parcouru l'itinéraire de ce Romain, l'ami de la plus haute intelligence de Rome, l'ami de Tullius [7] : pendant que mon navire, poussé par une fraîche brise, rasait le brillant azur des flots, je vis Mégare en face de moi ; derrière était Égine, le Pirée à ma droite, à ma gauche Corinthe. Penché sur la proue, je contemplai cet ensemble de ruines, placé là devant moi, tel que son aspect douloureux avait jadis frappé ses regards ;

XLV.

Car ces ruines, le Temps ne les a pas relevées ; seulement à leurs côtés s'élevaient çà et là des habitations barbares, qui font qu'on environne de plus de regret et d'amour les chétifs et derniers rayons de leur splendeur au loin dispersée, et les débris mutilés de leur grandeur évanouie. Le Romain, dans son temps, vit ces tombes, ces sépulcres de cités qui excitent une douloureuse admiration ; et sur une page que les siècles nous ont transmise, il a consigné la leçon morale tirée de son pèlerinage.

XLVI.

Cette page est maintenant devant moi, et sur la mienne les ruines de *sa* patrie viennent s'ajouter à la masse des états expirés dont il déplorait le déclin, et moi la désolation. Toutes les ruines d'alors existent encore ; et maintenant, hélas ! Rome, la Rome impériale, abattue par l'orage, est couchée dans la même poussière et les mêmes ténèbres ! et nous passons devant le squelette de sa figure titanique [8], débris d'un autre monde, et dont les cendres sont encore chaudes !

XLVII.

Et cependant, Italie ! le bruit de tes humiliations doit retentir et retentira chez toutes les nations du globe ; reine des beaux-arts, comme autrefois de la guerre, alors ta main nous protégeait, et elle nous guide encore ; mère de notre religion, devant qui les nations se sont agenouillées pour obtenir les clefs du ciel! l'Europe, repentante de son parricide, peut te délivrer encore, et, refoulant les flots des Barbares, elle obtiendra de toi le pardon de ses torts.

XLVIII.

Mais l'Arno nous appelle aux blanches murailles où l'Athènes de l'Étrurie réclame et obtient un intérêt plus doux pour ses magiques palais. Au milieu de son amphithéâtre de collines, elle recueille ses blés, ses vins, ses huiles; et là, tenant en main sa corne pleine, l'Abondance bondit, joyeuse et vive. Sur les rives où l'Arno promène en souriant ses ondes, le Commerce donna naissance au luxe moderne, et la Science, sortant de son tombeau, vit luire pour elle une nouvelle aurore.

XLIX.

C'est là que Cythérée aime encore sous le marbre, et remplit de sa beauté l'atmosphère qui l'entoure : en la contemplant dans cet aspect plus doux que l'ambroisie, nous aspirons une portion de son immortalité; le voile des cieux est à demi soulevé; nous restons immobiles sous le charme; dans les contours de ce beau corps, dans les traits de ce visage, nous voyons ce que peut produire le génie de l'homme là où défaillirait même la Nature; et nous envions à l'antiquité son enthousiasme idolâtre, et la flamme innée qui a pu inspirer un tel chef-d'œuvre.

L.

Nous regardons, puis nous détournons la tête sans savoir où, éblouis et enivrés de tant de beauté, jusqu'à ce que le cœur s'égare dans l'excès de son admiration; là, — là pour toujours, — enchaînés au char de l'Art triomphant, nous sommes ses captifs, et ne pouvons nous résoudre à nous éloigner. Ah! nous n'avons pas besoin des termes scientifiques, pitoyable jargon des marchands de marbre à l'aide duquel le pédantisme prend la sottise pour dupe; — nous avons des yeux, du sang, des artères, un cœur, qui confirment le choix du berger dardanien.

LI.

N'est-ce pas sous cette forme, ô Vénus! que tu apparus

à Paris, ou à Anchise plus fortuné encore? Où est-ce ainsi que, dans tout l'éclat de la divinité, tu vois à tes pieds ton vaincu, le dieu de la guerre? Appuyé sur tes genoux, ses yeux tournés vers toi regardent ton visage comme un astre, et se repaissent[9] du céleste incarnat de tes joues, pendant que de tes lèvres, comme d'une urne, coule une lave de baisers brûlants sur ses paupières, sur son front, sur sa bouche.

LII.

Enivrés, et plongés dans l'extase d'un muet amour, ne trouvant pas même dans toute leur divinité de quoi exprimer ou accroître le sentiment dont le cœur est plein, les dieux deviennent de simples mortels, et l'homme compte dans sa destinée des instants comparables aux plus brillants de la leur; mais bientôt l'argile terrestre revient peser sur nous de tout son poids; — n'importe; nous pouvons rappeler ces visions, et, avec le passé ou le possible, créer des formes rivales de cette statue, et images des dieux sur la terre.

LIII.

Je laisse au savant, au connaisseur, à l'artiste et à celui qui le singe, le soin de faire comprendre à notre ignorance la grâce de cette courbe, la volupté de ce contour; que ces gens-là décrivent ce qui est indécrivable! Je ne veux pas que leur souffle fétide ternisse l'onde limpide où pour toujours se réfléchira cette image, miroir fidèle et pur du rêve le plus ravissant que le ciel ait fait luire sur l'âme recueillie.

LIV.

Dans l'enceinte sacrée de Santa-Croce reposent des cendres qui la rendent plus sacrée encore, et qui seraient à elles seules un gage d'immortalité, quand même il ne resterait que le souvenir du passé et cette poussière, reste d'esprits sublimes maintenant rentrés dans le chaos : ici sont déposés les ossements de Michel-Ange, d'Alfieri et les tiens, ô Galilée! amant malheureux des étoiles; ici l'argile de Machiavel retourna à la terre d'où elle avait été tirée.

LV.

Voilà quatre génies qui, comme les quatre éléments, suffiraient à la création d'un monde. Italie! le temps qui a déchiré en mille endroits ton manteau impérial, refusera et a refusé à toute autre contrée la gloire d'enfanter des grands hommes du sein même de ses ruines. Il y a jusque dans ta décadence je ne sais quelle divinité qui la dore et la rajeunit de ses rayons; ce qu'étaient autrefois les grands hommes, Canova l'est aujourd'hui.

LVI.

Mais où reposent les trois enfants de l'Étrurie, le Dante, Pétrarque, et, presque leur égal, le barde de la prose, le génie créateur qui écrivit les *Cent Nouvelles* d'amour? Où ont-ils déposé leurs ossements, ces hommes qui ont mérité d'être distingués dans la mort, comme ils l'ont été dans la vie, de l'argile du commun des mortels? Sont-ils réduits en poussière, et les marbres de leur patrie n'ont-ils rien à nous apprendre sur leur compte? Ses carrières n'ont-elles pu fournir la matière d'un buste? N'ont-ils pas confié à son sein le dépôt de leur cendre filiale?

LVII.

Ingrate Florence! le Dante repose loin de toi, et comme Scipion, il a refusé sa cendre au rivage qui l'outragea. Tes factions, dans la fureur des discordes civiles, proscrivirent le barde dont le nom adoré sera à jamais et vainement environné des regrets de leurs enfants et de remords séculaires. Le laurier qui couronna le front vainqueur de Pétrarque à son heure suprême, avait grandi au loin sur un sol étranger; tu ne peux revendiquer ni sa vie, ni sa gloire, ni sa tombe vainement violée.

LVIII.

Mais sans doute Boccace a légué sa cendre à sa patrie! elle repose à côté de celle de ses grands hommes, et des voix harmonieuses et graves chantent l'hymne des morts sur celui à qui la Toscane doit sa langue de sirène, cette musique dont les intonations sont des chants, cette poésie parlée? Non;—l'hyène du bigotisme a renversé sa tombe; une place lui est même refusée parmi les morts obscurs : on ne veut pas que le passant l'honore d'un soupir qui s'adresserait à *lui*.

LIX.

Leur cendre illustre manque à Santa-Croce ; mais ils y brillent par leur absence même, comme autrefois, dans le cortége triomphal de César, l'image absente de Brutus n'en rappelait que mieux à Rome le plus vertueux de ses fils. Combien tu es plus heureuse, ô Ravenne! sur ton vieux rivage, dernier rempart de l'empire croulant, repose la cendre révérée de l'immortel exilé ; — Arqua aussi conserve avec un noble orgueil et un soin jaloux ses poétiques vestiges, pendant que Florence, les yeux en pleurs, redemande en vain les morts qu'elle a proscrits.

LX.

Que nous font sa pyramide de pierres précieuses, le porphyre, le jaspe, l'agate, les perles et le marbre de toutes couleurs où sont incrustés les ossements de ses ducs-marchands ? La rosée qui, étincelant à la clarté des étoiles, infuse une douce fraîcheur au gazon sous lequel dorment les morts de qui les noms sont comme des mausolées élevés par la Muse, est foulée avec plus de recueillement et de respect que le marbre qui recouvre la tête des rois.

LXI.

Aux rives de l'Arno, dans ce temple splendide des arts où la sculpture rivalise avec sa sœur à la palette variée, d'autres objets encore parlent au cœur et aux yeux; d'autres merveilles y brillent, mais ce n'est pas pour moi ; car j'ai accoutumé ma pensée à habiter avec la Nature dans les campagnes, plutôt qu'avec l'Art dans les galeries. Une œuvre divine obtient toujours l'hommage de mon âme; néanmoins elle en exprime moins qu'elle n'en ressent; car l'arme qu'elle manie

LXII.

Est d'une autre trempe; et je me sens plus à l'aise aux bords du lac de Trasimène, dans ces défilés fatals à la témérité romaine. Ici j'évoque le souvenir des ruses guerrières du Carthaginois, et son adresse à attirer ses ennemis entre les montagnes et la mer ; là succomba le courage réduit au désespoir ; là les torrents, grossis par des flots de sang, et devenus des rivières, sillonnèrent la plaine brûlante, au loin semée des débris des légions,

LXIII.

Semblables à une forêt abattue par les vents des montagnes ; et tel fut l'acharnement de ce combat, telle cette frénésie de la guerre qui ne laisse à l'homme de sensations que pour le carnage, qu'un tremblement de terre ne fut point remarqué par les combattants ! Personne ne s'aperçut que la nature chancelait sous ses pieds, et ouvrait un sépulcre pour ceux à qui leur bouclier servait de drap mortuaire : tant elle absorbe tout, la rage qui pousse les unes contre les autres les nations en armes !

LXIV.

La terre était pour eux comme une barque dont le rapide roulis les emportait vers l'éternité ; autour d'eux ils voyaient l'Océan, mais ils n'avaient pas le temps de remarquer les mouvements de leur navire ; les lois de la nature étaient suspendues en eux : ils ne ressentirent pas cette terreur qui règne partout alors que les montagnes tremblent, que les oiseaux, abandonnant leurs nids renversés, plongent au sein des nuages pour y trouver un refuge, que les troupeaux mugissants s'abattent sur la plaine onduleuse, et que l'épouvante de l'homme ne trouve point de voix.

LXV.

Bien différent est le tableau qu'offre aujourd'hui Trasimène : son lac est une nappe d'argent ; sa plaine n'est sillonnée que par la charrue pacifique ; ses arbres séculaires s'élèvent épais comme autrefois les cadavres entassés où sont maintenant leurs racines. Mais un ruisseau, à l'onde faible, au lit étroit, a emprunté son nom à la pluie de sang de cette fatale journée, et le *Sanguinetto* nous indique l'endroit où le sang des Romains abreuva la terre et teignit les eaux indiquées !

LXVI.

Mais toi, ô Clitumne! de ton onde charmante, le plus pur cristal où jamais la Naïade soit venue se mirer et baigner son beau corps sans voile, tu arroses tes rives herbeuses, où vient paître le blanc taureau; ô le plus pur des fleuves! que ton cours est limpide! que ton aspect est serein! sans doute le carnage ne profana jamais cette onde; elle a toujours servi de bain et de miroir aux jeunes beautés.

LXVII.

Près de ta rive fortunée, un temple aux proportions légères et délicates s'élève, pour consacrer ta mémoire, sur la pente douce de la colline; à ses pieds coule ton onde paisible; souvent on y voit bondir le poisson aux écailles brillantes, qui habite et se joue dans les profondeurs de ton cristal transparent; parfois un nénuphar, détaché de sa tige, fait voile et s'abandonne au courant de l'onde murmurante.

LXVIII.

Ne passez pas sans rendre hommage au génie de ce lieu! Si dans l'air un plus doux zéphyr vient rafraîchir votre front, c'est lui qui vous l'envoie; si sa rive s'embellit d'une plus riante verdure, si la fraîcheur de ces beaux lieux passe à votre cœur, si ce baptême de la Nature en efface pour un moment l'aride poussière d'une vie importune, c'est lui que vos prières doivent remercier de cette suspension de vos ennuis.

LXIX.

Entendez ces eaux qui mugissent! De ces hauteurs escarpées le Vélino s'élance dans le précipice qu'ont creusé ses flots! Imposante cataracte! Rapide comme l'éclair, la masse éblouissante écume et bondit dans l'abîme ébranlé! Véritable enfer des eaux, où la vague hurle et siffle au milieu des tortures d'une ébullition sans fin; la sueur d'agonie arrachée à ce nouveau Phlégéton s'attache en flocons aux noirs rochers qui, sur les bords du gouffre, lèvent un front horrible, inexorable.

LXX.

Elle monte en écume jusqu'au ciel, d'où elle redescend

en pluie continue. Ce nuage intarissable de douce rosée forme, pour le pays d'alentour, un avril perpétuel, et une verdure toujours fraîche y brille de l'éclat de l'émeraude. — Comme ce gouffre est profond! comme le gigantesque élément bondit de roc en roc! Dans le délire qui le transporte, il écrase les rochers qui, usés et fendus par ses terribles pas, laissent voir d'effroyables ouvertures à travers lesquelles

LXXI.

S'élance l'immense colonne d'eau; on la prendrait pour la source d'une jeune mer, arrachée au flanc des montagnes dans l'enfantement douloureux d'un monde nouveau; on ne soupçonnerait pas qu'elle donne naissance à des ondes pacifiques qui serpentent en murmurant dans la vallée : — tournez la tête! voyez-la s'avancer comme une Éternité qui va tout engloutir dans son cours, enivrant l'œil d'effroi, — cataracte sans égale,

LXXII.

Belle dans son horreur! mais suspendue sur cet abîme, au-dessous des rayons brillants du matin, de l'un à l'autre bord, Iris étend son arc radieux au sein de l'infernale tempête; on dirait l'Espérance assise au chevet d'un mourant; ses teintes n'ont point subi d'altération, et pendant qu'autour d'elle tout est agité par le délire des eaux, elle conserve sa sérénité, et l'éclat de ses couleurs n'en est point terni; on croirait voir, au milieu de cette scène de désolation, l'Amour suivant d'un œil calme et serein les transports de la Démence.

LXXIII.

Me voici de nouveau dans les forêts des Apennins, ces Alpes enfants, qui exciteraient mon admiration si déjà n'avait frappé mes regards l'aspect plus imposant des Alpes maternelles, où sur des rocs plus escarpés le sapin se balance, où rugit le tonnerre des avalanches; mais j'ai vu le Jungfrau lever son front couvert de neige, vierge de pas humains; j'ai vu de près et de loin les glaciers du Mont-Blanc; j'ai entendu les roulements de la foudre dans les montagnes de Chimari,

LXXIV.

Les anciens monts Acrocérauniens; j'ai vu sur le mont Parnasse voler les aigles, qui semblaient les génies de ce lieu, prenant leur essor vers la gloire, tant était grande la hauteur à laquelle ils s'élevaient; j'ai contemplé l'Ida avec les yeux d'un Troyen : l'Athos, l'Olympe, l'Etna, l'Atlas, ont diminué à mes regards l'importance de ces collines, à l'exception des cimes solitaires du Soracte, qui *maintenant* n'a point de neige, et a grand besoin de la lyre d'Horace

LXXV.

Pour le recommander à notre souvenir; il s'élève du milieu de la plaine comme une vague partie de loin, et qui, sur le point de se briser, reste un instant suspendue. Que d'autres interrogent leur mémoire, en exhument avec ravissement des citations classiques, et fassent redire aux échos des sentences latines; j'ai trop abhorré dans mon enfance l'ennuyeuse leçon apprise à contre-cœur, récitée mot pour mot, pour me plaire aux vers du poëte, et répéter avec plaisir

LXXVI.

Ce qui me rappelle la potion nauséabonde infligée chaque jour à ma mémoire. Vainement le progrès des années m'a enseigné depuis à méditer ce que j'avais appris; l'impatience de mon jeune âge a enraciné mes premiers dégoûts; ces chefs-d'œuvre ont perdu pour moi leur fraîcheur et leur charme avant que mon esprit pût goûter ce qu'il eût peut-être recherché de lui-même si on lui eût laissé la liberté de choisir; il est trop tard maintenant pour guérir mes antipathies, et ce qu'alors je détestais, aujourd'hui je l'abhorre.

LXXVII.

Adieu donc, Horace, toi que j'ai tant haï, non par ta faute, mais par la mienne; c'est un malheur que de comprendre, sans les goûter, les chants lyriques, que de connaître les vers sans les aimer. Et pourtant nul moraliste ne nous révèle avec plus de profondeur notre vie courte et chétive; nul poëte ne nous enseigne mieux les secrets de son art; nul ne manie avec plus d'enjouement les traits de la satire, pénétrant la conscience, et, sans blesser notre cœur, y éveillant une émotion salutaire. Et cependant adieu. Je te quitte sur la cime du mont Soracte.

LXXVIII.

O Rome! ô ma patrie! ô cité de l'âme! les orphelins du cœur doivent se tourner vers toi, mère solitaire d'empires expirés! ils apprendront alors à renfermer dans leur sein leurs chétives douleurs. Que sont nos maux et nos souffrances? Venez voir les cyprès, entendre le hibou, et frayer votre chemin à travers les débris des trônes et des temples, vous dont les tourments sont des malheurs d'un jour! — un monde est à vos pieds, aussi fragile que votre poussière!

LXXIX.

La Niobé des nations! la voilà debout! Mère sans enfants, reine découronnée, muette dans sa douleur, ses mains flétries tiennent une urne vide dont les siècles ont dispersé au loin la cendre sacrée; la tombe des Scipions ne renferme point maintenant leur poussière; les sépulcres mêmes sont veufs de leurs héroïques habitants. Vieux Tibre! tu continues à couler à travers un désert de marbre; lève-toi! et de tes vagues jaunes fais un voile à sa détresse.

LXXX.

Le Goth, le chrétien, le temps, la guerre, l'inondation, l'incendie, ont abaissé tour à tour l'orgueil de la cité aux sept collines; elle a vu les étoiles de sa gloire s'éteindre une à une, et les rois barbares fouler sous les pieds de leurs chevaux la route par laquelle le char des triomphateurs montait au Capitole; temples et tours se sont écroulés sans laisser de trace : — chaos de ruines! qui se reconnaîtra au sein de ce vide, et, éclairant d'un pâle rayon ces fragments obscurs, dira : « Là était, là est, » alors que partout règne une double nuit?

LXXXI.

La double nuit des siècles et de l'Ignorance, fille de la Nuit, a enveloppé et enveloppe encore tout ce qui nous entoure; là on ne marche qu'en tâtonnant. L'Océan a sa carte, les astres ont la leur, et la science les déroule dans son vaste giron; mais Rome est un désert où nous n'avançons qu'à l'aide de souvenirs qui souvent nous égarent ; parfois nous battons des mains et nous écrions : « *Eureka!* » Nous croyons découvrir quelque chose, et nous n'avons devant nous qu'un mirage trompeur de ruines.

LXXXII.

Hélas ! où est-elle la cité superbe? Où sont les trois cents triomphes [10], et le jour où le poignard, dans la main de Brutus, surpassa en gloire l'épée du conquérant? Qu'est devenue la voix de Tullius, la lyre de Virgile, le burin éloquent de Tite-Live? Mais Rome revit dans les écrits de ces trois hommes; tout le reste — est mort. Malheur à notre terre! nous ne reverrons plus dans son regard l'éclat dont il brillait alors que Rome était libre !

LXXXIII.

O toi, dont le char roulait sur la route de la Fortune, victorieux Sylla! toi qui commenças par vaincre les ennemis de ton pays avant d'écouter la voix de ta colère et de venger tes injures ; toi qui laissas s'accumuler la mesure de tes ressentiments jusqu'à ce que tes aigles planassent sur l'Asie abattue ; — toi qui d'un regard anéantissais des sénats, — toi qui fus Romain encore, malgré tous tes vices, car avec une sérénité expiatoire tu déposas plus qu'une couronne terrestre, —

LXXXIV.

Le laurier dictatorial, aurais-tu pu deviner à quelles chétives proportions serait réduit un jour ce qui faisait de toi plus qu'un mortel, et que Rome serait jetée si bas par d'autres que par des Romains, elle qui était proclamée éternelle, dont les guerriers ne s'armaient que pour vaincre ; elle qui couvrait la terre de son ombre superbe, et dont les ailes déployées touchaient aux deux bouts de l'horizon ; — elle, enfin, qu'on saluait du nom de toute-puissante?

LXXXV.

Le premier des victorieux, ce fut Sylla ; mais notre Sylla, Cromwell, fut le plus sage des usurpateurs : lui aussi il balaya devant lui des sénats, pendant que sa hache, équarrissant le trône, en faisait un billot. — Immortel rebelle ! Voyez ce qu'il en coûte de crimes pour être libre un moment et vivre dans la postérité! Mais sa destinée recèle une grande leçon morale : l'anniversaire de deux victoires le vit mourir; le jour où il avait conquis deux royaumes le vit, plus heureux, rendre le dernier souffle.

LXXXVI.

Le *trois septembre,* qui l'avait fait roi, sauf la couronne, le fit doucement descendre du trône de la Force, et rendit son argile à la terre maternelle. La Fortune, en cette occasion, n'a-t-elle pas montré que la gloire, la puissance, tout ce que nous prisons le plus et que nous poursuivons à travers tant de fatigues, tout cela est à ses yeux un bien moins précieux que la tombe? Si nous pensions comme elle, que la destinée de l'homme serait différente!

LXXXVII.

Et toi, statue imposante qui subsistes encore dans les formes austères d'une majestueuse nudité; toi qui, au milieu des cris des meurtriers, vis tomber à tes pieds César sanglant, César s'enveloppant des plis de sa toge pour mourir avec dignité, victime offerte en holocauste sur tes autels par la reine des dieux et des hommes, la puissante Némésis! Est-il mort en effet, et toi, Pompée, aussi? Qu'avez-vous été tous deux? Vainqueurs de rois sans nombre, ou simples marionnettes de théâtre?

LXXXVIII.

Et toi que la foudre a frappée, nourrice de Rome! louve, dont les mamelles de bronze semblent verser encore le lait de la victoire dans cette enceinte où, monument de l'art antique, tu apparais à nos regards; mère au cœur fort! le grand fondateur des Romains puisa son courage à ta sauvage mamelle; sillonnée par le feu céleste de Jupiter, et les membres noircis encore par la foudre, — tu n'as donc point oublié tes devoirs de mère? tu veilles donc encore sur tes immortels nourrissons?

LXXXIX.

Oui! — Mais ceux que tu as nourris sont morts; ils ne sont plus, ces hommes de fer; on a bâti des villes avec les débris de leurs sépulcres. Imitateurs de ce qui causait leur effroi, les hommes ont versé leur sang; ils ont combattu et vaincu, et, plagiaires serviles des Romains, ils ont marché de loin dans la même voie; mais nul n'a élevé sa puissance à la même hauteur; nul, si on en excepte un homme orgueilleux qui n'est point encore dans la tombe, mais qui, vaincu par lui-même, est aujourd'hui l'esclave de ses esclaves. —

XC.

Dupe d'une fausse grandeur, espèce de César bâtard, il a suivi d'un pas inégal son antique modèle; car l'âme du Romain avait été jetée dans un moule moins terrestre; avec des passions ardentes, il avait un jugement froid et un immortel instinct qui rachetait les faiblesses d'un cœur tendre, mais intrépide; parfois c'était Alcide filant aux pieds de Cléopâtre, — mais bientôt, rendu à lui-même,

XCI.

Il venait, voyait, vainquait! Mais l'homme qui, traitant ses aigles comme des faucons dressés par le chasseur, leur apprit à fuir à la tête de ces bataillons gaulois qu'il avait tant de fois conduits à la victoire; l'homme dont le cœur était sourd, et semblait ne jamais s'écouter lui-même; cet homme-là était étrangement organisé. Il n'avait qu'une faiblesse, la dernière de toutes, — la vanité. — Il y avait de la coquetterie dans son ambition. — Il tendait — à quoi? Que voulait-il? Qu'il le dise lui-même!

XCII.

Il voulut être tout ou rien.—Ne pouvait-il pas attendre que la tombe lui assignât son niveau? Encore quelques années, et il eût irrévocablement partagé le destin des Césars que foulent nos pas : c'est donc pour en venir *là* que le conquérant élève ses arcs de triomphe! c'est pour cela que le monde est inondé comme autrefois d'un déluge de sang et de larmes! déluge universel, où l'homme infortuné ne trouve point d'arche de salut, et dont les eaux ne baissent que pour déborder encore! Grand Dieu! envoyez-nous votre arc-en-ciel!

XCIII.

Quel fruit recueillons-nous de notre stérile existence? Nous avons des sens étroits, une raison fragile, une vie courte; la Vérité est une perle qui se plaît dans les profondeurs de l'Océan; toutes choses sont pesées dans l'injuste balance de la Coutume; l'Opinion est une reine toute-puissante dont le voile ténébreux enveloppe la terre : si bien que le bien et le mal ne sont que des accidents, et les hommes tremblent que leur jugement ne devienne trop éclairé, qu'on ne leur fasse un crime de leurs libres pensées, et que la terre n'ait trop de lumière.

XCIV.

Et c'est ainsi qu'ils végètent dans l'inertie et la misère, pourrissent de père en fils et de siècle en siècle, orgueilleux de leur nature avilie, et meurent en léguant leur démence héréditaire à la race nouvelle des esclaves à venir; ceux-là combattront à leur tour pour le choix des tyrans: plutôt que d'être libres, ils verseront leur sang comme des gladiateurs, dans la même arène déjà couverte des cadavres de leurs frères, jonchée des feuilles du même arbre.

XCV.

Je ne parle pas des croyances de l'homme. — C'est une question qui reste entre l'homme et son Créateur. — Je parle de choses avérées, patentes et publiques; — de choses dont chaque jour, chaque heure est témoin. — Je parle du double joug qu'on nous impose, des intentions avouées par la Tyrannie, de l'édit fulminé par les rois de la terre, devenus les copistes de celui qui naguère humilia leur orgueil et les réveilla en sursaut sur leur trône, homme couvert d'une immortelle gloire si à cela se fût borné son bras puissant.

XCVI.

Les tyrans ne peuvent-ils donc être vaincus que par des tyrans? La Liberté ne pourra-t-elle trouver un champion et un fils semblable à celui que la Colombie vit apparaître alors que, nouvelle Pallas, elle naquit toute armée, vierge courageuse et pure? Ou de telles âmes ne croissent-elles que dans le désert, dans les profondeurs des antiques forêts, auprès des cataractes mugissantes, sur cette terre où la Nature, mère affectueuse, sourit à Washington enfant? La terre ne renferme-t-elle plus dans son sein de telles semences, ou l'Europe de tels rivages?

XCVII.

Mais la France s'enivra de sang pour vomir le crime, et ses saturnales ont été funestes à la cause de la Liberté; elles le seront dans tous les siècles et dans tous les climats; car les jours de sang dont nous avons été témoins, le mur de diamant élevé par l'Ambition entre l'homme et ses espérances, et le drame honteux joué dernièrement sur la scène du monde, sont devenus le prétexte d'une oppression éternelle, qui dépouille de sa fleur l'arbre de la vie, et condamne l'humanité au pire des destins, — à une seconde chute.

XCVIII.

Néanmoins, ô Liberté! ta bannière en lambeaux continue à flotter; et, pareille à la foudre, elle s'avance *contre* le vent; le clairon de ta voix, aujourd'hui affaiblie et mourante, retentira plus fort après la tempête. Ton arbre a perdu ses fleurs; son écorce, mutilée par la hache, semble rude et flétrie; mais il a conservé sa sève, et ses semences sont déposées profondément jusque dans le sol du Nord; attendons; un printemps meilleur amènera des fruits moins amers.

XCIX.

Il est une vieille tour ronde et d'un style sévère, forte comme une citadelle [11]; ses remparts de pierre suffiraient pour arrêter la marche d'une armée. Elle s'élève solitaire, munie encore de la moitié de ses créneaux, avec le lierre qui la couvre depuis deux mille ans, guirlande de l'Éternité, qui jette sur les débris du temps la parure de son vert feuillage. — Qu'était cette forteresse? Quel trésor est enfoui et caché dans ses caveaux? — Le tombeau d'une femme.

C.

Mais qui était-elle, cette reine des morts qui a un palais pour tombe?. Fut-elle chaste et belle, digne de la couche d'un roi, — ou plus encore, — d'un Romain? De quelle race de guerriers et de héros fut-elle mère? A quelle fille transmit-elle sa beauté? Comment a-t-elle vécu? — Comment a-t-elle aimé? Comment est-elle morte? Est-ce pour consacrer la mémoire d'une destinée plus que mortelle, qu'on l'a ainsi honorée et déposée dans cette magnifique sépulture, où n'oseraient pourrir de vulgaires dépouilles?

CI.

Fut-elle de celles qui aiment leur époux, ou de celles qui aiment l'époux d'un autre? car il s'est trouvé de ces femmes-là, même dans les temps antiques, si nous en croyons les annales de Rome. Eut-elle la gravité de Cornélie, ou l'air léger de la gracieuse reine d'Égypte? Aima-t-elle le plaisir? — ou lui fit-elle la guerre, inébranlable dans sa vertu? Inclina-t-elle aux tendres sentiments du cœur, ou, plus sage, refusa-t-elle d'admettre l'amour dans ses douleurs? — Car les affections sont ainsi.

CII.

Peut-être qu'elle mourut jeune; peut-être qu'elle succomba sous des chagrins bien plus lourds que la tombe colossale qui pèse sur sa cendre légère. Un nuage s'étendit sur sa beauté; la tristesse empreinte dans son œil noir annonça par avance le destin que le ciel réserve à ceux qu'il aime, — une mort prématurée; et cependant le soir de sa vie s'embellit de l'éclat du soleil couchant, clarté maladive, hespérus des mourants, qui imprime à la joue fanée le rouge de la feuille d'automne.

CIII.

Peut-être aussi qu'elle mourut âgée; — après avoir survécu à tout, à ses charmes, à ses proches, à ses enfants. — Les longues tresses de ses cheveux blancs lui rappelaient encore quelque chose de l'époque où leurs boucles élégantes faisaient son orgueil, où l'éclat de sa beauté attirait sur elle l'envie, l'admiration et les regards de Rome. Mais où s'égarent nos conjectures! — Tout ce que nous savons, c'est que Métella est morte l'épouse du plus riche des Romains; et voilà le monument que lui a élevé l'orgueil ou l'amour de son époux !

CIV.

O tombe! je ne sais pourquoi, mais en restant ainsi près de toi, je me figure que j'ai connu celle que tu recouvres, et le passé me revient en mémoire. Une harmonie connue arrive jusqu'à moi; seulement, le ton en est changé et solennel, comme lorsque le vent nous apporte le prolongement lointain du tonnerre expirant. Je suis tenté de m'asseoir à côté de cette pierre tapissée de lierre, et d'y rester jusqu'à ce que mon imagination échauffée ait donné un corps à mes pensées, et évoqué des formes du sein de ces flottants débris du naufrage des temps ;

CV.

Jusqu'à ce qu'avec les planches éparses sur les rochers, elle m'ait construit une nacelle d'espérance pour affronter une fois encore l'Océan, et le choc des vagues bruyantes, et le mugissement sans fin qui assiége la rive solitaire où est venu échouer tout ce qui m'était cher. Mais lors même que des débris de la tempête je parviendrais à me construire une barque grossière, où tournerais-je ma proue? A l'exception de ce qui est ici, il n'est point de patrie, d'espérance, de vie qui puisse me sourire.

CVI.

Que les vents hurlent donc! leur harmonie me bercera, tempérée la nuit par le cri des hiboux, tel que je l'entends maintenant à travers l'ombre qui commence à s'étendre sur la demeure de ces oiseaux des ténèbres ; ils se répondent les uns aux autres sur le mont Palatin; ouvrant de grands yeux gris et brillants, et battant des ailes. — En un tel lieu, que sont nos chétives douleurs? Je ne saurais compter les miennes.

CVII.

Le cyprès, le lierre et le violier entrelacés en masse compacte, des buttes de terre amoncelées où furent jadis des appartements, des arceaux écroulés, des fragments de colonnes, des voûtes comblées, des fresques dans des souterrains humides où les hiboux viennent chercher les ténèbres de la nuit : — sont-ce des temples, des bains, des salles? Prononce qui pourra; tout ce que les recherches de la Science lui ont fait découvrir, c'est que ce sont des murs. — Voilà le mont impérial! Ainsi tombent les puissants.

CVIII.

C'est là la moralité de toutes les histoires; c'est l'éternelle répétition du passé. D'abord la liberté, puis la gloire; — après elle, la richesse, le vice, la corruption; — enfin la barbarie. Et l'histoire, avec tous ses vastes volumes, n'a qu'*une seule* page; — et c'est ici surtout qu'il faut la lire, ici où la Tyrannie fastueuse accumula tous les trésors, toutes les délices que pouvaient désirer les yeux, les oreilles, le cœur, l'âme, toutes les jouissances exprimables. — Mais arrière les paroles; approchez!

CIX.

C'est de l'admiration qu'il faut ici, — c'est de l'enthousiasme, — du mépris, — du rire, — des larmes; — car ici il y a place pour tous ces sentiments divers. — Homme, balancier suspendu entre un sourire et une larme, des siècles et des empires sont entassés dans cet espace; cette montagne aplanie soutenait une pyramide de trônes, et les insignes de la gloire la couronnaient d'un tel éclat, que les feux du soleil y puisaient une splendeur plus vive! Où sont maintenant ses palais d'or? Où sont ceux qui osèrent les construire?

CX.

Tullius fut moins éloquent que toi, colonne sans nom, dont la terre recouvre la base! Où sont les lauriers qui paraient le front de César? Couronnez-moi avec le lierre de sa tombe. A qui assignerons-nous cet arc-de-triomphe ou cette colonne que j'ai devant moi? A Titus? A Trajan? Non, — mais au Temps : trophées, colonnes, il déplace tout en se jouant; la statue d'un apôtre s'installe sur l'urne impériale où des cendres dormaient, sublimes,

CXI.

Dans leur sépulture aérienne, sous le ciel bleu de Rome,

voisines des étoiles; l'esprit qui les animait était digne du séjour des astres. Il fut le dernier qui donna des lois à la terre entière, au monde romain ; nul après lui ne soutint ce fardeau, nul ne conserva ses conquêtes. Il fut plus qu'un Alexandre; exempt d'intempérance, pur du sang de ses amis, son front serein brilla sur le trône de toutes les vertus. — Aujourd'hui encore le nom de Trajan est adoré.

CXII.

Où est la colline des triomphes, le haut lieu où Rome embrassait ses héros? Où est la roche Tarpéienne, digne terme où venait aboutir la trahison, promontoire d'où le traître précipité guérissait son ambition? Est-ce bien ici que les vainqueurs déposaient leurs dépouilles? Oui; et là-bas, dans cette plaine, dorment mille ans de factions réduites au silence. Voilà le Forum qu'ont illustré tant d'immortels accents ; — dans l'air éloquent, la parole de Cicéron respire encore!

CXIII.

Champ de bataille où régnèrent la liberté, les factions, la gloire et le carnage : là s'exhalèrent les passions d'un peuple fier, depuis la première heure de sa domination naissante jusqu'au jour où le monde n'offrit plus rien à conquérir; mais, longtemps avant cette époque, la Liberté s'était voilé le visage, et l'Anarchie avait usurpé ses attributs ; jusqu'au jour où un soldat audacieux pût impunément fouler aux pieds un sénat d'esclaves muets, ou acheter les voix vénales de lâches plus vils encore.

CXIV.

Détournons nos regards de tous ces tyrans, et reportons-les vers le dernier tribun de Rome, vers toi qui voulus effacer de son front des siècles de honte, — toi, l'ami de Pétrarque, — l'espoir de l'Italie, Rienzi! le dernier des Romains! Tant qu'il poindra une feuille sur le tronc flétri de l'arbre de la Liberté, qu'elle serve à décorer la tombe de l'orateur du Forum,— du chef du peuple,— de ce nouveau Numa,— dont le règne, hélas! fut trop court.

CXV.

Égérie! douce création d'un mortel qui, pour reposer sa tête, n'a rien trouvé sur la terre d'aussi beau que ton sein idéal, qui que tu sois, ou aies été, — jeune aurore aérienne, nymphe imaginaire d'un amant au désespoir; ou peut-être beauté terrestre, objet des hommages d'un adorateur au-dessus du commun des hommes; où que tu aies pris naissance, tu fus une belle pensée revêtue d'une forme charmante.

CXVI.

La mousse de ta fontaine est encore arrosée par ton onde pure, ton onde élyséenne. Ta grotte protége le cristal limpide dont la surface, que n'ont point ridée les ans, réfléchit le doux génie de ce lieu; les œuvres de l'art ne défigurent plus cette verte et sauvage rive; tes ondes délicates ne dorment plus emprisonnées dans le marbre; elles jaillissent doucement, avec un suave murmure, de la base de la statue brisée, et serpentent çà et là; la fougère et le lierre

CXVII.

Rampent entrelacés dans un beau désordre; les arbres en fleurs couvrent comme d'un vêtement les collines verdoyantes; le lézard aux yeux vifs frétille dans le gazon, et les chants des oiseaux de l'été saluent votre passage; des fleurs aux fraîches couleurs, aux genres variés, semblent vous conjurer de suspendre votre marche, et leurs mille teintes forment comme une vaste féerie qui danse au souffle de la brise; la violette odorante, caressée par le souffle du ciel, semble dans ses yeux bleus réfléchir son azur.

CXVIII.

C'est ici, dans cette retraite enchantée, que tu habitas, Égérie! ici que battait ton cœur céleste en entendant de loin les pas de ton mortel adorateur; minuit étendait son dais étoilé sur ces mystérieuses entrevues, et t'asseyant auprès de ton bien-aimé, qu'arrivait-il alors? Cette grotte semble formée exprès pour recevoir une déesse amoureuse, pour servir d'asile à un saint amour, — le plus ancien de tous les oracles.

CXIX.

As-tu donc, en effet, répondant à sa tendresse, uni un cœur céleste à un cœur d'homme, et partagé avec d'immortels transports cet amour qui meurt comme il naît, avec un soupir ? Ton art a-t-il pu les rendre immortels, donner la pureté du ciel aux joies de la terre, sans émousser le dard lui ôter son venin, — cette satiété qui détruit tout, — et déraciner de l'âme les herbes homicides qui l'encombrent ?

CXX.

Hélas ! nos jeunes affections s'épanchent en pure perte, ou ne fécondent qu'un désert : il n'en sort qu'un luxe funeste de plantes parasites, qu'une ivraie hâtive, gâtée au cœur bien que charmant la vue, que des fleurs dans le sauvage parfum desquelles nous ne respirons que des agonies, des arbres qui distillent du poison ; ce sont là les plantes qui naissent sous les pas de la Passion, alors qu'elle prend son vol dans le désert du monde, haletante et en quête de je ne sais quel fruit céleste interdit à nos vœux.

CXXI.

O Amour ! tu n'es point un habitant de ce monde : — séraphin invisible, nous croyons en toi ; c'est une religion qui a pour martyrs les cœurs brisés ; mais jamais l'œil nu ne t'a vu, jamais il ne te verra tel que tu dois être. L'esprit de l'homme t'a créé, comme il a peuplé les cieux, avec les rêves de son imagination et de ses désirs ; cette forme, cette image qu'il a donnée à une pensée, poursuit sans cesse l'âme altérée, — brûlante, — fatiguée, — torturée, — déchirée.

CXXII.

L'esprit languit amoureux de son propre ouvrage, et s'éprend d'une fiévreuse passion pour des créations mensongères : — où sont, où sont les formes qu'a saisies le génie du sculpteur ? Dans lui seul. La nature peut-elle rien montrer d'aussi beau ? Où sont les charmes et les vertus que nous imaginons dans la jeunesse, que nous poursuivons dans l'âge mûr, paradis que nous nous désolons de ne pouvoir atteindre, qui égare le pinceau et la plume, et désespère l'écrivain qui tente de le reproduire ?

CXXIII.

L'amour est un délire : — c'est la démence du jeune âge; mais le remède est encore plus amer; quand nous voyons s'évanouir l'un après l'autre les charmes dont nous avions revêtu nos idoles, quand nous ne voyons que trop clairement qu'elles n'avaient de mérite et de beauté que dans l'œuvre idéale de notre imagination, nous n'en continuons pas moins à rester sous le charme; nous nous sentons entraînés, et, après avoir semé le vent, nous recueillons la tempête; le cœur opiniâtre, une fois son alchimie commencée, se croit toujours à deux doigts du trésor qu'il convoite : — il n'est jamais plus riche que lorsqu'il touche à la misère.

CXXIV.

Nous nous flétrissons dès notre aurore, sans cesse haletants, — défaillants, — malades; notre but nous échappe, — notre soif n'est point étanchée, et cependant jusqu'au dernier moment, au bord même de notre tombe, un doux fantôme nous attire, image du bonheur que nous avons cherché dès le commencement; mais c'est trop tard, — et nous nous sentons doublement maudits. Amour, ambition, avarice, — tout cela est même chose, tout cela est illusoire, tout cela funeste, — également funeste ; — sous des noms différents, ce sont les mêmes météores, et la mort est la fumée sombre où s'évanouit leur flamme.

CXXV.

Il en est peu, — il n'en est point qui trouvent ce qu'ils aiment ou auraient pu aimer; le hasard, un contact aveugle, et l'impérieux besoin d'aimer, ont écarté des antipathies — qui reviendront bientôt, envenimées encore par des torts irrévocables : et la Circonstance, déesse stupide qui se méprend sans cesse, armée de sa baguette crochue, évoque et fait naître les maux qui nous menacent; l'Espérance, touchée par son talisman, tombe en poussière, — cette poussière que tous nous avons foulée.

CXXVI.

Notre vie est une fausse nature. — Il n'est pas dans l'harmonie des choses, ce cruel arrêt, ce stigmate indélébile du péché, cet immense upas, cet arbre dont l'ombre donne la mort, qui a pour racine la terre, pour feuillage et pour branches le ciel, d'où découle sur le genre humain une pluie de calamités, — la maladie, — la mort, — l'esclavage, — tous les maux que nous voyons, — et, plus cruels encore, tous ceux que nous ne voyons pas ; — blessures incurables qui palpitent dans l'âme, — douleurs toujours nouvelles que nous portons au cœur.

CXXVII.

Toutefois pensons hardiment : — c'est un lâche abandon de la raison que d'abdiquer notre droit de penser; c'est notre unique et dernier refuge; ce droit, du moins, je veux le conserver; en vain depuis notre naissance cette faculté divine est enchaînée, torturée, — claquemurée, bâillonnée, emprisonnée, élevée dans l'ombre, de peur que le jour de la vérité ne perce jusqu'à elle; un temps vient où la lumière, avant que nous soyons préparés à la recevoir, brille à nos regards d'un éclat trop vif; car le temps et la science guérissent la cécité.

CXXVIII.

Arcades sur arcades! On dirait que Rome, rassemblant tous les trophées de son histoire, a voulu réunir dans un seul monument tous ses arcs triomphaux ; c'est le Colysée; la lune semble un flambeau placé là exprès pour l'éclairer; il n'y a qu'une lumière divine qui soit digne de briller sur cette mine de méditations, mine longtemps explorée, toujours inépuisable; le sombre azur d'une nuit d'Italie, ce firmament dont les teintes

CXXIX.

Ont une voix et nous parlent du ciel, flotte au-dessus de ce vaste et merveilleux monument, et ombre sa gloire. Un sentiment respire dans les choses de la terre que le Temps a courbées, là où il a appuyé sa main, mais brisé sa faux; il y a dans les créneaux en ruine une puissance, une magie devant laquelle le moderne palais doit incliner sa magnificence, et attendre des siècles ce qu'eux seuls peuvent lui donner.

CXXX.

O Temps! qui embellis les morts, qui ornes les ruines; baume unique, seule consolation du cœur qui a saigné, réformateur de nos jugements erronés, seule pierre de touche de la vérité et de l'amour, — seul philosophe, car les autres ne sont que des sophistes, — toi dont la justice, bien que différée, trouve toujours son heure; ô Temps, qui nous venges! j'élève vers toi mes mains, mes yeux, mon cœur; accorde-moi une grâce!

CXXXI.

Au milieu de ces débris où tu t'es fait un temple, tout plein d'une divine tristesse, parmi des offrandes plus dignes de toi, j'ose apporter la mienne : ce sont les ruines de mes années, faibles en nombre, mais abondantes en vicissitudes. — Si jamais tu m'as vu trop présomptueux, ne m'entends pas; mais si j'ai porté avec calme la bonne fortune, et réservé ma fierté pour l'opposer à la haine, qui ne me vaincra jamais, fais que je n'aie pas vainement porté cet acier dans mon cœur. —Eux, ne pleureront-ils pas?

CXXXII.

Et toi, qui n'as jamais laissé impunies les injustices humaines, puissante Némésis! toi qui appelas les Furies du sein de l'abîme, et les envoyas hurler et siffler autour d'Oreste, en punition de la vengeance dénaturée infligée par son bras, vengeance qui eût été juste de la part d'une main moins chère; — dans cette enceinte où l'antiquité t'offrit longtemps ses hommages; — ici où tu as autrefois régné, je t'évoque du sein de ta poussière! N'entends-tu pas la voix de mon cœur? Éveille-toi! il le faut, tu le dois!

CXXXIII.

Ce n'est pas que les fautes de mes pères ou les miennes ne m'aient peut-être mérité la blessure dont je saigne intérieurement; et si une main juste me l'eût infligée, je la laisserais librement couler; mais la terre ne boira pas mon sang; c'est à toi que je le consacre. — Je te confie ma vengeance; l'occasion s'en présentera! et si je ne l'ai point exercée moi-même, par respect pour... — n'importe ; je dors, mais toi, tu veilleras.

CXXXIV.

Et si j'élève aujourd'hui ma voix, ce n'est pas que je recule devant la souffrance ; qu'il parle, celui qui m'a vu courber le front, ou qui a remarqué que les tourments de mon âme l'aient laissée plus faible. Mais je veux déposer ici un souvenir de moi.. Les paroles que je trace en ce moment ne se disperseront pas dans les airs, alors même que je ne serai plus que poussière ; l'avenir donnera satisfaction à la colère prophétique qui m'a dicté ces vers, et il est des têtes sur lesquelles pèsera le poids de ma malédiction !

CXXXV.

Ma malédiction sera de leur pardonner. — N'ai-je pas eu, — je l'en prends à témoin, ô terre ! ô ma mère ! et toi aussi, ô ciel ! — n'ai-je pas eu à lutter contre ma destinée ? N'ai-je point souffert des choses qu'il m'a fallu pardonner ? N'a-t-on pas desséché mon cerveau, déchiré mon cœur, sapé mes espérances, flétri mon nom, gaspillé la vie de ma vie ? Et si je n'ai pas été poussé jusqu'au désespoir, c'est que je n'étais pas complétement fait de l'argile qui pourrit dans les âmes de ceux au-dessus desquels je plane.

CXXXVI.

Depuis les plus graves outrages jusqu'aux petites perfidies, n'ai-je pas vu de quoi les êtres à face humaine sont capables? depuis l'effroyable rugissement de la calomnie écumante, jusqu'au chuchotement d'une vile coterie de reptiles distillant adroitement leur venin, Janus à double visage, qui, suppléant à la parole par le langage des yeux, savent mentir sans dire un mot, et à l'aide d'un haussement d'épaules ou d'un soupir affecté, font accepter à des sots leurs calomnies silencieuses [12] ?

CXXXVI.

Mais j'ai vécu, et n'ai pas vécu en vain : mon esprit peut perdre de sa force, mon sang de sa chaleur, mon corps peut succomber jusque dans ses efforts pour dompter la douleur ; mais il y a dans moi quelque chose contre lequel la douleur et le temps ne peuvent rien, quelque chose qui vivra quand je ne serai plus. Ce je ne sais quoi d'immatériel, auquel ils ne songent pas, semblable au souvenir des sons d'une lyre muette, planera sur leur âme attendrie ; et éveillera dans des cœurs aujourd'hui de marbre le tardif remords de l'amour.

CXXXVIII.

Le sceau est apposé. — Maintenant salut, redoutable divinité sans nom, mais toute-puissante, qui erres dans cette enceinte à l'heure sombre de minuit ! toi dont la présence inspire un recueillement bien différent de la crainte, tu te plais aux lieux où des murs croulants sont couverts de leurs manteaux de lierre, et tu donnes aux ruines un charme de solennité si intime et si profonde, que nous nous identifions avec ce qui a été, nous faisons partie du tableau dont nous devenons les invisibles témoins.

CXXXIX.

Ces lieux ont entendu le bourdonnement des nations empressées, le murmure de la pitié ou les acclamations bruyantes, au moment où l'homme tombait immolé par l'homme. Et pourquoi immolé ? pourquoi ? parce que tels étaient les lois du cirque sanglant et le bon plaisir impérial. — Pourquoi non ? Qu'importe, si nous devons servir de pâture aux vers, que nous tombions sur un champ de bataille ou dans un cirque ? Tous deux ne sont que des théâtres où pourrissent les principaux acteurs.

CXL.

Je vois le gladiateur étendu devant moi ; sa main soutient le poids de son corps ; son front mâle consent à la mort, mais dompte la douleur ; sa tête penchée s'affaisse par degrés ; à son flanc une large blessure laisse échapper une à une les dernières gouttes de son sang, pesantes comme les premières d'une pluie d'orage ; voilà maintenant que l'arène tourne autour de lui. — Il a cessé de vivre avant qu'ait cessé de retentir la clameur inhumaine qui salue le misérable vainqueur.

CXLI.

Il l'a entendue, mais il l'a dédaignée. — Ses yeux étaient

avec son cœur, et son cœur était bien loin. Il n'a point regretté la vie qu'il perdait, la victoire qui lui échappait : ses regards se reportaient vers sa hutte grossière, sur la rive du Danube ; *là* jouaient ses petits barbares, *là* était leur mère, l'épouse du Dace, — et lui, leur père, égorgé pour amuser les Romains ! — Tout cela traversait sa pensée pendant que coulait son sang ! — Sa mort restera-t-elle sans vengeance? Goths, levez-vous, et venez assouvir votre fureur !

CXLII.

Mais ici où le meurtre respirait la vapeur du sang ; ici où la foule des nations encombrait toutes les issues et mugissait ou murmurait comme le torrent des montagnes, selon que ses flots jaillissent ou serpentent ; ici où des millions de Romains rendaient, par leur approbation ou leur blâme, un arrêt de vie ou de mort, jeu cruel de la populace, ma voix seule retentit en ce moment ; — la faible lueur des étoiles ne tombe que sur une arène vide, — des gradins écroulés, — des murs affaissés, — et des galeries où le bruit de mes pas est répété par des échos sonores.

CXLIII.

Des ruines, — et quelles ruines ! de leurs débris on a construit des murs, des palais, presque des villes ; et cependant, quand on passe devant l'énorme squelette, on se demande ce qu'on a pu lui enlever. A-t-on dépouillé cette enceinte, ou l'a-t-on seulement déblayée? Hélas ! quand on approche du colossal édifice, la destruction étale aux regards ses blessures : elle ne supporte point la clarté du jour, dont l'éclat est trop brillant pour tous les objets que le temps et l'homme ont dévastés.

CXLIV.

Mais quand la lune, ayant atteint la plus haute des arcades, s'y arrête doucement ; quand les étoiles scintillent à travers les fentes des ruines, et que la brise nocturne balance silencieusement l'immense guirlande de lierre qui couronne les murs grisâtres, comme le laurier sur le front chauve du premier des Césars ; lorsque dans l'air brille une lumière douce et sereine dont la vue n'est pas éblouie, alors les morts s'élèvent dans cette magique enceinte : des héros ont foulé ce sol, c'est sur leur cendre que vous marchez.

CXLV.

« Tant que sera debout le Colysée, Rome sera debout: « quand tombera le Colysée, Rome tombera; et avec Rome tombera le monde. » Ainsi s'exprimaient, en présence de cette vaste maraille, les pèlerins d'Albion, du temps des Saxons, que nous appelons anciens; et ces trois choses mortelles sont encore sur leurs fondements, sans la moindre altération : Rome et sa ruine irrévocable, le monde, cette vaste caverne—de voleurs, ou de ce qu'on voudra.

CXLVI.

Simple, majestueux, sévère, austère, sublime ; — basilique de tous les saints, temple de tous les dieux, depuis Jupiter jusqu'à Jésus; monument que le temps a épargné et embelli; toi qui lèves un front tranquille, pendant qu'autour de toi les arcs de triomphe et les empires s'écroulent ou chancellent, et que l'homme, à travers une route d'épines, marche à la poussière du tombeau; — dôme glorieux! dois-tu durer toujours? Sur toi le temps a brisé sa faux, les tyrans leur verge de fer, — ô sanctuaire et patrie des arts et de la piété, Panthéon! orgueil de Rome!

CXLVII.

Monument de jours plus glorieux et de ce que l'art a de plus noble, dégradé, mais parfait encore, ton enceinte imprime à tous les cœurs un recueillement religieux; tu offres à l'art un modèle : pour celui que l'amour de l'antiquité conduit à Rome, la Gloire verse ses rayons à travers l'ouverture de ton dôme; pour les âmes religieuses, voilà des autels; et ceux qui honorent le génie peuvent reposer leurs regards sur les images des grands hommes dont les bustes les entourent.

CXLVIII.

Voici un cachot : à travers l'ombre obscure, qu'aperçois-je? Rien. Regardons encore! Deux ombres se dessinent lentement à ma vue. — Fantômes de l'imagination! Non, je les vois distinctement : — c'est un vieillard et une femme jeune et belle, fraîche comme une mère qui nourrit, et dans les veines de laquelle le sang se transforme en nectar. — Mais que fait-elle? Pourquoi ce sein découvert, cette mamelle blanche et nue?

CXLIX.

Un lait pur gonfle ces deux sources de vie, où *sur* le cœur et *dans* le cœur d'une femme nous avons puisé notre premier, notre plus doux aliment, alors que l'épouse, heureuse d'être mère, dans l'innocent regard de son enfançon ou dans le petit cri qu'arrache à sa lèvre agacée, non la douleur, mais un léger délai, aperçoit une joie que l'homme ne peut comprendre, et sur sa tige naissante voit poindre les feuilles de son jeune bouton. — Ce que le fruit sera plus tard, — je l'ignore : — Caïn était fils d'Ève.

CL.

Ici c'est à un vieillard que la Jeunesse offre pour aliment le lait qu'elle en a reçu : — c'est envers son père qu'elle acquitte la dette de sang contractée à sa naissance. Non, il ne mourra pas tant que dans ces veines chaudes et charmantes le feu de la santé et d'un sentiment sacré alimentera ce fleuve nourricier, ce Nil de la nature, auquel l'Égypte ne saurait comparer le sien. A ce sein affectueux bois la vie, ô vieillard ! le ciel même n'a pas de breuvage si doux.

CLI.

La fable de la Voie Lactée n'a pas la pureté de cette histoire : c'est une constellation dont les rayons sont plus doux ; et la sainte Nature triomphe bien plus dans ce renversement de ses lois que dans l'abîme étoilé où brillent des mondes lointains ! — O la plus sainte des nourrices ! nulle goutte de ce pur nectar ne se perdra : toutes iront au cœur de ton père, retournant à leur source pour y ramener la vie, comme nos âmes affranchies vont se réunir au grand Tout.

CLII.

Tournons-nous vers le môle d'Adrien, impérial plagiaire des pyramides de la vieille Égypte, copiste colossal de leur difformité ; Adrien dont le caprice, prenant les énormes constructions du Nil pour modèle, condamna l'artiste à bâtir pour des géants, et à élever cet édifice pour recueillir sa vaine poussière, sa cendre chétive. Comme le philosophe sourit de pitié en voyant à une œuvre aussi gigantesque une aussi mince origine!

CLIII.

Mais voici le dôme, — l'admirable et vaste dôme auprès duquel le temple de Diane ne serait qu'une cellule, — temple majestueux du Christ, élevé sur la tombe de son martyr! J'ai vu la merveille d'Éphèse : — ses colonnes étaient éparses dans le désert, l'hyène et le chacal s'abritaient à leur ombre; j'ai vu la coupole de Sainte-Sophie refléter sur sa masse brillante les rayons du soleil, et j'ai promené mes regards dans son enceinte sacrée pendant que l'usurpateur musulman y faisait sa prière.

CLIV.

Mais toi! entre tous les temples anciens et modernes, tu t'élèves seul et sans rival, sanctuaire digne du Dieu saint, du vrai Dieu. Depuis la ruine de Sion, alors que Jéhovah abandonna la cité de son choix, de toutes les constructions terrestres élevées à sa gloire, en est-il d'un aspect plus sublime? Majesté, puissance, gloire, force, beauté, tout est réuni dans cette arche éternelle du vrai culte.

CLV.

Entrez, vous n'êtes point accablé de sa grandeur; et pourquoi? Elle n'est point diminuée; mais votre âme, agrandie par le génie de ce lieu, a pris des proportions colossales, et ne peut se trouver à l'aise que dans le sanctuaire qui consacre les espérances de son immortalité; et vous, un jour viendra que, si vous en êtes jugé digne, vous verrez votre Dieu face à face comme vous voyez maintenant son *Saint des Saints*, et vous ne serez point anéanti par son regard.

CLVI.

Vous avancez ; — mais à chaque pas que vous faites, l'édifice s'élargit, comme une montagne élevée dont la hauteur semble croître à mesure que vous la gravissez. Sa gigantesque élégance vous faisait illusion. Le vaste édifice augmente, — en conservant la beauté de ses proportions ;—l'harmonie se joint à l'immensité; de riches marbres,—des tableaux plus riches encore,—des autels où brûlent des lampes d'or,—et ce dôme orgueilleux, édifice aérien qui rivalise avec les plus beaux monuments de la terre, bien que leurs fondements s'appuient sur un sol solide,—et qu'il semble, lui, appartenir à la région des nuages.

CLVII.

Vous ne voyez pas tout. Il faut décomposer ce grand tout, et contempler chaque partie séparément : de même que l'Océan creuse dans ses rivages mille sinuosités qui, toutes, méritent nos regards, de même ici il faut concentrer votre attention sur chaque objet isolé, maîtriser votre pensée jusqu'à ce que vous ayez gravé dans votre mémoire ses éloquentes proportions, et dérouler graduellement ce tableau glorieux que dès l'abord vous n'avez pu saisir dans son ensemble,

CLVIII.

Non par sa faute, mais par la vôtre : nos sens extérieurs ne peuvent percevoir les objets que progressivement. Nous ne pouvons trouver d'expression pour nos sentiments les plus intenses; de même cet imposant et resplendissant édifice trompe d'abord notre vue éblouie, et défie, par sa grandeur sans égale, la petitesse de notre nature, jusqu'à ce que, grandissant avec lui, notre âme s'élève peu à peu au niveau de l'objet qu'elle contemple.

CLIX.

Arrêtez-vous et instruisez-vous! il y a dans cet examen plus que la satisfaction de la surprise, plus que le recueillement inspiré par la sainteté du lieu, plus que l'admiration pour l'art et les grands maîtres qui élevèrent un monument supérieur à tout ce que le passé a jamais pu exécuter ou concevoir; la source du sublime découvre ici ses profondeurs; l'esprit de l'homme peut y puiser, en recueillir le sable d'or, et apprendre ce que peuvent les grandes conceptions du génie.

CLX.

Allons maintenant au Vatican, assister au spectacle de la douleur ennoblie dans les tortures de Laocoon; — allons-y voir la tendresse d'un père et l'agonie d'un mortel, réunies à la patience d'un dieu : — inutile est la lutte, inutile l'effort du vieillard contre les nœuds redoublés et la redoutable étreinte du dragon; la longue et venimeuse chaîne rive autour de lui ses vivants anneaux, — l'énorme reptile accumule douleur sur douleur et étouffe les cris de ses victimes.

CLXI.

Ou bien voyez le dieu à l'arc infaillible, le dieu de la vie, de la poésie et de la lumière, — le soleil sous la forme humaine! On lit sur son front radieux la victoire qu'il a remportée; la flèche vient d'être décochée, brillante de la vengeance d'un immortel : un beau dédain anime ses yeux et gonfle ses narines. La puissance et la majesté éclatent dans toute sa personne, et son seul regard nous révèle un dieu.

CLXII.

Mais ses formes délicates, — qu'on dirait rêvées dans la solitude par l'amour de quelque nymphe dont le cœur soupirait pour un immortel amant et s'absorbait dans cette vision; — ses formes expriment tout ce que notre imagination, dans son vol le plus aérien, a jamais pu créer de beauté idéale, alors que toutes les pensées étaient des envoyés du ciel, — des rayons d'immortalité rangés autour de nous en cercle étoilé, pour se réunir ensuite et réaliser l'image d'un dieu.

CLXIII.

Et s'il est vrai que Prométhée ait ravi au ciel le feu qui nous anime, il a acquitté notre dette, l'artiste au génie duquel ce marbre poétique a conféré une immortelle gloire; — si la main qui l'exécuta est mortelle, elle ne l'est pas, la pensée qui le conçut : le temps lui-même lui a donné une consécration sainte; il ne lui a pas réduit en poussière une seule boucle de sa chevelure; — les années n'ont point laissé sur lui leur empreinte, et il respire encore la flamme divine que mit en lui son auteur.

CLXIV.

Mais où est-il, le pèlerin héros de mon poëme, celui dont le nom présidait autrefois à mes chants? Il me semble qu'il

25.

est bien lent à se montrer. Il n'est plus : — voilà ses dernières paroles. Son pèlerinage est terminé, ses visions finies; il rentre lui-même dans le néant, — si toutefois on a jamais pu le classer parmi les êtres qui vivent et souffrent, s'il a jamais été autre chose qu'une création imaginaire. — N'en parlons plus; — son ombre se perd dans le gouffre de la destruction,

CLXV.

Qui enveloppe dans son redoutable linceul ombre, substance, vie, tout ce qui est notre partage ici-bas, et étend sur le monde ce grand voile noir à travers lequel toutes choses apparaissent comme des fantômes; et un nuage s'abaisse entre nous et tout ce qui a brillé, jusqu'à ce que la gloire elle-même n'est plus qu'un sombre crépuscule, et fait luire à peine une mélancolique auréole sur la limite des ténèbres; lueur plus triste que la plus triste nuit, car elle nous trouble la vue,

CLXVI.

Et nous envoie dans l'abîme nous enquérir de ce que nous serons quand notre être sera réduit à quelque chose de moins que sa misérable essence actuelle, et rêver de gloire, et effacer la poussière d'un vain nom que nous ne devons plus entendre; mais, ô pensée consolante! nous ne devons plus redevenir ce que nous avons été : c'est vraiment bien assez d'avoir porté une fois ce fardeau du cœur, — du cœur dont la sueur était du sang!

CLXVII.

Silence! Une voix s'élève de l'abîme! entendez-vous cette longue, sourde et effrayante clameur, pareille au murmure lointain d'une nation qui saigne d'une blessure profonde et incurable? Au milieu de l'orage et des ténèbres, la terre s'entr'ouvre béante; des fantômes nombreux voltigent sur le gouffre. Il en est un qu'on distingue de la foule; on dirait une reine, quoique son front soit découronné; elle est pâle, mais belle; dans sa douleur maternelle, elle étreint un enfant auquel son sein est inutile.

CLXVIII.

Fille des rois, où es-tu? Espoir de plusieurs nations, es-tu morte? La tombe ne pouvait-elle t'oublier, et prendre une tête moins majestueuse et moins chère? au milieu d'une nuit de douleur, lorsque, mère d'un moment, ton cœur saignait encore sur ton enfant, la mort fit taire pour jamais cette angoisse : avec toi se sont envolés et le bonheur présent et les espérances dont s'enivraient les îles impériales!

CLXIX.

L'épouse du laboureur devient mère sans danger pour sa vie; — et toi, qui étais si heureuse, si adorée! — Oh! ceux qui n'ont point de larmes pour les rois pleureront sur toi; la Liberté, dont le cœur est gros, oubliera toutes ses douleurs pour une seule; car elle a prié pour toi, et sur ta tête elle voyait son arc-en-ciel. — Et toi aussi, prince solitaire, désolé! — ton hymen devait donc être inutile! époux d'une année! père d'un mort.

CLXX.

Un cilice fut ton vêtement de noces; le fruit de ton hymen n'est que cendres; dans la poussière est couchée la blonde héritière du trône de ces îles, celle qu'adoraient des millions de cœurs! Comme nous avions remis entre ses mains tout notre avenir! Bien que nous n'espérions pas qu'il pût luire pour nous, nous aimions à penser que nos enfants obéiraient à son enfant, et nous la bénissions, elle et la postérité que nous attendions d'elle ; et cette espérance était pour nous ce qu'est l'étoile aux yeux du berger. — Ce n'a été qu'un rapide météore.

CLXXI.

Pleurons sur nous, et non sur elle [13] : car elle dort en paix. Le souffle inconstant de la faveur populaire, la langue des conseillers perfides, ces voix mensongères qui, depuis la naissance de la monarchie, ne cessent de tinter leur glas fatal aux oreilles des rois, jusqu'à ce que les nations, poussées au désespoir, courent aux armes; l'étrange fatalité qui abat les plus grands monarques, et, faisant contre-poids à leur toute-puissance, jette dans le bassin opposé de la balance un poids redoutable qui tôt ou tard les écrase, —

CLXXII.

C'eût été peut-être là sa destinée; mais non, nos cœurs se refusent à le croire : si jeune, si belle, bonne sans effort, grande sans un seul ennemi, tout à l'heure épouse et mère, — et maintenant *là!* Que de liens ce moment fatal a brisés! Depuis le cœur de ton royal père jusqu'à celui du plus humble de ses sujets s'étend la chaîne électrique de ce désespoir, dont la commotion, pareille à celle d'un tremblement de terre, est venue accabler un pays qui t'aimait comme aucun autre n'eût pu t'aimer.

CLXXIII.

Salut, Némi, toi, caché au centre de collines ombreuses, dans un site si retiré, que l'ouragan qui déracine les chênes, force l'Océan à franchir ses limites, et porte son écume jusqu'aux cieux, épargne à regret le miroir ovale de ton lac limpide! Calme comme la haine longtemps couvée, sa surface a un aspect froid et tranquille que rien ne peut troubler; il est comme roulé sur lui-même : ainsi dort le serpent.

CLXXIV.

Près de là, dans une vallée voisine, brillent les flots de l'Albano, qu'un léger intervalle sépare à peine du lac de Némi; — dans le lointain serpente le Tibre, et le vaste Océan baigne cette côte du Latium, théâtre de la guerre épique du pieux Troyen dont l'étoile, remontant sur l'horizon, se leva sur les destinées d'un empire; — à droite, on découvre la retraite où Tullius venait se délasser des agitations de Rome; — et là-bas, derrière ces montagnes qui bornent l'horizon, était cette ferme sabine où Horace, fatigué, allait chercher le repos.

CLXXV.

Mais je m'oublie. — Mon pèlerin est arrivé au terme de sa course : lui et moi, nous devons nous séparer. — Eh bien! soit. — Sa tâche et la mienne sont presque achevées; pourtant jetons sur la mer un dernier regard. Les flots de la

Méditerranée viennent expirer à ses pieds et aux miens, et, du sommet du mont Albain, nous contemplons maintenant l'ami de notre jeunesse, cet Océan qui a déroulé sous nous ses vagues depuis le rocher de Calpé jusqu'aux lieux où le sombre Euxin

CLXXVI.

Baigne les côtes d'azur des Symplegades. De longues années, — longues, bien que peu nombreuses, ont passé depuis sur tous deux ; des souffrances et des larmes nous ont laissés à peu près au point d'où nous étions partis. Toutefois, ce n'est pas en vain que nous avons parcouru notre carrière mortelle : nous avons reçu notre récompense, — et c'est ici que nous la trouvons : car la douce chaleur du soleil nous ravive, et dans la terre et l'Océan nous puisons des joies presque aussi pures que s'il n'existait pas d'hommes pour en troubler le charme.

CLXXVII.

Oh ! que ne puis-je habiter au désert, sans autre société qu'une femme, génie de ma solitude ! que je puis-je alors oublier tout le genre humain, et n'aimer qu'elle, sans haïr personne ! O vous, éléments, — dont la noble inspiration m'élève au-dessus de moi-même, — cette compagne, ne pouvez-vous me l'accorder ? Me trompé-je quand je crois qu'il existe quelque part de tels esprits, bien qu'il nous soit rarement donné de les rencontrer ?

CLXXVIII.

Il est un charme au sein des bois solitaires, un ravissement sur le rivage désert, une société loin des importuns, aux bords de la mer profonde, et le mugissement des vagues a sa mélodie. Je n'en aime pas moins l'homme, mais j'en aime davantage la Nature après ces entrevues avec elle. Je m'y dépouille de tout ce que je suis, de tout ce que j'ai été, pour me confondre avec l'univers. Ce que j'éprouve alors, je ne pourrai jamais l'exprimer, et toutefois je ne puis le taire entièrement.

CLXXIX.

Déroule tes vagues d'azur, profond et sombre Océan !

D'innombrables flottes te parcourent en vain : sur la terre, l'homme marque son passage par des ruines ; sa puissance s'arrête sur tes bords. Tous les naufrages qui surviennent sur la plaine liquide sont ton œuvre : il n'y reste pas l'ombre des ravages de l'homme. A peine si la sienne se dessine un moment sur ta surface, alors qu'il s'enfonce comme une goutte d'eau dans tes profonds abîmes, en poussant un gémissement étouffé, privé de tombeau, de cercueil, d'honneurs funèbres, et ignoré.

CLXXX.

Tes routes ne portent point l'empreinte de ses pas ; — tes domaines ne sont point sa proie. — Tu te soulèves et le repousses loin de toi. La force méprisable qu'il applique à la destruction de la terre, tu la dédaignes. L'écartant de ton sein, tu le fais voler avec ton écume jusqu'aux nuages ; là, tu l'envoies, en te jouant, éperdu et tremblant, vers ses dieux, dont il attend son retour dans quelque port voisin ; tu le rejettes sur la plage. — Qu'il y demeure !

CLXXXI.

Ces armements qui vont foudroyer les remparts des cités bâties sur le roc, épouvanter les nations et faire trembler les monarques dans leurs capitales ; ces léviathans de chêne aux gigantesques flancs, qui font prendre à ceux qui ont créé leur argile le vain titre de seigneurs de l'Océan, d'arbitres de la guerre, que sont-ils pour toi ? Un simple jouet. Nous les voyons, comme le flocon de neige, se fondre dans l'écume de tes flots qui anéantissent également l'orgueilleuse Armada ou les dépouilles de Trafalgar.

CLXXXII.

Tes rivages sont des empires où tout est changé, excepté toi. — Que sont devenues l'Assyrie, la Grèce, Rome, Carthage ? Tes flots battaient leurs frontières aux jours de la liberté, comme depuis sous le règne de plus d'un tyran ; leurs territoires obéissent à l'étranger, plongés dans l'esclavage ou la barbarie ; leur décadence a transformé des royaumes en déserts arides : — mais en toi rien ne change, si ce n'est le caprice de tes vagues ; — le temps ne grave aucune ride sur ton front d'azur. — Tel que te vit l'aurore de la création, tel nous te voyons encore.

CLXXXIII.

Glorieux miroir où la face du Tout-Puissant se réfléchit dans la tempête, calme ou irrité, — soulevé par la brise ou par l'aquilon, glacé vers le pôle, sombre et agité sous la zone torride, — tu es toujours immense, illimité, sublime, — l'image de l'éternité, — le trône de l'Invisible; de ton limon sont formés les monstres de l'abîme; toutes les zones t'obéissent; tu t'avances terrible, impénétrable, solitaire.

CLXXXIV.

Et je t'ai aimé, Océan! Dès mon jeune âge, mes plaisirs étaient de me sentir sur ton sein, bercé au mouvement de tes vagues; enfant, je jouais déjà avec tes brisants : — j'y trouvais un secret délice; et si, dans la fraîcheur de ton onde, j'éprouvais un sentiment de terreur, c'était une crainte pleine de charme : car j'étais comme ton enfant; de près ou de loin, je me confiais à tes flots, et ma main jouait avec ton humide crinière comme je fais maintenant.

CLXXXV.

Ma tâche est achevée, — mon chant a cessé, — ma voix a fait entendre son dernier son : il est temps de rompre le charme de ce rêve prolongé. Je vais éteindre la torche qui allumait la lampe de mes veilles, — et ce qui est écrit est écrit : — que n'ai-je mieux fait! Mais je ne suis plus ce que j'ai été; — mes visions voltigent moins palpables devant moi, — et la flamme qui vivait dans mon intelligence est pâle, faible et vacillante.

CLXXXVI.

Adieu! Ce mot doit être prononcé : il l'a déjà été; — il prolonge l'instant de la séparation. — Cependant, — adieu! O vous qui avez suivi le pèlerin jusque dans sa dernière excursion, si l'une de ses pensées vous revient en mémoire, s'il vous reste de lui le moindre souvenir, il n'aura pas en vain porté les sandales et le bourdon! Adieu! que les douleurs, s'il en fut, soient pour *lui seul!* — que pour *vous* soit la morale de ses chants!

NOTES

DU CHANT QUATRIÈME DU PÈLERINAGE DE CHILDE-HAROLD.

1 C'est la réponse de la mère de Brasidas, général lacédémonien, à ceux qui louaient devant elle la mémoire de son fils.

2 C'est-à-dire le Lion de Saint-Marc, l'étendard de la république. De Planta Leone, ou Planteur du Lion, on a fait Pantaléon ou Pantalon, nom d'un personnage grotesque de la comédie italienne.

3 *Venise sauvée, les Mystères d'Udolphe, l'Arménien, le Marchand de Venise,* et *Othello.*

4 Il y a dans l'anglais *tannen;* pluriel de *tanne;* c'est une espèce de sapin des Alpes, qui ne croît que dans les parties les plus rocailleuses. Il s'élève à une grande hauteur. *N. du Trad.*

5 La lutte peut s'établir avec les démons tout aussi bien qu'avec nos bonnes pensées. Satan a choisi le désert pour la tentation de notre Sauveur, et notre John Locke, dont l'âme était si pure, a préféré la présence d'un enfant à une solitude complète. *B.*

6 Les stances XLII et XLIII sont, à peu d'exceptions près, une traduction du fameux sonnet de Filicaja : — « Italia, Italia, ò tu cui feo la sorte ! »

7 Voir la lettre célèbre de Servius Sulpicius à Cicéron sur la mort de sa fille.

8 C'est Poggio qui, du haut du Capitole, jetant les yeux sur les ruines de Rome, s'écrie : — « *Ut nunc omni decore nudata, prostrata jacet instar gigantei cadaveris corrupti atque undique exesi!* »

9   Οφθαλμούς ἑστιᾶν.

« Atque oculos pascat uterque suos. »
                                OVID., *Amor.,* lib. II.

10 Orosius porte à trois cent vingt le nombre des triomphes. Ce témoignage est adopté par Panvinius, et celui de ce dernier par M. Gibbon et autres écrivains modernes.

11 Allusion au tombeau de Cæcilia Métella, appelé *Capo di Bove.* Voir à ce sujet les illustrations historiques.

12 Entre les stances CXXXV et CXXXVI nous trouvons dans le manuscrit original celle qui suit :

« Si pardonner c'est entasser des charbons ardents sur la tête de ses ennemis, comme Dieu lui-même l'a dit, mon pardon à moi sera un volcan qui s'élèvera plus haut que l'Olympe sur les Titans foudroyés, plus haut que l'Athos ou que l'Etna enflammé. — Il est vrai que ceux qui m'ont piqué n'étaient que des reptiles, mais qui infligent des blessures plus douloureuses que la dent du serpent? Le lion peut être tourmenté par le moucheron. — Qui suce le sang de ceux qui dorment? — L'aigle? — Non; la chauve-souris. »

13 « La mort de la princesse Charlotte a été ressentie même ici (Venise); l'Angleterre doit en avoir été ébranlée jusque dans ses fondements. » *B.*

DISCOURS PARLEMENTAIRES.

Lors de la seconde lecture, dans la chambre des lords, du bill sur les briseurs de métiers, le 27 février 1812, lord Byron se leva et dit :

Milords, le sujet soumis en ce moment, pour la première fois, aux délibérations de Vos Seigneuries, quoique nouveau pour la chambre, ne l'est certainement pas pour le pays. Cette question avait occupé l'attention sérieuse d'un grand nombre d'hommes avant qu'elle se présentât à la législature, dont l'intervention en cette matière pouvait seule être vraiment utile. Bien qu'étranger, non seulement à cette chambre en général, mais à la presque totalité de ceux dont j'ose solliciter l'attention, la connaissance personnelle que j'ai des malheurs du comté en question m'engage à réclamer une portion de l'indulgence de Vos Seigneuries pour le petit nombre d'observations que j'ai à présenter sur une matière à laquelle, je l'avoue, je prends l'intérêt le plus vif.

Il serait superflu d'entrer dans des détails au sujet des troubles qui ont eu lieu : la chambre sait déjà qu'à l'exception de l'effusion du sang, des outrages et des actes d'hostilité de tout genre ont été accomplis, et que l'insulte et la violence ont atteint les propriétaires des métiers proscrits par les perturbateurs, ainsi que toutes les personnes ayant avec eux quelque rapport. Pendant le peu de temps que j'ai passé récemment dans le Nottinghamshire, douze heures ne s'étaient pas écoulées que de nouveaux actes de violence avaient été commis; et le jour où je quittai le comté j'appris que, dans la soirée précédente, quarante métiers avaient été brisés, comme d'ordinaire, sans résistance et sans que les malfaiteurs fussent signalés.

Tel était alors l'état de ce comté, et tel il est encore maintenant, j'ai tout lieu de le croire; mais tout en admettant dans une proportion alarmante l'existence de ces actes de violence, on ne saurait nier qu'ils ont leur origine dans un état de détresse auquel on ne saurait rien comparer. La persévérance de ces malheureux dans leur conduite coupable prouve qu'il n'a rien moins fallu qu'un dénuement absolu pour pousser une population nombreuse, honnête et laborieuse jusqu'à ce jour, à commettre des excès si périlleux pour eux-mêmes, leur famille et le pays. A l'époque dont j'ai parlé, la ville et le comté étaient encombrés de nombreux détachements de soldats ; la police était en mouvement, les magistrats assemblés ; néanmoins toute cette activité des autorités civiles et militaires n'aboutissait à rien. Il n'avait pas été possible d'arrêter en flagrant délit un seul délinquant véritable, contre lequel il fût possible de réunir les témoignages nécessaires pour obtenir une condamnation. Ce n'est pas à dire, néanmoins, que la police fût restée oisive ; on avait signalé plusieurs délinquants notoires, des hommes évidemment coupables du crime capital de pauvreté, des hommes coupables d'avoir légitimement mis au jour plusieurs enfants que, grâce aux malheurs des temps, ils étaient incapables de nourrir.

Un tort considérable a été causé aux propriétaires des métiers perfectionnés. Ces machines leur étaient avantageuses, en ce sens qu'elles rendaient inutile l'emploi d'un certain nombre d'ouvriers qui, en conséquence, n'avaient plus qu'à mourir de faim. Par l'adoption d'une espèce de métier, en particulier, un seul homme faisait l'ouvrage de plusieurs, et l'excédant des travailleurs était laissé sans emploi. Remarquons, toutefois, que l'ouvrage ainsi exécuté était d'une qualité inférieure, que ses produits ne pouvaient trouver de débouchés dans le pays, et n'étaient fabriqués que dans un but d'exportation. Ces articles s'appelaient, dans le commerce, du nom de toiles d'araignées. Les ouvriers sans ouvrage, dans l'aveuglement de leur ignorance, au lieu de se réjouir de ces perfectionnements dans les arts, si avantageux au genre humain, se regardèrent comme des victimes sacrifiées à des améliorations mécaniques. Dans la folie de leur cœur, ils s'imaginèrent que l'existence et le bien-être de la classe laborieuse et pauvre étaient un objet de plus grande importance que l'enrichissement de quelques individus, par suite de perfectionnements dans les instruments de travail, perfectionnements qui laissaient l'ouvrier sans emploi et sans ressource. Et l'on doit avouer que s'il est vrai que l'adoption d'un vaste système de machines, dans l'état où se trouvait notre commerce il n'y a pas longtemps encore, a pu être utile au maître sans nuire à l'ouvrier, néanmoins, dans la situation actuelle de nos fabriques, alors que les produits manufacturés pourrissent dans les magasins sans perspective d'exportation, alors qu'il y a diminution égale dans les demandes de travail et d'ouvriers, des métiers de cette espèce ont pour résultat d'aggraver matériellement la détresse et le mécontentement des malheureux désappointés. Mais cette détresse et les troubles qui en résultent ont une cause plus profonde. Quand on nous dit que ces hommes se liguent, non seulement pour détruire leur propre bien-être, mais encore leurs moyens mêmes d'existence, pouvons-nous oublier que c'est la politique funeste, la guerre destructive des dix-huit dernières années, qui ont détruit leur bien-être, le vôtre, celui de tout le monde? Cette politique, ouvrage de « grands hommes d'État qui ne sont plus, » a survécu aux morts, pour être le fléau des vivants jusqu'à la troisième et quatrième génération! Ces hommes n'ont brisé les métiers que lorsqu'ils sont devenus inutiles, pire qu'inutiles, que lorsqu'ils sont devenus un obstacle réel à ce qu'ils gagnassent leur pain quotidien. Pouvez-vous donc vous étonner que dans un temps comme le nôtre, où la banqueroute, la fraude prouvée, la félonie imputée, se rencontrent dans des rangs peu au-dessous de celui de Vos Seigneuries, la portion inférieure, et toutefois la plus utile de la population, oublie ses devoirs dans sa détresse, et se rende seulement un peu moins coupable que l'un de ses représentants? Mais tandis que le coupable de haut parage trouve les moyens d'éluder la loi, il faut que de nouvelles offenses capitales soient créées, que de nouveaux piéges de mort soient dressés pour le malheureux ouvrier que la faim a poussé au crime! Ces hommes ne demandaient pas mieux que de bêcher, mais la bêche était dans d'autres mains. Ils n'auraient pas eu honte de mendier, mais il ne se trouvait personne pour les secourir. Leurs moyens de subsistance leur étaient enlevés; aucune autre nature de travail ne s'offrait à eux, et leurs excès, tout condamnables et déplorables qu'ils sont, ne doivent pas nous surprendre.

On a dit que les personnes en possession temporaire des métiers sont de connivence dans leur destruction. Si une enquête parvient à prouver ce fait, il importe que de tels complices soient punis comme auteurs principaux du délit. Mais j'espérais que les mesures proposées par le gouvernement de Sa Majesté à la décision de Vos Seigneuries auraient la conciliation pour base; ou, si c'était trop espérer, qu'une enquête préalable, une délibération quelconque serait jugée nécessaire. Je ne croyais pas que, sans examen, sans investigation, on nous demanderait de rendre des sentences en gros, et de signer des arrêts de mort les yeux fermés. Mais, en supposant que ces hommes n'eussent aucun motif de plainte, que leurs griefs et ceux de leurs maîtres fussent également sans fondement, qu'ils ne méritassent aucune grâce, quelle insuffisance, quelle imbécillité ont présidé aux mesures employées pour réprimer le désordre! Si l'on voulait faire intervenir les troupes, fallait-il rendre cette intervention ridicule? Autant que la différence des saisons l'a permis, on s'est borné à parodier la campagne d'été du major Sturgeon; et, en effet, toutes les opérations civiles et militaires semblent avoir été calquées sur le modèle de celles du maire et de la corporation de Garratt. Que de marches et de contre-marches! de Nottingham à Bullwell, de Bullwell à Banford, de Banford à Mansfield; et lorsqu'enfin les détachements sont arrivés à leur destination, dans tout l'appareil de la pompe guerrière, ils sont tout juste venus à temps pour être témoins du mal qui avait été fait, constater l'évasion des délinquants, recueillir les dépouilles opimes dans les fragments des métiers brisés, et rentrer à leurs quartiers au milieu des rires des vieilles femmes et des huées des enfants. Or, quoique dans un pays libre on puisse désirer que nos soldats ne soient jamais un objet d'effroi, du moins pour nous-mêmes, je ne vois pas la nécessité de les placer dans des positions où ils ne peuvent être que ridicules. Comme le glaive est le pire instrument qu'on puisse employer, ce doit être aussi le dernier. En cette occasion, ç'a été le premier; mais heureusement qu'il est resté dans le fourreau. Il est vrai que la mesure actuelle va l'en faire sortir. Cependant, si des meetings convenables avaient été tenus à l'origine de ces troubles, si les griefs de ces hommes et de leurs maîtres (car ces derniers avaient aussi leurs griefs) avaient été impartialement pesés et équitablement examinés, je crois qu'on eût trouvé des moyens pour rendre ces hommes à leurs travaux, et rétablir l'ordre dans le comté. En ce moment, le comté souffre du double fléau de troupes oisives et d'une population affamée. Dans quel état d'apathie avons-nous donc été plongés si longtemps, que ce soit maintenant pour la première fois que la chambre ait été officiellement informée de ces troubles? Tout ceci se passait à cent trente milles de Londres, tandis que nous, « bonnes gens, dans la sécurité de notre grandeur, » nous nous occupions tranquillement à jouir de nos triomphes à l'étranger, au milieu des calamités domestiques. Mais toutes les villes que vous avez prises, toutes les armées qui ont battu en retraite devant vos généraux, sont de tristes sujets de félicitation, si la discorde divise votre pays, et s'il vous faut envoyer des dragons et des bourreaux contre vos concitoyens. — Vous appelez ces gens une populace effrénée, dangereuse et ignorante, et vous semblez croire que le seul moyen de faire taire le « *bellua multorum capitum* [1] » est d'abattre quelques-unes de ces têtes superflues! Mais la populace elle-même est plus facilement ramenée à la raison par le mélange de la conciliation et de la fermeté, que par une irritation additionnelle et une aggravation de châtiments. Savons-nous toutes les obligations que nous avons à la populace? C'est la populace qui laboure vos champs, et fait le service de vos maisons; — qui manœuvre votre marine et recrute votre armée; — qui vous a mis à même de tenir tête au monde entier, et vous tiendra tête à vous-mêmes quand l'abandon et le malheur l'auront poussée au désespoir. Vous pouvez donner au peuple le nom de populace ; mais n'oubliez pas que souvent c'est le peuple qui parle par la voix de la populace, et, ici, je ne puis m'empêcher de remarquer avec quel empressement vous volez au secours de vos alliés malheureux, abandonnant les malheureux de votre patrie à la sollicitude de la Providence, ou — de la paroisse. Lors des calamités que fit éprouver aux Portugais la retraite des Français, tous les bras furent tendus, toutes les mains s'ouvrirent ; depuis la largesse du riche jusqu'à l'obole de la veuve, tout fut prodigué pour les mettre à même de rebâtir leurs villages et de regarnir leurs greniers ; et, en ce moment où des milliers de vos compatriotes égarés, mais en proie à la plus affreuse détresse, luttent contre tout ce que le malheur et la faim ont de plus hideux, votre charité, qui a commencé au loin, doit finir chez vous. Une somme beaucoup moindre, un dixième des bienfaits prodigués au Portugal, lors même que ces hommes (ce que je ne puis admettre sans enquête) n'auraient pu être rendus à leurs travaux, aurait rendu inutile le charitable emploi de la baïonnette et de la potence. Mais, sans doute, nos amis les étrangers ont des titres trop nombreux à notre bienveillance, pour admettre la possibilité de secours domestiques ; et, cependant, jamais des besoins plus pressants ne les ont réclamés. J'ai traversé le théâtre de la guerre dans la Péninsule ; j'ai visité quelques-unes des provinces les plus opprimées de la Turquie ; mais sous le plus despotique des gouvernements infidèles, jamais je n'ai vu de misère plus hideuse que depuis mon retour au cœur même d'un pays chrétien. Et quel remède apportez-vous à cet état de choses ? Après des mois entiers d'inaction, ou d'une action pire encore, arrive, à la fin, le grand spécifique, l'infaillible recette de tous les docteurs de l'État, depuis les jours de Dracon jusqu'à notre époque. Après qu'on aura tâté le pouls aux malades en secouant la tête, après qu'on aura ordonné l'eau chaude et la saignée habituelle, l'eau chaude de votre police et la lancette de vos soldats, ces convulsions doivent se terminer par la mort, résultat inévitable des prescriptions de tous les Sangrado politiques. Sans parler de l'injustice palpable et de l'inefficacité certaine du bill, la peine capitale n'est-elle pas assez prodiguée dans vos statuts? N'y a-t-il pas assez de sang dans votre code pénal? faut-il en répandre encore, pour qu'il monte vers le ciel et crie contre vous? Comment mettrez-vous ce bill à exécution? Pouvez-vous mettre en prison tout un comté? Élèverez-vous une potence dans chaque champ, et y pendrez-vous des hommes en guise d'épouvantails? ou bien (et il le faudra), pour exécuter cette mesure, procéderez-vous par voie de décimation? Placerez-vous le pays sous l'empire de la loi martiale? Voulez-vous dépeupler tout le pays, et le transformer en une vaste solitude? Voulez-vous offrir, comme apanage à la couronne, la forêt de Sherwood, et la rétablir dans sa première condition de chasse royale et d'asile pour les brigands? Sont-ce là vos remèdes aux maux d'une populace affamée et furieuse? Le malheureux à qui la faim a fait braver vos baïonnettes, croyez-vous l'effrayer par le gibet? Alors que la mort est un soulagement, le seul à ce qu'il paraît que vous consentiez à lui accorder, vos dragons le ramèneront-ils à l'ordre? Ce que vos grenadiers n'ont pu faire, vos bourreaux le feront-ils? Si vous procédez par les formes légales, où seront vos preuves? Ceux qui ont refusé d'accuser leurs complices quand la peine encourue n'était que la déportation, ne consentiront certes pas à déposer contre eux quand la peine sera la mort. Avec tout le respect que je dois aux nobles lords des bancs opposés, je pense que quelques investigations, quelques enquêtes préalables, changeraient leurs résolutions. Ce recours, si cher aux hommes d'état, si merveilleusement efficace en mainte occasion récente, la temporisation, ne serait pas ici sans avantages. Quand on vous propose une mesure d'émancipation ou de redressement, vous hésitez, vous délibérez pendant des années entières; vous temporisez, vous avez recours à mille ménagements; mais une loi de mort doit être votée d'urgence, sans songer aux conséquences. J'ai la certitude, d'après ce que j'ai vu et entendu, que dans les circonstances actuelles, voter ce bill sans enquête, sans délibération, ce serait joindre l'injustice à l'irritation, et la barbarie à l'indifférence. Les auteurs d'un tel bill doivent se résigner aux honneurs de ce législateur d'Athènes dont les lois étaient, dit-on, écrites, non avec de l'encre, mais avec du sang. Mais supposons que ce bill soit adopté; supposons l'un de ces hommes tels que j'en ai vu, — maigri par la faim, plongé dans un sombre désespoir, insoucieux d'une vie que Vos Seigneuries sont sans doute sur le point d'évaluer au prix d'un métier; — supposons cet homme entouré de ses enfants auxquels il ne peut procurer du pain même au péril de sa vie, prêt à se voir arraché pour jamais à une famille que sa paisible industrie avait jusqu'alors soutenue, et pour laquelle il ne peut plus rien faire, sans qu'il y ait de sa faute; — supposez cet homme, et il y en a des milliers de semblables, parmi lesquels vous pouvez choisir vos victimes; supposons-le traîné devant un tribunal afin d'y être jugé pour ce délit nouveau, en vertu de cette loi nouvelle; eh bien! il manquera encore deux choses pour le juger et le condamner, à savoir, dans mon opinion, douze bouchers pour jury, et un Jefferies pour juge.

Le 21 avril 1812, lord Donoughmore ayant proposé la nomination d'un comité pour l'examen des griefs des catholiques, lord Byron prit la parole et dit :

Milords, la question portée en ce moment devant la chambre a été si souvent, si pleinement, si habilement discutée, et dans cette séance plus qu'à aucune autre époque, qu'il serait difficile de trouver de nouveaux arguments pour ou contre. Mais à chaque discussion nouvelle, des obstacles ont été écartés, des objections ont été examinées et réfutées, et quelques-uns des anciens adversaires de l'émancipation catholique ont enfin reconnu l'opportunité de faire droit aux demandes des pétitionnaires. Cependant, tout en faisant ces concessions, on soulève une objection nouvelle; il n'est pas temps, dit-on, ou l'époque est inopportune, ou nous avons le temps. Sous un certain rapport, je suis de l'avis de ceux qui disent que l'époque n'est pas opportune; et, en effet, cette époque est passée; il eût mieux valu, pour le pays, qu'en ce moment les catholiques possédassent leur part de nos priviléges, que leurs nobles exerçassent dans nos conseils l'influence à laquelle ils ont droit, et que nous ne fussions pas maintenant assemblés pour discuter leurs réclamations. Il vaudrait mieux, en effet,

> Non tempore tali
> Cogere concilium cum muros obsidet hostis ².

L'ennemi est au-dehors et la détresse au dedans. Ce n'est pas le temps d'épiloguer sur des points de doctrine, quand notre devoir est de nous réunir pour la défense de choses plus importantes que de simples cérémonies de religion. Chose étrange, en effet : nous sommes ici réunis pour délibérer, non sur le Dieu que nous adorons, car en cela nous sommes tous d'accord ; non sur le roi auquel nous obéissons, car nous sommes tous sujets fidèles : mais il s'agit de savoir jusqu'à quel point une différence dans les cérémonies du culte, jusqu'à quel point l'action de croire, non trop peu, mais trop (c'est la plus grande accusation élevée contre les catholiques), jusqu'à quel point un excès de dévotion à leur Dieu peut être un obstacle à ce que nos concitoyens puissent efficacement servir leur roi.

Dans cette enceinte, ainsi qu'au dehors, on a beaucoup parlé de l'Église et de l'État ; et, bien que ces mots vénérables aient été trop souvent prostitués aux plus méprisables intérêts de partis, nous ne saurions les entendre trop souvent. Tout le monde, je présume, est ici partisan de l'Église et de l'État : l'Église du Christ, et l'État de la Grande-Bretagne ; mais non un État d'exclusion et de despotisme ; non une Église intolérante ; non une Église militante, prêtant elle-même le flanc aux objections présentées contre la communion romaine, et à un degré plus grand ; car l'Église catholique se borne à nous priver de sa bénédiction spirituelle, et cela même est douteux ; mais notre Église, ou plutôt notre clergé, refuse aux catholiques, non seulement sa grâce spirituelle, mais tous les avantages temporels quelconques. On se rappelle l'observation faite par le grand lord Peterborough, dans cette enceinte, ou dans celle où les lords s'assemblaient à cette époque : « Je suis, » disait-il, « pour un roi parlementaire et une constitution parlementaire, mais non pour un Dieu parlementaire et une religion parlementaire. »

L'intervalle d'un siècle n'a point affaibli la force de cette remarque. Il est bien temps, en effet, que nous renoncions à ces chétives subtilités sur des points frivoles, à ces sophismes lilliputiens, pour savoir ce qui vaut mieux de casser les œufs par la pointe ou par le flanc.

Les adversaires des catholiques peuvent se diviser en deux catégories; ceux qui affirment que les catholiques ont déjà trop obtenu, et ceux qui prétendent que leurs classes inférieures, du moins, n'ont plus rien à demander. Les premiers nous disent que les catholiques ne seront jamais contents; les derniers, qu'ils sont déjà trop heureux. Ce dernier paradoxe est suffisamment réfuté par les pétitions actuelles et antérieures; autant vaudrait dire que les nègres ne désiraient pas être émancipés; mais c'est une mauvaise comparaison, car vous les avez délivrés de l'esclavage sans aucune pétition de leur part, et malgré de nombreuses pétitions de leurs maîtres; et véritablement, quand je considère ceci, je plains les paysans catholiques de n'avoir pas eu le bonheur de naître noirs. Mais, nous dit-on, les catholiques sont contents, ou du moins doivent l'être; je vais donc indiquer légèrement quelques-unes des circonstances qui contribuent si merveilleusement à leur excessif contentement. On ne leur permet pas, dans l'armée régulière, le libre exercice de leur religion; le soldat catholique est obligé d'assister au service du ministre protestant; et, à moins d'être cantonné en Irlande ou en Espagne, où trouvera-t-il des occasions convenables d'assister au service de son propre culte? Des aumôniers catholiques ne furent accordés aux régiments de la milice irlandaise que comme une faveur spéciale, et il fallut pour cela des années de remontrance, bien qu'une loi, promulguée en 1793, en eût fait un droit. Mais les catholiques sont-ils convenablement protégés en Irlande? L'Église peut-elle acheter une verge de terre pour y bâtir une chapelle ? Non; tous les édifices du culte ont été construits en vertu de baux à volonté ou de tolérances que les propriétaires laïques peuvent facilement résilier et rompre. Du moment où le moindre vœu déraisonnable, le moindre caprice futile du bienveillant propriétaire, rencontre quelque opposition, les portes sont fermées à la congrégation. Cela arrive continuellement; mais jamais il n'y en eut un exemple plus frappant que dans la ville de Newtown-Barry, dans le comté de Wexford. Les catholiques, n'ayant pas de chapelles régulières, louèrent temporairement deux granges qui, ayant été réunies, servirent d'église. A cette époque, logeait en face de ce lieu un officier dont l'esprit était profondément imbu de ces préjugés qui heureusement, nous le voyons par les pétitions protestantes déposées sur le bureau, semblent avoir été déracinés dans la portion la plus rationnelle de la population. Au moment donc où les catholiques étaient assemblés le dimanche, comme à l'ordinaire, dans des sentiments de paix et de bienveillance, pour adorer leur Dieu et le vôtre, ils furent surpris de voir la porte de la chapelle fermée; en même temps un officier de la milice et un magistrat leur déclarèrent que, s'ils ne se retiraient à l'instant, la loi sur les émeutes allait être lue, et que l'assemblée serait dispersée par les baïonnettes. Il fut porté plainte de ce fait à l'intermédiaire du gouvernement, au secrétaire du château, en 1806 [3]; ce fonctionnaire se borna, pour tout remède, à répondre qu'il serait écrit au colonel pour empêcher, à l'avenir, le renouvellement de pareils désordres. On ne saurait tirer de ce fait de grandes conséquences; mais il tend à prouver que, tant que l'Église catholique n'aura pas le pouvoir d'acheter des terrains pour y construire ses chapelles, les lois faites pour la protéger seront comme non avenues. Dans l'état actuel des choses, les catholiques sont à la merci de tout fonctionnaire subalterne à qui il peut passer par la tête d'insulter à son Dieu et d'outrager ses semblables.

Tout écolier, tout laquais (car on en a vu porteurs de

commissions [4] dans notre armée), tout laquais qui peut échanger ses aiguillettes contre une épaulette peut faire tout cela, et plus encore, contre les catholiques, en vertu de cette autorité même que lui a déléguée son souverain, dans le but exprès de défendre ses concitoyens jusqu'à la dernière goutte de son sang, sans acception de catholiques ou de protestants.

Les catholiques irlandais jouissent-ils pleinement du jugement par jury? Non, et ils n'en jouiront jamais, tant qu'ils ne seront pas admis au privilége de servir comme shériffs et sous-shériffs. Un exemple frappant de cette nature s'est présenté aux dernières assises d'Enniskillen. Un fermier fut mis en accusation pour le meurtre d'un catholique nommé Mac Vournagh. Le juge, dans son résumé, fit sur le crime un commentaire convenable; mais, à l'étonnement du barreau et à l'indignation de la cour, le jury protestant acquitta l'accusé. Cette partialité était si criante que le juge Osborne crut de son devoir de faire donner forte caution à l'assassin acquitté, mais non absous, lui enlevant ainsi temporairement le privilége qu'il s'attribuait de tuer des catholiques.

Les lois mêmes promulguées en leur faveur sont-elles observées? Elles sont de nul effet dans les cas futiles ou importants. Une loi récente a autorisé les aumôniers catholiques dans les prisons; mais dans le comté de Fermanagh, le grand juré a récemment persisté à présenter, pour ce poste, un ministre anglican, éludant ainsi la loi, malgré les remontrances pressantes d'un magistrat respectable, nommé Fletcher. Voilà la loi! voilà la justice pour le catholique heureux, libre et satisfait!

On a demandé, dans l'autre chambre, pourquoi les catholiques opulents ne dotaient pas des fondations pour l'éducation de leur clergé. Pourquoi ne leur permettez-vous pas de le faire? Pourquoi ces dotations sont-elles sujettes à l'intervention vexatoire, arbitraire et péculatoire des commissaires orangistes préposés aux donations charitables?

Quant au collége de Maynooth [5], si l'on en excepte l'époque de sa fondation, alors qu'un noble lord (Camden), alors à la tête de l'administration irlandaise, parut s'intéresser à ses progrès ; si l'on en excepte aussi le gouvernement d'un noble duc (Bedfort) qui, comme ses ancêtres, s'est toujours montré l'ami de la liberté et du genre humain, et n'a pas adopté la politique égoïste du jour au point d'exclure les catholiques du nombre de ses semblables; à ces deux exceptions près, cette institution n'a jamais été convenablement encouragée. Je sais qu'il fut un temps où l'on mettait tout en usage pour se concilier le clergé catholique : c'était lorsque la question de l'union était pendante, cette union qui ne pouvait être obtenue sans leur concours, alors que leur coopération était nécessaire pour provoquer les adresses des comtés catholiques ; alors ils se virent cajolés, caressés, craints, flattés, et on leur donna à entendre que « l'union ferait tout; » mais du moment où la loi fut passée, on les repoussa avec mépris dans leur première obscurité.

Dans la conduite tenue à l'égard du collége de Maynooth, tout semble fait à dessein d'irriter et de tourmenter. — On semble vouloir tout faire pour effacer de l'esprit des catholiques la plus légère impression de gratitude ; il n'est pas jusqu'au foin, à la graisse et au suif dont le payement et l'inscription sur les livres ne doivent être faits sur serment. Il est vrai qu'on ne saurait trop louer cette économie en miniature, surtout à une époque où les insectes concussionnaires du trésor, les Hunt, les Chinnery, sont les seuls qui échappent à l'œil clairvoyant des ministres ; mais lorsqu'il faut à chaque session vous arracher, pour ainsi dire, une misérable pitance, et que vous vous pavanez de votre libéralité, les catholiques n'ont-ils pas le droit de s'écrier avec Prior :

> Jean m'a rendu service, à tous il le débite ;
> Jean s'est payé lui-même ; avec lui je suis quitte.

Certaines personnes ont comparé les catholiques au mendiant de *Gil Blas*. Qui en a fait des mendiants ? Qui s'est enrichi des dépouilles de leurs ancêtres ? Ne pouvez-vous secourir le mendiant quand ce sont vos pères qui l'ont rendu tel? Si vous êtes disposés à le soulager, ne pouvez-vous le faire sans lui jeter vos liards au visage? Cependant, comme contraste avec cette bienfaisance d'aumônes, jetons les yeux sur les écoles protestantes privilégiées; vous leur avez récemment accordé 41,000 livres sterling; voilà comme elles sont soutenues; et comment sont-elles recrutées? Montesquieu observe, à propos de la constitution anglaise, qu'on peut en trouver le modèle dans Tacite, à l'endroit où l'historien décrit la politique des Germains; il ajoute : « Ce magnifique système a été pris dans les bois; » de même, en parlant des écoles privilégiées, on peut dire que ce magnifique système nous vient des bohémiens. Ces écoles sont recrutées comme le corps des janissaires sous Amurat et comme les bohémiens de nos jours, par des enfants volés, dérobés à leurs parents catholiques par leurs riches et puissants voisins protestants : ceci est notoire, et un exemple suffira pour montrer comment on procède. La sœur d'un M. Carthy (propriétaire catholique fort opulent) mourut, laissant deux filles qui furent sur-le-champ désignées comme prosélytes, et envoyées à l'école privilégiée de Coolgreny. Leur oncle, en apprenant ce fait, qui s'était passé en son absence, réclama ses nièces, offrant de leur allouer un revenu fixe et suffisant; sa demande fut repoussée, et ce ne fut qu'après cinq années de lutte, et l'intervention d'une autorité des plus hautes, que ce catholique put retirer ses plus proches parentes d'une école privilégiée. Ainsi s'obtiennent les prosélytes, mêlés aux enfants des protestants qui ont la faculté de profiter des avantages de l'institution. Et que leur enseigne-t-on? On leur met dans les mains un catéchisme contenant, je crois, quarante-cinq pages, dans lesquelles se trouvent trois questions relatives à la religion protestante; voici l'une de ces demandes : « Où était la religion protestante avant Luther? » Réponse : « Dans l'Évangile. » Les autres quarante-quatre pages et demie sont relatives à l'idolâtrie damnable des papistes. Qu'il me soit permis de demander à nos maîtres et pasteurs spirituels, si c'est là mettre un enfant dans la direction qu'il doit suivre. Est-ce là la religion de l'Évangile avant l'époque de Luther, cette religion qui proclame : « Paix à la terre et gloire à Dieu ? » Cette manière d'élever les enfants n'est-elle pas plus propre à en faire des diables que des hommes ? Mieux vaudrait les envoyer partout ailleurs que de leur enseigner de telles doctrines ; mieux vaudrait les envoyer dans les îles de la mer du Sud, où ils apprendraient avec plus d'humanité à devenir cannibales ; il serait moins odieux de les élever à dévorer les morts qu'à persécuter les vivants. Appelez-vous cela des écoles ? Appelez-les plutôt des fumiers où la vipère de l'Intolérance dépose ses petits, afin que quand leurs dents seront poussées et que leur poison sera mûr, ils s'élancent infects et venimeux pour percer les catholiques. Mais sont-ce là les doctrines de l'Église d'Angleterre ou du clergé ? Non ; les ecclésiastiques les plus éclairés sont d'une opinion bien différente. Que dit Paley ? « Je ne vois pas pourquoi des hommes de communions différentes ne siégeraient pas sur les mêmes bancs, ne délibéreraient pas dans le même conseil, ou ne combattraient pas dans les mêmes rangs, de même que les hommes de religions diverses discutent des matières d'histoire naturelle, de philosophie ou de morale. » On dira peut-être que Paley n'était pas strictement orthodoxe ; je ne sais rien sur son orthodoxie ; mais qui osera nier qu'il ne fût un ornement pour l'Église, pour la nature humaine, pour le christianisme ?

Je ne m'arrêterai pas sur le grief des dîmes, si péniblement ressenti par les paysans ; seulement il n'est pas inutile d'observer qu'il faut ajouter à ce fardeau une commission de tant pour cent pour le collecteur qui, par conséquent, est intéressé à l'élévation de cet impôt ; et nous savons que dans un grand nombre de riches bénéfices, en Irlande, les seuls résidents protestants sont les collecteurs des dîmes.

Parmi beaucoup de causes d'irritation, trop nombreuses pour que je les énumère, il en est une dans la milice que je ne dois pas passer sous silence : je veux parler des loges orangistes organisées parmi les soldats ; les officiers peuvent-ils nier ce fait ? Et, s'il est vrai que ces loges existent, sont-elles propres à entretenir l'harmonie parmi ces hommes qui, bien que réunis dans les rangs, sont ainsi tenus, individuellement séparés dans la société? Ce système général de persécution doit-il être permis, ou croit-on que les catholiques peuvent ou doivent en être satisfaits? S'ils le sont, ils mentent à la nature humaine; ils sont en effet indignes d'être autre chose qu'esclaves, ainsi que vous les avez faits. Je n'ai rien avancé que sur les autorités les plus incontestables, sans quoi je n'eusse jamais osé, ici ou ailleurs, hasarder de telles assertions. Si les faits sont exagérés, il ne manque point de gens disposés à les démentir, s'ils en étaient capables. Si l'on m'objecte que je n'ai jamais été en Irlande, voici ma réponse : Pourquoi ne connaîtrait-on pas l'Irlande sans y avoir été, puisqu'il est des gens qui y sont nés, qui y ont été élevés, et qui, cependant, sont dans une ignorance complète de ses véritables intérêts?

Mais il en est qui prétendent qu'on a déjà fait trop de concessions aux catholiques; voyez, s'écrient-ils, ce qu'on a fait pour eux : nous leur avons donné un collége en propre; nous leur accordons la nourriture et le vêtement, la pleine jouissance des éléments, et la permission de combattre pour nous aussi longtemps qu'ils ont dans les veines du sang à répandre; et cependant ils ne sont pas contents encore! Généreux déclamateurs, voilà toute la somme de vos arguments, si on les dépouille de leurs sophismes! Ces gens-là me rappellent l'histoire d'un certain tambour qui avait été appelé par ses fonctions à administrer un châtiment à un ami attaché aux hallebardes; le patient le pria de frapper le plus haut possible : ce qu'il fit; on lui demanda alors de frapper plus bas : il le fit; de frapper entre deux : il le fit; mais qu'il frappât haut, bas, ou entre deux, c'était toujours en vain, le patient continuait ses plaintes avec une intolérable obstination; enfin, le tambour, épuisé et en colère, jeta son fouet en s'écriant : Le diable vous brûle! en quelque endroit qu'on frappe on ne saurait vous plaire! » Il en est ainsi de vous : vous avez fustigé les catholiques, haut, bas, entre deux, partout, et vous vous étonnez qu'ils ne soient pas contents ! Il est vrai que le temps, l'expérience et la fatigue qu'amène l'exercice de la cruauté, vous ont appris à frapper un peu moins fort ; mais vous n'en continuez pas moins vos fustigations, et vous les continuerez peut-être jusqu'à ce que la verge échappe de vos mains et soit tournée contre vous-mêmes et votre postérité. Dans une séance antérieure, quelqu'un a dit (j'ai oublié qui, et ne me soucie pas de me le rappeler) : Si on émancipe les catholiques, pourquoi pas aussi les juifs? Si ce sentiment était dicté par la compassion pour les juifs, il pourrait mériter quelque attention ; mais, considéré comme un sarcasme contre les catholiques, qu'est-ce autre chose, sinon le langage de Shylock transporté du mariage de sa fille à l'émancipation catholique, langage mieux placé dans la bouche d'un membre de la tribu de Barabas que dans celle d'un chrétien !

Je présume qu'un catholique est chrétien, même dans l'opinion de celui dont la prédilection pour les juifs n'est sans doute qu'une affaire de goût.

Il est une observation souvent citée du docteur Johnson (que je regarde comme une autorité presque aussi bonne que le doux apôtre de l'intolérance, le docteur Duigenan) : c'est que l'homme capable aujourd'hui de concevoir des craintes sérieuses pour l'Église aurait « crié au feu pendant le déluge. » C'est plus qu'une métaphore; car on dirait que les restes de ces antédiluviens sont venus jusqu'à nous, du feu dans la bouche et de l'eau dans le cerveau, pour troubler et effrayer le genre humain de leurs bizarres clameurs. Un symptôme infaillible de la douloureuse maladie dont je crois ces gens-là affligés (comme le premier docteur venu pourra en informer Vos Seigneuries), c'est de croire voir une flamme voltiger perpétuellement devant leurs yeux, surtout quand leurs yeux sont fermés (comme le sont ceux des personnes auxquelles je fais allusion); et il est impossible de persuader à ces pauvres gens que le feu, contre lequel ils ne cessent de se précautionner ainsi que nous, n'est autre chose qu'un feu follet de leur impuissante imagination. Quelle rhubarbe, quel séné, quelle drogue purgative peut éclaircir leur cerveau? Non, cela ne se peut; ils sont inguérissables; on peut dire d'eux :

Caput insanabile tribus Anticyris.

Voilà vos vrais protestants; comme Bayle, qui protestait contre toutes les sectes indistinctement, de même ils protestent contre les pétitions catholiques, les pétitions protestantes, tout redressement, tout ce que la raison, l'humanité, la politique, la justice et le sens commun peuvent opposer aux égarements de leur absurde délire. Ces gens-là offrent la contre-partie de la fable de la montagne qui accouche d'une souris; ce sont des souris qui se croient grosses de montagnes.

Mais revenons aux catholiques; supposons les Irlandais satisfaits des incapacités dont la loi les frappe; supposons-les assez absurdes pour ne pas désirer leur libération; ne devons-nous pas la désirer pour eux? N'avons-nous rien à gagner à leur émancipation? Que de ressources n'a pas gaspillées, que de talents n'a pas perdus l'égoïste système d'exclusion! Vous connaissez déjà ce que vaut la coopération irlandaise; en ce moment, la défense de l'Angleterre est confiée à la milice d'Irlande; en ce moment, tandis que l'Angleterre se soulève dans l'indignation du désespoir, les Irlandais sont restés fidèles. Mais tant que vous n'aurez pas, par l'extension de la liberté, communiqué à ce vaste corps une égale somme d'énergie, vous ne pourrez profiter de toute la force que vous êtes heureux d'interposer entre vous et la destruction. L'Irlande a beaucoup fait, et peut faire encore davantage. En ce moment, le seul triomphe obtenu après de longues années de désastres sur le continent, est l'œuvre d'un général irlandais; il est vrai qu'il n'est pas catholique; s'il l'était nous aurions été privés de ses services; mais certes nul ne pensera que sa religion eût fait tort à ses talents ou diminué son patriotisme, quoique, dans cette hypothèse, le vainqueur eût dû se borner au rôle de simple soldat; car jamais il n'eût pu être appelé au commandement d'une armée.

Mais pendant qu'à l'étranger il conduit des catholiques à

la victoire, son noble frère⁶ a, dans cette séance, défendu leur cause avec une éloquence que je ne chercherai pas à déprécier par l'humble tribut de mes éloges; pendant qu'un troisième membre de la famille, ne leur ressemblant pas plus qu'il ne les égale, n'a cessé de combattre ses frères catholiques à Dublin, à grand renfort de circulaires, d'édits, proclamations, arrestations, et autres instruments vexatoires de cette petite guerre que peuvent faire les guérillas mercenaires du gouvernement, couvertes de l'armure rouillée d'une législation surannée. Sans doute que Vos Seigneuries partageront de nouveaux honneurs entre le sauveur du Portugal et le disperseur des délégués. Il est singulier, en effet, d'observer la différence entre notre politique extérieure et intérieure; si l'Espagne catholique, le Portugal fidèle, ou le non moins catholique et non moins fidèle roi d'une unique Sicile (dont, pour le dire en passant, vous l'avez récemment dépouillé), ont besoin de secours, à l'instant on fait partir une flotte et une armée, un ambassadeur et un subside, parfois pour livrer de rudes combats, en général pour négocier pitoyablement, et toujours pour payer fort cher nos alliés papistes; mais si l'on vous présente la pétition de quatre millions de vos concitoyens, qui combattent, payent et travaillent pour vous, vous les traitez en étrangers, et « quoi qu'il y ait place dans la maison de leur père, » il n'en est pas où ils puissent reposer leur tête. Permettez-moi de vous le dire, ne combattez-vous pas pour l'émancipation de Ferdinand VII, qui est certainement un imbécile, et, conséquemment, selon toutes les probabilités, un bigot? Avez-vous donc plus d'égard pour un souverain étranger que pour vos concitoyens qui ne sont pas des imbéciles, car ils connaissent vos intérêts mieux que vous-mêmes; qui ne sont pas des bigots, car ils vous rendent le bien pour le mal; mais qui gémissent dans une captivité plus dure que la prison d'un usurpateur, en ce sens que les entraves de l'âme sont plus intolérables que celles du corps?

Je ne m'étendrai pas sur les conséquences de votre refus

d'accéder à la demande des pétitionnaires ; ces conséquences, vous les connaissez, vous les ressentirez, ainsi que les enfants de vos enfants, quand vous ne serez plus. Adieu à cette Union ainsi appelée comme « *lucus à non lucendo!* » union n'unissant rien, qui, pour première opération, a donné le coup de mort à l'indépendance de l'Irlande, et dont la dernière amènera peut-être son éternelle séparation de ce pays. Si l'on peut appeler cela union, c'est l'union du requin avec sa proie ; le requin avale sa victime, et dès lors ils deviennent un et indivisibles ; c'est ainsi que la Grande-Bretagne a avalé le parlement, la constitution, l'indépendance de l'Irlande, et refusé de dégorger un seul privilége, quoique cela fût dans l'intérêt de son corps politique boursouflé et malsain.

Et maintenant, Milords, avant que je reprenne ma place, les ministres de Sa Majesté veulent-ils bien me permettre de dire quelques mots, non sur leurs mérites, mais sur le degré d'estime que leur accorde la population de ces royaumes? Il n'y a pas longtemps que, dans cette enceinte, on a fait sonner bien haut la considération qu'on leur porte, et une comparaison a été établie entre leur conduite et celle des nobles lords qui siégent de ce côté-ci de la chambre.

Quelle portion de popularité peut être échue en partage à mes nobles amis (s'il m'est permis de leur donner ce nom), c'est ce que je ne chercherai pas à examiner ; mais, quant à celle dont jouissent les ministres de Sa Majesté, il serait inutile de la nier. Il est vrai qu'elle tient un peu de la nature du vent : — nul ne sait d'où elle vient et où elle va ; mais ils la sentent, ils en jouissent, ils en font gloire. En effet, modestes et sans ostentation, comme ils sont, dans quelle partie lointaine du royaume peuvent-ils se réfugier pour se dérober au triomphe qui les poursuit? S'ils se plongent dans les comtés de l'intérieur, ils y seront accueillis par les ouvriers des manufactures, ayant à la main leur pétition dédaignée, et au cou ces harts récemment votés en leur faveur, appelant les bénédictions du ciel sur ceux qui inventèrent un moyen si simple et si ingénieux de les envoyer du théâtre

de leurs misères dans un monde meilleur. S'ils parcourent
l'Écosse, depuis Glasgow jusqu'à Johnny-Groats, partout ils
recevront de semblables témoignages d'approbation. S'ils
font une tournée de Portpatrick à Donaghadee, là ils se trouveront précipités dans les embrassements de quatre millions
de catholiques, à l'affection desquels leur vote de ce jour
va leur donner des droits indélébiles. Quand ils reviendront
dans la capitale, s'ils peuvent passer sous Temple-Bar[7], sans
éprouver une sensation désagréable à la vue de cette porte
sinistre, ils ne pourront échapper aux acclamations de la
livery[8], ainsi qu'aux applaudissements fébriles, mais sincères, aux bénédictions, non bruyantes, mais profondément
senties, des marchands en faillite et des agioteurs sur les
épines. S'ils jettent les yeux sur l'armée, quelles couronnes,
non de lauriers, mais de cyprès, se préparent pour les héros
de Walcheren[9] ! Il est vrai qu'il reste bien peu de témoins
pour déposer à leur louange en cette occasion ; mais heureusement qu'ils ont eu soin de dépêcher, généreusement et
pieusement, une foule de témoins détachés de cette vaillante armée, pour aller recruter là-haut la noble phalange
des martyrs...

Qu'importe que, dans le cours de cette marche triomphale
(dans laquelle ils recueilleront autant de cailloux que l'armée de Caligula dans un semblable triomphe, prototype du
leur), ils n'aperçoivent aucun de ces monuments qu'un peuple reconnaissant érige en mémoire de ses bienfaiteurs ?
Qu'importe que pas une enseigne de cabaret ne condescende
à déposer la tête du Sarrasin pour lui substituer le portrait
des vainqueurs de Walcheren ? Ils peuvent se passer d'un
tableau ceux qui ont toujours sous la main une caricature ;
ou regretter l'omission d'une statue, ceux qui se sont vus si
souvent exaltés en effigie. Mais leur popularité n'est pas restreinte aux étroites limites d'une île ; il est d'autres pays où
leurs mesures, et surtout leur conduite envers les catholiques,
doivent les rendre éminemment populaires. S'ils sont aimés
ici, en France on doit les adorer. Il n'est pas de mesure plus
contraire aux desseins et aux sentiments de Bonaparte que

l'émancipation catholique ; pas de ligne de conduite plus favorable à ses projets que celle que l'on a suivie, que l'on suit, et, je le crains, que l'on suivra encore à l'égard de l'Irlande. Qu'est-ce que l'Angleterre sans l'Irlande, et qu'est-ce que l'Irlande sans les catholiques? C'est sur la base de votre tyrannie que Napoléon compte ériger la sienne. L'oppression des catholiques lui doit être si agréable que, sans nul doute (comme il a récemment permis le renouvellement de quelques relations), nous verrons prochainement arriver, de sa part, dans ce pays, des cargaisons de porcelaines de Sèvres et de rubans (objets très recherchés, et d'une grande valeur pour le moment), de rubans de la Légion-d'Honneur, destinés au docteur Duigenan et à ses disciples ministériels. Voilà donc cette popularité si bien acquise, le résultat de ces expéditions extraordinaires si coûteuses pour nous, et si inutiles à nos alliés ; de ces étranges enquêtes si exculpatoires pour l'accusé, si peu satisfaisantes pour le peuple ; de ces victoires paradoxales si honorables, nous dit-on, pour le nom britannique, et si destructives des plus chers intérêts de la nation britannique ! Surtout telle est la récompense de la conduite tenue par les ministres à l'égard des catholiques !

J'ai à m'excuser auprès de la Chambre, qui, sans doute, pardonnera à un de ses membres, peu habitué à abuser de son indulgence, d'avoir si longtemps essayé de fixer son attention. Mon opinion est irrévocablement fixée, et mon vote sera donné en faveur de la motion.

En présentant la pétition du major Cartwright, le 1er juin 1813, lord Byron prit la parole en ces termes :

Milords, la pétition que j'ai maintenant l'honneur de présenter à la chambre mérite, je le crois, l'attention particulière de Vos Seigneuries ; car, bien qu'elle ne soit signée que par un seul individu, elle contient des faits qui (s'ils ne sont pas contredits) demandent l'investigation la plus sérieuse. Le grief qu'allègue le pétitionnaire n'est ni personnel ni imaginaire. Il ne s'applique pas à lui seul, car il a affecté et affecte encore un grand nombre d'individus. Il n'est personne, hors de cette chambre, ou même dans son enceinte, qui ne puisse être demain l'objet des mêmes insultes et des mêmes empêchements dans l'accomplissement d'un impérieux devoir, dans l'intérêt du rétablissement de la vraie constitution de ces royaumes, en demandant, par voie de pétition, la réforme parlementaire. Le pétitionnaire, Milords, est un homme dont la longue vie s'est consumée dans une lutte continue pour la liberté du sujet, contre cette influence indue qui s'est accrue, s'accroît encore, et doit être diminuée; et, quelque différence d'opinions qui puisse exister sur ses croyances politiques, nul ne contestera l'intégrité de ses intentions. Aujourd'hui même encore, accablé par les années, et non exempt des infirmités qui accompagnent la vieillesse, mais jeune encore de talent, et doué d'un courage inébranlable, — « *frangas, non flectes* » — [10], il a reçu plus d'une blessure en combattant contre la corruption ; et le nouveau grief, la nouvelle insulte dont il se plaint, pourra lui laisser une autre cicatrice, mais point de déshonneur. La pétition est signée par John Cartwright[11], et c'est pendant qu'il agissait dans l'intérêt du peuple et du parlement, c'est dans la légitime poursuite de la réforme parlementaire, le meilleur service à rendre et au parlement et au peuple, qu'il a essuyé le scandaleux outrage qui forme l'objet de sa pétition à Vos Seigneuries. Elle est conçue dans un langage ferme et respectueux : c'est le langage d'un homme qui n'oublie pas sans doute ce qui lui est dû, mais qui en même temps, je le crois, se rappelle la déférence qu'il doit à cette chambre. Entre autres matières d'une importance égale, sinon plus grande pour tous ceux qui sont Anglais de cœur, aussi bien que de sang et de naissance, le pétitionnaire établit que, le 21 janvier 1813, à Huddersfield, lui et six autres personnes qui, sur la nouvelle de son arrivée, étaient venues à sa rencontre en témoignage de respect, furent saisis par une force civile et militaire, et retenus prisonniers pendant plusieurs heures, en butte aux grossières et insolentes insinuations de l'officier commandant contre le caractère du pétitionnaire ; que le pétitionnaire fut, à la fin, conduit devant un magistrat, et ne fut mis en liberté que lorsque l'examen de ses papiers eut prouvé que non seulement aucune accusation juste, mais même aucun fait punissable, n'était allégué contre lui ; et que, malgré la promesse des magistrats qu'il serait délivré copie du mandat décerné contre le pétitionnaire, cette copie a, plus tard, été refusée, et n'a pu encore être obtenue. Les noms et conditions des parties se trouvent dans la pétition. Quant aux autres matières traitées dans la pétition, je n'en dirai rien maintenant, dans la crainte d'abuser des moments de la chambre ; mais j'appelle vivement l'attention de Vos Seigneuries sur l'objet principal de son contenu ; c'est dans la cause du parlement et du peuple que les droits d'un homme vénérable, d'un homme libre, ont été violés ; et c'est, dans mon opinion, la plus haute marque de respect qu'il puisse donner à la chambre que de s'adresser à votre justice, plutôt que d'en appeler à un tribunal inférieur. Quel que soit le résultat de sa remontrance, c'est une satisfaction pour moi, bien que mêlée, en cette circonstance, de quelques regrets, que de pouvoir saisir cette occasion de déclarer publiquement les empêchements qu'on oppose aux citoyens dans l'accomplissement du plus légitime et du plus impérieux de leurs devoirs : celui d'obtenir, par voie de pétition, la réforme parlementaire. J'ai rapidement exprimé l'objet de la plainte ; le pétitionnaire l'a développée plus longuement. Vos Seigneuries, je l'espère, adopteront quelques mesures pour lui accorder pleinement protection et justice, et, non seulement à lui, mais encore à toute la masse du peuple insulté et lésé dans sa personne, par l'interposition d'une force civile abusive, et d'une force militaire illégale, entre la nation et son droit de pétition à ses représentants.

(Sa Seigneurie présenta alors la pétition du major Cartwight, dont il fut donné lecture ; le pétitionnaire y racontait les faits survenus à Huddersfield, et s'y plaignait des obstacles apportés au droit de pétition en plusieurs villes du nord du royaume; Sa Seigneurie demanda que cette pétition fût déposée sur le bureau. Plusieurs lords ayant pris la parole sur cette question, Lord Byron, dans sa réplique, dit qu'il avait considéré comme un devoir de présenter cette pétition à Leurs Seigneuries.)

On a dit, ajouta-t-il, que ce n'était pas une pétition, mais un discours, et que, ne contenant pas de prière, elle ne devait pas être accueillie. Où est la nécessité d'une prière? Si l'on prend ce mot dans son acception propre, Vos Seigneuries ne doivent pas s'attendre qu'un homme en prie d'autres. Tout ce qu'il me reste à dire, c'est que cette pétition, bien qu'en quelques endroits elle soit conçue en termes énergiques, ne contient rien d'inconvenant, mais que le langage en est respectueux envers Vos Seigneuries; j'espère donc que Vos Seigneuries permettront que la pétition soit déposée.

NOTES DES DISCOURS PARLEMENTAIRES.

[1] Le monstre aux cent têtes. *N. du Trad.*

[2] Il vaudrait mieux, en pareille circonstance, n'avoir pas à délibérer quand l'ennemi assiége nos remparts. *N. du Trad.*

[3] Le château de Dublin est la résidence du vice-roi d'Irlande et du Secrétaire, fonctionnaire chargé du gouvernement civil. *N. du Trad.*

[4] En Angleterre, les grades d'officiers sont des commissions qui s'achètent. Le soldat ne peut s'élever au-delà du grade de sous-officier. *N. du T.*

[5] Collége catholique, sorte de séminaire entretenu aux frais de l'État. *N. du Trad.*

[6] Le duc de Wellington commandait alors l'armée anglaise dans la Péninsule. On sait que son frère, lord Wellesley, était whig, et que Wellington est tory. *N. du Trad.*

[7] Temple Bar est la porte de la Cité de Londres du côté de Westminster; c'est en quelque sorte la limite des priviléges de la Cité. *N. du Trad.*

[8] Ce mot désigne tous les citoyens de Londres ayant droit de bourgeoisie et jouissant du privilége d'élire le conseil municipal. *N. du Trad.*

[9] On se rappelle l'inutile et meurtrière expédition de Walcheren, entreprise en 1808 par le ministère anglais. *N. du Trad.*

[10] On le brise, on ne le courbe pas. *N. du Trad.*

[11] Le major Cartwright, mort il y a quelques années, dans un âge très avancé, était regardé comme le père des radicaux; ce fut lui qui formula le premier et soutint pendant cinquante ans le programme politique de ce parti, le parlement annuel, le vote au scrutin, le suffrage universel. *N. du Trad.*

FRAGMENT[1].

17 juin 1816.

En l'année 17—, ayant depuis quelque temps formé le projet d'un voyage dans des contrées jusqu'alors peu fréquentées des voyageurs, je partis accompagné d'un ami, que je désignerai sous le nom d'Auguste Darvell; il avait quelques années de plus que moi; c'était un homme d'une fortune considérable, et d'une ancienne famille : — avantages que sa grande capacité l'empêchait d'apprécier trop ou trop peu. Certaines circonstances spéciales de l'histoire de sa vie privée en avaient fait pour moi un objet d'attention, d'intérêt et même d'estime, que ne pouvaient étouffer ni la réserve de ses manières, ni les manifestations occasionnelles d'une inquiétude qui semblait parfois toucher aux limites de l'aliénation.

J'étais jeune encore dans le monde, où j'avais fait mon entrée de bonne heure; mais mon intimité avec lui était d'une date récente; nous avions été élevés aux mêmes écoles et dans la même université, mais il les avait traversées avant moi, et était déjà profondément initié dans ce qu'on appelle le monde, que j'en étais encore à mon noviciat. Pendant que j'étais encore sur les bancs, j'avais entendu beaucoup parler de sa vie passée et présente; et, bien que dans ces récits il y eût des contradictions inconciliables, il m'était cependant facile de voir qu'au total c'était un être d'un ordre supérieur, un homme qui, malgré tout le soin qu'il prenait pour éviter d'être remarqué, n'en était pas moins remarquable. Plus tard, j'avais cultivé sa connaissance et essayé d'obtenir son amitié; mais ce dernier point paraissait inréalisable; quelles que pussent avoir été ses affections, elles semblaient maintenant, les unes éteintes, les autres concentrées. J'avais eu fréquemment l'occasion d'observer qu'il sentait avec force, et pouvait dominer ses sentiments, mais non les cacher complétement; toutefois il avait la faculté de donner à une passion l'apparence d'une autre, de telle manière qu'il était difficile de définir la nature de ce qui se passait au-dedans de lui; et l'expression de ses traits variait d'une manière si rapide, bien que légère, qu'on eût inutilement cherché à remonter à la source de ses émotions. Il était évident qu'il était en proie à quelque inquiétude incurable; mais si elle provenait de l'ambition, de l'amour, du remords, de la douleur, de toutes ces causes réunies ou d'une seule, ou simplement d'un tempérament morbide et maladif, c'est ce que je ne pus découvrir; des circonstances connues permettaient d'assigner tour à tour chacune de ces causes diverses; mais, comme je l'ai déjà dit, elles avaient quelque chose de si contradictoire, qu'elles ne permettaient à aucune opinion de se fixer. Là où il y a mystère, on suppose généralement le mal; je ne sais comment cela se faisait, mais il y avait certainement en lui du mystère, et pourtant je ne pouvais constater l'étendue du mal; je répugnais même, en ce qui le concernait, de croire à son existence. Mes avances étaient reçues avec assez de froideur; mais j'étais jeune, peu facile à décourager, et à la fin je réussis à obtenir, à un certain degré, ces relations banales, cette confiance médiocre dans les choses de tous les jours, créée et cimentée par l'homogénéité d'occupations et la fréquence des réunions, qui s'appelle intimité ou amitié, selon les idées qu'on attache à ces termes.

Darvell avait déjà beaucoup voyagé, et ce fut à lui que je m'adressai pour les renseignements nécessaires à mon voyage projeté. Je désirais secrètement qu'il consentît à m'accompagner. C'était aussi une espérance que semblaient justifier la sombre agitation que j'avais observée en lui, l'animation qu'il paraissait ressentir sur ces sortes de sujets, et son apparente indifférence pour tout ce qui l'entourait d'une manière plus immédiate. Je mis d'abord en avant ce désir d'une manière détournée; puis je l'exprimai formellement. Sa réponse, bien que je l'eusse en partie prévue, me causa toute la joie de la surprise: — il consentit, et, après les arrangements nécessaires, nous commençâmes nos voyages. Après avoir parcouru diverses contrées du midi de l'Europe, notre attention se tourna vers l'Orient, conformément à notre destination primitive; et ce fut pendant notre passage dans ces régions qu'arriva l'incident qui fait le sujet de cette histoire.

La constitution de Darvell, qui, à le voir, devait, dans sa jeunesse, avoir été extrêmement robuste, avait, depuis quelque temps, graduellement baissé, sans l'intervention d'aucune maladie apparente. Il n'avait ni toux ni phthisie; pourtant il devenait de jour en jour plus débile. Ses habitudes étaient tempérantes; il ne se refusait point aux fatigues, et ne s'en plaignait jamais. Et, pourtant, il se consumait d'une manière évidente. Il devint de plus en plus silencieux et sujet aux insomnies; et enfin l'altération effectuée en lui fut si grave, que mes alarmes se proportionnèrent à ce que je considérais comme son danger.

A notre arrivée à Smyrne, nous avions résolu de faire une excursion aux ruines d'Éphèse et de Sardes; j'essayai de l'en dissuader, dans l'état actuel de sa santé; — mais ce fut en vain. Il semblait y avoir sur son esprit je ne sais quel poids oppressif, dans ses manières, je ne sais quelle solennité qui s'accordait peu avec son empressement à faire ce que je regardais comme une partie de plaisir peu convenable à un valétudinaire; mais je ne m'opposai plus à son vœu, et, au bout de quelques jours, nous partîmes, accompagnés seulement d'un serrugi et d'un janissaire.

Nous étions parvenus à moitié chemin des ruines d'Éphèse, nous avions derrière nous les environs fertiles de Smyrne, et nous entrions dans ces lieux sauvages et déserts qui, à travers les marais et les défilés, conduisent aux quelques huttes qu'on voit encore sur les colonnes brisées de Diane, — les murs sans toiture du christianisme expulsé, et la destruction plus récente encore, mais complète, de mosquées abandonnées, — quand l'affaissement soudain et rapide de la santé de mon compagnon de voyage nous obligea de faire halte dans un cimetière turc, dont les tombes, surmontées de turbans, étaient la seule indication de vie humaine ayant séjourné dans ce désert. Nous avions laissé à quelques heures derrière nous le seul caravansérail que nous eussions rencontré ; on n'apercevait nulle part le moindre vestige de village ou même de cabane, et « la cité des morts » semblait être le seul asile offert à mon malheureux ami, qui paraissait devoir devenir bientôt le dernier de ses habitants.

Dans cette situation, je cherchai autour de moi un emplacement où il pût reposer convenablement. Contrairement à l'aspect ordinaire des champs de repos mahométans, dans celui-ci les cyprès étaient peu nombreux et disséminés à de longs intervalles; les tombes étaient, pour la plupart, abattues et usées par le temps. Sur l'une des plus considérables de ces dernières, et sous l'un des cyprès les plus vastes, Darvell se soutint avec difficulté dans une attitude à moitié penchée. Il demanda de l'eau ; je doutais qu'on pût en trouver, et me préparai à en chercher avec un sentiment d'hésitation et de découragement; mais il exprima le désir que je restasse, et, se tournant vers Suleiman, notre janissaire, qui était à côté de nous, fumant sa pipe le plus tranquillement du monde, il dit : « *Suleyman, verbana su* » (c'est-à-dire, apportez-moi de l'eau). Puis, il décrivit dans le plus grand détail l'endroit où l'on pourrait en trouver : dans un petit puits pour les chameaux, à quelques centaines de pas, sur la droite. Le janissaire obéit. Je dis à Darvell : — « Comment saviez-vous cela ? » — Il répondit : — « D'après la nature du lieu où nous nous trouvons, vous devez voir que cet endroit a été autrefois habité, et il n'aurait pu l'être sans eau. D'ailleurs, j'ai été ici auparavant. »

« — Vous avez été ici auparavant ! Comment se fait-il que vous ne m'en ayez jamais parlé? Et que pouviez-vous faire dans un lieu où nul ne reste un moment de plus qu'il n'y est obligé? »

A cette question je ne reçus point de réponse. En ce moment, Suleiman revint avec l'eau, laissant le serrugi et les chevaux à la fontaine. Lorsqu'il eut étanché sa soif, il parut se ranimer un instant, et je conçus l'espoir de pouvoir poursuivre notre route, ou, du moins, revenir sur nos pas, et ce fut ce que je conseillai. Il garda le silence, et parut réunir ses forces et ses idées pour parler. Il commença :

« C'est ici la fin de mon voyage et de ma vie. Je suis venu ici pour mourir ; mais j'ai à vous faire une demande, un commandement : — car telles doivent être mes suprêmes paroles. — Vous obéirez ?

«—Sans nul doute ; mais ayez meilleur espoir.

«—Je n'ai d'espoir, de désir que celui-ci : — cachez ma mort à toute créature humaine.

«—J'espère que cela ne sera pas nécessaire ; que vous vous rétablirez, et....

«—Silence ! Cela doit être ; promettez-le !

«—Je le promets.

«—Jurez-le par tout ce qui.... (Ici il me dicta un serment d'une grande solennité.)

«—Il n'est pas besoin de cela. J'accomplirai votre demande ; et douter de moi, ce serait...

«—Il n'en peut être autrement ; — il faut que vous juriez. »

Je fis le serment. Cela parut le soulager. Il ôta de son doigt un anneau, sur lequel étaient gravés des caractères arabes, et me le présenta. Il continua :

« Le neuvième jour du mois, à midi précis (n'importe le mois ; mais ce doit être là le jour), vous jetterez cet anneau dans les sources salées qui coulent dans la baie d'Éleusis. Le jour suivant, à la même heure, vous vous rendrez au milieu des ruines du temple de Cérès, et vous y attendrez une heure.

«—Pourquoi ?

«—Vous le verrez.

«—Le neuvième jour du mois, dites-vous ?

«—Le neuvième. »

Comme je lui observai que nous étions maintenant au neuvième jour du mois, sa physionomie changea, et il cessa de parler. Au moment où il s'asseyait, dans un état de faiblesse évidemment plus grande, une cigogne, tenant un serpent dans son bec, se percha sur une tombe, à quelques pas de nous, et, sans dévorer sa proie, parut nous considérer fixement. Je ne sais quelle impulsion me poussa à la chasser; mais ma tentative fut inutile : elle décrivit en l'air quelques cercles, et retourna précisément au même endroit. Darvell me la montra du doigt, et sourit. Il parla, — je ne sais si ce fut à lui ou à moi; — mais je l'entendis prononcer ces paroles : « C'est bien ! »

«—Qu'est-ce qui est bien? Que voulez-vous dire?

«—N'importe!.... Il faudra m'enterrer ici, ce soir, à l'endroit même où cet oiseau est maintenant posé. Vous connaissez le reste de mes injonctions. »

Alors il me donna diverses instructions sur la manière dont sa mort pourrait être cachée avec plus de succès. Après qu'il eut terminé, il s'écria :

« Vous voyez cet oiseau?

«—Certainement.

«—Et le serpent qui se débat dans son bec?

«—Sans doute. Il n'y a rien là d'extraordinaire; c'est sa proie naturelle. Mais il est étrange qu'il ne la dévore pas! »

Un sourire lugubre erra sur ses lèvres, et il dit d'une voix faible : « Il n'est pas temps encore. » Pendant qu'il parlait, la cigogne s'envola. Mes yeux la suivirent un moment, à peine le temps nécessaire pour compter jusqu'à dix. Je sentis le poids de Darvell peser plus lourdement sur mon épaule, et, m'étant retourné pour regarder son visage, je vis qu'il était mort! Je fus saisi d'un mouvement étrange à cette soudaine certitude, dont il ne me fut pas possible de douter. — En quelques minutes, son visage devint presque noir. J'aurais attribué au poison un changement si rapide, si je n'avais été persuadé qu'il était impossible qu'il eût pu en recevoir à mon insu. Le jour était sur son déclin; le corps se décomposait rapidement, et il ne restait plus qu'à exécuter le vœu qu'il avait exprimé. A l'aide de l'yatagan de Suleiman et de mon sabre, nous creusâmes une tombe peu profonde, à l'endroit que Darvell avait indiqué. La terre céda facilement, ayant déjà reçu la dépouille de quelque musulman. Nous creusâmes aussi profondément que le temps nous le permettait, et, jetant la terre sèche sur tout ce qui restait de l'être singulier que nous venions de perdre, nous coupâmes quelques carrés d'un gazon plus vert dans le sol un peu moins stérile qui nous entourait, et les plaçâmes sur son sépulcre.

Entre l'étonnement et la douleur, j'étais sans larmes. .

. . . .

. . . .

NOTES.

[1] Pendant une semaine de pluie passée à Diodati, dans l'été de 1816, on s'amusa à lire des histoires allemandes de revenants, et l'on convint d'en faire quelques imitations. « Vous et moi, » dit lord Byron à mistress Shelley, « nous publierons les nôtres ensemble. » Il se mit alors à commencer son histoire du *Vampire;* et ayant arrangé le tout dans sa tête, un soir il fit part à la société du plan de cette histoire ; mais comme le récit était en prose, il n'avança que lentement dans son travail. Le résultat le plus mémorable de cet engagement littéraire fut le roman plein de force et d'intérêt de *Frankestein*, par mistress Shelley. MOORE.

« Je commençai ce fragment, dit lord Byron, dans un vieux registre de comptes de miss Milbanke, que j'avais gardé parce qu'il contient le mot « *ménage* » écrit deux fois de sa main sur le revers de la première page ; c'est le seul mot que j'aie de son écriture, si j'en excepte son nom apposé sur l'acte de séparation. »

FIN DU TOME PREMIER.

TABLE

DES MATIÈRES CONTENUES DANS LE TOME PREMIER.

Notice sur Byron. . . . . Pages.	v

HEURES DE PARESSE.

Dédicace.	1
Préface.	1
Sur la mort d'une jeune demoiselle, cousine de l'auteur.	4
A E.	4
A D.	5
Épitaphe d'un ami.	5
Fragment (*Le jour où la voix d'un père*).	6
Vers composés en quittant l'abbaye de Newstead.	6
Vers écrits sur un volume des *lettres d'une religieuse*.	7
Réponse aux vers précédents, adressés à miss ***.	8
Adrien mourant à son âme.	8
A Emma.	8
A M. S. G.	9
A Caroline.	10
A Caroline.	11
A Caroline.	12
Stances à une dame, en lui envoyant les poëmes de Camoëns.	13
Le premier baiser de l'amour.	13
Sur un changement de directeur dans une de nos écoles publiques.	14
Au duc de Dorset.	15
Fragment écrit peu de temps après le mariage de miss Chaworth.	18
Granta, salmigondi.	18
Sur une vue lointaine du village et du collége d'Harrow.	20
A M.	21
A la Femme.	22
A M. S. G.	23
A Marie, en recevant son portrait.	23
A Lesbie.	24
Vers adressés à une jeune demoiselle.	25
Le dernier adieu de l'amour.	26
Damœtas.	27
A Marion.	28
A une dame qui avait remis à l'auteur une boucle de ses cheveux.	29
Oscar d'Alva, légende.	30
Réflexions à l'occasion d'un examen de collége.	38
A une jolie quakeresse.	40
La cornaline.	41
Prologue de circonstance.	42
Sur la mort de Fox.	43
La larme.	44
La coquette.	45
Au même.	46
A Eliza.	47

Lachin y Gair. . . . . Pages.	48
A la Fiction.	49
Réponse à quelques vers élégants qu'un ami avait envoyés à l'auteur.	50
Élégie sur l'abbaye de Newstead.	52
Souvenirs d'enfance.	56
Réponse à un poëme intitulé *la Destinée commune*.	66
A une femme qui avait présenté à l'auteur le bandeau de velours qui retenait sa chevelure.	68
Souvenir.	68
Au révérend J.-E. Becher.	68
La mort de Calmar et d'Orla.	69
L'Amitié est l'Amour sans ailes.	74
Prière de la Nature.	76
A Édouard-Noël Long.	78
A une dame.	80
Oh! que ne suis-je enfant!	81
Quand j'errais, jeune montagnard.	83
Au comte George Delawarr.	84
Au comte de Clare.	85
Vers écrits sous un ormeau dans le cimetière d'Harrow.	87
Article de la *Revue d'Édimbourg* sur les *Heures de Paresse*. . .	89
Notes.	94
Les bardes de l'Angleterre.	101
Notes.	152
Souvenirs d'Horace.	149
Notes.	172

POÉSIES DIVERSES COMPOSÉES EN 1807-1808.

L'Adieu, écrit à une époque où l'auteur croyait qu'il allait mourir.	179
A une dame vaine.	181
A Anna.	182
A la même.	183
A l'auteur d'un sonnet.	183
Sur un éventail.	184
Adieu à la muse.	184
A un chêne de Newstead.	185
Lors d'une visite à Harrow.	187
Épitaphe de John Adams, voiturier de Southwell.	187
A mon fils.	187
Adieu! si dans le ciel on entend la prière.	188
Brillant soit le séjour de ton âme!	189
Quand nous nous sommes quittés.	189
A un jeune ami.	190
Vers gravés sur une coupe formée d'un crâne.	192
Notes.	192

POÉSIES DIVERSES COMPOSÉES EN 1809-1810.

Eh bien! tu es heureuse!	194
Vers gravés sur la tombe d'un chien de Terre-Neuve.	195
A une dame qui me demandait pourquoi je quittais l'Angleterre.	195
Ne me fais pas ressouvenir.	196
Il fut un temps.	197
Quoi! tu me pleureras quand je ne serai plus!	197
Remplissez de nouveau ma coupe!	198
Stances à une dame en quittant l'Angleterre.	199
Le paquebot de Lisbonne.	201
Vers écrits sur un album à Malte.	202
A Florence.	202
Stances composées pendant un orage.	203
Stances écrites en traversant le golfe d'Ambracie.	205

	Pages.
L'enchantement est rompu.	206
Vers écrits après avoir nagé de Sestos à Abydos.	206
Vierge d'Athènes, je te quitte.	207
Notes.	207

POÉSIES DIVERSES COMPOSÉES DE 1811 A 1813.

Vers écrits sous un portrait.	210
Vers destinés à tenir lieu d'épitaphe.	210
Vers écrits dans l'album des voyageurs à Orchomène.	210
Le Départ.	211
Adieu à Malte.	211
A Dives.	213
Sur la dernière bouffonnerie de Thomas Moore.	213
Epître à un ami.	213
A Thyrza.	214
Stances. Loin de moi! loin de moi!	216
Stances. Encore une douleur.	217
Euthanasia.	218
Stances. Et tu n'es plus!	219
Stances. Si parfois.	221
Sur un cœur en cornaline brisé par accident.	221
A une dame qui avait été vue pleurant.	222
La chaîne que je te donnai.	222
Vers écrits sur un feuillet blanc du poëme de Rogers, *les Plaisirs de la Mémoire*.	223
Adresse prononcée à l'ouverture du théâtre de Drury-Lane.	223
Adresse parenthétique, par le docteur Plagiary.	225
Vers trouvés dans un pavillon d'été à Hales-Owen.	227
Au Temps.	227
Stances. Tu n'es point perfide.	229
A une dame qui demandait à l'auteur quelle était l'origine de l'amour.	229
Stances. Rappelle-toi celui.	229
Sur les poésies de lord Thurlow.	230
A lord Thurlow.	231
A Thomas Moore.	232
Impromptu en réponse à un ami.	232
Sonnet à Genevra.	232
Sonnet à la même.	233
Notes.	233

POÉSIES DOMESTIQUES.

L'Adieu	234
Esquisse.	236
Stances à Augusta. Quand tout était lugubre et sombre.	239
Stances à Augusta. En vain il s'est couché, le soleil de mon sort.	240
Epître à Augusta. Ma sœur, ma bien-aimée sœur!.	241
Vers composés en apprenant que lady Byron était malade.	245
Notes.	246

POÉSIES DIVERSES COMPOSÉES EN 1814-15-16.

La Tournée du diable. Rapsodie incomplète.	148
Poésies de Windsor.	251
Stances. Je n'ose prononcer ton nom.	251
Adresse destinée à être récitée à la réunion calédonienne.	252
Fragment d'une épître à Thomas Moore.	253
Epître de condoléance à Sara, comtesse de Jersey.	255
A Balthazar.	255
Stances élégiaques sur la mort de Peter Parker.	256
Stances. Parmi les joies que le monde nous donne.	257

Stances. Nulle d'entre les filles de la Beauté. . . . . . . Pages. 258
Le Tombeau de Churchill. 258
Fragment. Si je pouvais remonter le fleuve de mes ans. . . 259
Sonnet. Au lac Léman. 261
Stances. 261
Stances. Ils disent que le bonheur, c'est l'espérance. 261
A Thomas Moore. 262
Le Roi des tisserands. Chant des luddistes. 262
Stances. 263
Sur le buste d'Hélène par Canova. 263
Notes. 263

POÉSIES DIVERSES COMPOSÉES DE 1817 A 1821.

Versicules. 265
A M. Murray. 265
Epitre de M. Murray au docteur Polidori. 266
Epitre à M. Murray. 267
A M. Murray. 268
A Thomas Moore 269
Epitaphe de William Pitt. 269
Epigramme. 266
Sur l'anniversaire de mon mariage. 269
Sur la naissance de John William Rizzo Hopner. 270
Sonnet à George IV. 270
L'Avatar irlandais. 270
Stances à l'Eridan. 275
Stances composées sur la route de Florence à Pise. 277
Stances. Si le fleuve de l'amour. 278
Le Bal de charité. 279
Epigramme sur l'anniversaire de mon mariage. 280
En tos mis à l'acte de séparation en avril 1816. 280
Sur le trente-troisième anniversaire de ma naissance. . . . 280
Epigramme. 280
A M. Murray. 280
Stances. Quand un homme n'a point dans sa patrie. 281
Sur le suicide de lord Castlereagh. 281
Sur le même. 281
Sur le même. 281
Notes. 281

LE PÈLERINAGE DE CHILDE-HAROLD.

Préface des deux premiers chants. 285
A Ianthe. 288
Chant premier. 289
Notes du chant premier. 318
Chant deuxième. 325
Notes du chant deuxième. 350
Chant troisième. 355
Notes du chant troisième. 387
Chant quatrième. 391
Notes du chant quatrième 444
Discours parlementaires. 445
Notes des discours parlementaires. 476
Fragment. 470
Notes. 476

FIN DE LA TABLE.

IMPRIMERIE DE GUSTAVE GRATIOT, 11, RUE DE LA MONNAIE.

www.ingramcontent.com/pod-product-compliance
Lightning Source LLC
Chambersburg PA
CBHW050236230426
43664CB00012B/1713